Manfred Prisching

Bilder des Wohlfahrtsstaates

Beiträge zur Sozioökonomie

Band 4

Herausgegeben von

Beat Bürgenmeier, Amitai Etzioni, Egon Matzner,
Kurt W. Rothschild, Richard Swedberg und Günther Schmid

Bislang erschienen:

Band 1 – Beat Bürgenmeier: Sozioökonomie. Für eine ethische Erweiterung der wirtschaftspolitischen Diskussion

Band 2 – Karl S. Althaler, Egon Matzner, Manfred Prisching, Brigitte Unger (Hrsg.): Sozioökonomische Forschungsansätze. Historische Genese, Methoden, Anwendungsgebiete

Band 3 – Sylvia Pintarits: Macht, Demokratie und Regionen in Europa. Analysen und Szenarien der Integration und Desintegration. Mit einem Beitrag von Sonja Puntscher Riekmann

Zum Autor:
Manfred Prisching ist tit.a.o. Universitätsprofessor am Institut für Soziologie der Universität Graz. Studium der Rechtswissenschaften und der Volkswirtschaftslehre, Universitätsassistent an den Instituten für Rechtsphilosophie, für Volkswirtschaftslehre und Volkswirtschaftspolitik und für Soziologie. Habilitation 1985. Innitzer Preis, Josef-Krainer-Forschungspreis. 1987/88 an der Rijksuniversiteit Limburg (Maastricht, Niederlande) tätig, 1995/96 an der Harvard University (Cambridge, USA). Gastprofessor an den Universitäten Salzburg, Innsbruck und Linz. 1994 tit.a.o. Univ.Prof.
Publikationen: Krisen. Eine soziologische Analyse, 1986; Arbeitslosenprotest und Resignation in der Wirtschaftskrise, 1988; Soziologie. Themen, Theorien, Perspektiven, 3. Auflage 1995; Die Sozialpartnerschaft. Modell der Vergangenheit oder Modell für Europa, Wien 1996. Zahlreiche Aufsätze über Wirtschaftstheorie und -politik, Politiksoziologie, Kultursoziologie, sozialwissenschaftliche Theorie und Ideengeschichte.

Manfred Prisching

Bilder des Wohlfahrtsstaates

Metropolis Verlag
Marburg 1996

Der Druck wurde gefördert durch das Bundesministerium für Wissenschaft und Forschung in Wien.

Die Deutsche Bibliothek – CIP-Einheitsaufnahme

Prisching, Manfred
Bilder des Wohlfahrtsstaates / Manfred Prisching. – Marburg: Metropolis-Verl., 1996
Beiträge zur Sozioökonomie; Bd. 4
ISBN 3-89518-090-4
NE: GT

Metropolis-Verlag für Ökonomie, Gesellschaft und Politik GmbH
Postfach 1748, D-35007 Marburg
Gesellschaft für sozioökonomische Forschung, SASE-Österreich; c/o Forschungsstelle für Sozioökonomie, Österreichische Akademie der Wissenschaften, Postgasse 7/1/2, A-1010 Wien. Geschäftsführende Herausgeber: Karl S. Althaler, Gerhard Hanappi, Karl Müller und Sylvia Staudinger

Druck: Rosch Buch, Hallstadt

ISBN 3-89518-090-4

Inhalt

Einleitung

Dies ist keine Übung in griechischen Buchstaben. Es ist nicht die Aufwärts-abwärts-Methode. Und es ist nicht die Flughafen-Ökonomie.

Paul Krugman hat in seinem *Age of Diminished Expectations* diese drei – sehr üblichen – Schreibweisen für ökonomische Probleme beschrieben. Die Methode der *griechischen Buchstaben* ist die Art, wie Professoren miteinander verkehren: formal, theoretisch, mathematisch. Für jeden, der nicht eine gute ökonomische Ausbildung genossen hat, ist diese Welt der Gleichungen unzugänglich. Sie läßt, wie manche kritisieren, jeden mittelalterlichen Scholastizismus als Welt von absoluter Klarheit erscheinen. Dann gibt es die *Aufwärts-abwärts-Methode.* Man findet sie auf den Business-Seiten der Zeitungen und im Fernsehen. Die Börsenkurse sind nach den letzten Meldungen wieder gestiegen – das ist gut; die Exporte sinken – das ist schlecht; die Immobilienpreise lassen nach – das kann gut oder schlecht sein; und so geht es dahin. Dann gibt es noch die *Flughafen-Ökonomie.* Es ist die Sprache der Beststeller, die man auf jenen Ständen am Flughafen findet, wo sie der eilige Geschäftsreisende mitnehmen soll. Sie künden von Untergang und Erlösung: von der kommenden großen Depression und dem Kollaps des globalen Bankensystems, oder sie versprechen die rasche Rettung aus der Misere, wenn man nur die Prinzipien der Angebotsökonomie oder die nunmehr enthüllten sieben Regeln des Geschäftslebens beherzigt.

Alle diese Varianten ökonomischer Ideenvermittlung sind nicht ohne Wert. Auch hinter griechischen Buchstaben können sich Erkenntnisse über die reale Welt verstecken, wenn dies auch oft nicht so scheint und zuweilen wirklich nicht der Fall ist. Auch das Auf und Ab trifft manchmal die Wirklichkeit, denn zuweilen ist das Leben so banal. Und die Bestseller haben zumindest Unterhaltungswert. Entsprechende Typologien ließen sich auch für andere Disziplinen der Sozialwissenschaften zeichnen. Hier aber haben wir es mit der *Sozioökonomie* zu tun.

Die folgenden Studien versuchen, über die *Wirklichkeit* zu informieren. Sie tun dies auf eine Weise, die über engere sozialwissenschaftliche Fachkreise hinaus verständlich sein sollte. Sie tun dies, indem sie »breite« Themen angehen, die in der gegenwärtigen Lage von Interesse zu sein scheinen, und versuchen, einen Überblick darüber zu geben, was guten Gewissens dazu gesagt werden kann. Sie tun dies, indem sie auf manche akademischen Stilisierungen verzichten: auf die kühne und eindeutige These dort, wo beim besten Willen nur Ambivalenzen zu verzeichnen sind, und auf die prätentiöse Vorgabe besseren Wissens dort, wo es nur widersprüchliche Befunde und Argumente gibt. Sie bieten nicht die große neue Theorie, aber sie bedienen sich aus dem Angebot der verfügbaren Theorien. Sie versuchen nicht, einen neuen Beitrag zur empirischen Erhärtung für diese oder jene Beziehung von Variablen zu leisten. Wir treten vielmehr einige Schritte zurück, um einen Überblick über das »große Bild« zu bekommen, und fragen, was – in einigermaßen vernünftiger Weise und gestützt auf vorhandene empirische Materialien – zu einigen Problemen gesagt werden kann. Manche Fragen, die uns interessieren, können nur gelöst werden, indem man sich in die empirisch-historische Detailarbeit begibt. Bei manchen Fragen, für die schon viel an Detailarbeit geleistet wurde, fragt man danach, ob sich bestimmte »Muster« abzeichnen, ob bestimmte Generalisierungen möglich sind. Wenn man zahlreiche fundierte Beiträge gelesen und genug verwirrende Befunde gesammelt hat, fühlt man sich manchmal auch zu der umfassenderen Frage gedrängt: Wenn wir das alles in allem nehmen – wie steht es nun damit? Was kommt insgesamt dabei heraus? Kann man das, was wir wissen, einigermaßen übersichtlich sortieren? Und lassen sich irgendwelche Schlüsse daraus ziehen?

Die folgenden Studien befassen sich mit solchen umfassenden Fragen, und es ist selbstverständlich, daß sie diesen weitgefaßten Anspruch nur unvollkommen einlösen können. Es liegt auf der Hand, daß man über jeden Absatz dieses Buches ein Buch schreiben könnte, ja müßte. Jede der Studien kann als selbständiger Beitrag gelesen werden, und doch hängen sie auf das engste zusammen. Alle Studien befassen sich mit den Hauptproblemen jeder Wirtschaftsordnung und jeder Wirtschaftspolitik: mit der Abgrenzung des *öffentlichen* und des *privaten* Bereichs. Damit behandeln sie im Grunde eines der »heißesten« politischen Probleme der Gegenwart. Diese Grundfrage schließt nämlich Fragen nach dem angemessenen Wirkungsbereich von Märkten im Verhältnis zu staatlichen Eingriffen und im Verhältnis zu gesellschaftlichen Koordinationsmechanismen ein; Dimensionen der Einbettung der Märkte in einem sozialen Umfeld, ohne dessen Berücksichtigung sie nicht verstanden werden können oder mißverstanden werden müssen; Vermutungen über die bedrohliche Expansion der Staatsausgaben und die Kritik an wohlfahrtsstaatlichen Zielen und Entwicklungen; und Modelle über die Ursachen des Wandels wirtschaftspolitischer Grundauffassungen, die dieses Verhältnis von Markt, Staat und Wohlfahrt betreffen.

Wie wandeln sich unsere Auffassungen über die Wirtschaft? Der Beitrag über *Ökonomische Weltbilder* befaßt sich mit dem Wandel der ökonomischen »Bilder« von wirtschaftlichen Sachverhalten, wie sie in den Köpfen der Menschen bestehen. Die Vorstellungen der Individuen darüber, wie die wirtschaftliche Maschinerie funktioniert, wo und wie man den Gang der Dinge beeinflussen kann und was wichtige oder unwichtige Probleme sind, – alle diese Vorstellungen wandeln sich im Laufe der Jahrzehnte. Sie stehen selbst unter dem Einfluß anderer gesellschaftlicher Veränderungen, und sie tragen natürlich selbst zum Wandel der Gesellschaft bei. Entscheidend ist, daß die »Modelle«, mit denen die Wirklichkeit gedeutet wird, nicht allein die »objektive Wirklichkeit« und nicht allein einen wissenschaftlichen Fortschrittsprozeß widerspiegeln. Sie sind vielmehr in eine umfassendere »Zeitdeutung« eingebettet. Einige dieser »Paradigmen« aus den letzten Jahrzehnten werden skizziert: von der technokratischen Weltsicht der Nachkriegsjahre über die quasi-revolutionären Modelle der Studentenbewegung und die apokalyptischen Visionen grün-alternativer Bewegungen bis zum Frontalangriff der Libertären auf den Wohlfahrtsstaat.

Was ist Solidarität heute? Der Beitrag über das *Ende der Solidarität* versucht, die Definitionen dieses Begriffs zu sichten und einen brauchbaren Begriff im Prozeß der Entwicklung zur modernen Welt zu verorten. Er versucht zu zeigen, daß unser Alltagsverständnis von Solidarität mit der Vorstellung einer zwischenmenschlichen, einer face-to-face-Solidarität verbunden ist, die für Kleingruppen spezifisch ist; in Großgruppen müssen solidarische Handlungen »umgebaut« werden. Eine dieser »Umbauten« ist die Verankerung von Solidarität in administrativ-politischen, das heißt wohlfahrtsstaatlichen Systemen. Während es bei Kulturkritikern als Selbstverständlichkeit angesehen wird, daß marktförmige Strukturen den solidarischen Strukturen »feindlich« entgegengestellt werden, gehen wir hier auch der Frage nach, inwieweit marktförmige Verfahren selbst Solidarität in sich bergen. Natürlich kommt man dennoch an der Feststellung nicht vorbei, daß sich die persönlich-zwischenmenschliche Solidarität in der modernen Welt aufzulösen beginnt, und wir erörtern einige Gründe hiefür. Deshalb ist der Staat – insbesondere der Wohlfahrtsstaat europäischer Prägung – die Institutionalisierung von Solidarität unter den Bedingungen der Moderne. Wir haben nicht viel anderes.

Warum steigen die Staatsausgaben, und warum können Politiker sie kaum einbremsen? Der Beitrag über die *Ausweitung der Staatsausgaben* verwendet das Modell der Modernisierungstheorie, um für die entwickelten Industrieländer eine theoretische Verknüpfung jener Gründe zu liefern, die namhaft gemacht werden können, um den dynamischen Expansionsprozeß der Staatsanteile zu erklären. Es werden die wesentlichen Gründe im ökonomischen, politischen, kulturellen, wissenschaftlich-technischen, demographischen und internationalen System erörtert, die zu einer Ausweitung der öffentlichen Ausgaben drängen und de facto oft in die Verschuldung führen. Die Vielfalt der Perspektiven, die im Rahmen dieser Theorie diskutiert werden können, ergibt ein facettenreicheres Bild der Bewegungskräfte, als es einfache Thesen über partikuläre Kräfte der Budgetexpansion zu geben vermögen. Sie machen deutlich, daß es historisch jeweils spezifische Konstellationen gibt, in denen die einen und die anderen Kräfte im Vordergrund stehen, und daß es in die Irre führt, nach Gesetzmäßigkeiten zu suchen, die quer über Raum und Zeit gelten.

Erreicht der Wohlfahrtsstaat seine Ziele? Der Beitrag über die *Kultur des Wohlfahrtsstaates* schließt an den vorhergehenden Aufsatz an. Es werden die wesentlichen Ziele, die der moderne Sozialstaat erreichen soll, dargestellt, nämlich Wachstum, Sicherheit, Stabilität, Gleichheit, Innovation und Freiheit, und es wird diskutiert, inwieweit es den »gemischten Systemen« in den (europäischen) Industrieländern gelungen ist, diese Ziele zu realisieren. Dabei wird auch versucht, ein Resümee über die Beziehungen zwischen einem expandierenden Wohlfahrtssystem und diesen Zielen zu ziehen, und zwar unter Einbeziehung von Argumenten und Überlegungen, die jenseits eines (wie immer nur künstlich abgrenzbaren) ökonomischen Bereichs liegen. Wir legen dabei einen besonderen Nachdruck auf die Ambivalenzen, die sich hinter den Problemen verbergen, und versuchen zu zeigen, daß die einfachen Behauptungen und Lösungen, welche die öffentliche Diskussion beherrschen, allesamt unzulänglich sind.

Wie aus diesem Überblick ersichtlich wird, hängen die vier Studien inhaltlich zusammen. Sie haben auch methodologisch einiges gemeinsam. Wir werden versuchen, auf verschiedenen Wegen plausibel zu machen, daß eine Analyse ökonomischer Prozesse nicht bei der Sichtung und Berechnung »objektiver« Daten stehen bleiben kann. Es gibt neben der »objektiven Wirklichkeit« immer auch eine »subjektive Wirklichkeit«, eine Welt in den Köpfen. In den sechziger Jahren haben die Menschen beispielsweise eine andere Welt gesehen als in den Neunzigern – was damals machbar schien, gilt längst nicht mehr als machbar. Was die Menschen wahrnehmen, wie sie ihre Erfahrungen in ihren Kenntnisstand einordnen, welche Schlüsse sie für ihre Handlungen daraus ziehen, das hängt von den Modellen und Konzepten, Wünschen und Ängsten, Ideen und Ideologien, Werten und Dispositionen, Visionen und Utopien der Menschen ab: von den *Bildern*, die sie sich von dem machen, was um sie her vorgeht. Diese Bilder formen sich aus ihren eigenen Erfahrungen, den kollektiv angebotenen Interpretationsmustern und den objektiven Gegebenheiten, aber dies geschieht jedenfalls in einem dauernden Prozeß des Austauschs von Informationen, Meinungen, Wünschen und Forderungen. Ideen sind wirksam, und wenn man sie nicht berücksichtigt, geht man an der Wirklichkeit vorbei.

Dieses kulturelle, »verstehende« Element scheint mir für eine *sozioökonomische* Analyse wesentlich zu sein. Die Studien beruhen auf einem Verständnis des wissenschaftlichen Arbeitens, wie es für die Sozioökonomie charakteristisch erscheint: Sie versuchen, relevante Ergebnisse aus verschiedenen Sparten der Sozialwissenschaften, insbesondere auch der Soziologie und der Ökonomie, der Politikwissenschaft und der Zeitgeschichte einzubeziehen; disziplinäre Scheuklappen sind keine Tugend. Sie versuchen, evolutorisches, institutionalistisches und historisches Denken umzusetzen; ihr Ziel sind nicht universale Gesetzmäßigkeiten, sondern ein Verstehen dessen, was in den modernen Gesellschaften vor sich geht. Sie versuchen, »weiche« Fakten – wie Erwartungen und Moden, soziale Regeln und Devianzen – einzubeziehen, ja es werden auch Ambivalenzen, Widersprüchlichkeiten und Inkonsistenzen im Denken und Handeln der Menschen behandelt; denn so ist die Welt nun einmal. Sie versuchen, vorsichtige idealtypische Verallgemeinerungen vorzunehmen, ohne dabei allzu abstrakt zu werden; denn sie haben keine Berührungsängste vor der historischen Vielfalt. Sie versuchen, alle gleich unbefriedigt zu lassen: die ausgepichten Theoretiker, Empiriker, Historiker und Komparatisten.

Ein einjähriger Forschungsaufenthalt an der Harvard University (Cambridge, MA) im Rahmen des Schumpeter-Fellowship bot die Zeit, an diesen Studien zu arbeiten. Meiner Frau Roswitha danke ich für die Durchsicht des Manuskripts. Ich danke allen, die mir Arbeitsmöglichkeiten geboten haben.

Graz und Cambridge im März 1996 Manfred Prisching

Ökonomische Weltbilder

Die Dynamik der Gesellschaft und ihrer Wirtschaftstheorien

Die Welt ändert sich, und mit ihr wandeln sich die wirtschaftlichen Strukturen. Aber auch die Interpretationen der realen Welt ändern sich: die Ideen darüber, wie dieses im letzten undurchschaubar scheinende Getriebe beschaffen ist; die Vorstellungen davon, wie die *social fabric* funktioniert; die Einschätzungen dessen, was in dieser Welt machbar und steuerbar ist und welche Prozesse dem Zugriff der Menschen schicksalhaft entzogen scheinen. Wirklichkeiten haben somit immer zwei Ebenen: jene *»echten« Strukturen und Prozesse*, die das menschliche Leben prägen, und jene *»Bilder« der Wirklichkeit*, die in den Köpfen der Individuen existieren.[1] Die letzteren mögen als »Paradigmen«, »Perspektiven«, »Muster«, »Schemata«, »Szenarien«, »mental models« oder »frames« bezeichnet werden. Sie legen fest, was die Menschen wahrnehmen, wie sie diese Wahrnehmungen deuten und in ihren Erfahrungsbestand einordnen und was sie letztlich als Ergebnis dieses Prozesses tun. So hat schon William I. Thomas in einer berühmten Formulierung festgehalten, daß, wenn Menschen Situatio-

---

[1] Wir wollen die philosophischen und wissenschaftstheoretischen Fragen, die sich an solche Formulierungen notwendig anschließen, hier beiseite lassen, weil sie von unserem Thema allzu weit wegführen würden. Es sei nur vermerkt, daß sehr wohl zur Kenntnis genommen wird, daß sich mit der Unterstellung einer »wirklichen« und einer »gedachten« Wirklichkeit natürlich eine Fülle von Problemen ergibt – wie ist das Verhältnis der beiden Ebenen, wie wirken sie aufeinander, wie weit können sie sich voneinander entfernen, wie können wir überhaupt die »wirkliche« Welt erkennen, und so fort. Hier soll nur davon ausgegangen werden, daß die Menschen zuweilen ein wenig verzerrte Vorstellungen davon haben, wie die Wirklichkeit beschaffen ist, und daß diese Verzerrungen von gängigen Ideen, Wünschen, sozialen Lagen, intellektuellen Moden und anderem beeinflußt sind. Dies sollte eine so bescheidene Annahme, ja eine Selbstverständlichkeit im sozialwissenschaftlichen Denken sein, daß wir uns eine eingehende Diskussion dieses Verhältnisses an dieser Stelle wohl ersparen können.

nen als wirklich definieren, diese auch in ihren Folgen wirklich sind.[2] Kommen sie etwa zur Auffassung, daß eine wirtschaftliche Störung eine echte, gravierende Krise darstellt, so verhalten sie sich anders, als wenn sie meinen, es handle sich um eine kleine, vernachlässigbare Konjunkturschwankung, auch wenn die ökonomischen Variablen keinen Unterschied in den objektiven Daten erkennen lassen. Im schlimmsten Fall handelt es sich dann um eine *self-fulfilling prophecy*, derzufolge die Verhaltensweisen aufgrund von Krisenerwartungen die Krise erst auslösen. Seymour Martin Lipset übertreibt nur wenig, wenn er behauptet: »Wahrnehmung ist wichtiger als Wirklichkeit«.[3] Es gibt Beispiele, in denen Wähler vom wirtschaftspolitischen Versagen der Regierung überzeugt waren und ihr bei den Wahlen eine vermeintlich berechtigte Lektion erteilt haben, obwohl die ökonomischen Indikatoren durchaus befriedigend waren. Es gibt auch Fälle, in denen sie der Regierung eine Belohnung für Erfolge gewährt haben, die sich in der Welt nüchterner Daten nicht finden ließen.

Natürlich wäre es eine bloße Wunschvorstellung von Politikern, wollten wir annehmen, man könne, geht man es nur geschickt an, den Wählern alles erzählen. Die *individuellen Erfahrungen* der Menschen spielen eine wichtige Rolle bei ihrer Deutung des Geschehens, und diese sind sehr oft nur allzu »wirklich«: Einem Arbeitslosen[4] braucht keiner etwas über Arbeitslosigkeit zu erzählen. Aber die individuellen Erfahrungen werden in *kollektive Interpretationen* eingebettet, welche die soziale Welt bereitstellt, um dem einzelnen das Verstehen von Vorgängen zu ermöglichen. Arbeitslosigkeit ist eine Tatsache – aber worum handelt es sich eigentlich? Sie kann beispielsweise als persönliches Versagen, als kleinräumiges Schicksal einer absterbenden Krisenregion oder als Ergebnis politischer Fehleinschät-

---

[2] William I. Thomas und Dorothy Thomas: The Child in America. Behavior Problems and Programs, New York 1928, 572.

[3] Seymour Martin Lipset: »The Significance of the 1992 Elections«, PS. Political Science and Politics 26 (1993), 7-16.

[4] In diesem Beitrag und in den folgenden Beiträgen wird aus Gründen der Lesbarkeit an jenen Sprachkonventionen festgehalten, die dem männlichen Geschlecht einen gewissen Vorzug einräumen. Ich verzichte also darauf, hier von »dem bzw. der Arbeitslosen« zu sprechen, »der« bzw. »die« »seine« bzw. »ihre« Entscheidung fällt, und halte das auch mit anderen Begriffen so. Es sei aber hier ausdrücklich vermerkt, daß die weiblichen Mitglieder der Gesellschaft in solchen Formulierungen natürlich mitgemeint sind und nicht aus Nachlässigkeit »vergessen« werden. Ich ziehe aber diese einmalige und deshalb unvollkommene Erinnerung der fortwährenden Verunglimpfung der Sprache vor.

zungen und somit als politischer Skandal einer unfähigen Wirtschaftspolitik empfunden werden. Bin ich selbst schuld? Ist die Regierung schuld? Oder ist niemand schuld? Ist es *mein* oder *unser* Schicksal? Es sind nicht nur persönliche Dispositionen, die die Antwort bestimmen, sondern auch die Deutungsschemata, die im Gespräch mit den Nachbarn und bei den Gewerkschaftsversammlungen auftauchen, die bei der Betrachtung der Fernsehnachrichten geformt und die von politischen Funktionären und Zeitungskommentatoren ausgearbeitet werden. Die Bedeutung *objektiver oder struktureller Gegebenheiten* wird dabei natürlich nicht geleugnet: Unternehmer haben »objektive« Interessen an hohen Gewinnen, Arbeitnehmer an hohen Löhnen. Aber ob Arbeitnehmer eine ihres Erachtens ziemlich bescheidene Lohnerhöhung in einer ökonomisch unsicheren Situation als empörenden Machtbeweis einer ausbeuterischen Kapitalistenklasse oder als sinnvolle und zukunftskonstruktive Lohnzurückhaltung von ihrer Seite deuten, ob sie es als Versagen einer Gewerkschaft, die zur Interessendurchsetzung unfähig ist, verstehen oder als langfristig weise Politik ihrer Interessenvertreter, denen die bewiesene gesamtwirtschaftliche Verantwortlichkeit in besseren Jahren mit um so höheren Löhnen entgolten wird, das hängt nicht so sehr von der »objektiven« Lage und den wirtschaftlichen Daten, sondern in hohem Maße auch von den Paradigmen ab, die zur Deutung derartiger Ereignisse zur Verfügung stehen und die Einschätzung prägen.

Um diese Paradigmen tobt ein politischer Kampf. Bürger entscheiden nicht nach ihren »objektiven Interessen«, sie treten nicht für die »objektiv vorteilhaften Lösungen« ein, und sie setzen sich nicht nach dem Maßstab ihrer »objektiven Machtpotentiale« durch. Wähler wissen nur sehr ungenau, was ihre Interessen sind, wie diese zu verwirklichen wären und welche Alternativen denkbar sind. Im politischen Diskurs werden ihre Auffassungen und Visionen geformt. »Politics on the grand scale is not about interests but about ideas«, sagt Paul Krugman.[5] Ideen schaffen Interessen, ermöglichen Koalitionen, formieren politische Bindungen neu, begrenzen Verteilungskonflikte, verleihen Ansprüchen Gewicht, setzen Themen auf die Tagesordnung der Politik und bringen sie in die Öffentlichkeit.

Die Individuen leben in einer *gedeuteten Welt*, und selbst auf dem Gebiet des wirtschaftlichen Handelns, das in gewisser Weise zu einer

---

[5] Paul Krugman: Peddling Prosperity. Economic Sense and Nonsense in the Age of Diminished Expectations, New York und London 1994, 7.

»härteren«, »rationaleren« Wirklichkeit gehört als viele andere Lebensdimensionen, ist dies nicht anders. Man soll das freilich nicht übertreiben und auf die Fährte sozialer Konstruktivisten geraten, die nur noch eine aus den Köpfen der Menschen geborene Welt vor sich sehen. Die beiden Ebenen – die »wirkliche Wirklichkeit« und die »vorgestellte Wirklichkeit« – beeinflussen einander. Natürlich formen die Vorstellungen der Menschen die »echten« Strukturen, sie können aber auch an ihnen scheitern. Man kann den Menschen nicht Beliebiges einreden: Arbeitslosigkeit werden sie nie als großartige Sache empfinden. Illusionäre Versprechungen können an der Wirklichkeit scheitern: Man kann nicht den Wohlfahrtsstaat großzügig ausbauen und gleichzeitig die Staatsausgaben kürzen. Das glauben nicht einmal Politiker, die solches versprechen. Unmögliches bleibt unmöglich. Handlungen stoßen auf die Härten der Wirklichkeit: Arbeitnehmer, die ihre Unentbehrlichkeit leichtsinnig überschätzen, können plötzlich ohne Arbeitsplatz dastehen. Aber die beiden »Welten« – die wirkliche und die vorgestellte – sind jedenfalls nicht unproblematisch als identisch anzunehmen. Man kann sich über die wirkliche Welt irren. Aber wie immer man sie auch wahrnimmt: Sie ist immer schon gedeutet.

Wir gehen von dieser Grundidee aus, um das wirtschaftliche Geschehen der letzten Jahrzehnte, insbesondere unter dem Aspekt staatlicher Wirtschaftspolitik, unter den Aspekten von Marktwirtschaft und Wohlfahrtsstaat, von Markt und Staat, zu reflektieren. Auch der Bereich der Ökonomie – als theoretische und als wirkliche Welt – ist eine »soziale Konstruktion«.[6] Das wirtschaftliche Geschehen, politische Strategien seiner Beeinflussung, institutionelle Konfigurationen, kontinuierliche Entwicklungen und diskontinuierliche Brüche – sie haben zu tun mit wissenschaftlichen, quasiwissenschaftlichen und journalistischen Ideen und Argumenten ebenso wie mit politischen Ideologien und weltanschaulichen Bewertungen.[7] Einige Kennzeichen dieses Modells sind festzuhalten.

Erstens: Es ist keine neue Botschaft, daß Ideologien eine Rolle spielen – daß es etwa liberale Marktwirtschaftler und marxistische Plan-

---

[6] Paul C. Stern: »The Social Construction of the Economy«, Challenge 33 (1990), January-February, 38-45.

[7] Vgl. als Beispiel die Studien in Dietrich Rueschemeyer und Theda Skocpol (Hrsg.): States, Social Knowledge, and the Origins of Modern Social Policies, Princeton und New York 1996.

wirtschaftler gibt, und daß sich dazwischen noch alle denkbaren Varianten ideologischer Konstellationen finden lassen. Wollten wir aber nur von »ideologischen Strömungen« sprechen, so würden wir der Tragweite des wiederholten Perspektivenwechsels, den wir in den letzten Jahrzehnten verzeichnen können, nicht gerecht werden. Zumindest könnte mißverstanden werden, daß ja nicht nur *Wertauffassungen* der Individuen gemeint sind, die ihre Einschätzungen und ihr Verhalten prägen, sondern ihre gesamte *Wirklichkeitsauffassung* betroffen ist. Bei diesen Paradigmen, um die es dabei geht, können wir drei Bestandteile unterscheiden. Zum einen gibt es *diagnostische* Gehalte: Die Individuen entwickeln Vorstellungen darüber, wie die Maschinerie von Wirtschaft, Politik und Gesellschaft arbeitet. Sie bauen sich geistige Modelle auf von dem, was um sie herum vorgeht; kognitive Systeme, die dazu dienen, ihre Umwelt zu interpretieren.[8] Sie sehen den Wirtschaftsprozeß als »steuerungsbedürftig« oder als »harmonisch« an; sie halten stabilisierende Eingriffe für sinnvoll oder glauben, daß sie nur alles schlechter machen. Es werden also Probleme definiert und Ursachen ausfindig gemacht, und es werden Hypothesen über die Beeinflußbarkeit des Systems und die Kompetenz der Steuerungsinstanzen entwickelt. Darüber sind bekanntlich sehr unterschiedliche Auffassungen möglich. Weiters gibt es *normative* Gehalte: Die Menschen nehmen wirtschaftliche Entwicklungen hin oder konstatieren politischen Handlungsbedarf; sie halten Ungleichheiten für gerechtfertigt oder empören sich über Ungerechtigkeiten; und sie definieren ihre Identität als politische Gruppe über Wertgemeinsamkeiten. Es ist nicht selbstverständlich, ob eine Arbeitslosenrate von zehn Prozent als unerfreuliche Begleiterscheinung eines funktionierenden Systems achselzuckend hingenommen oder ob sie als politischer Skandal verstanden wird. Den einen beruhigen Daten über die Konstanz der Einkommensverteilung, weil er Aversionen gegen die gefährliche Nivellierungspolitik des Sozialstaates hat, den anderen beunruhigt der aus diesen Ziffern ersichtliche Fortbestand von Armut, weil er den politischen Anspruch erhebt, Armut sei in einer reichen Gesellschaft zu beseitigen. Schließlich gibt es *visionäre* Gehalte: Die Individuen haben Vorstellungen über Strategien und Ziele, über die erwünschte Zukunftsgesellschaft oder den drohenden Untergang der Menschheit; sie blicken mit Optimismus oder Pessi-

[8] Vgl. etwa ähnlich Arthur T. Denzau und Douglass C. North: »Shared Mental Models. Ideologies and Institutions«, Kyklos 47 (1994), 3-31.

mismus in das nächste Jahrhundert, sind voll von Erwartungen oder Befürchtungen. Den einen gelten die neuen Daten über die Erwärmung der Erdatmosphäre als Vorzeichen der Apokalypse, den anderen als Beweis der Nichtigkeit apokalyptischer Warnungen, und diese konträren Einschätzungen sind nicht allein Sache des naturwissenschaftlichen Kenntnisstandes.

Zweitens: Die Paradigmen sind keine geschlossenen oder konsistenten Denkgebäude. Wenn wir einzelne kognitive, normative und visionäre Elemente zu Paradigmen verdichten, so fügen wir in der Folge selbst ein Stück Konstruktion hinzu, heben bestimmte Aspekte heraus und spielen andere hinunter, um die Paradigmen *idealtypisch* zu schildern. Kaum ein Libertärer, der für die Demontage des Wohlfahrtsstaates eintritt, würde dulden, daß Menschen auf den Straßen verenden (obwohl man in Anbetracht der Äußerungen mancher amerikanischer Sozialwissenschaftler auch daran Zweifel hegen kann), und selbst reformistisch gesinnte Menschen, die noch eine Fülle von unerledigten Aufgaben für den Staat sehen, sind mittlerweile über die Grenzen der Staatsverschuldung besorgt. Nur wenige Umweltschützer wollen das kapitalistische System mit Stumpf und Stiel ausrotten. Wir leben in einer geistigen Welt, die sich nicht durch »Sauberkeit« auszeichnet. In Wirklichkeit überlagern, durchdringen, beeinflussen und verzerren die Paradigmen einander, und sie ringen miteinander um die Vorherrschaft in den Köpfen und Herzen der Menschen. Es ist ja auch keine verfehlte Perspektive, bestimmte sozialstaatliche Programme zu kritisieren, aber gleichzeitig den Sozialstaat für eine große Errungenschaft zu halten. Kompromisse sind wirklicher als Idealtypen, und selbst mit manchen Inkonsistenzen können die Menschen ganz gut leben. Hier geht es aber darum, die Paradigmen in möglichster Reinheit darzustellen, als jeweils für einige Jahre prägende und dominierende Ideen.

Drittens: Keines der Paradigmen hat – selbst in den Jahren seiner »Vorherrschaft« – das Denken aller Menschen völlig beherrscht. Es gibt immer solche, die nicht »einverstanden« sind. Schließlich müssen ja auch die »Gegenmodelle«, die sie irgendwann ablösen, irgendwoher kommen, aus Gruppen etwa, die mit den vorherrschenden Paradigmen niemals einverstanden waren, die ihre jeweiligen paradigmatischen »Eiszeiten« in Nischen überdauert haben. Schon mitten im keynesianischen Zeitalter hat es die libertäre Revolution in den Reihen der Ökonomen gegeben, und mitten im Fortschrittsüberschwang der sechziger Jahre hat es warnende Stimmen vor einer Überlastung der Umwelt gegeben. Aber solche konkurrierenden Theorien und Wahrnehmungen sind in Büchern, Zeitungen und Journalen versickert. Solche peripheren Auffassungen finden erst Resonanz, wenn – aus verschiedenen Gründen – ihre Zeit gekommen ist. Dann pflegt man sich zu wundern, warum man alles das, was zunächst so spektakulär klingt und wenig später zum normalen Wissensbestand des Bürgers gehört, so lange nicht gehört und gesehen hat. Trotz dieser »Gleichzeitigkeit« unterschiedlicher Strömungen hat es jeweils für die Dauer einiger Jahre Ideen gegeben, die *vorherrschend* waren und gegen die man, wenn man mit ihnen nicht einverstanden war, »antreten« mußte. Es gibt jeweils den *mainstream* und die *dissenters*. Und es gibt im Zeitablauf Akzentverschiebungen: im Zeitgeist der Populärkultur ebenso wie im Zeitgeist der Intellektuellen, im Zeitgeist der Feuilletons und der Wirtschaftsjournale ebenso wie im Zeitgeist der wissenschaftlichen Konferenzen und Seminare.

In der Folge wird eine Geschichte erzählt. Eine Geschichte, wie sich die Weltwahrnehmung der Menschen in den letzten Jahrzehnten geändert hat: ihre Wahrnehmung der wirtschaftlichen, politischen und sozialen Verhältnisse, ihre Wahrnehmung der Pflichten und Leistungen des Staates, ihre Wahrnehmung der Erfolge und Mißerfolge des Wohlfahrtsstaates. Geschichten müssen ordnen und reihen. Sie müssen plausibel machen, was verwirrend erscheint. Sie müssen einen »roten Faden« durch die Ereignisse legen. In unserer Geschichte werden sieben Paradigmen unterschieden, die die Wahrnehmung sozioökonomischer Verhältnisse in den letzten drei Jahrzehnten in den westlichen Industrieländern geprägt haben.[9] Bei den in Betracht stehenden Paradigmen handelt es sich um das *technokratische*, das *revolutionäre*, das *sozialdemokratische*, das *apokalyptische*, das *liberale*, das *pragmatische* und das *supranationale* Modell.[10]

---

[9] Ich beziehe mich in erster Linie auf die Verhältnisse in Österreich und der Bundesrepublik Deutschland. Manches ist auf andere Länder übertragbar, wie leicht ersichtlich ist, und zuweilen wird auf andere Länder, insbesondere auf die Vereinigten Staaten, direkt Bezug genommen. Die politischen Rhythmen und weltanschaulichen Moden jedoch beziehen sich auf den mitteleuropäischen Kontext, und sie müßten für die USA ein wenig anders angesetzt werden.

[10] Ich übernehme die Abfolge der Paradigmen aus meinem Aufsatz »Modelle der Wirtschaftspolitik – Erfahrungen aus den Krisenjahren und Visionen für die Zukunft«, in: Peter Gerlich und Krzysztof Glass (Hrsg.): Wege aus der Krise. Mitteleuropäische Phantasmagorien, Wien-Köln-Weimar 1993, 260-275.

1. Das technokratische Paradigma. Das Selbstbewußtsein der Experten

Wir beginnen unsere Zeitreise in den frühen sechziger Jahren, als die Welt noch in Ordnung schien. Die Nachkriegsprobleme waren überwunden, und man hatte ein befriedigendes Lebensniveau erzielen können. Man begann, den neugewonnenen Wohlstand, der in den Ruinen und Hungertagen der Nachkriegszeit so unerreichbar erschienen war, zu genießen. Die Politik empfahl sich als Garant des sicheren Weges in eine von Wohlstand und Frieden gekennzeichnete Zukunft, und so betrachteten es die Bürger der Industrieländer im schönen Einklang mit den von ihnen gewählten Politikern als Aufgabe des Staates, die Beschäftigung zu gewährleisten und die Standards der sozialen Sicherheit höher zu schrauben. Man konnte kaum glauben, daß der Wiederaufstieg so klaglos vor sich gehen würde, hatten doch gewichtige Ökonomen noch in den Kriegsjahren vorhergesagt, daß man an einer langanhaltenden Nachkriegsdepression nicht vorbeikommen würde.[11] Andere hatten Befürchtungen oder Hoffnungen darüber geäußert, daß die Ära der kapitalistischen Ordnung endgültig zu einem Ende gekommen sei. Es gab Kräfte, die eine neue Gesellschaftsordnung mit mehr Planungskompetenzen für den Staat errichten wollten, denn schließlich hatte man die Verheerungen der Weltwirtschaftskrise und ihre politischen Folgen in Erinnerung. Aber man baute letzten Endes wieder eine Marktwirtschaft auf, wenn auch mit weitreichenden sozialen Absicherungen, und die Politik machte sich an die Aufgabe, das wirtschaftliche Leben zu »normalisieren«. Erstaunlicherweise ließ sich das Projekt viel besser an, als man erwartet hatte. Später nannte man es das »Wirtschaftswunder«.

Man hatte die Weltwirtschaftskrise und ihre politischen Folgen noch gut in Erinnerung, und man wollte nicht wieder in eine solche Situation schlittern. Keynes wurde sehr bald zum Theoretiker der Stunde, mehr oder minder bewußt oder instinktiv, verstanden oder mißverstanden. Die Wirtschaftspolitiker stützten sich auf ökonomische Gesamtmodelle keynesianischer Prägung, die im universitären

---

[11] Vgl. etwa Argumente von Alvin H. Hansen: Economic Policy and Full Employment, New York 1947; ders.: After the War. Full Employment, Washington 1942; ders.: America's Role in the World Economy, New York 1945.

Bereich als ISLM-Version gehandelt wurden,[12] und sie meinten, damit den Wachstumspfad zuverlässig steuern zu können. Das Rezept war auch einfach: Der Staat solle »Gas geben«, wenn die Wirtschaft absackte, und »bremsen«, wenn sie sich überhitzte. »Gasgeben« meinte: Vermehrung der Geldmenge und Anreize durch mehr Staatsausgaben; »bremsen« meinte: Zurücknahme der Geldmenge und der Ausgaben. Das war es auch schon. Man mußte diese Instrumente nur präzise genug umsetzen. Während man mit dem Konzept noch zögerlich begonnen hatte, wuchs mit dem Erfolg das Vertrauen. Über die antizyklische Geld- und Fiskalpolitik wollten die Ökonomen gar zum *fine-tuning*, zur subtilen Feinabstimmung der ökonomischen Variablen, vorstoßen. Schließlich begann man in den sechziger Jahren die ersten Exemplare der neuartigen Wunderwerke, der Computer, zur Bewältigung dieser Aufgaben einzusetzen, und das ermöglichte es den mathematisch orientierten Ökonomen, immer umfangreichere Gleichungssysteme zu basteln und in sie immer mehr Daten hineinzustopfen. Im technokratischen Glücksgefühl wagte man bereits die Frage zu stellen, ob Konjunkturzyklen nicht schon obsolet geworden seien.[13] Es war, wie Paul Samuelson rückblickend vermerkt, *economics in a golden age*.[14] Das Selbstbewußtsein stieg unaufhaltsam.

Der *Keynesianismus* war nicht nur die beste Theorie, die man zur Verfügung hatte; er war auch der gangbare Kompromiß zwischen unvereinbaren wirtschaftspolitischen Modellen, und alle fühlten sich mit ihm wohl. Er erlaubte die Makroregulierung der Wirtschaft (die Steuerung der wirtschaftlichen Aggregate), ohne die Mikrostrukturen (die unternehmerische Entscheidungsfreiheit) anzutasten. Damit war die »Systemfrage«, die in der Zwischenkriegszeit noch unlösbar geschienen hatte, gelöst; damals standen einander feindselig zwei große politische Lager – konservative Marktverteidiger und marxistische Systemumstürzler – gegenüber: Jetzt war diese Konfrontation aufgelöst. Die staatliche Stabilisierungsleistung mußte nicht notwendig in ein umfassenderes wirtschaftliches Planungssystem, dessen Leistungsfähigkeit man mit Recht anzweifelte, münden, und der Sprung in das

[12] John R. Hicks: »Mr. Keynes and the 'Classics'«, Econometrica 5 (1937), 147-159.

[13] Martin Bronfenbrenner (Hrsg.): Is the Business Cycle Obsolete? New York 1969.

[14] Paul A. Samuelson: »Economics in a Golden Age: A Personal Memoir«, in: Gerald Holton (Hrsg.): The Twentieth Century Sciences, New York 1972.

sozialistische Paradies wurde auf unbestimmte Zeit verschoben – zumal man jenseits der Grenzen Anschauungsmaterial dafür bekam, daß die Wirtschaftsplanung theoretisch hieb- und stichfest sein mochte[15], daß sie aber in der Praxis einfach nicht funktionierte. Schließlich war man auch mitten im Kalten Krieg. Obwohl man sich also auf die kapitalistische Seite schlug, mußte man in den westlichen Ländern dennoch keinen ungebremsten, »darwinistischen« Kapitalismus zulassen, mit all seinen Risiken und seinem Elend, sondern begann, eine »soziale Marktwirtschaft« aufzubauen: ein Konzept, von dem man teils unklare, teils widersprüchliche Vorstellungen hatte.[16] Sicher war, daß es ein *domestizierter Kapitalismus* sein sollte, den man etablieren wollte. Da kam der keynesianische Kompromiß gerade recht. Mit ihm konnten alle ideologischen Lager leben. Zu Steuerungsvorstellungen, die darüber hinaus gingen, gab es wohl immer wieder Anläufe, von der *planification* bis zur *Konzertierten Aktion.*[17] Aber nur wenige Länder etablierten dauerhafte *korporatistische* Systeme, wie die Niederlande und Österreich, die einen besonderen Typus politisch-wirtschaftlicher Koordinierung darstellten.[18]

Es gab einige Zeit lang Ängste über das Vordringen der Kommunisten, die am Ziel der Weltrevolution festhielten, und es gab lange Zeit machtvolle kommunistische Parteien in Frankreich und Italien. Aber der Kalte Krieg, die große Konfrontation der Supermächte, schaffte klare Fronten. Ökonomisch hatte er die erfreuliche Folge, daß die Amerikaner sich zu dem Versuch veranlaßt sahen, die besiegten Länder mittels der Marshall-Hilfe in das westliche System zu integrieren. Allgemeiner Wohlstand, Vollbeschäftigung, soziale Sicherheit und steigender Lebensstandard erwiesen sich als die wirkungsvollsten Waffen. Länder wie Deutschland und Österreich schweißte der wirt-

---

[15] Oskar Lange und Fred M. Taylor: On The Economic Theory of Socialism, Minneapolis 1938; Derek T. Bailey (Hrsg.): Accounting in Socialist Countries, London und New York 1988.

[16] Über die ursprünglichen Ideen siehe Dieter Haselbach: Autoritärer Liberalismus und soziale Marktwirtschaft. Gesellschaft und Politik im Ordoliberalismus, Baden-Baden 1991. Vgl. auch Christian Watrin: Soziale Marktwirtschaft. Was heißt das? Paderborn 1990; Karl Georg Zinn: Soziale Marktwirtschaft. Idee, Entwicklung und Politik der bundesdeutschen Wirtschaftsordnung, Mannheim 1992.

[17] Vgl. etwa Hermann Adam: Die Konzertierte Aktion in der Bundesrepublik, Köln 1972.

[18] Vgl. Ulrich von Alemann (Hrsg.): Neokorporatismus, Frankfurt und New York 1981.

schaftliche Erfolg in das westliche Lager, er verhalf zur Aussöhnung mit den Gegnern und zur Entwicklung einer haltbaren Identität, und er war das wesentlichste Element beim Aufbau einer demokratischen politischen Kultur. Es war in der Tat ein *Goldenes Zeitalter*, in das man eintrat. Man schien die *Fortschrittsgesellschaft* im Griff zu haben.[19]

Die Vorstellung, daß alles *aufwärts* und *vorwärts* gehen mußte, begann sich angesichts der Erfolge zu festigen. Die Leistungen des Staates auf dem Gebiet der wirtschaftlichen Regulierung und Intervention schienen den Bürgern der europäischen Wohlfahrtsstaaten zunehmend selbstverständlich zu sein, und der Erfolg, der am allgemeinen Lebensstandard in den fünfziger und noch mehr in den sechziger Jahren abzulesen war, schien dieser Haltung recht zu geben. Der Staat stabilisierte und regulierte. Offenbar erfolgreich: Man konnte Wachstumsraten genießen, die im historischen Vergleich einmalig waren. Richard Nixon, ein republikanisch-konservativer Präsident, sollte verkünden: »We are all Keynesians now!« Der technokratisch angeleitete Interventionismus schien auch politisch der richtige Weg, und Wahlen wurden mit dem Slogan gewonnen: »Keine Experimente!« Nach den trüben nationalsozialistischen Erfahrungen waren die Wähler ohnehin zu den politischen Ideologien auf Distanz gegangen. Da traf es sich gut, daß Politik »versachlicht«, »objektiviert« und »technokratisiert« wurde – trotz aller politischen Alltagspolemiken, die klassenkämpferische Ressentiments nach wie vor schürten. Aber im Grunde ging die Tendenz in eine andere Richtung. Aus der Not machte man eine Tugend: Die »objektive« Technokratie, die sich freilich im Lebensalltag auf zusätzliche Pfeiler, auf intakte Traditionen, stützen konnte, wurde zur Steuerungselite. Das würde in Zukunft noch in viel größerem Ausmaß der Fall sein. Denn diese Zukunft wurde von Daniel Bell[20] als *postindustrielle Gesellschaft* gesehen, und John Kenneth Galbraith beschrieb den *new industrial state* – Bilder der Zukunft, die man auch in Europa anstaunte. Man prognostizierte, daß der tertiäre Sektor, der Dienstleistungsbereich, eine enorme Auswei-

---

[19] Raymond Aron: Fortschritt ohne Ende, Gütersloh 1970; John B. Bury: The Idea of Progress, New York 1955.

[20] Daniel Bell: The Coming of Postindustrial Society, New York 1973 (Die nachindustrielle Gesellschaft, Reinbek 1979). Siehe auch Alain Touraine: La société post-industrielle, Paris 1969 (Die postindustrielle Gesellschaft, Frankfurt a.M. 1972).

tung erfahren würde.[21] Man sah weiters voraus, daß Wissenschaft und Technik eine wachsende Bedeutung für die Bewältigung von Lebensproblemen erhalten würden und damit auch die Bedeutung von Spezialisten und Experten wachsen würde. Industrien würden auf wissenschaftlichen Erkenntnissen beruhen, Unternehmen würden zu großen Konzernen wachsen und sich vom Markt unabhängig machen.[22] Optimistische Zukunftsszenarien wurden von Herman Kahn, Anthony Wiener und anderen entworfen.[23]

Der tägliche Augenschein belegte, daß alles bestens ging. Die medizinisch-biologischen Wissenschaften verlängerten das Leben. Die Industrieländer begannen so viele Nahrungsmittel zu produzieren, daß sie nicht wußten, wohin mit den »Milchseen« und »Butterbergen«. Von den fünfziger zu den siebziger Jahren vervierfachte sich die Weltindustrieproduktion und verzehnfachte sich der internationale Handel. Zwei Jahrzehnte, nachdem die Ruinen des Krieges beseitigt waren, verfügte jeder Durchschnittsbürger über seinen Kühlschrank, die eigene Waschmaschine, das Telephon. Die »Plastikrevolution« war im Kommen. Das Wunder des Transistorradios wurde bald vom Wunder des Fernsehens übertroffen. Es begann der Massentourismus, zunächst an die europäischen Südküsten, später in weltweite Erholungszentren. Das Alltagsleben veränderte sich durch den Aufstieg vorgefertigter, chemisch behandelter und tiefgefrorener Speisen. Später kamen die Schallplatten, das Tonband, der Videorecorder, die Taschenrechner, die Digitaluhren.[24] *Zukunftswissenschaftler* – Futurologen – malten aus, wohin die technologischen Wunder noch führen

---

[21] Viktor R. Fuchs: The Service Economy, New York 1968; R. Lewis: The New Service Society, London 1973.

[22] Weitere Elemente waren: Das gesellschaftliche Leben würde durch Informationstechnik und Massenmedien geprägt sein, das Wissensniveau der Bevölkerung sich deutlich erhöhen, Freizeit und Lebensstandard würden weiter wachsen, immer mehr Menschen würden an der Gestaltung der politischen Angelegenheiten teilnehmen. Nur einige Störenfriede meinten, daß die Menschen in dieser großartigen Gesellschaft vielleicht von ihrem wahren Sein »entfremdet« würden.

[23] Herman Kahn und Anthony Wiener: The Year 2000. A Framework for Speculation on the Next Thirty-Three Years, 1967 (Ihr werdet es erleben. Voraussagen der Wissenschaft bis zum Jahr 2000, Wien-München-Zürich 1968); Paul R. Ehrlich und Anne H. Ehrlich: Population, Resources, Environment, San Francisco 1970.

[24] Vgl. Eric Hobsbawm: The Age of Extremes. A History of the World, 1914-1991, New York 1994.

würden.[25] John K. Galbraith sprach von der *Überflußgesellschaft*, George Katona von der *Gesellschaft des Massenkonsums*.[26]

Ökonomische und politische Paradigmen ergänzten einander. In den sechziger Jahren war man überzeugt, daß es hinfort noch besser gehen würde. Fruchtlose politische Diskussionen würde es in jener fabelhaft funktionierenden Gesellschaft, an deren Schwelle man zu stehen wähnte, nicht mehr geben, denn die *Experten* würden mit Sachinformationen Dispute gegenstandslos machen.[27] Selbst das Substrat der Demokratie würde in der Zukunftsgesellschaft dadurch obsolet werden, daß in einer komplexen Welt Sachentscheidungen mit planmäßig-wissenschaftlichen Methoden gefällt würden. Was übrigbleibt, ist eine *Technodemokratie*. »Der 'technische Staat'«, so meinte etwa Helmut Schelsky[28] beobachten zu können, »entzieht, ohne antidemokratisch zu sein, der Demokratie ihre Substanz. Technisch-wissenschaftliche Entscheidungen können keiner demokratischen Willensbildung unterliegen, sie werden auf diese Weise nur uneffektiv. Wenn die politischen Entscheidungen der Staatsführungen nach wissenschaftlich kontrollierten Sachgesetzlichkeiten fallen, dann ist die Regierung ein Organ der Verwaltung von Sachnotwendigkeiten, das Parlament ein Kontrollorgan für sachliche Richtigkeit geworden.« Die Rationalisierung der Welt, wie sie schon von Max Weber und Joseph Schumpeter vorhergesagt worden war[29], feiert in solcher Vision ihren höchsten Triumph: Politik, einschließlich der Wirtschaftspolitik, löst sich auf, zumindest in ihrer Eigentümlichkeit als weltanschaulich geprägter Konflikt über Ziele und Methoden. Der *technokratische Optimismus* läßt Auseinandersetzungen versiegen. Mit dem *Ende der Ideologie* ist zu rechnen, sagte Daniel Bell.[30] Das ist eine

---

[25] Ossip K. Flechtheim: Futurologie, Frankfurt 1968.

[26] John K. Galbraith: Gesellschaft im Überfluß, München und Zürich 1959; George Katona: The Society of Mass Consumption, New York 1964.

[27] Jean Fourastié: Le grand espoir du XX siècle, Paris 1950; Jürgen Frank: »Die postindustrielle Gesellschaft und ihre Theoretiker«, Leviathan, Nr.3 (1973).

[28] Helmut Schelsky: Auf der Suche nach der Wirklichkeit. Gesammelte Aufsätze, Düsseldorf-Köln 1965, 459.

[29] Joseph A. Schumpeter: Kapitalismus, Sozialismus und Demokratie, 4. Aufl., München 1975 (Capitalism, Socialism, and Democracy, New York 1942); Max Weber: Wirtschaft und Gesellschaft. Grundriß der verstehenden Soziologie, 5. Aufl., Tübingen 1976.

[30] Daniel Bell: The End of Ideology. On the Exhaustion of Political Ideas in the Fifties, Glencoe, Ill. 1960.

fabelhafte Vision: Man erspart sich nicht nur mühevolle Streitereien, man läuft auch nicht mehr Gefahr, in tödliche politische Konflikte zu geraten, an denen die erste Hälfte dieses Jahrhunderts so reich war. Experten sind der beste Schutz gegen die Irrationalitäten des öffentlichen Diskurses. Sie bieten die Chance, politische Herrschaft gänzlich aufzulösen, überflüssig zu machen, zu beseitigen. Politisch-ideologische Entscheidungen hätten keinen Sinn mehr, wenn das soziale Geschehen durch Experten mit immer größerer Eindringlichkeit analysiert werden könnte, so daß diese auch in der Lage wären, die »besten« Lösungen für gesellschaftliche Fragen zu ermitteln. Karl Mannheim hatte die Vision einer *geplanten Demokratie*.[31] Was man »ausrechnen« kann, darüber braucht man nicht zu streiten. Das war eine Gesellschaftsanalyse, die insbesondere den Experten ungemein überzeugend erschien. Wo die Ökonomen an ihre Grenzen stießen, empfahlen sich die Soziologen als Technokraten der besseren Welt. Sie hatten sich in hohem Maße den amerikanischen Pragmatismus zu eigen gemacht: konkrete Problemlösung statt abstrakter Theorie, und sie streiften traditionelle sozialphilosophische und historische Orientierungen radikal ab.[32] Sie waren davon überzeugt, nur noch wenige Gutachten von der Lösung aller sozialen Fragen entfernt zu sein, so etwa von der vernünftigen Gestaltung des *besten* Schulsystems und der Ausgestaltung des *besten* Versicherungssystems. Es konnte nur eine Frage der Zeit sein, bis man auch Armut und Not, Vorurteile und Ungleichheit endgültig besiegt haben würde.

Das sozialtechnologische Vertrauen war in diesen Jahren voll entfaltet. Das Paradigma, in dem die Welt gesehen wurde, entsprach dem *Bild einer Maschine, die von fähigen und weisen Technokraten mit steigender Präzision und Verläßlichkeit gesteuert wird. Menschliche Einsicht und wissenschaftlicher Fortschritt würden eine kompetente Steuerung der Gesellschaft erlauben, wodurch eine Zukunft mit Wohlstand, Gerechtigkeit und Glück für alle gewährleistet sei.*

Über die Ziele gab es keine Diskussion: Wachstum, Neuerungen, Wohlfahrt, Sicherheit, steigender Lebensstandard. Was sonst? Über die Machbarkeit herrschte kein Zweifel. Als bessere Computer verfügbar wurden, waren die Ökonomen vollends überzeugt, daß ihre

---

[31] Karl Mannheim: Freiheit und geplante Demokratie, Köln und Opladen 1970.

[32] Friedrich H. Tenbruck: »Deutsche Soziologie im internationalen Kontext. Ihre Ideengeschichte und ihr Gesellschaftsbezug«, in: Günther Lüschen (Hrsg.): Deutsche Soziologie seit 1945, Opladen 1979, 71-107.

diffiziler werdenden Gleichungssysteme, etwa auf den Spuren des Tinbergen-Modells, eine exakte Steuerung der wichtigen Parameter des Wirtschaftsprozesses erlauben würden.[33] Da es keine »Wunder« mehr geben konnte, konnte man dem Schluß nicht entrinnen, daß man mit dem »Wirtschaftswunder« offenbar selbst wundersame Leistungen vollbracht hatte. Ihr Selbstvertrauen trug jene, die an den Schalthebeln saßen, sicher in die siebziger Jahre – bis es in den wirtschaftlichen Störungen dieses Jahrzehnts erstarb. Dann sollte sich herausstellen, daß die Errungenschaften der Epoche eher ein Glücksfall waren und nicht so sehr auf Steuerungskompetenz beruhten – eine große Enttäuschung, gegen die man sich mit aller Macht sträubte.

2. Das revolutionäre Paradigma. Der Sprung in die neue Gesellschaft

Das »Nachkriegsmodell« war puritanisch und leistungsbetont, und seine Früchte genoß man in der *Konsumgesellschaft* der sechziger Jahre. Die Jugendlichen, die nach 1945 geboren wurden, wuchsen in jenem Reichtum auf, der ab den sechziger Jahren spürbar zu werden begann.[34] Die Erfolge der Elterngeneration erlebten sie als Selbstverständlichkeiten. Mitten in dem Aufstand gegen die Banalität der Gesellschaft, zu dem sie sich gedrängt fühlten, malten sie ihr ökonomisches Leitprinzip an die Wände: *tutto e subito* – Wir wollen alles, und wir wollen es jetzt. Damit kann man in der Tat rechnen, wenn man den Reichtum gewohnt ist. Sie spürten nicht mehr die materiellen Entbehrungen ihrer Eltern, sie spürten andere »Knappheiten«: die Unterschiede zwischen den Sonntagspredigten von der heilen Welt und den fortbestehenden Defiziten und Beengtheiten, die ihnen gerade wegen des allseitigen Wohlstands nicht mehr notwendig schienen. Sie fühlten sich unbehaglich in einer anonymer werdenden Welt, geprägt von Ungleichheit und gelähmt von Mitbestimmungsdefiziten. Die puritanische *Leistungsgesellschaft* entsprach nicht ihren Erfahrun-

---

[33] Jan Tinbergen: On the Theory of Economic Policy, Amsterdam 1952; ders.: Economic Policy. Principles and Design, Amsterdam 1956; ders.: Econometrics, Philadelphia 1951; Willy Sellekaerts (Hrsg.) Econometrics and Economic Theory. Essays in Honour of Jan Tinbergen, White Plains 1974.

[34] Helmut Fogt: Politische Generationen. Empirische Bedeutung und theoretisches Modell, Opladen 1982.

gen.[35] Aber trotz des Reichtums der Gesellschaft gab es, wie sie zunehmend wahrnehmen mußten, wenig Anstrengungen, ihre Defizite und Schönheitsfehler zu beseitigen. Die technokratische Enteignung des Politischen, mit der die Älteren so zufrieden waren, betrachtete die jüngere Generation als Trick der Herrschenden, mit dem sich alleinige Verfügungsgewalt sichern ließe. Die Hoffnung auf die Planungskraft der Technokraten wandelte sich zur Erfahrung des individuellen Verlustes von Entscheidungsräumen. Die technokratische Herrschaft wurde nicht mehr als Entlastung vom Entscheidungsdruck, sondern als Entzug des Rechts der freien Entscheidung gesehen.

Man hatte die *Bildungskatastrophe*[36] kommen sehen, und man hatte sie durch einen rasanten Ausbau des höheren Bildungswesens abgewendet.[37] Nun saßen die Massen von Studierenden auf Universitäten, die unflexible und stark hierarchische Strukturen aufwiesen. Ihr Unbehagen mußte sich entladen. Ihre Kritik entzündete sich an der fortbestehenden Rassentrennung in Amerika, an den Grausamkeiten des Vietnamkriegs und an der konservativen Sklerose der Universitäten.[38] Eine Revolte der privilegierten Kinder schwappte über die europäischen Länder. Sie brüllten Ho-ho-ho-Tschi-Minh durch die Straßen. Denn die Vordenker und Wortführer der Revolte fanden den Rahmen ihrer umfassenden Weltdeutung oft in der *marxistischen Gesellschaftstheorie*, schon allein deshalb, weil sich die Etablierten damit zuverlässig auf die Palme bringen ließen.

Da war freilich ein bißchen Anpassungsarbeit zu leisten. Denn natürlich hatten es die marxistischen Ökonomen schwer, mitten in

---

[35] David McClelland: Die Leistungsgesellschaft, 1966; Bertrand de Jouvenel: Jenseits der Leistungsgesellschaft, 1970.

[36] Georg Picht: Die deutsche Bildungskatastrophe, München 1965.

[37] Das Versagen der *Bildungsökonomie*, die ganz von dem technokratischen Planungsgeist geprägt war, wäre eine Geschichte für sich; wenig andere Bereiche der Sozialwissenschaften hatten derartige Fehlprognosen binnen kürzester Zeit zu verzeichnen. Vgl. Klaus Hüfner und Jens Naumann: Bildungsplanung. Ansätze, Modelle, Probleme, Stuttgart 1971; dies. (Hrsg.): Bildungsökonomie. Eine Zwischenbilanz. Economics of Education in Transition, Stuttgart 1969; Theodore W. Schultz: Education and Economic Growth, Chicago 1961; Hans-Peter Widmaier und Klaus Bahr: Bildungsplanung. Ansätze zu einer rationalen Bildungspolitik, Stuttgart 1966.

[38] Raymond Aron: The Elusive Revolution, London 1968; Stephen Spender: Das Jahr der jungen Rebellen, New York et.al. 1969; Christopher Driver: The Exploding University, 1971.

der sich ausbreitenden Konsumgesellschaft mit der *Verelendung* der Arbeiterklasse zu argumentieren. Diese hatte längst mehr zu verlieren als ihre Ketten. Und den Soziologen entglitt das potentielle Subjekt der Revolution, die *Arbeiterklasse*, immer mehr. Wer sich nicht allzu enge Scheuklappen anlegen ließ, der konnte beim besten Willen keine revolutionäre Arbeiterklasse mehr erkennen (die meisten »kritischen« Sozialwissenschaftler sollten allerdings noch zwei Jahrzehnte brauchen, bis sie sich von den Klassentheorien endgültig zu verabschieden vermochten). Da war nur eine nivellierte Mittelstandsgesellschaft. Also mußte man mit großer Beherztheit die ökonomisch-politischen Bestandteile der marxistischen Lehre uminterpretieren, um das Überleben des *Spätkapitalismus*, der schon längst hätte zusammenbrechen sollen, zu erklären. Im *staatsmonopolistischen* Modell wurde etwa erklärt, daß die Kapitalistenklasse den Staat zwar nicht fest im Griff habe, daß aber der Staat die *allgemeineren* Interessen der Kapitalisten vertrete, selbst dort, wo er vordergründig *gegen* die Unternehmer handle. Er sei sehr wohl in der Lage, den Wirtschaftsprozeß im Interesse des Kapitals zu steuern, verschärfe aber dadurch langfristig die Krise des Systems. Damit hatte man endlich eine Theorie, die gegen die Sprünge der Realität immun war. Auch die alte *Imperialismustheorie* – auf den Spuren von Lenin, Luxemburg und Hobson – wurde wieder aufgewärmt, um das Problem der Entwicklungsländer mit dem Rätsel des Erfolges der Industrieländer zu verknüpfen: Der Kapitalismus könne nur durch die immer weiter vorangetriebene Ausbeutung der unterentwickelten Länder überleben.[39] Da die Reste der Kolonialreiche mittlerweile aufgelöst wurden und militärisch-offensichtliche Gewalt der kapitalistischen Länder nicht mehr sichtbar war, mußte man auf subtilere Argumentationen, etwa über die *strukturelle Gewalt*, zurückgreifen, um die fortbestehende Unterdrückung und Ausbeutung dieser Länder zu erklären.[40]

Aber für die Studenten und Intellektuellen bot die marxistische Theorie noch einen entscheidenden Vorteil. Sie bot die Erklärung, daß sich im *persönlichen* Unbehagen etwas *Allgemeineres* widerspiegeln mußte. Wenn man sich miserabel fühlte, erkannte man dies als Schuld einer deformierten Gesellschaft. Die persönlichen Erfahrun-

---

[39] John A. Hobson: Imperialism, London und New York 1902; Rosa Luxemburg: Die Akkumulation des Kapitals, Berlin 1913; Paul Prebisch: The Economic Development of Latin America and Its Principal Problems, New York 1955.

[40] Johan Galtung: Strukturelle Gewalt, 2. Aufl., Reinbek b.H. 1977.

gen erhielten eine gemeinschaftliche Interpretation. Man grub die alten Schriften aus, und sie gaben die Themen vor. Auch hier war freilich einiger Anpassungsbedarf, und die Theorie wurde für den Erfahrungsbereich der Studierenden durch die intellektuellen Führer der Studentenbewegung, durch Denker wie Ernst Bloch, Max Horkheimer, Theodor Adorno und Herbert Marcuse, adaptiert. Dabei blieb zuweilen vom klassischen Marxismus nicht viel mehr übrig als verquälte Uminterpretationen.[41] Man möbelte das Selbstbewußtsein der Studenten dadurch auf, daß man *sie* – und nicht mehr die zerbröselnde Arbeiterklasse – zum Träger der historischen Veränderungen erklärte. Man machte aus der ökonomischen Theorie eine Kulturtheorie: Die Luxusgesellschaft produziere *eindimensionale Menschen*; die *Massenkultur* verhindere die Emanzipation; die *Rationalität* der modernen Welt sei versteckte Repression; – alles wegen der kapitalistischen Ausbeutung. Die Technokratie war nicht Aufhebung, sondern Verschleierung der Herrschaft. Die Experten waren Exekutoren grauer Mächte im Hintergrund, die es zu entlarven galt.

Das technokratische Kontrastbild läßt es plausibel erscheinen, daß die *Kritische Theorie* solchen Anklang fand: Sie war in der Tat der letzte Ort in der sozialwissenschaftlichen Szene, an dem die »großen Fragen« gestellt wurden, an dem man über die Richtung, in welche sich die Gesellschaft bewegte, grübelte. Die Philosophen plagten sich mittlerweile mit der Wissenschaftslogik ab. Die Sozialphilosophen waren an den Rand des wissenschaftlichen Geschehens gedrängt. Die Soziologen hatten sich der »modernen Wissenschaft«, die aus Amerika kam, das heißt der handsamen Umfrageforschung, ergeben. Daß sie dabei feststellten, daß sich die Sexualmoral aufzulösen begann, war zwar unterhaltsam und sorgte für manche Aufregung, beantwortete aber nicht die Frage *what it is all about*. Die Studentenunruhen waren keine ökonomische oder politische Erscheinung, sondern eine kulturelle: Die Studierenden erhielten auf ihre »großen Fragen« nicht einmal den Versuch einer Antwort. »Große Fragen« wurden schlicht für sinnlos gehalten, und eben deshalb wurden sie von der Jugend gestellt.

---

[41] Theodor W. Adorno und Max Horkheimer: Dialectic of Enlightenment, New York 1972; Theodor W. Adorno: Negative Dialektik, Frankfurt 1966; Herbert Marcuse: Der eindimensionale Mensch, Neuwied 1967. – Daran schließen die Schriften von Jürgen Habermas an: Theorie und Praxis, 4. Aufl., Neuwied 1971; Erkenntnis und Interesse, 7. Aufl., Frankfurt 1983; Technik und Wissenschaft als »Ideologie«, 5. Aufl., Frankfurt 1971.

Nun ging es freilich nicht um klare Alternativen von der Sorte: Marktwirtschaft versus Planwirtschaft. Es war trotz der hitzigen marxistischen Debatten in den meisten Fällen nicht das Modell der *planwirtschaftlichen Länder*, das den revoltierenden Studenten und ihren Mentoren attraktiv erschien. Über deren ökonomischen Entwicklungsrückstand und politisch-totalitären Charakter konnten sie nur schwer hinwegsehen, auch wenn manche die Gleichsetzung von Faschismus und Stalinismus – im Begriff des *Totalitarismus* – entschieden ablehnten, weil doch das marxistische System die »Logik der Geschichte« auf seiner Seite habe und eine »Erziehungsdiktatur« etwas ganz anderes sei als eine »Beharrungsdiktatur«.[42] Aber man bemühte sich nicht überaus intensiv, seriöse Informationen über die »Länder des realen Sozialismus« zu sammeln. Man betrachtete diese Länder gewissermaßen als »entartete Brüder«, als eine fortbestehende, doch zeitweilig sistierte Option auf eine bessere Zukunft, in ihren wahren Möglichkeiten vorderhand beeinträchtigt durch ihren Belagerungszustand, in dem sich alle kapitalistischen Aggressoren vereinten. Aber die Reform im Westen, die den stalinistischen Weg vermeiden sollte, durfte für die vielen K-Sekten, die sich entwickelten und wechselseitig heftig bekämpften, auch nicht ein *verwaschener Sozialdemokratismus* sein, der keinen Ausweg aus den Reservaten der »eindimensionalen Menschen« bot. Man war sich sicher, daß der Staat viel kräftiger in die Gesellschaftsgestaltung eingreifen müsse; aber natürlich nicht der repressiv-kapitalistische Staat, dessen Wohlfahrtsstaatlichkeit bloßer Betrug und Verrat der Zukunft sei, sondern ein neuer, demokratischer Staat.

Basisdemokratie wurde zum einzig zulässigen Verfahren der Entscheidungsfindung erklärt, Gesellschaftsveränderung wurde propagiert: hin zu einer Gesellschaft des Friedens und der Gerechtigkeit, der Selbstentfaltung und des Wohlstands, in der alle Widersprüche aufgehoben wären. Demokratie und Sozialismus wurden eins, die bloß *formale Demokratie* zu einer defizitären Abart der »wahren Demokratie« erklärt. Modelle eines *»dritten Weges«* wurden kolportiert[43], ein *»Sozialismus mit menschlichem Antlitz«* beschworen. Das

---

[42] Vgl. zum Beispiel Werner Hofmann: Grundelemente der Wirtschaftsgesellschaft. Ein Leitfaden für Lehrende, Reinbek b.H. 1969, 117f. – Vgl. dagegen Karl Dietrich Bracher: Die totalitäre Erfahrung, München und Zürich 1987.

[43] Roger Garaudy: Die Alternative. Ein neues Modell der Gesellschaft jenseits von Kapitalismus und Kommunismus, Reinbek b.H. 1974.

Gespenst des *»Eurokommunismus«* ging in Europa um.[44] In alter Tradition fand man ersehnte Paradiese in fernen Ländern, deren Exotik alle Bedenken hinwegwischte: Die Plakate attraktiver Revolutionsführer hingen in den Studentenzimmern, und das kleine rote Büchlein, das die in den Alltag verlängerte Dauerrevolution predigte, lag auf den Schreibtischen. Um einen Hauch von Revolution zu schnuppern, vertrieb man sich die Zeit, indem man Rektoratszimmer besetzte. Scharen von Sozialwissenschaftlern wandten sich jener »politischen Ökonomie« zu, die in einschlägigen Buchreihen, die sowohl Wellenreiter wie auch Schaumschläger der intellektuellen Moden waren, die vielfältigsten Interpretationen fand. Da gab es das *Kapital zum Selbststudium*[45], Bekenntnisschriften vom Typus *Warum ich Maxist bin*[46] und Neudeutungen der marxistischen Theorie von Ernest Mandel über Paul Sweezy bis James O'Connor – viel Stoff für Seminare.[47] Gedruckt wurde, was kritisch klang und sich progressiv gebärdete.[48] Das neue, dem technokratischen entgegengesetzte Paradigma, das die Perspektive vieler Jugendlicher prägte, war: *Die moderne kapitalistische Welt sei eine repressive und ausbeuterische Struktur, die Menschheit und Kultur verdürbe im Interesse einer herrschenden Klasse. Das kapitalistische System sei dem Untergang geweiht, und es müsse durch eine sozialistische Gesellschaft abgelöst werden.*

---

[44] Santiago Carillo: Eurocommunism and the State, London 1977; Ernest Mandel: From Stalinism to Eurocommunism, Kondon 1978; Joachim Matthes (Hrsg.): Sozialer Wandel in Westeuropa, Frankfurt-New York 1983; G. Urban (Hrsg.): Eurocommunism. Its Roots and Future in Italy and Elsewhere, London 1978.

[45] Erhart Löhnberg: Das Kapital zum Selbststudium. Eine Einführung in das Hauptwerk von Karl Marx, 2 Bde., Frankfurt a.M. 1975.

[46] Fritz J. Raddatz (Hrsg.): Warum ich Marxist bin, Frankfurt a.M. 1980 (erstmals 1978).

[47] Paul A. Baran und Paul M. Sweezy: Monopolkapital. Ein Essay über die amerikanische Wirtschafts- und Gesellschaftsordnung, Frankfurt 1973; James O'Connor: Die Finanzkrise des Staates, Frankfurt 1974.; Ernest Mandel: Marxist Economic Theory, New York 1968; ders.: The Revolutionary Potential of the Working Class, 2nd ed., New York 1974; ders.: Late Capitalism, London 1972.

[48] Lyman Tower Sargent: New Left Thought. An Introduction, Homewood, Ill. 1972.

3. Das sozialdemokratische Paradigma. Der reformistische Optimismus

Die »Revolte der verwöhnten Kinder« schreckte die westlichen Industrieländer. Aber diese geistige Strömung war weder verallgemeinerungsfähig noch dauerhaft. Auch der Eurokommunismus erwies sich als kurzlebige Blüte. Die radikaleren Varianten gesellschaftlicher Reform blieben auf Intellektuellenzirkel beschränkt, und die Studenten erreichten ihr Ziel, die Verbrüderung mit der »Arbeiterklasse«, nirgends – letztlich nicht einmal in den Maitagen des Jahres 1968 in Frankreich, jenem Land, wo Intellektuellen, Schriftstellern und Schauspielern das Herz sehr weit links zu schlagen pflegte. Die »Arbeiterklasse« erwies sich als widerspenstig. Was an Attraktivität von der »großen Alternative« jenseits des Eisernen Vorhangs geblieben war, schwand nach dem Einmarsch der sowjetischen Truppen in die Tschechoslowakei. Manche linken Gruppen glitten in den *Terrorismus* ab – verfügt man über die historische Wahrheit, kann es keine Kompromisse geben. Europäische Großstädte wurden als Dschungel imaginiert. Das hinderte Intellektuelle wie Sartre oder Foucault nicht daran, in Baader und Meinhof antifaschistische Widerstandskämpfer zu erblicken.[49] Andere starteten ihre bürgerliche Karriere, gerechtfertigt durch die Notwendigkeit eines »Marsches durch die Institutionen«, und da es meist intelligente Menschen waren, machten sie rasch Karriere. Das änderte ihr Weltbild: Marx hatte schon recht gehabt mit dem Verhältnis von materiellem Sein und gesellschaftlichem Bewußtsein. Die Bewegung schmolz unglaublich rasch dahin, und nicht einmal die wirtschaftlichen Turbulenzen in der Mitte der siebziger Jahre führten zu einer Wiederbelebung des sozialistischen Denkens dieser Prägung. Viel von ihrem Engagement sollte später in die grün-alternative Bewegung einsickern.

Aber ein *diffuses sozialdemokratisches Lebensgefühl* durchdrang die Gesellschaft, mit modernisierenden und liberalisierenden Wirkungen in vielen Lebensbereichen – Recht, Familie, Kunst, Frauen, Wissenschaft. Die höheren Bildungswege öffneten sich Mädchen und Kindern aus unteren Sozialschichten. Die Erziehung wurde »liberaler«, die Umgangsformen wurden weniger autoritär. Man ließ sich leichter

[49] Henning Ritter: »Auf dem Rückweg von der Politik«, Kursbuch 104, Juni 1991, 13-21.

scheiden und ging weniger in die Kirche. Das Sexualverhalten liberalisierte sich, Gesetze gegen die Abtreibung wurden in vielen Ländern gemildert oder beseitigt. Die *Jugendkultur* boomte[50] – und wurde rasch als gewinnträchtiger Absatzmarkt erkannt. In ihr wurde die kulturelle Hegemonie der USA – von den Jeans bis zur Musik – deutlich. Aber insgesamt galt: *Der Zeitgeist stand links.*

Es waren neue Erfahrungen, bis tief hinein in das Alltagsleben. Das neue Lebensgefühl verhalf sozialdemokratischen Parteien zu manchen Wahlerfolgen. Die *»Demokratisierung aller Lebensbereiche«* wurde angekündigt, »mehr Gleichheit«, »mehr Partizipation«, »mehr Solidarität« – zumindest im Rahmen und durch Reformen der bestehenden Gesellschaft – wurden verlangt.[51] Es gab erstmals nicht nur die technokratische Verschwiegenheit in jenen Vorgängen, die in Ministerien und Verbänden abliefen, es gab eine *programmatische Technokratie*: Parteien versammelten ihre Experten (mit besonderer Vorliebe auch parteiunabhängige Experten) und ließen sie ellenlange Programme schreiben. Die Anhäufung von *Reformen* erklärte man zur *Revolution* und wahrte so die semantische Brücke zu radikaleren Gruppen. Gerechtigkeitsanliegen wurden zur Grundvoraussetzung einer demokratischen Ordnung erklärt. Der Staat wurde zum Adressaten dieser Veränderungswünsche. Die Ausweitung der Staatsaktivitäten und des Staatsanteils am Sozialprodukt wurde für wünschenswert und selbstverständlich gehalten, der Wohlfahrtsstaat kräftig ausgebaut.[52] Jetzt erst setzte die *Konsumgesellschaft*, die wirkliche kapitalistische Revolution, mit voller Wucht ein und brachte in Arbeiterwohnungen Güter, die vorher nur für Könige zugänglich gewesen waren. Alle hatten Autos. Alle hatten Fernsehen. Alle fuhren auf Urlaub.[53]

---

[50] Eric J. Hobsbawm: The Jazz Scene, New York 1993.

[51] Fritz Vilmar: Strategien der Demokratisierung, 2 Bde., Darmstadt und Neuwied 1973; Ulrich von Alemann (Hrsg.): Partizipation – Demokratisierung – Mitbestimmung, Opladen 1975; Martin Greiffenhagen (Hrsg.): Demokratisierung in Staat und Gesellschaft, München 1973.

[52] Manfred G. Schmidt: Sozialpolitik. Historische Entwicklung und internationaler Vergleich, Opladen 1988.

[53] Es waren natürlich nicht wirklich alle, denen die vollen Segnungen der Konsumgesellschaft zuteil wurden. Aber in den europäischen Staaten wurden die Verlierer durch den Ausbau der wohlfahrtsstaatlichen Systeme aufgefangen, und in den USA war man in den sechziger Jahren so nahe am *American Dream*, wie das später nie wieder der Fall sein sollte.

Keynesianismus, Wohlfahrtsstaat und Wachstum – das wurde zum angewandten, moderaten, eben westlichen *Sozialismus*. Der Keynesianismus wurde zur sozialdemokratischen Hausideologie, und er wurde als doppelte Botschaft mißverstanden: Die eine war, daß die Regierung in jedem Fall die Vollbeschäftigung zu sichern habe; die andere war: *budget balance does not matter*.[54] Also stabilisierte man und baute die Wohlfahrtsprogramme kräftig aus, ohne Bedenken und ohne Grenzen. Selbst in den frühen siebziger Jahren, in der Hochkonjunktur, stieg die Staatsverschuldung, weil man die bessere Gesellschaft ohne Verzug realisieren wollte. Das war schon mehr optimistische als keynesianische Wirtschaftspolitik. Schon wenig später sollte man erkennen, daß die Regierung gar nicht in der Lage war, die Vollbeschäftigung zu sichern, und daß das Budgetdefizit sehr wohl von Bedeutung war.

Was aber die frühen siebziger Jahre prägte, war nicht die Vision des »großen Sprunges« in eine gänzlich andere Gesellschaft, sondern ein reformistisches Paradigma: *Durch entschlossene Reformen kann eine humane Welt im Rahmen einer marktwirtschaftlichen Ordnung geschaffen werden, und zwar durch einen demokratischen und partizipativen Wohlfahrtsstaat, der allen Individuen Chancengleichheit gewährleistet und ein gewisses Maß an Redistribution bewerkstelligt. Der Staat kann das, und der Wirtschaftsprozeß ist im wesentlichen steuerbar und veränderbar.*

Dieses Bewußtsein der frühen siebziger Jahre war im Grunde grenzenlos, denn es setzte eine unbegrenzte Veränderbarkeit der sozialen Gegebenheiten voraus. Es war technokratisch, denn kaum jemand hegte Zweifel daran, daß entschlossene Politik in der Lage wäre, die gewünschte Zukunftsgesellschaft zu gestalten. Und es war verblendet, denn es applaudierte dem unbegrenzten Anwachsen der Staatsaufgaben, ja selbst noch dem dauernden Wachstum der Schulden. Der Staat, so meinte man, braucht Ressourcen, um zu stabilisieren, und er braucht Ressourcen, um eine gerechtere, gleichere Gesellschaft zu verwirklichen. In der praktischen Politik wurde die wirtschaftliche Stabilisierungsaufgabe in die plakative Formel gefaßt: »lieber Schulden als Arbeitslose«. Am Ende der siebziger Jahre, als die Glücksphase vorüber war, hatte man freilich beides. Doch die in besseren Zeiten er-

---

[54] James M. Buchanan und Richard W. Wagner: Democracy in Deficit. The Political Legacy of Lord Keynes, New York 1977.

worbene Geisteshaltung wirkte lange nach. Politiker verstanden sich als Geldverteiler.

4. Das apokalyptische Paradigma. Das drohende Ende der Menschheit

Dem Staat wurde in den sechziger und den beginnenden siebziger Jahren ein großes Maß an Vertrauen entgegengebracht, wie die bislang erörterten Modelle, das technokratische, das revolutionäre und das sozialdemokratische, allesamt zeigen: Es wurde ihm nicht nur *Allkompetenz*, sondern beinahe *Allmacht* zugeschrieben.[55] Natürlich gab es auch Kritiker dieses Geschehens, aber man ignorierte sie. In einer Gesellschaft, in der alle Keynesianer waren, las niemand Friedrich von Hayek.

Aber die Machbarkeitsvorstellungen sind in der Mitte der siebziger Jahre zerbrochen, und ein neues Paradigma begann sich zu entwickeln. Denn angesichts der durch den Ölschock ausgelösten Wirtschaftskrise waren die Menschen mit der Hilflosigkeit der wirtschaftspolitischen Instanzen konfrontiert, und diese Ratlosigkeit stand in krassem Gegensatz zu den überhöhten Kompetenzbehauptungen der Jahre zuvor. Es wurde in den Krisen deutlich, daß die sechziger Jahre ein schlichter Glücksfall gewesen waren, nicht das Ergebnis enorm gestiegener technokratischer Kompetenz. Es wurde anhand der Misere der Wirtschaftspolitik deutlich, daß sozialdemokratische Reformen nur eine »Schönwetterpolitik« gewesen waren: zur bequemeren *Ausgestaltung*, nicht zur grundlegenden *Umgestaltung* einer reichen Gesellschaft. Es wurde in der Ölkrise 1973/74 deutlich, daß die Club of Rome-Warnungen, in denen die *Grenzen des Wachstums*[56] verkündet

---

[55] Kurt Eichenberger: »Der geforderte Staat. Zur Problematik der Staatsaufgaben«, in: Wilhelm Hennis, Peter Graf Kielmansegg und Ulrich Matz (Hrsg.): Regierbarkeit. Studien zu ihrer Problematisierung, 2 Bde., Stuttgart 1977/79, Bd. I, 103-117.

[56] Dennis Meadows, Donella Meadows, Erich Zahn und Peter Milling: Limits of Growth, 1972 (Die Grenzen des Wachstums. Bericht des Club of Rome zur Lage der Menschheit, Reinbek b.H. 1973). Vgl. die weiteren Berichte M. Mesarovic und E. Pestel: Menschheit am Wendepunkt, Reinbek b.H. 1975; Jan Tinbergen: Der RIO-Bericht an den Club of Rome. Wir haben nur eine Zukunft. Reform der internationalen Ordnung, Opladen 1977; Ervin Laszlo u.a.: Goals of Mankind. A

wurden, berechtigt waren. Denn es gab Tage, an denen man sich an den Tankstellen anstellen mußte, und dann gab es nur begrenzte Kontingente an Treibstoff. In einigen Ländern wurden gar »autofreie Tage« eingeführt. Ein Staatschef empfahl seinen Bürgern die Naßrasur, um Strom zu sparen. Die Erschöpfung der Ressourcen kam in den Erfahrungsbereich der Menschen. Natürlich konnten sie nicht durchschauen, daß die Erlebnisse in der Folge der Ölkrise nicht wirklich mit der Erschöpfung der Ressourcen, sondern mit politisch-ökonomischen Veränderungen wie einer Oligopolbildung auf dem Weltölmarkt zu tun hatten.

Die Serie der Umweltskandale begann in der zweiten Hälfte der siebziger Jahre ins Rollen zu kommen, auch deshalb, weil man nun zu messen begann, was vorher niemanden interessiert hatte. Das Umweltproblem wurde zu einem aktuellen politischen Thema, nicht zuletzt durch die Mithilfe grün-alternativer Bewegungen. Es wurde rasch mit dem Energiethema verbunden und ging über in kritische Diskussionen über Ressourcen, Emissionen, Landschaft, Nahrungsmittel, Verkehr und Technik.[57] Einzelne ökologische Argumente wurden zu einem neuen Paradigma verdichtet. Denn tatsächlich hatte die Wiederaufbauzeit, auf die man so stolz gewesen war, in mancher Hinsicht auch einem Vernichtungsfeldzug geglichen: Eine neue, industrielle Großarchitektur hatte gewachsene Stadtlandschaften verschandelt. Autobahnen hatten Seelandschaften ruiniert. Die Industrialisierung der Landwirtschaft ließ Sorge über die Gesundheitsverträglichkeit von Nahrungsmitteln wachsen. Die Kritik an einzelnen Problemen erweiterte sich rasch zur Kritik an der modernen Wirtschaftsgesellschaft, an der *Megamaschine* der Moderne, überhaupt,[58] die der

report to the Club of Rome on the New Horizons of the Global Community, New York 1977; u.a.

[57]Karl-Werner Brand (Hrsg.): Neue soziale Bewegungen in Westeuropa und den USA. Ein internationaler Vergleich, Frankfurt und New York 1985; ders.: Neue soziale Bewegungen. Entstehung, Funktion und Perspektive neuer Protestpotentiale. Eine Zwischenbilanz, Opladen 1982; Wilhelm P. Bürklin: Grüne Politik. Ideologische Zyklen, Wähler und Parteiensystem, Opladen 1984; Bernd Guggenberger: Bürgerinitiativen in der Parteiendemokratie, Stuttgart 1980; Peter Cornelius Mayer-Tasch: Die Bürgerinitiativbewegung. Der aktive Bürger als rechts- und politikwissenschaftliches Problem, Reinbek b.H. 1985.

[58]F. Schumacher: Rückkehr zum menschlichen Maß. Small is Beautiful, Hamburg 1977; Ivan Illich: Selbstbegrenzung. Eine politische Kritik der Technik, Hamburg 1975.

Antiquiertheit des Menschen nicht angepaßt sei.[59] Das neue Paradigma wuchs über die Gruppen seiner »Gläubigen« hinaus, es brachte Mißtrauen in die breite Bevölkerung: *Die Geschichte der Moderne wurde zu einer Verlustbilanz, zu einer Geschichte der Verwüstungen und Vernichtungen. Was man als Fortschritt verstanden hatte, war Dummheit, Unbesonnenheit und Rücksichtslosigkeit. Technik und Wissenschaft sind Instanzen, die in den Untergang führen. Erstmals in der Geschichte sind wir mit der Möglichkeit konfrontiert, daß sich die Menschheit selbst vernichtet, und nur eine radikale Umkehr kann uns retten.*

Der Untergang der Welt schien, wie die Computerszenarien deutlich machten, besiegelt. Man konnte sich allenfalls noch aussuchen, an welcher Art von Desaster die Welt im Verlaufe des kommenden Jahrhunderts ihr Ende finden müßte. Mit den Simulationsmodellen schlugen die Alternativen die Technokraten mit ihren eigenen Waffen. Vor diesen Aussichten verblaßten die Konflikte, die kurz vorher noch viele Menschen bewegt hatten. Was rührt einen ein bißchen mehr oder weniger universitäre Mitbestimmung, wenn das Überleben der Menschheit zur Debatte steht? Weder das technokratische noch das sozialdemokratische Paradigma hatte die *Industriegesellschaft* in Frage gestellt, und genau diese wurde jetzt als fundamentaler Irrtum kritisiert. Die bisherigen Paradigmen hatten sich mit jenem Wachstum arrangiert, das im apokalyptischen Paradigma als verderblich dargestellt wurde. Der Jubel der Futurologen: »Ihr werdet es erleben«[60] klang nur noch als Drohung im Ohr.

Wenn die Moderne – Technik, Vernunft, Fortschritt – Probleme schafft, liegt es nahe, zur Vormoderne zurückzukehren, und so begannen sich typisch reaktive Strömungen zu entwickeln. *Romantische Traditionen* der Kritik an der Moderne und an der Industriegesellschaft, die aus dem frühen 19. Jahrhundert stammten und an der Wende zum 20. Jahrhundert neue Resonanz gewonnen hatten, wurden wieder aufgenommen.[61] Die *zukunftsorientierten* Visionen wurden durch *vergangenheitsorientierte* ersetzt. Ihre Stichworte waren:

---

[59] Günther Anders: Die Antiquiertheit des Menschen, 2 Bde., München 1987 (erstmals 1956).

[60] Herman Kahn und Anthony J. Wiener: Ihr werdet es erleben. Voraussagen der Wissenschaft bis zum Jahr 2000, Wien, München und Zürich 1968.

[61] Thomas Kluge: Gesellschaft, Natur, Technik. Zur lebensphilosophischen und ökologischen Kritik von Technik und Gesellschaft, Opladen 1985; Rolf Peter Sieferle: Fortschrittsfeinde? Opposition gegen Technik und Industrie von der Romantik bis zur Gegenwart, München 1984.

Selbstverwaltung, *small is beautiful*, Vernetzung, Einordnen statt Machen, Kreisläufe statt Beherrschung, Natürlichkeit statt Künstlichkeit, Harmonie statt Durchsetzungskraft, Spontaneität statt Formalismus, Emotionalität statt entfremdeter Vernunft, Kommunikation statt Anonymität – einfach: Widerstand gegen die Tendenzen einer »Kolonialisierung der Lebenswelt«.[62] Experten machen die Menschen unmündig, verkündete Ivan Illich seinen Jüngern.[63] Abendländische Rationalität ist entfremdend und totalitär, fügte Paul Feyerabend hinzu.[64] Viele beteiligten sich an dem Vorhaben, eine »Gegenkultur«[65] zu entwerfen. Der Selbstentfaltungs- und Selbstverwirklichungsgedanke, der im Widerstand gegen die überwältigende Maschinerie des Wirtschaftssystems betont wurde, entsprach auch den individuellen Erfahrungen der jüngeren Generation, die im Sinne einer liberaleren, manchmal gar *antiautoritären* Pädagogik erzogen worden war.[66] Sie waren die Kerngruppen des Wandels zu *postmaterialistischen* Werten, den die Soziologen vermuteten und freudig begrüßten, weil es sich eben um die Werte einer wirtschaftlich gutgestellten oberen Mittelschicht und somit um ihre eigenen Werte handelte.[67] Manche zogen sich auf unrentable Bauernhöfe zurück, um dort eine Subsistenzökonomie zu beginnen, andere schlossen sich in genossenschaftlichen Handwerksläden und Bioläden zusammen – Projekte, die im großen und ganzen an den praktisch-ökonomischen Folgen eines geschönten, aber unrealistischen Menschenbildes scheiterten.

[62] Jürgen Habermas, Jürgen: Theorie des kommunikativen Handelns, 2 Bde., Frankfurt 1981; Jörg Bopp: Wir wollen keine neuen Herren. Streitschriften zur Jugend- und Psycho-Szene, Frankfurt 1982.

[63] Ivan Illich: Fortschrittsmythen, Reinbek b.H. 1983.

[64] Paul K. Feyerabend: Science in a Free Society, 1978 (Erkenntnis für freie Menschen, Frankfurt 1979); ders.: Against Method, 1974 (Wider den Methodenzwang, Frankfurt 1976).

[65] Theodore Roszak: The Making of a Counter Culture. Reflections on the Technocratic Society and Its Youthful Opposition, 1968/69 (Gegenkultur. Gedanken über die technokratische Gesellschaft und die Opposition der Jugend, Düsseldorf und Wien 1971).

[66] Alexander Sutherland Neill: Theorie und Praxis der antiautoritären Erziehung. Das Beispiel Summerhill, Hamburg 1971; Everett W. Reimer: School is Dead, New York 1971; Ivan Illich: Deschooling Society, New York 1971.

[67] Ronald Inglehart: The Silent Revolution. Changing Values and Political Styles Among Western Publics, Princeton 1977; ders.: Kultureller Umbruch. Wertewandel in der westlichen Welt, Frankfurt-New York 1989; Manfred Prisching: »Grenzen des Wertwandels. Kontinuität und Diskontinuität in kulturellen Veränderungsprozessen«, Schweizerische Zeitschrift für Soziologie 12 (1986), 49-76.

Die Romantisierung der Welt kann im Grunde kein ökonomisches Projekt sein. Aber die Ökonomen hatten auch nicht viel Neues anzubieten. Sie wendeten ihre alten Werkzeuge auf die *Energieökonomie* und die *Ressourcenökonomie* an, und sie steckten nun mehr Arbeit in *Externalitäten* und andere Modelle des *Marktversagens*. Bis die politischen Träger, ob auf der etablierten oder der oppositionellen Seite, zu verstehen begannen, was mit »Emissionszertifikaten« und »Voucher-Modellen« gemeint war, sollten etliche Jahre vergehen. Das konnte die apokalyptischen Strömungen natürlich nicht befriedigen. Sie begannen über das radikalere Modell eines *Nullwachstums* zu diskutieren: darüber, ob die moderne Industriegesellschaft als *statisches* System überhaupt aufrechtzuerhalten sei.[68] Das brach mit allen Traditionen der letzten Jahrhunderte, die doch die Endlosigkeit der wirtschaftlichen Entwicklung vorausgesetzt und die Dynamik des Systems als seinen eigentlichen Vorzug – und als Mechanismus politischer Befriedung[69] – verstanden hatten. Die akademischen Ökonomen waren freilich kaum willens, sich mit diesem Kinderkram zu befassen, und die Politiker der großen Parteien wußten, daß sie mit einer Nullwachstumsgesellschaft bei dem überwiegenden Teil ihrer Wählerschaft nicht landen konnten. Sie blieben auf Wachstumskurs und argumentierten, man brauche *mehr*, nicht *weniger* Wachstum, um all die ökologischen Aufgaben anzupacken, die nun – ziemlich widerwillig – auf die politische Agenda kamen. Einer der neuen Slogans war etwa der von der *ökosozialen Marktwirtschaft*.[70] Dennoch war das reformistische Paradigma im Grunde zerbrochen: Die sozialdemokratisch-reformistische Vision konnte dem Perspektivenwechsel nicht standhalten, denn sie war an eine staatlich angeleitete *Vorwärtsstrategie* – immer höhere Einkommen und soziale Sicherheit – gebunden.

---

[68] Mancur Olson und Hans H. Landsberg (Hrsg.): The No-Growth Society, London 1975; Ezra Mishan: Die Wachstumsdebatte. Wachstum zwischen Wirtschaft und Ökologie, Stuttgart 1980; Klaus von Beyme u.a.: Wirtschaftliches Wachstum als gesellschaftliches Problem, Königstein/Ts. 1978.

[69] Lester C. Thurow: Die Null-Summen-Gesellschaft. Einkommensverteilung und Möglichkeiten wirtschaftlichen Wandels, München 1981.

[70] Lutz Wicke, Lothar de Maiziere und Thomas de Maiziere: Öko-soziale Marktwirtschaft für Ost und West. Der Weg aus Wirtschafts- und Umweltkrise, München 1990.

Diese Strategie stieß nicht nur an ökologische, sondern auch an soziale Grenzen.[71]

Die Apokalyptiker wandten sich vom Mainstream zur Subkultur, von der Theorie zur Praxis. Ihr Schwerpunkt lag nicht in Konzepten und politischen Strategien. Demokratische Illusionen wurden aus den sechziger Jahren übernommen. Bürgerinitiativen eigneten sich trefflich zur Blockade von Bauvorhaben, und das gemeinsame Kampferlebnis mit Angst und Glücksgefühl, mit Naturerlebnis und Pfadfinderromantik stärkte den Zusammenhalt.[72] Sie stellten ihre *Thematisierungskompetenz* unter Beweis, aber auch ihre Unfähigkeit und Unwilligkeit, machbare mittelfristige Strategien zur Lösung der Probleme vorzuschlagen. Dazu gab es zu viel »revolutionäres Mittelmaß« unter ihren Anhängern, Leute, die auf lustvolle Provokation programmiert waren, aber keine Verantwortung übernehmen wollten und die ihre begabteren Vertreter regelmäßig dem Gleichheitsbegehren des ressentimentgeladenen Durchschnitts opferten.[73] Aber insgesamt war die Ökologie *das* Aufsteigerthema der siebziger Jahre. Auch seriöse Studien internationaler Organisationen unterstrichen die Bedeutung der Probleme: der Interfutures-Bericht der OECD, der Global 2000-Bericht, der Tinbergen-Bericht, die Folgeberichte des Club of Rome und andere.[74] So formierte sich eine neue Weltinterpretation, ein neues Paradigma: *die Welt als durch Phänomene der Moderne bedrohte, vergif-*

---

[71] Fred Hirsch: Die sozialen Grenzen des Wachstums. Eine ökonomische Analyse der Wachstumskrise, Frankfurt 1980 (engl. 1976); Josef Falkinger: Sättigung. Moralische und psychologische Grenzen des Wachstums, Tübingen 1986.

[72] Man bekämpfte den Staat und forderte ihn doch zur Reformpolitik auf. Die Etablierung der grün-alternativen Bewegungen als »Parteien« erfolgte zögerlich, mit heftigen Debatten, am erfolgreichsten in Deutschland und Österreich. Der Parteiwerdungs- und Normalisierungsprozeß dieser politischen Bewegungen hat bis heute kein Ende gefunden. Aber es gab auch technokratisch orientierte »Gegenexperten«, die sich dem *technology assessment* widmeten. Die Wichtigkeit des Themas drang rasch in das Bewußtsein der Bürger.

[73] Cora Stephan: Der Betroffenheitskult, Berlin 1993, 110.

[74] Global 2000. Report to the President, Washington 1980; OECD (Hrsg.): Interfutures. Facing the Future. Mastering the Probable and Managing the Unpredictable, Paris 1979; Jan Tinbergen: Reshaping the International Order, 1976 (Wir haben nur eine Zukunft. Reform der internationalen Ordnung. Der RIO-Bericht an den Club of Rome, Opladen 1977).

tete und gefährdete Welt, verlockt von ethikblinden Technokraten, geführt von unverantwortlichen politischen Eliten.[75]

Sozialwissenschaftler, die den raschen Aufstieg dieser Bewegungen analysierten, warnten vor einer Verstärkung gesellschaftlicher Konflikte, vor einer *Fundamentalpolarisierung* oder gar einem *ökologischen Bürgerkrieg*, und sie hielten entweder einen *reaktiven Autoritarismus* zur Stabilisierung des Systems[76] oder einen *ökologischen Autoritarismus* zur Durchsetzung von Umweltanliegen für möglich.[77] Aber auch diese schlimmen Befürchtungen waren übertrieben. Umweltpolitik drang, in aller Zaghaftigkeit, in den Arbeitsbereich der »normalen« Politik vor. Bald sollten neue wirtschaftliche Probleme das ökologische Anliegen wieder überschatten.

5. Das liberale Paradigma. Die Verwerflichkeit des Staates

Schon in den Sechzigern waren Ökonomen aus der allgemeinen keynesianischen Zufriedenheit ausgeschert. Milton Friedman sollte die Universität von Chicago zu einem Mekka der Libertären machen. Er setzte treffsicher bei einer Keynes-Kritik an. Der Versuch, beim Einsetzen wirtschaftlicher Störungen bewußt durch Geld- und Fiskalpolitik zu steuern, war seines Erachtens nicht erfolgreich, sondern ein schwerer Irrtum.[78] Aber das blieb in den sechziger Jahren eine

[75] Ulrich Beck: Risikogesellschaft. Auf dem Weg in eine andere Moderne, Frankfurt 1986; ders.: Gegengifte. Die organisierte Unverantwortlichkeit, Frankfurt 1988.

[76] Peter L. Berger, Brigitte Berger und Hansfried Kellner: The Homeless Mind. Modernization and Consciousness, 1973 (Das Unbehagen in der Modernität, Frankfurt-New York 1984).

[77] Wolfgang Harich: Kommunismus ohne Wachstum? Babeuf und der »Club of Rome«, Reinbek b.H. 1975.

[78] Friedmans Argument war im Kern das folgende: Ein ökonomischer Rückschlag beginnt mit einem Rückgang der Geldmenge; die einzige wichtige Regel zur Stabilisierung ist die, daß die Notenbank das Geldangebot konstant hält, das heißt in einer wachsenden Wirtschaft bei stabilen Preisen regelmäßig, etwa mit 3 bis 4% im Jahr, wachsen läßt. Bewußt gesteuerte Geldmengenänderungen gehen fehl, weil sie nur mit längeren und unregelmäßigen Verzögerungen wirksam werden und deshalb die Situation oft verschlechtern. Fiskalpolitik scheitert am *crowding out* privater Investitionen.

obskure Theorie, wo doch der Erfolg der Keynesianer von Jahr zu Jahr an den Wirtschaftsdaten abzulesen war. Erst als sich in den siebziger Jahren die Keynesianer bei ihrer selbstbewußten Steuerung blamierten, begann man jene Ökonomen zu lesen, die schon vorher gewußt hatten, daß es so nicht ging. Denn plötzlich, aufgrund eines akkumulierten Inflationsdrucks, aber vor allem im Gefolge der Ölkrise, stiegen Inflationsrate und Arbeitslosenrate gleichermaßen. Das war in der Keynesschen Theorie nicht vorgesehen. Bislang stieg in der Hochkonjunktur die Inflation, während die Arbeitslosigkeit kein Problem war, und in der Rezession erhöhte sich die Arbeitslosigkeit, während an der Preisfront Ruhe herrschte. Also konnte man jeweils gezielt kurbeln und bremsen. Was aber macht man, wenn man gleichzeitig (wegen der Inflation) bremsen und (wegen der Arbeitslosigkeit) ankurbeln muß? *Stagflation* war ein tödlicher Schlag für das bisherige (sehr triviale) Verständnis der Theorie. Auch der Phillips-Kurve, die einem unter den Händen (nach rechts oben) in erratischen Wendungen davondriftete, mußte man den Abschied geben.[79] Krisengefühle verbreiteten sich: »Can it happen again?« Die Frage spielte auf die Weltwirtschaftskrise der dreißiger Jahre an. Ein enormer Gegensatz zur selbstbewußten Frage der sechziger Jahre: »Is the business cycle obsolete?«

Von Tag zu Tag erlebte man die Katastrophen. Die Kohle- und Erzbergwerke und die Eisen- und Stahlindustrien, Symbole der Industrialisierung und des gesicherten Reichtums, mußten viele ihrer Anlagen schließen. Die »reichen Regionen« wurden zu »alten Industriegebieten«, zu *rustbelts*, zu Museen der Industriewelt. Mit den Schiffswerften ging es zu Ende. Textil- und Lederindustrien wanderten in die Entwicklungsländer. Die Papierindustrie hatte mit der Umwelt-

[79] Die *Phillips-Kurve* stellt eine einfache trade-off-Beziehung zwischen Arbeitslosenrate und Inflation her. Sie wurde zeitweise als *wirtschaftspolitisches* Konzept verstanden: Man kann zwischen mehr Arbeitslosigkeit und mehr Inflation wählen. Den Empirikern schien etwa ein Verhältnis von 3 bis 4% Arbeitslosigkeit und 3 bis 4% Inflation machbar. In den siebziger Jahren bewegten sich die Zahlen aber weit jenseits dieser Linie, und es konnte keine stabile empirische Beziehung mehr hergestellt werden. Milton Friedman hatte bereits 1968 eine Erklärung dafür geliefert: Steigendes Geldangebot hat nur deshalb realwirtschaftliche Auswirkungen, weil die Individuen die erwartete Inflation unterschätzen; aber auf Dauer passen sie sich an. Es wird also die Inflation in ihre Erwartungen eingebaut, und um weiterhin reale Beschäftigungseffekte zu erzielen, muß man die »Dosis« an Inflation steigern. Der Mechanismus hat einen eingebauten »Verschlechterungseffekt«. Das war in der Tat genau die Situation der Siebziger.

verschmutzung zu kämpfen. Wo sich neues Leben regte, waren es nicht mehr die großen Industrien, sondern kleinere Netzwerke von flexiblen Unternehmen. Man begann vom *Postfordismus* zu sprechen, von der *flexiblen Spezialisierung*, vom *Ende der Massenproduktion* oder dem *Ende der Arbeitsteilung*.[80] In den Städten, besonders deutlich in den USA, bildeten sich ghettoisierte und verslumende Viertel für eine marginalisierte Bevölkerung. In den alten Industrienationen fiel die Industriebeschäftigung in den späten siebziger Jahren um ein Viertel. Der Wachstumspfad verlangsamte sich, drohte zu stocken. Die meisten Länder der Dritten Welt wurden von der Krise noch viel härter getroffen, sie konnten sich mit ihrer gewachsenen Verschuldung kaum noch über Wasser halten. Die Wirtschaft globalisierte sich.[81] Die qualifizierteren und flexibleren Arbeitskräfte konnten von dem Wandel profitieren, die unqualifizierteren fielen zunehmend den in besseren Jahren aufgebauten Wohlfahrtsprogrammen zur Last – und ließen diese bedrohlich anwachsen.

Die *marxistische* Vision, daß der Großteil der Bevölkerung in die Arbeiterklasse eingehen würde, war begraben. Die *technokratische* Vision, daß der Staat wirtschaftliche Umbrüche steuern könnte, wurde unglaubwürdig. Die *reformistische* Vision, daß er Krisen zumindest mildern könnte, erwies sich bei steigenden Arbeitslosenraten als zweifelhaft. Die *apokalyptische* Vision geriet aus dem Blick, denn der eigene Job war wichtiger als die Verschmutzung der Meere und der Wald schien nicht so schnell zu sterben, wie behauptet worden war.

---

[80] Vgl. Charles Sabel: Work and Politics. The Division of Labor in Industry, Cambridge 1982; Thomas Malsch und Rüdiger Seltz (Hrsg.): Die neuen Produktionskonzepte auf dem Prüfstand. Beiträge zur Entwicklung der Industriearbeit, Berlin 1987; Johannes M. Pennings und Arand Buitendam (Hrsg.): New Technology as Organizational Innovation, Cambridge, Mass. 1987; Michael Schumann u.a.: »Breite Diffusion der Neuen Produktionskonzepte – zögerlicher Wandel der Arbeitsstrukturen«, Soziale Welt 41 (1990), 47-69; Michael J. Piore und Charles F. Sabel: The Second Industrial Divide. Possibilities for Prosperity, New York 1984 (Das Ende der Massenproduktion. Studie über die Requalifizierung der Arbeit und die Rückkehr der Ökonomie in die Gesellschaft, Berlin 1985); Horst Kern und Michael Schumann: Das Ende der Arbeitsteilung? Rationalisierung in der industriellen Produktion, München 1985; Richard Locke, Thomas Kochan und Michael Piore (Hrsg.): Employment Relations in a Changing World Economy, Cambridge, MA 1995.

[81] Malcolm Waters: Globalization, London und New York 1995; Marjan Svetlicic und H.W. Singer (Hrsg.): The World Economy. Challenges of Globalization and Regionalization, Basingstoke 1996.

Es entwickelte sich ein neues »Staatsgefühl«. In den Siebzigern wurde der Staat als Papiertiger entlarvt; die Unfähigkeit der Experten wurde aufgezeigt; Verschwendung, Ineffizienz und Korruption wurden einem aufgeblähten Staatsapparat nachgesagt, der in den sechziger und siebziger Jahren einen immer größeren Anteil des Sozialprodukts in seine Kassen geleitet hatte. Tatsächlich näherten sich die skandinavischen Staaten einem Staatsanteil von zwei Drittel des Sozialprodukts, die Mehrzahl der europäischen Staaten einem Anteil von fünfzig Prozent, und nur »Ausreißer« wie die USA, die Schweiz und Japan verharrten bei einem Drittel. Der Staat, so vermerkten nun liberale Kritiker, habe seine Aktivitäten in Bereiche ausgeweitet, in denen er nichts zu suchen habe. Vielmehr bedrohe er die individuelle Entscheidungsfreiheit. Er behindere dadurch den Wirtschaftsprozeß und schwäche die wirtschaftliche Dynamik. Plötzlich schien Friedmans belächelter Hinweis: *There's no such thing as a free lunch* irgendwie plausibel[82]. Martin Feldstein und andere Ökonomen begannen, Daten zusammenzutragen, um die schädlichen Wirkungen hoher Steuern auf Leistung, Wachstum und Investition zu dokumentieren.[83] Wirtschaftstheoretiker wie James Buchanan propagierten Vertragsmodelle, die verfassungsrechtliche Einschränkungen wirtschaftspolitischer Aktivitäten des Staates gewährleisten sollten. Friedrich von Hayek plädierte für einen (modifizierten) Minimalstaat klassischer Prägung, um Freiheit und Dynamik sicherzustellen. Robert Nozick radikalisierte klassische liberale Forderungen, um den Staat an die Peripherie abzudrängen.[84] Alles lief in Richtung Markt. Die liberalen Ökonomen aus der neoösterreichischen, der public choice-Richtung und der Chicago-Schule begannen ihre Nobelpreise einzuheimsen, als *Symptom* des Zeitgeistes und als *Impuls* für ihn. Sozialwissenschaftler

---

[82] Milton Friedman: There's no such thing as a free lunch, LaSalle, Ill. 1975.

[83] Vgl. etwa die folgenden Schriften von Martin Feldstein: Lowering the Permanent Rate of Unemployment, Washington 1973; Does the United States Save Too Little?, Cambridge, MA 1976; Capital Taxation, Cambridge, MA 1983; (Hrsg.).: The Effects of Taxation on Capital Accumulation, Chicago 1987; (Hrsg.): American Economic Policy in the 1980s, Chicago 1994.

[84] Geoffrey Brennan und James M. Buchanan: The Reason of Rules. Constitutional Political Economy, Cambridge et.al. 1985; James M. Buchanan: The Limits of Liberty. Between Anarchy and Leviathan, Chicago 1975; Friedrich von Hayek: Law, Legislation and Liberty. A New Statement of the Liberal Principles of Justice and Political Economy, London et.al. 1973-1979, in einem Band 1982; ders.: The Constitution of Liberty, London 1960; Robert Nozick: Anarchy, State and Utopia, New York 1974 (Anarchie, Staat, Utopia, München 1976).

prognostizierten die Selbstüberforderung des allseitig engagierten Staates und prophezeiten ihm »Unregierbarkeit«.[85] Das entsprach den Gefühlen der Politiker, die sich in der Tat immer mehr »überfordert« fühlten. Die Keynesianer taten sich schwer, auf diese Attacken zu antworten, war doch die Bilanz ihrer Bemühungen aus den siebziger Jahren nicht gerade begeisternd. Ihre Chancen, aggregierte Politik zu machen, schwanden in einer weltweit verflochtenen Wirtschaft mit segmentierten Märkten weiter dahin.[86]

Da in den Siebzigern viele Regierungen die Krise zu überwinden suchten, indem sie wohlfahrtsstaatliche Sicherungen ausbauten und die Wirtschaft aus dem Konjunkturtief »herauszukurbeln« trachteten, explodierte die Verschuldung, während die stagnierende Wirtschaft kaum von der Stelle zu bewegen war – eine Situation, die zu eiligen Korrelationen einlud. Der Eindruck verbreitete sich, Staatsquote und Verschuldung seien *Ursache* der wirtschaftlichen Sklerose. Der Staat sei daher zurückzudrängen, sein Budget sei zu kürzen, seine Programme seien zurückzunehmen. Eine *Entzauberung des Staates*[87] – als echter Kontrast zum technokratischen Paradigma – war zu verzeichnen, und ein neues Paradigma war im Aufstieg: *Der Staat wird nicht mehr als hütende und hegende, pflegende und betreuende Institution gesehen, sondern als gefräßiger Leviathan, dem es seine Beute zu entreißen gilt. Nicht seine Expansion ist erwünscht, sondern über Mittel zu seiner Eindämmung wird nachgedacht. Er kann keine bessere Gesellschaft gestalten, sondern macht durch seine Eingriffe alles schlechter. Den Staat zurückzudrängen ist ein Akt der Befreiung.*

Die Wirtschaftspolitiker erkannten erst mit Verzögerung, daß es sich bei den Störungen in der zweiten Hälfte der siebziger Jahre nicht um eine gewöhnliche Konjunkturschwankung handelte, sondern um eine tiefergehende Übergangskrise. Sie mußten sich an eine neue Sicht

---

[85] Michel J. Crozier, Samuel P. Huntington und Joji Watanuki (Hrsg.): The Crisis of Democracy. Report on the Governability of Democracies to the Trilateral Commission, New York 1975; Franz Lehner: Grenzen des Regierens. Eine Studie zur Regierungsproblematik hochindustrialisierter Demokratien, Königstein/Ts. 1979; Claus Offe: »'Unregierbarkeit'. Zur Renaissance konservativer Krisentheorien«, in: Jürgen Habermas (Hrsg.): Stichworte zur geistigen Situation der Zeit, Band 1, Frankfurt 1979, 294-318.

[86] Tibor Scitovsky: »Can Capitalism Survive? An Old Question in a New Setting«, American Economic Review, Papers and Proceedings, 70 (1980), 1-9.

[87] Helmut Willke: Entzauberung des Staates. Überlegungen zu einer sozietalen Steuerungstheorie, Königstein 1983.

der Dinge erst gewöhnen. Sie waren mit steigenden Arbeitslosenraten konfrontiert; aber nach einer ersten Phase politischer Aufgeregtheit und voreilig-kühn verkündeter »Arbeitsplatzgarantien« gelang es, das Thema aus den Schlagzeilen zu verdrängen.[88] Die Wirtschaftstheoretiker halfen mit den unterschiedlichsten Mitteln, der Notsituation einen Sinn abzugewinnen, der die Legitimität der Politik nicht bedrohte. Da gab es jene, die das Problem *wegdefinierten*: Es gebe gar keine »echten« Arbeitslosen, und die Unterbeschäftigung sei nur auf überhöhte Lohnerwartungen und verlängerte Suchstrategien der Arbeitslosen zurückzuführen. Manche suggerierten mit dem Begriff der »natürlichen Arbeitslosenrate«, daß sich gegen ein bißchen Unterbeschäftigung nichts machen ließe.[89] Insofern sei auch keine steuernde Wirtschaftspolitik erforderlich. Andere versuchten es mit der *Fatalisierung*: Sie griffen auf die »langen Wellen« zurück, um die Schicksalhaftigkeit des Geschehens zu verdeutlichen; ein altes Konzept, das geheimnisvoll regelmäßige Schwankungen im Rhythmus großer technologischer Innovationen unterstellte.[90] Im Grunde mußte man auch aus diesem Modell den Schluß ziehen, daß von seiten des Staates nicht viel zu tun sei. Die dritten wieder entdeckten die *Unsicherheit*. Irritiert las man beim »Ökonomen des 20. Jahrhunderts« nach und stellte fest, daß man ihn immer falsch verstanden hatte: Die *General Theory* war kein Rezeptbuch für Regierungen, wie das deren Technokraten immer behauptet hatten. Das Keynessche Modell wurde nun als Modell der Unsicherheit, der Stimmungslagen, der Erwartungsschwankungen und der *animal spirits* reinterpretiert. Hatte man bisher die Keynesschen Ratschläge als Skizze einer Hydraulik gedeutet, die es erlaubte, den Wirtschaftsprozeß mit wenigen Aggregaten auf einfache Weise zu steuern, so ergab sich aus dem diffuseren Bild vom Wirtschaftsleben, das der nun weit subtileren Lektüre der

---

[88] Manfred Prisching: Arbeitslosenprotest und Resignation in der Wirtschaftskrise, Frankfurt a.M. und New York 1988.

[89] Deshalb sprachen manche, die am theoretischen Konzept »natürlicher« Arbeitslosigkeit durchaus manches sinnvoll fanden, auch lieber von der NAIRU – von der *non-accelerating inflation rate of unemployment*. Sie setzten sie bei rund 6% an.

[90] Walt W. Rostow: The World Economy. History and Prospect, London und Basingstoke 1978; ders.: Getting From here to There. A Policy for the Post-Keynesian Age, London und Basingstoke 1978; Dieter Petzina und G. van Roon (Hrsg.): Konjunktur, Krise, Gesellschaft. Wirtschaftliche Wechsellagen und soziale Entwicklung im 19. und 20. Jahrhundert, Stuttgart 1981; Christopher Freeman (Hrsg.): Long Waves in the World Economy, London 1983.

Keynesschen Schriften entsprang, daß die Steuerung des Wirtschaftsprozesses nach Auffassung des Meisters im Grunde nur schwer möglich sei.[91] Von der technokratischen Machbarkeit der Dinge las man nichts mehr. Die akademischen Ökonomen taten sich leichter, wenn sie mit den neuen Modellen von der Zurückhaltung des Staates hausieren gingen, denn sie wußten schlicht nicht, was sie den ratsuchenden Politikern sagen sollten. Also erklärten sie ihnen, daß nur auf der Ebene subtiler Regelsetzung – bei der »Ordnungspolitik«, und zwar im Sinne der Förderung von Selbstregelungsmechanismen – etwas zu machen sei; aber auch das sei unsicher und nur langfristig wirksam. Sonst könne man nur im Detail ein bißchen herumbasteln: bei der Strukturpolitik, der Regionalpolitik, der Industriepolitik und der Technologiepolitik. Die neuen Etiketten beseitigten nicht die alten Probleme, aber suggerierten Innovationen wenigstens im Bereich der wirtschaftspolitischen Theorie.

Nach dem Scheitern der staatsinterventionistischen Rezepte erschien es nun als beste Lösung, wenn die Experten des Staates die unsicheren Verhältnisse unangetastet ließen. Bevor sie an Dingen herumhantierten, die sie nicht im Griff hatten, sollten sie lieber ihre Finger vom Marktgeschehen lassen. Da die alten Strategien der *Intervention* sich als unbrauchbar erwiesen, wollte man es mit den neuen Rezepten der *Nichtintervention* versuchen. Die liberalen Vorschläge wurden rasch in politikpraktische Empfehlungen umgemünzt: weniger Steuern, weniger Sozialausgaben, weniger Regulierung. Hatte man bis in die siebziger Jahre die Feststellung von sozialen Problemen mit dem spontanen Impuls beantwortet, man müsse eben *mehr* Geld, Hilfe und Forschung investieren, wurde die übertriebene Fürsorge des Staates nunmehr als Teil des Problems identifiziert. Problemlösung suchte man nun durch *weniger* Eingriffe. Die keynesianische Idee, daß die ökonomische Effizienz auch durch sozialpolitische Maßnahmen gefördert werden könne, wurde durch den klassischen *equity-efficiency*

[91] Vgl. Gottfried Bombach et.al. (Hrsg.): Der Keynesianismus, 3 Bde., Berlin 1981ff; J. C. Wood (Hrsg.): John Maynard Keynes. Critical Assessments, London 1983; zum Postkeynesianismus Paul Davidson: Money and the Real World, 2. Aufl., London 1978; Sidney Weintraub: Keynes, Keynesians and Monetarists, Philadelphia 1978; J. A. Kregel: The Reconstruction of Political Economy, 2. Aufl., London 1975; zur Anwendung Stephan Böhm: »Die Keynes'sche Renaissance«, Wirtschaftspolitische Blätter 29 (1982), 65-77; Gunther Tichy: »Austro-Keynesianismus – Gibt's den? Angewandte Psychologie als Konjunkturpolitik«, Wirtschaftspolitische Blätter 29 (1982), 50-64.

trade-off[92] ersetzt. Die Liberalen argumentierten, daß sozialdemokratische Politik diesen *trade-offs* nicht wirklich entronnen sei, sondern den Druck der Verteilung nur vom Markt auf den Staat verlagert habe, mit der Folge *explodierender Staatsausgaben*.[93] Mancur Olson brachte das zusätzliche Argument bei, daß langfristig die Etablierung von Interessengruppen sklerotisierende Wirkungen auf die Wirtschaftsdynamik zeitige.[94] Die *Angebotstheoretiker*[95] haben die praktischen Folgerungen aus ihren antikeynesianischen Modellen am durchschlagskräftigsten formuliert. Da die intellektuelle Schlichtheit wirtschaftspropagandistischer Konzepte oft mit ihrer öffentlichen Wirksamkeit Hand in Hand geht, fanden Konzepte wie die *Laffer-Curve* am meisten Resonanz: Man kann die Steuersätze senken, und da sich als Folge dessen die Wirtschaft enorm beleben wird, kann man dennoch mehr Steuererträge erwarten.[96] Das war jene Quadratur des Kreises, auf die Wirtschaftspolitiker wie elektrisiert reagierten: Steuern senken und dennoch mehr Staatseinnahmen zur Verfügung haben. Das Problem war nur, daß in Wirklichkeit immer die zweite Hälfte des Wunders auf sich warten ließ. Wo Steuern gesenkt wurden, wie in den Reagan-Jahren in den USA, trat nicht der erwartete Aufschwung ein. Es gab allerdings auch keine Zusammenbrüche. Nur die soziale Ungleichheit stieg, die Mittelschicht mußte ihren *American Dream* begraben, und Obdachlose zeigten sich wieder häufiger auf

---

[92] Arthur M. Okun: Equality and Efficiency. The Big Trade-Off, Washington, DC 1975.

[93] Vgl. die Übersicht von Gösta Esping-Andersen und Kees van Kersbergen: »Contemporary Research on Social Democracy«, Annual Review of Sociology, 18 (1992), 187-208; Manfred Prisching: »Wohlfahrtsstaat und Marktwirtschaft. Bedrohliches Flickwerk oder gelungenes Modell?« in: Josef Krainer, Wolfgang Mantl, Manfred Prisching, Michael Steiner (Hrsg): Nachdenken über Politik. Jenseits des Alltags und diesseits der Utopie, Graz-Wien-Köln 1985, 93-124.

[94] Mancur Olson: The Rise and Decline of Nations. Economic Growth, Stagflation and Social Rigidities, New Haven 1982.

[95] Vgl. die bissigen Äußerungen von Paul Krugman: Peddling Prosperity. Economic Sense and Nonsense in the Age of Diminished Expectations, New York und London 1994.

[96] Etwas genauer: Bei einem Steuersatz von Null und bei einem Steuersatz von hundert Prozent sind die Steuererträge Null (im ersten Fall, weil es keine Steuern gibt, im zweiten Fall, weil niemand mehr arbeitet); also muß es irgendwo in der Mitte einen optimalen Steuersatz geben, der mittlerweile überschritten worden sei. Wenn man deshalb den Steuersatz, sagen wir um zehn Prozent, senkt, wird es ein Wachstum der Steuerbemessungsgrundlage um mindestens zehn Prozent geben, und der Staat hat gleich viel oder mehr Steuern eingenommen.

den Straßen. Der Streit über die Wunderrezepte schleppte sich trotz der Mißerfolge hin: Gegner hatten die Idee ohnehin immer als *Voodoo-Economics* angegriffen, Befürworter verwiesen auf mangelnde Konsequenz bei der Durchführung.

In Europa wurde die Sache nicht so heiß gegessen. Die reine Lehre blieb etwas für Notenbankpräsidenten. Aber *Deregulierung, Privatisierung, Ausgliederung* und *Entbürokratisierung* waren auch auf dem Kontinent jene Schlagworte, die dem desillusionierten Publikum ab dem Ende der siebziger Jahre immer plausibler in den Ohren klangen. Für die politische Elite war die Privatisierung eine Strategie mit spezifischen Vorteilen: Sie war ein neues Programm, geeignet, das Vertrauen in die Tatkraft der Politiker wiederherzustellen. Man mußte seinen Wählern nicht mitteilen, daß man nicht die geringste Ahnung hatte, warum der Wachstumskurs abgebrochen war und wie man die Beschäftigungsprobleme beheben konnte. Man konnte verkünden, daß man mit neuen Konzepten und Programmen dem Problem tatkräftig zu Leibe rücken würde. Die libertäre Lehre erlaubte es der Regierung auch, sich von Eingriffswünschen zu befreien, die nicht mehr erfüllt werden konnten. Selbst der Zusammenbruch eines verstaatlichten Unternehmens konnte der Regierung weniger leicht angelastet werden, wenn doch die unwiderstehlichen Marktkräfte bei der Durchsetzung einer letztlich effizienteren Zukunft am Werke seien.[97] Schließlich erlaubte es die Privatisierungsstrategie, zusätzliche Einnahmen in einer Situation flüssig zu machen, in der die Staatskassen rapide austrockneten.[98] Bis zum Ende der siebziger Jahre hatte das liberalkonservative Establishment Tritt gefaßt.[99] »Mehr Markt« war genau die Ausrede, die die Politiker brauchten, um ihre Ratlosigkeit zu vertuschen.

---

[97] Die radikalste Politik – *Thatcherism* – wurde in Großbritannien betrieben, wo die »eiserne Lady« es schaffte, die Macht der Gewerkschaften zu brechen und kühne Privatisierungsvorhaben zu realisieren. *Reaganomics* war demgegenüber eher eine rhetorische Angelegenheit, nicht mit der behaupteten Wirkung, die Staatsverschuldung zurückzudrängen, eher ein Vehikel, die in den Vereinigten Staaten ohnehin bescheidenen Sozialausgaben weiter zu kürzen.

[98] Manfred Prisching: »Privatisierung als symbolische Politik«, Wirtschaftspolitische Blätter 35 (1988), 408-416.

[99] Vgl. als Übersicht über diese Entwicklungen Paul Pierson: Dismantling the Welfare State? Reagan, Thatcher, and the Politics of Retrenchment, Cambridge 1995.

Die Öffentlichkeit begann, die Welt in einem libertären Paradigma zu sehen: *als ein im Grunde selbststabilisierendes und dynamisches System; als eine Marktordnung, deren entscheidender Vorzug in ihrer Selbstorganisation bestand; als ein System wohldefinierter Freiheit, das der Regierung nur marginale Aufgaben übrigließ. Die wirtschaftlichen Probleme schienen durch Staat, Steuern und Bürokratie verursacht, und eine Verbesserung war nur zu erwarten, wenn man den öffentlichen Sektor zurückdrängte.*

6. Das pragmatische Paradigma. Ratlosigkeit und Eklektizismus

Das liberale Paradigma hat die allgemeine Stimmungslage verändert und die wirtschaftspolitische Diskussion zu neuen Themen geführt. Es hat aber die Bürger nicht im Detail überzeugt. Sie wollen weniger Staat, aber mehr Staatsgelder. Sie wollen weniger Bürokratie, aber staatlichen Schutz. Empirische Untersuchungen zeigen, daß sie eine hohe Wertschätzung für die Systeme der sozialen Sicherheit aufrechterhalten, daß auch Staatsinterventionen gewünscht und korporatistische Lösungen bevorzugt werden.[100] Viele Länder, die Anti-Welfare-Programme ankündigten, haben weder die sozialpolitischen Einrichtungen abgeschafft noch waren sie in der Lage, einschneidende Kürzungen bei den Staatsausgaben durchzusetzen.[101] Der Thatcherismus endete mit höheren Steuern, weil die »Ideologie der Staatsfeindschaft« nicht zu verwirklichen war. Reaganomics ist dafür berühmt geworden, daß hinter dem Schleier einer staatsfeindlichen Rhetorik ein massiver Keynesianismus betrieben wurde; ohne Schulden läßt sich eben kein »Krieg der Sterne« führen. Wo Elemente der

[100] Vgl. etwa Duane F. Alwin et al.: Attitudes to Inequality and the Role of Government. International Social Survey Program, Rijswijk 1990; Kurt Traar und Franz Birk: »Die österreichische Sozialpartnerschaft und ihr Umfeld. Eine demoskopische Bestandsaufnahme«, SWS-Rundschau, 27 (1987), 11-40; Bernhard Weßels: »Zur Institutionalisierung politischer Spannungslinien im Verbände- und Parteiensystem in der Bundesrepublik«, Kölner Zeitschrift für Soziologie und Sozialpsychologie, 43 (1991), 454-475.

[101] Jens Alber: »Is There a Crisis of the Welfare State? Cross-National Evidence from Europe, North American and Japan«, European Sociological Review 4 (1988), 181-208.

Angebotsökonomie realisiert wurden, haben sie nicht die gewünschten Impulse für das Wachstum geliefert. An der Wende von den achtziger zu den neunziger Jahren dominierte die Ratlosigkeit, wenn auch gemildert durch den Umstand, daß die wirtschaftliche Entwicklung ohnehin ganz befriedigend verlief.

Die Ökonomen haben keine Rezepte mehr, auch wenn sich mittlerweile an den Rändern der Theorie viel getan hat. Das Feld hat sich aufgesplittert, die »Sekten« haben sich verfestigt, die herrschende Lehre ist angeknackst. Da gibt es die (neue) institutionalistische Ökonomie[102] und die evolutorische Ökonomie[103], die Transaktionskostentheoretiker[104] und die *property rights*-Theoretiker, die Neokeynesianer und Neoricardianer, die neoösterreichische Theorie[105] und die Spieltheoretiker[106], die *law and economics*-Leute[107] und die Selbstorganisationstheoretiker.[108] Die schöne, durchsichtige Klarheit der Wohlfahrtsökonomie hat sich in die komplexeren Konzepte der *Netzwerke*

---

[102] Douglass C. North: Institutions, Institutional Change, and Economic Performance, New York 1990; Ronald R. Coase: »The Problem of Social Cost«, Journal of Law and Economics 1 (1960); Richard N. Langlois (Hrsg.): Economics as a Process. Essays in the New Institutional Economics, New York 1986.

[103] Richard R. Nelson und Sidney G. Winter (Hrsg.): An Evolutionary Theory of Economic Change, Cambridge, Mass. 1982; Philip W. Anderson, Kenneth J. Arrow und David Pines (Hrsg.): The Economy as an Evolving Complex System, Redwood City 1988.

[104] Oliver E. Williamson: Markets and Hierarchies. Analysis and Antitrust Implications, New York 1975; ders.: The Economic Institutions of Capitalism, New York 1985.

[105] Ludwig M. Lachmann: Capital, Expectations and the Market Process, Kansas City 1977; Israel M. Kirzner: Competition and Entrepreneurship, Chicago 1973; Murray Rothbard: Man, Economy, and the State. A Treatise on Economic Principles, Los Angeles 1970; Gerald P. O'Driscoll und Mario J. Rizzo: The Economics of Time and Ignorance, New York 1985; G.L.S. Shackle: Decision, Order and Time in Human Affairs, Cambridge 1961.

[106] Andrew Schotter: The Economic Theory of Social Institutions, Cambridge 1981; E. Ullmann-Margalit: The Emergence of Norms, New York 1978.

[107] Richard Posner: Economic Analysis of Law, 4th ed., Boston 1992; Charles Goetz: Law and Economics, St. Paul 1984; Robert Cooter und Thomas Ulen: Law and Economics, Glenview, Ill. 1988; Robin Paul Malloy: Law and Economics. A Comparative Approach to Theory and Practice, St. Paul 1990.

[108] Humberto Maturana und Francisco Varela: Autopoiesis und Cognition. The Realization of the Living, Dordrecht 1980; Niklas Luhmann: Die Wirtschaft der Gesellschaft, Frankfurt 1989; John Briggs und F. David Peat: Turbulent Mirror. An Illustrated Guide to Chaos Theory and The Science of Wholeness, New York 1989.

aufgelöst.[109] Die Schulen haben nicht viel gemeinsam; aber eines eint sie: die Feststellung, daß der Markt nicht in allen Fällen zur optimalen Allokation und gesellschaftlichen Harmonie führt. Aber die Lehren eignen sich nicht für politische Slogans. In den publizitätswirksamen ideologischen Schlachten dominieren nach wie vor die einfachen Lösungen von der Abschaffung der Staatsbürokratie. Jude Wanniski redet einem amerikanischen Präsidentschaftskandidaten ein, daß die *flat tax* endlich jenen gewaltigen Boom auslösen werde, den schon die Steuersenkung der Angebotsökonomen hätte haben sollen.[110] Ein neuer *Contract with America* peilt ein ausgeglichenes Budget in sieben Jahren an, und um es zu erreichen, sollen in erster Linie die Sozialausgaben beschnitten werden.[111] Charles Murray vom *American Enterprise Institute* schlägt vor, an dem ganzen Wohlfahrtsgebäude nicht lange herumzubasteln, sondern es radikal und zur Gänze abzuschaffen.[112] Die öffentliche Diskussion ist ebenso wie der *mainstream* der Theorie von der Staatsfeindschaft geprägt, während eine gewisse Wiederbelebung des keynesianischen Denkens in der Ökonomenszene nicht so recht in die Öffentlichkeit dringt.[113]

In Europa entwickelt sich die politische Diskussion anders. Zwar ist man auf Konsolidierung eingeschwenkt. Selbst sozialdemokratische Regierungen müssen Staatsausgaben kürzen, und sogar der berühmte schwedische Wohlfahrtsstaat wird tüchtig zurechtgestutzt. Aber die tragenden politischen Kräfte stehen zum »sozialliberalen Grundkonsens«, und keiner fordert ein radikales *dismantling* des Wohlfahrtsstaates.[114] Die Maxime ist eher, daß man mit beschränkten Ressourcen zurechtkommen muß, so gut man eben kann. Der öffent-

---

[109] Bernd Marin und Renate Mayntz (Hrsg.), Policy Networks: Empirical Evidence and Theoretical Considerations, Frankfurt a.M. 1991.

[110] Mit Sicherheit läßt sich nur sagen, daß sie jedenfalls die größte Umverteilung – von unten nach oben – auslösen würde, die es historisch je gegeben hat, wenn sie Chancen auf Verwirklichung hätte. – Vgl. auch Wanniskis Buch: The Way the World Works. How Economies Fail – and Succeed, New York 1979. Der Titel gibt den Erklärungsanspruch treffend wieder.

[111] Stephen Moore (Hrsg.): Restoring the Dream. The Bold New Plan by House Republicans, New York 1995.

[112] Charles Murray: Losing Ground. American Social Policy 1950-1980, New York 1984.

[113] Vgl. Krugman 1995, 197ff.

[114] Pierson 1995. Ein besonderer Fall waren natürlich die Briten unter Thatcher, die die einzig konsequente Demontage-Politik des öffentlichen Sektors betrieben haben.

liche Sektor kann freilich – trotz steigender Beschäftigungsunsicherheit – nicht mehr als *employer of last resort* dienen.[115] Die Jugendlichen der sechziger Jahre wußten, daß sie irgendwo einen Job finden würden, der ihnen paßte. Die Jugendlichen der neunziger Jahre wissen, daß dies alles andere als sicher ist. Selbst ihre Pension wird nach dem Jahr 2030 gefährdet sein. Eric Hobsbawm faßt den Wandel so zusammen: »Zwischen 1990 und 1993 wurden nur wenige Versuche gemacht, zu leugnen, daß sich auch die entwickelte kapitalistische Welt in der Depression befand. Niemand behauptete ernsthaft zu wissen, was zu tun wäre, außer daß man hoffen konnte, sie würde rasch vorübergehen. Die zentrale Tatsache in bezug auf die Krisenjahre ist jedoch nicht, daß der Kapitalismus nicht mehr so gut arbeitet wie im Goldenen Zeitalter, sondern daß sein Funktionieren unkontrollierbar geworden ist. Niemand wußte, was man in den Sprüngen der Weltwirtschaft tun konnte, niemand besaß Instrumente, sie zu steuern. Das wichtigste Instrument, das man im Goldenen Zeitalter dazu eingesetzt hatte, nämlich eine national oder international koordinierte Regierungspolitik, funktionierte nicht mehr. Die Krisenjahrzehnte waren die Ära, in der der Nationalstaat seine wirtschaftliche Macht verlor.«[116]

In der *gemeinsamen Ratlosigkeit* der frühen achtziger Jahre hat sich ein europäischer Pragmatismus zu entwickeln begonnen, auf der Grundlage einer weitgehend *entideologisierten Politik* – sehr im Unterschied zu den Vereinigten Staaten, die es mit der Reideologisierung probieren. Dieser Pragmatismus bedingt Distanz zu Visionen, statt an ihrer Unverfügbarkeit zu verzweifeln. Er versucht auch nicht mehr, diese durch intellektuelle Kunststücke herbeizuzaubern. »Heute sieht es so aus«, so vermerkt Jürgen Habermas, »als seien die utopischen Energien aufgezehrt, als hätten sie sich vom geschichtlichen Denken zurückgezogen.«[117] »Die großen Fragen sind verpönt«, sagt auch der Philosoph Walter Schulz.[118] Die Mehrheit der Wähler strebt nun nicht mehr nach den tiefgreifenden Reformen, haben sich doch die emanzipatorischen und partizipativen Maßnahmen oft als bloßer *Staatsdirigismus* mit enttäuschenden Ergebnissen erwiesen. Fiskalische

---

[115] World Labour Report, Genf 1989.

[116] Hobsbawm 1996, 408 (eigene Übersetzung).

[117] Jürgen Habermas: Die neue Unübersichtlichkeit, Frankfurt 1985, 143.

[118] Marie-Luise Bott: »Verdächtige Kreatur Mensch. Ein Gespräch mit dem Tübinger Philosophen Walter Schulz«, Die Zeit, Nr. 43, 18. Oktober 1991, 74.

Engpässe machen ohnehin deutlich, daß die Zeit großzügiger Reformen vorüber ist. Längst spricht keiner mehr vom *Sozialismus mit menschlichem Gesicht*, jetzt ist höchstens die Rede von der *austerity with a human face*. Hatte man die Krise des Sozialstaates auf die *Revolution steigender Erwartungen* zurückgeführt, so meinen Beobachter nun gar eine *Revolution der abnehmenden Erwartungen* wahrzunehmen.[119] In dieser Lage erholt sich der Pragmatismus von der Handlungsparalyse und scheut nicht davor zurück, Alltagsaufgaben anzupacken.[120] Das neue, pragmatische Paradigma lautet: *Die Welt ist ein kompliziertes Geschäft. Es geht darum, in vorsichtiger Weise sein Bestes zu geben, ohne allzu kühne, uneinlösbare Visionen, sondern vielmehr dadurch, daß man die Alltagsprobleme anpackt.*

In der ökonomischen Diskussion herrscht ein Durcheinander. Bei konkreten Fragen sind eher keynesianische Argumente zu hören; im allgemeinen hält man sich an das neue Vokabular von Markt, Effizienz und Dynamik; und die akademische Welt hat sich in Spezialdiskussionen zurückgezogen. Wähler hören aber gerne von großen Visionen, und viele Politiker sind verzweifelt auf der Suche nach ihnen. Der Pragmatismus wird denn auch unterbrochen durch gewaltige Anläufe zur *Moralisierung* politischer Fragen. Nachdem die Faszination technokratischen Denkens geschwunden ist, haben jene, die sich politisch artikulieren, erkannt, daß sich partielle Interessen, aber auch eigene Borniertheiten am besten durch Berufung auf eine höhere Moral verkaufen lassen. Das ist besonders fatal in komplizierten Sachbereichen wie der Ökonomie.[121] Noch mehr Unbehagen lösen da und dort Durchbrüche *populistischer* Politik – als Gegenbewegung gegen den Pragmatismus – aus: Ihre Vertreter machen die Fremden, die Immigranten, für alle Wirtschaftsprobleme verantwortlich, und sie fordern protektionistische Maßnahmen. Sie attackieren staatliche

---

119 Paul Krugman: The Age of Diminished Expectations – U.S. Economic Policy in the 1990s, Cambridge 1990.

120 Wolfgang Jäger: Die Regierungen Schmid/Genscher. Pragmatismus als Regierungsprogramm. Geschichte der Bundesrepublik Deutschland, hrsg. von Karl Dietrich Bracher u.a., Bd 5/II, Stuttgart-Mannheim 1987.

121 Die Jugendlichen lassen sich ohnehin nicht mehr für die konventionelle Politik »einfangen«; wenn überhaupt, engagieren sie sich bei Greenpeace, Amnesty International, bei feministischen Bewegungen oder ökologischen Parteien, oder sie schwimmen in der neuen jung-konservativen *business*-Welt.

Macht, und doch fordern sie ihren starken Einsatz zum Schutz der »kleinen Leute«.[122]

Der Pragmatismus hat aber auch seine banaleren Gefahren: Er verleitet dazu, die Probleme vor sich *herzuschieben*, etwa kleine Sparpakete zu schnüren, die über das nächste Budget oder die nächste Legislaturperiode retten, aber nicht wirklich die Probleme weitsichtig anzugehen. Man ist froh, wenn man sich über den Tag rettet, und denkt nicht an morgen. Politisches Handeln, das sich in Einzelentscheidungen verstrickt, wird *widersprüchlich*, und Politik verliert ihre Konturen: Was sie leisten kann und was nicht, wird nicht mehr unterscheidbar. Noch immer hohe Erwartungen an die Politik verbinden sich mit pauschalen Vorwürfen des totalen Versagens. Der enttäuschte Wähler hält alle Politiker für Korruptionisten und Idioten und ruft dennoch lautstark und prompt nach ihrer Hilfe, sobald nur das geringste Problem auftaucht. Es ist kein nüchterner, sondern ein *illusionärer, oberflächlicher, instabiler und opportunistischer Pragmatismus*, der vorherrscht. Nur scheint es am Ende der neunziger Jahre keine wirklichen Alternativen dazu zu geben.

7. Das supranationale Paradigma. Die zwiespältige Vision Europas

Parallel zu diesem Pragmatismus hat am Ende der achtziger Jahre eine neue Vision die Länder Europas zu bewegen begonnen: die *europäische Einigung*. Ein Geschehen, das lange Zeit wirklichkeitsferner Standardtext für Festreden war, hat an Dynamik gewonnen. Dafür gab es zunächst den *ökonomischen* Grund, Europa als ernsthaften Konkurrenten für die USA und Japan leistungsfähig zu machen, denn eine Zeitlang geisterten Befürchtungen über eine *Eurosklerose* durch die Schriften der Ökonomen. Dann gab es den *politischen* Grund, nach der überraschenden Vereinigung der beiden Teile Deutschlands

---

[122] Tatsächlich stellt die neue ethnisch-rassisch-religiöse Heterogenität ein ungelöstes Problem dar, selbst in den immigrationsgewohnten Vereinigten Staaten und um so mehr in europäischen Ländern, die ihre Nationalstaatlichkeit in höherem Maße an die Homogenität ihrer Bevölkerung gebunden haben. Populistisch agieren meist auch nationalistische und sezessionistische Bewegungen, die dem Pragmatismus eine »saftige«, fundamentalistische Ideologisierung entgegenstellen – Bewegungen der Anti-Globalisierung.

den »zaudernden Giganten«[123] in eine enge Kooperation mit seinen Nachbarn einzubinden und vor der Gefahr unfriedlichen Machtstrebens zu bewahren.[124] Und es gab einen *psychologischen* Grund: Das Selbstbewußtsein der kapitalistischen Welt ist durch den großflächigen Zusammenbruch des Alternativmodells – der östlichen Planwirtschaften – gestiegen. Eine »gigantische Zeitvergeudung« von siebzig Jahren hat in Osteuropa ihren Abschluß gefunden, und im Rückblick herrscht Einigkeit: »Der Sozialismus hat nicht nur keines der Probleme, zu deren Überwindung er erfunden und dann installiert worden ist, gelöst; er hat darüber hinaus in allen Ländern, derer er habhaft werden konnte, nicht nur ein gesellschaftliches Trümmerfeld, sondern vor allem eine gesellschaftliche Ödnis hinterlassen, der man selbst mit den raffiniertesten Kniffen einer Theorie der Ungleichzeitigkeit kaum irgendeinen Sinn abgewinnen kann«.[125] Der Kapitalismus ist der »Sieger«, auch wenn sich seine Theoretiker bei der Beratung der postsozialistischen Länder im Transformationsprozeß nicht gerade mit Ruhm bedeckt haben. Der Sozialismus ist zu Ende. Der Linken bleibt vorderhand nur die Melancholie.[126] Es ist nur *eine* Supermacht geblieben: Im Taumel des Systemtriumphs und eines militärischen Sieges phantasierten ihre Führer kurze Zeit gar von

---

123 Jochen Thies: »Der zaudernde Gigant«, Europäische Rundschau 18 (1990), Nr. 4, 37-44.

124 Vgl. dazu etwa Hans-Wolfgang Platzer: Welches Deutschland in welchem Europa? Demoskopische Analysen, politische Perspektiven, gesellschaftliche Kontroversen, Bonn 1994; Ronald D. Asmus: Germany's Geopolitical Maturation. Public Opinion and Security Policy in 1994, Santa Monica 1995; Philip Zelikow: Germany Unified and Europe Transformed. A Study in Statecraft, Cambridge, MA 1995; Marc Fisher: After the Wall. Germany, the Germans and the Burdens of History, New York 1995; Richard Rose and Edward C. Page: German Responses to Regime Change. Culture, Class, Economy or Context?, Glasgow 1995; Konrad Hugo Jarausch: Die unverhoffte Einheit 1989-1990, Frankfurt 1995; A. Bradley Shingleton, Marian J. Gibbon and Kathryn S. Mack (Hrsg.): Dimensions of German Unification. Economic, Social and Legal Analyses, Boulder, Col. 1995; Timothy Garton Ash: In Europe's Name. Germany and the Divided Continent, New York 1994; Gernot Gutmann und Ulrich Wagner (Hrsg.): Ökonomische Erfolge und Mißerfolge der deutschen Vereinigung. Eine Zwischenbilanz, Stuttgart 1994.

125 Thomas Schmid: »Last Exit Popper? Warum sich die Demokratie so schlecht mit Demokratie verträgt«, Kursbuch 104, Juni 1991, 1-12, hier 1.

126 Henning Ritter: »Melancholische Leninisten. Beim Aufräumen«, Frankfurter Allgemeine Zeitung, Nr. 192, 19. August 1992, N5.

einer neuen, friedlichen Weltordnung, von der allerdings schon nach wenigen Monaten keine Rede mehr war.[127]

In der Anfangsphase hat die europäische Idee Euphorie ausgelöst, aber die Begeisterung ist in kurzer Zeit abgekühlt. Durch einen Katalog zustimmungsheischender Etiketten versuchte die politische Elite, die widersträubenden Wähler für das Neue Europa zu begeistern: für die *»multikulturelle Gesellschaft«*, das *»Gemeinsame Haus«* und das *»Europa der Regionen«*. Im Bewußtsein der Wähler war das größere Europa freilich eher mit der Vision billigerer Milchprodukte verbunden. Ihr Mißtrauen bleibt bestehen: wegen des Immigrationsproblems, das eine unmittelbare Wohlstandsbedrohung für die Bürger der westlichen Industrieländer darstellt, ebenso wie wegen der Angst, daß dieses liberalisierte Europa eine Arena der Starken, Qualifizierten und Innovativen werden könne, in dem die Schwächeren auf der Strecke bleiben.[128] Empirische Studien und Abstimmungen zeigen, daß das Gefühl der Unsicherheit beträchtlich ist. Dennoch: *Das Paradigma des Neuen Europa beherrscht die internationale Politik in den europäischen Industrieländern; doch es ist ein schwankendes, unsicheres und wenig konturiertes Bild, das in den Köpfen der Europabürger herumgeistert.* Die Unsicherheit ist realistisch; denn niemand kann absehen, was aus dem Neuen Europa wird, was aus der Souveränität der Länder wird[129], aus ihren wirtschaftspolitischen Instrumentarien und aus ihren gewachsenen Institutionen, oder wie weit der Kreis der Mitglieder des Neuen Europa gezogen wird. Auch die Ökonomen rätseln

---

[127] Damit war eine globale Ordnung der Sicherheit und des Friedens gemeint, überwacht durch militärische Kräfte der Staatengemeinschaft. Aber die große Einigkeit war nur kurze Zeit nach dem Golfkrieg zu spüren. Dann wurde auch der Begriff der »neuen Weltordnung« wieder eher deskriptiv gebraucht. Vgl. Stefan Fröhlich: Die USA und die neue Weltordnung. Zwischen Kontinuität und Wandel, Bonn 1992; Thomas H. Diehl und Carsten Feller (Hrsg.): Das Ende der Geschichte? Die »neue Weltordnung« nach der Systemkonfrontation, Gießen 1994; Romain Kirt und Adrien Meisch (Hrsg.): Der entwurzelte Kontinent. Europa und die neue Weltordnung, Düsseldorf 1994.

[128] Erhard Kantzenbach (Hrsg.): Probleme der Vollendung des Binnenmarktes in Europa nach 1992, Berlin 1990; Valerio Lintner und Sonja Mazey: The European Community. Economic and Political Aspects, London und New York 1991; Hans-Wolfgang Platzer: Lernprozeß Europa. Die EG und die neue europäische Ordnung. Eine Einführung, Bonn 1993.

[129] Vgl. schon Ernst Otto Czempiel (Hrsg.): Die anachronistische Souveränität. Zum Verhältnis von Innen- und Außenpolitik (Sonderheft 1 der Politischen Vierteljahresschrift), 1969.

herum, was aus dem Gebilde werden könnte. Das Experiment ist im Gange.

Schlußbemerkungen

Aus der skizzierten Abfolge vorherrschender wirtschafts- und sozialpolitischer Paradigmen lassen sich einige Schlußfolgerungen ziehen, die nur angedeutet werden können und in dieser Kürze trivial wirken mögen; sie sind es in Wahrheit – und das heißt: in jener Wirklichkeit, in der die Bürger der entwickelten Industrieländer leben und ihre Politiker handeln müssen – nicht. Dies wird einem besonders dann bewußt, wenn man an die Anwendbarkeit dieser Prinzipien auf die osteuropäischen Länder denkt.

Erstens, ein einigermaßen *stabiler Grundkonsens* über die fundamentalen Prinzipien der erwünschten Gesellschaftsordnung ist für eine ruhige und erfolgreiche Entwicklung unabdingbar. Das wesentlichste Charakteristikum der politischen Entwicklung der letzten Jahrzehnte war in den Ländern Mitteleuropas die Existenz einer weitgehenden Übereinstimmung der tragenden Kräfte in den grundlegenden Zielen politischen Handelns, die als *»sozialliberaler Konsens«* bezeichnet worden ist. Damit wird der Konsens der wesentlichen politischen Fraktionen darüber angesprochen, daß eine demokratische und liberale Marktwirtschaft, ergänzt durch sozialpolitische Absicherungen und keynesianische Globalsteuerung, als wünschenswertes »gemischtes« Modell der Gesellschaft angesehen wird. Die Entwicklung zu einer Mittelklassengesellschaft mit *cross-cutting cleavages* hat diese Entwicklung in den westlichen Industrieländern zweifelsohne in wesentlichem Maße stabilisiert. Es ist eine reiche Gesellschaft, und der »Fahrstuhleffekt« (die allgemeine Steigerung des Lebensstandards) ebenso wie die Vermischung von Lebensstilattributen (eine oberflächliche Egalisierung) läßt fortbestehende Ungleichheiten erträglicher werden. Die Abfolge der Paradigmen zeigt jedoch, daß diese gemeinsame normative Grundlage der großen politischen Kräfte mit sehr unterschiedlichen Akzentuierungen vereinbar war, was die vermuteten Mechanismen und ihre Einschätzungen im Laufe der Jahre betrifft. Aber man muß viel gemeinsam haben, um heftig streiten zu können, ohne daß die soziale Integration, die politische Funktionsfähigkeit und das wirtschaftliche Gedeihen eines Landes beeinträchtigt werden.

Zweitens, die Entwicklung beruht auf einer *komplizierten Mischung ökonomischer, politischer und kultureller Gegebenheiten*: Es ist nicht damit getan, *»Märkte«* zu installieren; das gesamte Gebäude der Gesellschaft muß ein Mindestmaß von Kompatibilität in seinen Subsystemen aufweisen. Es sind *gewachsene* Gebilde, und in ihnen steckt viel von ihrer Geschichte. Es gibt in den Westländern korporatistische Strukturen, Politiknetzwerke, Verhandlungssysteme, medienorientierte Politik, eine bestimmte politische Kultur, *tacit knowledge* – jenseits des formalen (konstitutionellen und strukturellen) Gerüsts. Die kulturellen Voraussetzungen – die *Bilder in den Köpfen* – sind am schwersten zu analysieren, und auch die vorliegende Skizze ist nur ein erster Schritt, die offensichtlichen, groben Schemata zu erfassen. Die westlichen Wirtschaftsmodelle sind viel komplizierter, als der erste Blick erscheinen läßt. Es geht nicht nur um Angebot und Nachfrage. Diese Modelle erlauben unterschiedliche wirtschafts- und sozialpolitische Gewichtungen, wie die Paradigmen zeigen, und dies mag ein Argument für ihre innere Stabilität sein. Wenn man am marktwirtschaftlichen Modell derart herumbasteln kann, wie dies in den letzten Jahrzehnten geschehen ist, muß es sich um ein vorzügliches Gerüst für die wirtschaftliche Entwicklung handeln. Es gibt jedoch kein optimales Rezept für Wachstum und Entwicklung. Versuch und Irrtum müssen möglich bleiben.

Drittens, die Unüberschaubarkeit sozioökonomischer Entwicklungen läßt es unvernünftig erscheinen, allzu sehr an die *Wirksamkeit wirtschaftlicher Instrumente* und die *Qualität wirtschaftspolitischer Ratschläge* zu glauben. Die Sozialwissenschaftler durchschauen die Abläufe nur sehr unvollkommen, und mit Überraschungen und unbeabsichtigten Folgen hat man im historischen Prozeß immer zu rechnen. Als Produzenten des intellektuellen Diskurses sind sie ja immer auch selbst an der Produktion jener Weltbilder beteiligt, die den Bürgern eine bestimmte Beschaffenheit ihrer Gesellschaft suggerieren und die Optionen für die Zukunft skizzieren. Gesellschaftliche Oberflächenphänomene ändern sich rasch, grundlegende Strukturen wandeln sich hingegen langsam; und die Wahrnehmungsbilder gleiten oft über die »harten« Strukturen der Wirklichkeit hinweg. Die Rekonstruktion des Wandels sozialwissenschaftlicher Paradigmen mag man dann auch als Appell zur sozialwissenschaftlichen Bescheidenheit lesen. Vielleicht sollte man jene Wirklichkeitsmodelle, über die man ein Jahrzehnt später nur verwundert die Köpfe schütteln kann, nicht gar so sehr im Brustton der Überzeugung verkünden.

Das Ende der Solidarität?

Zerfall und Rekonstruktion solidarischer Bindungen in der modernen Gesellschaft

»*Solidarität*« war der Kampfesruf der »linken« Arbeiterbewegung. Vom »*Solidarismus*« wurde die christliche Soziallehre geprägt. Gesellschaftstheoretiker haben in der »Solidarität« das einigende Band gesehen, das Individuen erst zu einem gesellschaftlichen Ganzen zusammenfaßt. »Solidarität« wird von humanitär gesinnten Menschen eingefordert, die angesichts von Elend und Not in vielen Ländern dieser Erde, im Zuge kriegerischer Geschehnisse und in mannigfachen Notsituationen zu altruistischen Taten aufrufen. Solidarität gilt etwas in dieser Gesellschaft.[1]

Ist das wirklich so? In den fortgeschrittenen europäischen Industriegesellschaften scheint es weitgehende Einigkeit über den konträren Befund zu geben: *Solidarität schwinde dahin.* Die Menschen würden immer egoistischer, sie hätten kein Gefühl mehr für die Not der anderen. Die Beseitigung von Notlagen werde auf staatliche Einrichtungen abgeschoben, sozialpolitische Apparate träten an die Stelle mitmenschlicher Hilfsbereitschaft. Wohltätigkeit, Nächstenliebe und Zusammengehörigkeitsgefühl schwänden in den anonymisierenden und formalisierten Strukturen der modernen Großgesellschaft dahin. Insbesondere wird behauptet:

(1) Die innere Verbundenheit der Menschen und ihre spontane Mitmenschlichkeit würden im Modernisierungsprozeß aufgelöst. Es sei kennzeichnend für das moralische Defizit der modernen Gesell-

---

[1] Vorarbeiten zu diesem Beitrag sind »Solidarität in der Moderne – zu den Varianten eines gesellschaftlichen Koordinationsmechanismus«, Journal für Sozialforschung 32 (1992), 267-281; »Das Ende der Solidarität? Über einige moralische Vorstellungen in der modernen Gesellschaft«, in: Otto Kimminich, Alfred Klose und Leopold Neuhold (Hrsg.): Mit Realismus und Leidenschaft. Ethik im Dienst einer humanen Welt, Festschrift V. Zsifkovits, Graz und Budapest 1993, 102-116; »Solidarität«, Arbeit und Wirtschaft 43 (1989), Nr. 11, 26-29.

schaft, daß sie die *»gemeinschaftliche« Orientierung* früherer Gesellschaftsformationen nicht aufrechtzuerhalten vermöchte. Diese werde durch staatliche Eingriffe und administrative Programme der Erosion preisgegeben, und sie werde ebenso vernichtet durch die Installierung marktförmiger Verfahrensweisen in allen Lebensbereichen: Solidarität werde ersetzt durch »Markt« und »Staat«.

(2) Der Prozeß der *»Vermarktlichung«* aller Lebensbereiche zehre solidarische Potentiale auf. Die Gesellschaft werde vom Geist rationaler Marktkalküle durchdrungen, sie werde immer stärker von Materialismus und Käuflichkeit geprägt.[2] Wo sich Märkte bildeten, dort sei das Schicksal der Solidarität besiegelt. Märkte seien amoralische, moralitätsvernichtende und antisolidarische Muster der Interaktion.

(3) Der Prozeß der *»Fundamentalpolitisierung«*[3], die Ausdehnung staatlicher Interventionen und Programme, zehre solidarische Potentiale auf. Wo sich staatliche Interventionen breitmachen, verliere sich – wie im Falle des Marktes – die zwischenmenschliche Solidarität. Der staatliche Leviathan mit seinem paternalistischen Zwangsapparat trete an ihre Stelle.

Diese Behauptungen sollen näher beleuchtet werden. Nach einigen begrifflichen Erörterungen (Abschnitt 1) wird ein Blick auf die Solidarität in Kleingruppen – hier als face-to-face-Solidarität bezeichnet – geworfen (Abschnitt 2). Im Zuge der weiteren Analyse soll dargelegt werden, daß in Großgesellschaften aufgrund von deren innerer Struktur ein »Umbau« der solidarischen Potentiale erfolgen muß, der nicht mit einem Verlust solidarischen Verhaltens gleichgesetzt werden darf (Abschnitt 3). Es werden sodann die solidarischen Potentiale analysiert, die keine Alternative zum Markt darstellen, sondern die sich in einem marktförmigen Verfahren verkörpern (Abschnitt 4). Weiters werden die solidarischen Potentiale erörtert, die sich – trotz seiner Abstraktheit und Formelgebundenheit – in staatlichem Handeln verbergen (Abschnitt 5). Damit soll einer romantisierenden Beschreibung solidarischer Beziehungen, die Solidarität nur in der Heimeligkeit unmittelbarer face-to-face-Hilfe wahrnehmen will, entgegnet werden. Zum Abschluß kommen wir noch einmal auf das Schwinden der face-

[2] Vgl. etwa Karl Polanyi: Ökonomie und Gesellschaft, Frankfurt 1979.

[3] Christian Graf von Krockow: »Der Begriff des Politischen. Überlegungen zur Fundamentalpolitisierung und zur politischen Kultur«, in: Josef Krainer, Wolfgang Mantl, Manfred Prisching, Michael Steiner (Hrsg.): Nachdenken über Politik. Jenseits des Alltags und diesseits der Utopie, Graz-Wien-Köln 1985, 15-26.

to-face-Solidarität in den modernen Industriegesellschaften zu sprechen (Abschnitt 6).

1. Was ist Solidarität?

Alfred Vierkandt belehrt uns im *Wörterbuch der Soziologie*[4] über die Bedeutung des Begriffs folgendermaßen: Solidarität bedeute einen Zustand, in dem sich eine *Vielheit* als *Einheit* verhalte. Dieses Verhalten habe einen praktischen Sinn, denn es würden störende Eingriffe oder Angriffe aus der Umwelt abgewehrt. Zugrunde liege dieser Solidarität eine *Gesinnung der Gemeinschaft*, eine *innere Verbundenheit*, welche die tiefe Kluft zwischen den Menschen aufhebe; es handle sich nicht allein um eine Interessengemeinschaft. *Gemeinschaft* bedeute vielmehr, daß Angelegenheiten anderer Personen, Gruppen oder Einrichtungen als die eigenen und insbesondere deren Ehre als eigene Ehre oder Unehre erlebt werden. In dieser immerhin vor einigen Jahrzehnten vorgenommenen Begriffsbestimmung steckt einiges, was unklar bleibt oder den heutigen Leser irritiert. Solidarität wird auf die praktische Situation einer Abwehr gegen äußere Angriffe bezogen, aber was sind solche »Angriffe«? Die Solidarität einer Gruppe ist sicherlich hoch, wenn äußere Feinde drohen; aber wie läßt sich Solidarität dingfest machen, wenn solche Bedrohungen gerade nicht aktuell sind, wie also beschreibt man die Solidarität in einer »friedlichen« Situation? Solidarität wird mit der »Gemeinschaft«, mit einem Zustand der inneren Verbundenheit assoziiert und ausdrücklich von der Gemeinsamkeit von Interessen abgehoben: Aber gibt es nicht auch die Solidarität jener, die sich eben deshalb zusammengeschlossen haben, um gemeinsame Interessen zu verfolgen, und kann man ihnen die Solidarität in jedem Falle bestreiten? Schließlich wird Solidarität an das Gefühl der »Ehre« gebunden, und das ist eine besonders heikle, möglicherweise überholte Formulierung, denn gerade im Umgang mit diesem Begriff haben moderne Gesellschaften ihre Schwierigkeiten.

---

4 Alfred Vierkandt: »Solidarität«, in: Wörterbuch der Soziologie, hrsg. von Wilhelm Bernsdorf, Stuttgart 2. Aufl. 1969, S. 944-946, hier 944.

Weit nüchterner ist Kenneth Boulding[5], dessen Begriffe *»Integrativsystem«* oder *benevolence* wir wohl als Solidarität übersetzen dürfen. Eine Person ist solidarisch, wenn sie dadurch, daß sie die Besserstellung einer anderen Person wahrnimmt, ihre eigene Wohlfahrtsposition steigert, mit anderen Worten, wenn ihre Wahrnehmung der Wohlfahrt des anderen in die eigene Nutzenfunktion eingeht. Ökonomen sprechen in diesem Fall von der *Interdependenz von Nutzenfunktionen.* Egoismus ist der Nullpunkt auf dieser Solidaritätsskala. Solidarität bedeutet also, daß ein Individuum die distributiven Folgen seiner Entscheidungen berücksichtigt; es ist eingedenk des Umstands, daß alle seine Entscheidungen die Wohlfahrt anderer Individuen – in günstiger oder in ungünstiger Weise – betreffen. Den reinsten Ausdruck findet Solidarität in freiwilligen nicht-reziproken Transferhandlungen von Gütern und Dienstleistungen, also in Geschenken. Der Transfer erhöht den Nettonutzen der Beteiligten: Der Geber hat eine unmittelbare materielle Einbuße hinzunehmen, aber wird durch die steigende Wohlfahrt des Empfängers entschädigt; der Empfänger steht sich besser. – Diese zweite Begriffsbestimmung ist offensichtlich exakter als die Vierkandtsche Verknüpfung der Solidarität mit »Gemeinschaft« und »Ehre«. Solidarität wird in dieser individualistischen Sichtweise zu einer Eigenschaft des Einzelmenschen: In sie gehen auch Begriffe ein wie Altruismus, Mitgefühl, Freundschaft, Mitleid und dergleichen. Solidarität wird aus der Perspektive der »Gemeinschaft«, aus dem Umfeld der Kleingruppen, Dörfer und primitiven Gesellschaften, herausgelöst; auch zwischen zwei urbanen und mobilen Individuen, ja zwischen Fremden kann Solidarität herrschen. Aber sie bleibt gebunden an die potentielle Asymmetrie der Beziehungen: Der eine nimmt allenfalls eine Verschlechterung seiner Situation in Kauf, wenn er den Nutzen eines anderen steigern kann. Wenn es daher um Handlungen geht, von denen die beteiligten Akteure allesamt profitieren, dürfte man nicht von Solidarität sprechen. Und inhaltlich bleibt Solidarität gänzlich unbestimmt: Ein »Nutzen«, der jede Art von zwischenmenschlichen Gefühlen einschließt, ist ein Etikett, nicht mehr, und damit nähern wir uns verdächtig einer Tautologie.

Eine dritte Definition streicht den Anwendungsbereich gleichfalls kräftig zusammen. Karl Otto Hondrich und Claudia Koch-Arzberger

[5] Kenneth E. Boulding: Ecodynamics. A New Theory of Societal Evolution, Beverly Hills und London 1978, 191.

halten »Solidarität« für ein modernes Phänomen, das sie als Antwort auf die neuen Probleme der *industriellen Gesellschaft*, wie sie zu Beginn des 19. Jahrhunderts sichtbar werden, verstehen. Es handelt sich um eine wechselseitige Verbundenheit von mehreren oder vielen Menschen, die aufeinander angewiesen sind und ihre Ziele nur im Zusammenwirken erreichen können. Es ist die als *gleich* empfundene Interessenlage, die solidarische Gefühle auslöst, und eine solche Identifizierung von Gruppeninteressen wird erst möglich, wenn andere Regelungsmechanismen wie Markt, Bürokratie und Politik sich gegeneinander ausdifferenziert haben. Deshalb kann man auch nicht mit dem Verweis auf frühere Gesellschaftsformen von einem Verfall der Solidarität in der modernen Welt reden; denn Solidarität hat es, da sie ja mit der Moderne erst entsteht, früher definitionsgemäß gar nicht gegeben. Sie ist deshalb auch abzugrenzen gegen die *Liebe*, da Liebe umfassend und schicksalhaft ist, während Solidarität »auf Intention« zurückgeht, »eine beabsichtigte, auf allgemeine Werte sich berufende oder bestimmte Interessen kalkulierende, kurz eine *freie* Art der sozialen Bindung ist«[6]; sie ist abzugrenzen gegen die *Brüderlichkeit*, die eine enge und gefühlvolle Art der Verbundenheit darstellt, in die man hineingeboren wird; und gegen die *Gemeinschaft*, die als bindungsstarke Vereinigung mit starker sozialer Kontrolle zu verstehen ist. Anders als diese Formen beruht die Solidarität gerade auf der freien Entscheidung des einzelnen. Solidarität kann also, dieser Definition zufolge, gerade dort schwach sein, wo die sozialen Bindungen stark sind. Wo sie so selbstverständlich sind, daß man gar nicht anders handeln *kann*, als füreinander da zu sein, besteht dann *keine* Solidarität, und das steht natürlich in einem glatten Gegensatz zu Vierkandts Begriffsbestimmung. Solche semantischen Trennungen sind möglich, aber schwer durchzuhalten. Auch Hondrich und Koch-Arzberger vermögen sie, sobald es um konkrete soziale Phänomene geht, nicht durchzuhalten: »Die Grundlage der Solidarität der Arbeiterschaft«, so notieren sie, »ist ihre soziale Nähe, das Zusammenarbeiten in den Fabriken, das Wohnen Wand an Wand oder Straße an Straße, die Hilfsbereitschaft im elenden Alltagsleben, die Mitgliedschaft, später, in denselben Vereinen. Die Gefühlsgrundlage der Arbeitersolidarität ist das Arbeitermilieu; erst später kommen die abstrakteren und wertgeladenen Vorstellungen hinzu, die für die Klassensolidarität charak-

---

[6] Karl Otto Hondrich und Claudia Koch-Arzberger: Solidarität in der modernen Gesellschaft, Frankfurt 1992, 15.

teristisch sind.«[7] Diese Beschreibung entspricht aber genau dem, was man als »Gemeinschaft« zu bezeichnen und vom interessenhaften Kalkül zu unterscheiden pflegt. Das rationale Interessenkalkül bedarf also zuweilen einer »gemeinschaftlichen« Grundlage oder ist jedenfalls damit oft verbunden.[8]

Versuchen wir es mit einer vierten Beschreibung, die von Franz-Xaver Kaufmann stammt.[9] Der gesellschaftliche Steuerungstypus »Solidarität« zeichnet sich seines Erachtens durch folgende Merkmale aus: Individuelle Interessen und Handlungsziele treten nicht als entscheidende Parameter des Handelns auf, *soziale Kontrolle* dominiert das Eigeninteresse. In gewissem Ausmaß sind gemeinsame Normen und Werte, aber auch gemeinsame Situationsdefinitionen vorausgesetzt, auf denen solidarisches Handeln beruhen kann. Es kann *spontane Kooperation* erwartet werden. Eine Rückkoppelung erfolgt durch die Zuweisung bzw. den Entzug *sozialer Anerkennung*. Solidarisches Handeln ist (wie Markthandeln) mit geringen Transaktionskosten belastet, da es auf spontanen sozialen Interaktionen beruht. Es ist allerdings an *kurze Handlungsketten*, an Überschaubarkeit gebunden; je komplexer die Handlungszusammenhänge werden, um so wahrscheinlicher lassen sie sich durch Brauch und Sitte nicht mehr steuern. Ein Bewußtsein oder Gefühl der *Zusammengehörigkeit* ist eine notwendige Bedingung solidarischer Steuerung.

Diese Definition ist facettenreich genug, um unserer vorläufigen Vorstellung, worum es sich bei diesem Phänomen eigentlich handelt, gerecht zu werden.[10] Halten wir nochmals fest, was die zentralen

---

[7] Hondrich und Koch-Arzberger 1992, 30f.

[8] Die Definition will auf etwas anderes hinaus. Die Studie beruht auf einer Untersuchung freiwilliger karitativer Verbände, und da diese – entgegen manchen Vermutungen – auch in der modernen Gesellschaft gedeihen, liegt es nahe, die Aspekte der *Entscheidung* und der *Wahlfreiheit* in der Solidaritätsdefinition herauszustellen. Es handelt sich also in Wahrheit um den Versuch, den Begriff der Solidarität auf ein sehr spezifisches Phänomen zu beschränken. Hilfreich ist diese Begriffsfassung aber gerade für nicht-gemeinschaftsbezogene Erscheinungen wie die Solidarität mit der Dritten Welt oder die Frauensolidarität.

[9] Franz-Xaver Kaufmann: »Solidarität als Steuerungsform – Erklärungsansätze bei Adam Smith«, in: Franz-Xaver Kaufmann und Hans-Günter Krüsselberg (Hrsg.): Markt, Staat und Solidarität bei Adam Smith, Frankfurt und New York 1984, 158-184.

[10] Es lassen sich natürlich weitere Definitionen beibringen; beschränken wir uns auf zwei große einschlägige Handbücher. Eine Definition von Gustav Gundlach lautet: Solidarität ist »eine Gegenseitigkeit zwischen zweien, mehreren, vielen

Merkmale dieser Beschreibung sind: Es geht *erstens* offensichtlich um kleine Gruppen, um überschaubare Sozietäten. Diese halten *zweitens* die ihnen angehörenden Individuen streng an der Kandare, zügeln ihre individuellen Strebungen und korrigieren unmittelbar interaktiv ihr Verhalten. *Drittens* besteht ein ausgeprägtes »Kollektivbewußtsein«, das heißt, es existieren unter den Gruppenangehörigen in einem hohen Maße gemeinsame Normen, Werte und Wirklichkeitsdefinitionen. *Viertens* besteht ein starkes Zusammengehörigkeitsgefühl. Diese Definition ist unmittelbar einleuchtend. Sie entspricht unserem vorgängigen Erfahrungs- und Gefühlsbereich. Dennoch erhebt sich bei genauerer Betrachtung der Verdacht, daß damit wohl die Grenzen eines bestimmten, in Gesellschaften faßbaren Phänomens korrekt beschrieben sind, das man nicht zu Unrecht als »Solidarität« bezeichnen kann; daß aber nicht der gesamte Anwendungsbereich des Begriffes »Solidarität« erfaßt wird, nicht die Gesamtheit jener Phänomene also, bei welchen der Begriff im üblichen Sprachgebrauch – nicht zu Unrecht – Verwendung findet.

Sollen wir »Solidarität« notwendig an die *Kleingruppe* binden? Wie steht es etwa mit der »Klassensolidarität«, jener in der Geschichte der sozialistischen Bewegung so wichtigen Kategorie des revolutionär-reformistischen Selbstbewußtseins? Die Arbeiterbewegung läßt sich nicht gut als Kleingruppe bezeichnen, und wir würden auch in Schwierigkeiten kommen, würden wir in aller Öffentlichkeit von einer Kleingruppe sprechen, wenn wir heute zur Solidarität mit emanzipationsstrebenden Frauen aufgerufen werden. Oder wie steht es mit jenen Plakaten und Aufrufen, die uns zu mehr »Solidarität mit der Dritten Welt« mahnen: Ist es eine völlig verfehlte Anwendung dieses Begriffes, wenn das Mitgefühl über die Kleingruppe mit ihren häufigen Interaktionen hinaus gar auf eine globale Perspektive erweitert wird? Es stimmt offenbar mit dem Sprachgebrauch nicht überein, Solidarität nur als Kleingruppenphänomen zu definieren.

Weiters ist es eine Verengung, Solidarität nur als *asymmetrisches Verhältnis*, in dem der eine gibt und der andere nimmt, zu betrachten:

---

von solcher Art, daß sie *aufeinander angewiesen* sind und, was sie wollen und sollen, nur dann gut von statten geht, wenn sie *zusammenwirken.*« (HdSW, Bd. 9, 1956, 296f.). Schließlich noch eine Begriffsbestimmung von A. Rauscher: Solidarität bedeutet, daß »alle Menschen in ihren jeweiligen Bezügen (einzelne untereinander, in der Ehe und Familie, in den intermediären Gruppen, im Staat, in der Völkergemeinschaft) in einer seinsmäßigen Verbundenheit und gegenseitigen Verpflichtung zueinander stehen.« (HdWW, Bd. 7).

Menschen können sich auch in fester Verbundenheit zusammenschließen, um Ziele zu erreichen, die ihnen gemeinsam zugute kommen. Es ist nicht (nur) eine altruistische Orientierung, welche die Grundlage des Kollektivgefühls der Arbeiterklasse geboten hat, sondern die Erkenntnis, daß eine kollektive Interessenverfolgung geboten sei, wenn man nicht als einzelner untergehen will. Der nüchterne Wunsch nach gemeinsamer Besserstellung lag also den solidarischen Bestrebungen zugrunde, und er war zweifelsohne lebensweltlich abgesichert.

Schließlich scheint die Restriktion auch zu weit getrieben, wenn wir Solidaritätsverhältnisse nur als *frei gewählte Formationen* betrachten. Offenbar ruht Solidarität in einer Weise auf emotionell-weltanschaulichen Grundlagen, daß wir sie nicht mit der freien Konsumentscheidung über Wurstsorten gleichsetzen können. So sehr auch Reziprozitäts- und Interessengesichtspunkte eine Rolle spielen, so sehr bedarf es doch eines Gefühls der Zusammengehörigkeit, um Vertrauen und Opferbereitschaft im Hinblick auf andere Gruppenmitglieder zu entwickeln.

Der Sprachgebrauch ist also weiter gefaßt, als die obigen Definitionen reichen. Wir könnten nun freilich jenen Wortgebrauch, der die Kriterien einer von uns verwendeten Definition nicht erfüllt, als illegitim bezeichnen und für wissenschaftliche Zwecke, insbesondere für die Untersuchung ganz bestimmter sozialer Phänomene, im Sinne einer *Nominaldefinition* einen passenden, viel engeren und präziseren Sprachgebrauch vorschlagen. Eine andere Möglichkeit ist es, sich auf die unterschiedlichen Wortverwendungen einzulassen, also an den faktischen Sprachgebrauch anzuknüpfen, ganz im Sinne von Ludwig Wittgensteins *»Familienähnlichkeiten«*, welche er Begriffen attestierte, die unterschiedliche Phänomene zusammenfassen, die sich einer einheitlichen Definition nicht beugen. Gehen wir auf die letztere Weise vor, ist es nicht nötig, nach einer neuen, gemeinsamen Definition zu suchen, die alle mit diesem Begriff belegten Phänomene abdeckt. Man kann sich darauf beschränken, die unterschiedlichen Solidaritätstypen zu beschreiben, ohne sie alle in das Korsett einer gemeinsamen Definition zu zwängen.[11] Wir haben es mit mehreren *»Solidaritäten«* –

[11] Freilich muß man fragen, ob es zweckmäßig ist, unterschiedliche Phänomene, an denen sich partielle Überlagerungen, aber letztlich keine alle Anwendungen überdeckenden Kennzeichen finden lassen, mit demselben Begriff zu benennen. In der Folge soll dieser Weg – dem Sprachgebrauch zu folgen – beschritten

also *Typen oder Arten solidarischen Verhaltens* – zu tun, und wollten wir eine einigende sozialwissenschaftliche Begriffsbestimmung vornehmen, die auf alle Arten zutrifft, so wäre diese wohl ziemlich nichtssagend. Demgemäß lassen wir für die Zwecke dieser kursorischen Untersuchung einfach alle genannten Definitionen gelten: mit der Zielsetzung, nicht so sehr eine trennscharfe Abgrenzung des betrachteten Phänomens zu geben als vielmehr das semantische Terrain des Solidaritätsbegriffes nach unterschiedlichen Richtungen hin auszuloten. Es wird in der Folge deutlich werden, daß wir auf diesem Wege auch ungewohnte Potentiale und wandelbare Formen solidarischer Verhältnisse zu beschreiben vermögen, was nicht möglich wäre, wenn wir die Begriffe von vornherein so eng fassen, daß Solidarität unter die gewählte Definition nicht mehr paßt.

2. Solidarität in Kleingruppen

Der »natürliche Ort« der Solidarität ist die kleine Gruppe, und man denkt unwillkürlich an persönliche zwischenmenschliche Beziehungen, wenn von Solidarität die Rede ist.[12] Dem solidarischen Verhalten, so schreibt Alfred Vierkandt, liegt eine »Gesinnung der Gemeinschaft« zugrunde, ein »Zustand innerer Verbundenheit«, der nicht durch eintretende Interessen erzeugt wird, sondern »in einem gleichsam schlummernden Zustand *immer vorhanden* ist«.[13] Die Bilder, die einem bei solchen Worten vor Augen treten, legen es nahe, an *kleine soziale Einheiten* zu denken, in denen Harmonie, Heimeligkeit und Hilfsbereitschaft herrschen und die sich durch »innere Verbunden-

werden, ohne daß die verschiedenen Unschärfen, Überdeckungen und Ausfransungen des Begriffs abschreckend wirken sollen; denn was wäre der Nutzen, wollten wir postulieren, daß zukünftig von der Frauensolidarität oder der Solidarität mit den verhungernden Menschen in Entwicklungsländern zugunsten einer exakten sozialwissenschaftlichen Erfassung des Solidaritätsphänomens nicht mehr gesprochen werden darf? Die Menschen würden es sich nicht nehmen lassen, und wir würden eine Nominaldefinition formuliert haben, die sich vom Sprachgebrauch entfernt. Da es hier auch nicht um die Konstruktion eines wissenschaftlichen Instrumentes geht, mit dem eine spezifische Aufgabe erfüllt werden soll, begnügen wir uns mit dem Verweis auf den Sprachgebrauch und versuchen lieber, unterschiedliche Spielarten der Solidarität herauszuarbeiten.

[12] Charles H. Cooley: Social Organisation, Glencoe, Ill. 1909.

[13] Vierkandt 1969, 944.

heit« und »Gemeinschaftsgesinnung« charakterisieren lassen. Ferdinand Tönnies hat in seiner berühmten Studie »Gemeinschaft und Gesellschaft«[14] eine ausführliche und einflußreiche Beschreibung einer solchen gemeinschaftlichen Ordnung geliefert und sie einer größeren, moderneren Gesellschaft gegenübergestellt. Die Unterscheidung der im Titel bereits genannten Vergesellschaftungsweisen hat Tönnies einerseits als *historische* Entwicklung verstanden; die einfacheren Gesellschaftsformationen sind seines Erachtens von tief-gefühlvollen »Gemeinschaftsbeziehungen« gekennzeichnet, die sich im Zuge der Modernisierung zu »gesellschaftlichen« Beziehungen wandeln. Andererseits hat er die beiden Typen auch als *Strukturelemente* der Gegenwartsgesellschaft verstanden; »Gemeinschaftsformen« überleben auch in Nischen der Großgesellschaft, sie prägen das Leben in kleinen sozialen Gruppen nach wie vor.[15]

Folgen wir diesen Bildern, so ist in einfacheren Gesellschaftsformen jene altruistische Unmittelbarkeit zwischen den Individuen vorhanden, aus der solidarische Handlungen entspringen, und die soziale Kontrolle – der Prozeß der Norm- und Verhaltensstabilisierung – verläuft in hohem Maße über das Instrument der Solidaritätsgewährung und des Solidaritätsentzuges. Um nicht in die romantische Falle zu laufen, muß betont werden, daß Hilfe und Kontrolle zwei Seiten derselben Sache sind. Denn erstens können wir durchaus annehmen, daß es in einfacheren Gesellschaften – auch in den residualen Nischen moderner Gesellschaftsformationen – jene *altruistische Unmittelbarkeit von Mensch zu Mensch* gegeben hat und gibt, die in solidarischen Handlungen Ausdruck findet. Menschen kennen und begegnen einander häufig, sie können ihre Persönlichkeiten und Empfindungen

---

[14] Ferdinand Tönnies: Gemeinschaft und Gesellschaft, Leipzig 1887, 8. Aufl. 1935.

[15] Noch einmal sei darauf hingewiesen, daß es abweichende Definitionen gibt, die gerade derartigen Gemeinschaftsverhältnissen jede Solidarität absprechen. So schreiben etwa Hondrich und Koch-Arzberger (1992, 21): »Weil es in ihnen (in 'Gemeinschaften' im Sinne von Tönnies, M.P.) kaum frei gewählte gegenseitige Verbundenheiten gibt, erst recht nicht über die Grenzen der Gemeinschaft hinaus, entraten sie auch der Solidarität im modernen Sinne. Erst in dem Maße, in dem sich, qua Vergesellschaftung, das Gemisch von gemeinschaftlichen Zwängen auflöst und verwandtschaftliche, familiale, kriegerische, ökonomische, politische, rechtliche etc. Bindungen unterscheidbar werden, ist evolutionär die Voraussetzung für Solidarität gegeben. Solidarität fängt also in starken sozialen Bindungsgemischen schwach an. Sie kann, paradoxerweise, stärker nur werden, indem die traditionell zwanghaften Gemeinschaftsbindungen schwächer werden.«

wechselseitig einschätzen, sie wissen auch über die zukünftigen Interaktionen. Sie sind *vertraut* miteinander. In primitiven Stämmen sind ein paar Dutzend Personen aufeinander angewiesen; mittelalterliche Siedlungen waren jeweils eine Welt für sich. Das Kriterium der Nähe – der enger oder weiter definierten Verwandtschaft oder der enger oder weiter definierten regionalen Zugehörigkeit – hat von Anfang an Hilfeleistungen gegenüber Bedürftigen bestimmt: Der »Wohnort« schloß die Möglichkeit aus, die Armen davonzujagen, denn sie waren an diesem Ort »zuständig«; man mußte mit ihnen irgendwie »umgehen«, ihnen Fürsorgeleistungen zukommen lassen oder sie in Armenhäuser sperren. Zweitens verläuft die *soziale Kontrolle* – der Prozeß der Norm- und Verhaltensstabilisierung – in hohem Maße über das Instrument der Solidaritätsgewährung und des Solidaritätsentzuges. Konformität ist ein öffentliches Gut, auf das alle Mitglieder der Gruppe Wert legen, denn sie stabilisiert die Erwartungen und erhöht die Zielsicherheit des eigenen Verhaltens. Konformitätsdruck wird über »harmlose« Reaktionen – wie Mißbilligung und Entrüstung – ausgeübt, aber auch dadurch, daß solidarische Hilfe, auf die ein moralischer Anspruch besteht, verweigert oder ihre Verweigerung zumindest angedroht wird. In primitiven Verwandtschaftsgruppen wird Devianz mit dem Ausschluß aus der Gemeinschaft bestraft, was gleichbedeutend mit dem Tod des Betroffenen ist. Auch die geschlossene Verachtung der Gruppe, aus der man nicht »ausbrechen« kann, ist ein durchaus wirksames Mittel, Individuen an Gemeinschaftsnormen zu binden. Wer sich umgekehrt an die Normen der Gemeinschaft hält, der darf erwarten, daß ihm im Bedarfsfall solidarisch erbrachte Leistungen zuteil werden.[16] Man darf dieses »zweite Gesicht« der Solidarität in Kleingruppen nicht übersehen. Es sind nicht nur »herzliche«, sondern auch harte Beziehungen, die sie zusammenhalten.

Nun bieten sich solche Beschreibungen zur scharfen Entgegensetzung des normgebundenen Handelns in der integrierten Kleingruppe

---

[16] Vgl. zur Beschreibung kleiner Gruppen die Studien von Robert F. Bales: Interaction Process Analysis. A Method for the Study of Small Groups, Readings, MA 1950; ders.: Personality and Interpersonal Behavior, New York 1970; George C. Homans: The Human Group, New York 1950; A. Paul Hare: Handbook of Small Group Research, 2nd ed., New York 1976; ders. et.al. (Hrsg.): Small Groups. Studies in Social Interaction, New York 1965; Theodore Mills: The Sociology of Small Groups, Englewood Cliffs, NJ 1967; Marvin E. Shaw: Group Dynamics. The Psychology of Small Group Behavior, 3rd ed., New York 1981.

und des rational-kalkulierenden Handelns in der modernen Gesellschaft an, und andere Entgegensetzungen lassen sich anfügen: von *rationalem* und *irrationalem* Handeln, von *zweckorientiertem* und *normgebundenem* Handeln, von *egoistischem* und *altruistischem* Handeln. Dann kann man gleich noch die Entgegensetzung von *homo oeconomicus* und *homo sociologicus* ergänzen und zur Abgrenzung von *Ökonomie* und *Soziologie* erweitern. Aber den nicht unwitzigen Satz, daß Ökonomen analysieren, wie die Menschen entscheiden, und die Soziologen, warum sie nichts zu entscheiden haben, überlassen wir den Einführungslehrbüchern, die zunächst die Welt übersystematisch ordnen müssen, um sie anschließend wieder ein wenig in Unordnung (und damit der Wirklichkeit näher) zu bringen. Wir wollen es hier als Selbstverständlichkeit ansehen, daß wir es nicht mit *untersozialisierten* oder *übersozialisierten* Typen von Individuen zu tun haben[17], sondern mit einigermaßen *sozialisierten*. Das macht die Sache schwierig, denn wir müssen der Entscheidungsfähigkeit der Individuen gleichermaßen gerecht werden wie ihrer Normgebundenheit. Wir beginnen mit einigen Überlegungen zum rationalen Handeln, komplizieren diese Annahme in einem zweiten Schritt und stoßen im dritten Schritt zum altruistisch-solidarisch-normorientierten Handeln vor.

Erstens: Rationales Verhalten wird üblicherweise als »egoistisches« gesehen. Rational ist der Nutzenmaximierer. Die egoistische Maximierung individueller Präferenzfunktionen wird dem solidarischen Verhalten gegenübergestellt. Dennoch kann solidarisches Verhalten in Kleingruppen auch durch Zweckmäßigkeitsüberlegungen – also mit individuell-utilitaristischen Argumenten – begründet werden. Am einfachsten läßt sich dies in jenen Fällen zeigen, wo Solidarität mit dem Einzelinteresse nicht in jedem konkreten Fall, wohl aber auf Dauer zusammenfällt: Es ist dumm, in einer auf Dauer angelegten Geschäftsbeziehung jede Chance zum Betrug zu nutzen und sich damit all jener Chancen zu begeben, die in einer vertrauensvoll-stabilen Beziehung in Zukunft zu gewärtigen wären. Der Ruf, ehrlich zu sein, kann die Geschäfte blühen lassen. Der Ruf, gediegene Waren zu liefern, auch wenn ihre Qualität nicht unmittelbar überprüfbar ist, kann neue Geschäftsbeziehungen eröffnen.[18] Der Ruf, nicht jede vertrag-

---

[17] Dennis H. Wrong: »The Oversocialized Conception of Man in Modern Sociology«, American Sociological Review 26 (1961), 183-193.

[18] Das hat natürlich auch mit sozialer Nähe, nicht nur mit der Absehbarkeit weiterer Geschäftsbeziehungen zu tun. Man ist geneigt, eher die Angestellte in dem

liche Unsicherheit bis zum letzten zu nutzen, kann Transaktionskosten sparen helfen. Man wird also von der Nutzenmaximierung im Einzelfall absehen, um größere Erträge nicht zu gefährden. Vereinzelte solidarische Akte können dann als rationale Investition betrachtet werden, die sich hinfort als rentabel erweisen muß – und, wenn man will, handelt es sich eben deshalb nicht um solidarische Akte.

Selbst das *Gefangenendilemma*, das uns als Abbildung realen Verhaltens von Individuen in prekären Situationen erhellende Einsichten in eine Reihe von sozialen Situationen gestattet, führt nur in bestimmten Situationen in jenes unliebsame Dilemma, zu dessen Modellierung es gedacht ist. Robert Axelrod hat in seinen bekannten Computerexperimenten Wettbewerbsverhalten in wiederkehrenden Situationen vom Typ des Gefangenendilemmas simuliert und eine TIT FOR TAT-Strategie als vorteilhaftestes Verhalten nachgewiesen. Es handelt sich dabei nicht um egoistisches, sondern um *kooperativ-solidarisches Verhalten*. Egoismus wird mit Egoismus, Kooperation mit Kooperation beantwortet. Der Spieler kooperiert zunächst und folgt im nächsten Zug jenem Verhalten, das der Gegenspieler im vorhergehenden Zug gezeigt hat. Er kooperiert, wenn dieser kooperiert, und reagiert mit Sanktionen, wenn dieser nicht mehr kooperiert. Gemeinsames Handeln – solidarische Kooperation – entsteht als erfolgreichste Strategie im menschlichen Zusammenleben. Sie kann daher durchaus auf einem weitsichtigen rationalen Kalkül begründet sein.[19] Dies besagt nicht, daß sich jegliches altruistische Verhalten auf Zweckmäßigkeitskalküle zurückführen läßt. Aber es zeigt, daß die Annahme des Rationalverhaltens mehr erklären kann, als man üblicherweise anzunehmen geneigt ist. *Der »Egoismus« reicht in den »Altruismus« hinein*. Nicht bei jedem Fall, in dem Altruismus oder Solidarität zu beobachten sind, müssen wir uns von dem Versuch, rationale Beweggründe zu untersuchen, vorschnell verabschieden.

Es ist nun allerdings schwierig, jene Situationen abzugrenzen, in denen Solidarität nicht mehr mit einem langfristig und umfassend

---

Kaffeehaus, das man täglich besucht, darauf aufmerksam zu machen, daß sie zuviel Geld herausgegeben hat, als den Geldwechsler in einem fernen Touristenland – es sei denn, im Bazar wird unser Mitgefühl angesprochen, weil der Händler bereits die Notlage seiner Familie in überzeugenden Bildern dargestellt hat. Dann aber geht es nicht mehr um den »rationalen« Einsatz von Solidarität.

19 Robert Axelrod: The Evolution of Norms, New York 1986; ders.: The Evolution of Cooperation, New York 1984; ders.: »An Evolutionary Approach to Norms«, American Political Science Review 80 (1986), 1095-1111.

verstandenen Selbstinteresse, also einem »aufgeklärten Selbstinteresse«, zusammenfällt. Die offen gegebene Spende für die Kirchenrenovierung mag für den Gläubigen durch den Zuwachs an *Prestige* entgolten werden; schließlich kann man die amerikanische Strategie, dem Spender und Stifter mit der entsprechenden Namensgebung für Bibliotheken, Hörsäle, Versammlungsräume, Parks, Lehrstühle und vieles andere zu danken, als angemessene Ehrung eines gemeinschaftsverpflichteteten Menschen ebenso wie als durchsichtiges Geschäft mit der Eitelkeit betrachten. Im Falle der religiösen Spende mag für den Gläubigen auch noch die Idee einer kleinen Investition in sein ewiges Leben hinzukommen, also die gute Tat einen Hauch von »Gegengeschäft« oder »Gnadenkauf« in sich bergen. Dennoch geraten wir in schwierige Probleme, wenn wir Tautologien vermeiden und übereinander gelagerte Reflexionsebenen bedenken wollen: Ich stehe mich am allerbesten, wenn alle für die Kirchenrenovierung zahlen und ich mir das Geld erspare – im Sinne des *freeriders*. Ich weiß aber auch, daß das alle wissen und deshalb nicht zahlen würden, wenn sie nicht sicher sein können, daß alle zahlen; also sollte ich wohl zahlen, da ich sonst erwarten muß, daß das Projekt sicher nicht zustande kommt. Wenn aber ohnehin alle mit hoher Wahrscheinlichkeit erwarten können, daß alle zahlen, brauche ich nicht zu zahlen, weil ohnehin genug Geld zusammen kommt. Wenn aber alle wissen, daß alle wissen, daß ohnehin genug Geld gespendet wird, und meiner Logik folgen, wird keiner spenden, so daß meine Prämisse wiederum falsch ist. Dieses Spiel läßt sich fortsetzen, und es läßt sich annehmen, daß verschiedene Individuen an unterschiedlichen Stellen ihrer Überlegungen haltmachen.

Ein anderes Spiel findet natürlich statt, wenn es nicht um die Entscheidung über den individuellen Beitrag, sondern um die Entscheidung über die Einrichtung einer kollektiv gültigen und erzwungenen Regel geht. Viele amerikanische Gemeinden sind für ihre Schulerhaltung selbst zuständig, und größere Renovierungen werden in einer Abstimmung der Bürger beschlossen: Das Risiko ist für den Gutgesinnten niedrig; ergibt sich keine Mehrheit, muß er nichts zahlen, und der Umbau kommt nicht zustande; ergibt sich eine Mehrheit, müssen alle zahlen, und der Zweck wird erreicht. Dennoch stellt sich wieder die *freerider*-Frage, wenn der Bürger nicht gerade gegenwärtig oder zukünftig mit eigenen schulpflichtigen Kindern rechnen muß. Die Spende für den Umbau kann vielleicht mit dem allgemeinen Interesse an einer florierenden Gesellschaft mit qualifizierten Arbeitskräften, die auch dem Spender selbst zugutekommt, begründet werden; aber die einzelne Schule wird dazu nicht viel beitragen, und qualifizierte Schulabgänger lassen sich aus der Nachbargemeinde gewinnen. Aber für die Kleingruppe, um die es sich dann doch handelt, haben die Erwartungshaltungen über die Entscheidungen der anderen normativen Charakter: Wenn eine breite Strömung zugunsten des Schulumbaus besteht, stellt man sich außerhalb der Gemeinschaft, wenn man dagegen stimmt und die Nachbarn über die Auffassung Bescheid wissen; man könnte als ignorant oder bildungsfeindlich angesehen werden; die Leute könnten darüber tuscheln, daß man nun, da die eigenen Kinder die Schule hinter sich haben, plötzlich kein Geld mehr locker machen will, und man könnte deshalb in den Ruf eines geizigen oder asozialen Menschen geraten. Im Hintergrund sind aber auch andere (kollektive) Kräfte wirksam. Es werden wohl nur dann genug Stimmen oder Spenden zusammenkommen, wenn die Individuen insgesamt ein Gefühl der Verpflichtung verspüren, für ihre Schule zu sorgen, und dies hängt von den Auffassungen über lokale Gemeinschaften und Staatsverantwortlichkeiten ab; wenn sie stolz auf diese wichtige kommunale Einrichtung sind; wenn eine gute Ausbildung als wichtige Erbschaft für die nachfolgenden Generationen gilt und in der Kultur Bücherwissen allgemein geschätzt wird. Damit haben wir uns aber vom herkömmlich-rationalen Handeln bereits sehr weit entfernt.

Zweitens: In der kleinen Gruppe, so haben wir festgestellt, bedingen Kooperation und Kontrolle einander. Den Individuen wird geholfen, ohne daß Marktäquivalente verlangt werden. Aber auch in diesen kleinen Gemeinschaften sind *Gegenseitigkeiten* im Spiel, und schon deswegen kann das rationale nicht dem altruistischen Handeln entgegengesetzt werden. Es herrscht nicht nur *kalküllose Hilfsbereitschaft.* Auch »Gemeinschaften« mit traditionellen Lebensformen, die gerne idealisiert und romantisiert werden, waren von *Reziprozitätsbeziehungen* – Angemessenheitsvorstellungen über wechselseitige Hilfeleistungen – geprägt.[20] Wechselseitige Verpflichtungsgefühle gehen in solchen Gesellschaften mit der Idee einher, es handle sich langfristig bei

---

[20] Marcel Mauss: »Die Gabe. Form und Funktion des Austauschs in archaischen Gesellschaften«, in: Soziologie und Anthropologie, 2. Bde., München 1975, erstmals L'Annee Sociologique, 1 (1923); Bronislaw Malinowski: Sitte und Verbrechen bei den Naturvölkern, Bern 1949 (engl. 1932).

den solidarischen Interaktionen der Individuen und Gruppen um den Tausch ungefährer Äquivalente. Auch das Bewußtsein wechselseitig vorteilhafter Kooperation schließt also eine sinnvolle Anwendung des Begriffes Solidarität keineswegs aus. Im Notfall wird ohne Rechenhaftigkeit geholfen, freilich nur dann, wenn nicht der Eindruck entsteht, daß der einzelne mit der Hilfeleistung der anderen zu spekulieren beginnt. Verschiedene religiöse Sekten in den Vereinigten Staaten wehren sich gegen Versicherungen: Wer ärztlicher Behandlung bedarf, dem wird sie fraglos gewährt; wem die Scheune abbrennt, dem wird sie in der Zusammenarbeit aller Männer wiederaufgebaut. Auch die Solidarität der Arbeiterklasse hat seinerzeit auf kollektive Besserstellung gezielt, hat also den Vorteil aller durch Kooperation zum Zweck gehabt. Solidarität mit den anderen stellt alle besser, weil man im Bedarfsfall »uneigennützige« Hilfe »zurückerhält«: Das klingt nur im ersten Moment paradox. Die Hilfe ist im konkreten Fall tatsächlich altruistisch, weil nicht kalkuliert und verrechenbar; doch langfristig und im großen und ganzen rechnet man mit einem Ausgleich der wechselseitigen Leistungen. Obwohl die Leistung altruistisch ist, ist sie nicht unbedingt »freiwillig«; sie kann nicht gut verweigert werden, will man sich nicht außerhalb der Gemeinschaft stellen. Man weiß, welches Ausmaß an Hilfe man *gewähren muß* und *erwarten darf.* Dauerhaft asymmetrische Relationen können die Solidarität der Gruppe durchaus strapazieren. Solidarität wird den Bedürftigen gewährt, jenen, die es nicht vermögen, ihren Lebensunterhalt aus eigener Kraft zu bestreiten oder Notlagen mit eigenen Reserven zu überwinden, nicht aber jenen, die ihre Kräfte nicht einsetzen *wollen*. Bis heute sind Diskussionen über den Mißbrauch sozialpolitischer Programme von der Frage geprägt, ob die Empfänger *wirklich* bedürftig sind oder einen allzu raschen Anstrengungsverzicht leisten. Wenn immerzu die einen die Geber und die anderen die Nehmer sind, können Aversionen wach werden, und bei Überschreiten bestimmter Einschätzungsschwellen können die solidarischen Beziehungen zum Erliegen kommen oder abgebrochen werden.[21]

[21] Allerdings können auch Argumente vorgebracht werden, denen zufolge gerade asymmetrische Solidaritätsverhältnisse die Integration der Gruppe verstärken; vgl. Alvin W. Gouldner: Reziprozität und Autonomie. Ausgewählte Aufsätze, Frankfurt a.M. 1984. Aber es ist jedenfalls nur ein erster Schritt, einen so hohen Grad an Gruppenintegration anzunehmen, daß individuelle Interessen oder Beurteilungen überhaupt nicht mehr wahrgenommen werden können; so etwa Dahl: »In a solidary community, egoism is indistinguishable from altruism. One's

Drittens: Natürlich gibt es auch Verhalten jenseits der egoistischen Zweckrationalität, auch wenn sich manche Theoretiker weigern, überhaupt eine andere Motivation als die der egozentrischen Nutzenmaximierung anzuerkennen.[22] Es gibt Ärzte, die in ihrer Freizeit ohne Bezahlung beim Roten Kreuz arbeiten. Anonyme Spenden werden an Kirchen und Wohltätigkeitsorganisationen überwiesen. Menschen werden unter hohem persönlichen Risiko aus brennenden Häusern und reißenden Flüssen gerettet. Es wäre allzu billig, solche Handlungen mit interpretativem Engagement in die Formeln von Nutzenmaximierungsstrategien zu zwängen: etwa in der Weise, daß die Belohnung für ein solches Handeln in dem guten Gewissen oder in dem Bewußtsein, ein edler Mensch zu sein, zu finden wäre, so daß die persönliche Nutzenfunktion, in die ja beliebige Größen Eingang finden können, »egoistisch« durch altruistisches Verhalten maximiert würde. Dies ist keine Theorie, sondern eine theoretische Ausrede, die den gesamten Erklärungsbedarf nur verlagert. Sie bietet nicht mehr, als ein Etikett auf alle menschlichen Bestrebungen zu kleben, und es ist egal, ob das Etikett »Nutzen«, »Triebe«, »Leidenschaften« oder »Normen« heißt.[23]

Da ist es zwar nicht einfacher, wohl aber realistischer, mit Amitai Etzioni anzunehmen, daß die Menschen mehrere Wünsche haben, und daß einer von ihnen auch der ist, gemäß ihren moralischen Wer-

---

interests are those of the community; the interests of the community are one's own.« Robert A. Dahl: Egoism, Altruism, and the Public Good, Urbana-Champaign 1980, 4.

22 Peter Hammond: »Charity: Altruism or Cooperative Egoism?«, in: Edmund S. Phelps (Hrsg.): Altruism, Morality, and Economic Theory, New York 1975; Mordechai Kurz: »Altruistic Equilibrium«, in: Bela Belassa und Richard Nelson (Hrsg.): Economic Progress. Private Values and Public Policy, Amsterdam 1977.

23 Die elaborierteren Formen der Nutzentheorien tragen nicht nur zur Lösung des Problems nichts bei, sie verschlimmern die Situation. Wenn auch jede Form altruistischen oder normorientierten Handelns als individueller Nutzengewinn eigensüchtig maximiert werden kann, ist die Tautologie vollkommen. Dann wird die getätigte Spende damit erklärt, daß dem Spender ein Nutzengewinn zugewachsen ist, und die Nicht-Spende, daß seine Nutzenfunktion offenbar diese Variable nicht enthält; die Geburt eines Kindes mit dem Umstand, daß es den Eltern nach wohlbedachter Abwägung einen Nettonutzen beschert, die Nicht-Geburt mit dem Umstand, daß dies wohl nicht der Fall war. Solche Erklärungen ersparen viel Arbeit; aber nur die wenigsten würden dies als erhellende Einsicht in gesellschaftliche Prozesse ansehen.

ten zu leben.[24] Damit haben wir zumindest zwei Komplexe von Handlungsantrieben: eine *rational-logisch-empirische* Komponente, bei der die eigene Besser- oder Schlechterstellung, Gewinn oder Verlust kalkuliert werden; und eine *normativ-affektive* Komponente, bei der Wünschbarkeit, Wert, Verpflichtungsgrad und Gemeinwohl eine Rolle spielen. Moral ist – neben den egoistischen Nutzenimpulsen – in der Bestimmung menschlichen Handelns wirksam. Und Moral ist etwas anderes als Nutzen: Man muß zwischen dem Gefühl des Vergnügens und dem der Genugtuung unterscheiden. Die Erfüllung moralischer Pflichten ist oft unangenehm oder bitter, und alle diese Unterschiede werden mit dem simplen Etikett der Nutzenmaximierung nur überklebt.

Für die kleinen Gruppe tun wir uns mit der Annahme leicht, daß das »gesunde Selbstinteresse« durch eine »dichte Sozialisation« aufgewogen, der Egoismus durch Integration gebremst wird. Dies deckt sich auch mit den Alltagserfahrungen in der Familie und im Freundeskreis, an der Arbeitsstelle und im Sportverein. Man hilft einander, in Grenzen. Man kauft ein für den kranken Nachbarn, aber man läßt dies nicht zur Gewohnheit werden, wenn er wieder gesund ist. Man führt den Kollegen im Wagen zur Autoreparaturwerkstatt, bei der er seinen Wagen abholen möchte, aber man spielt nicht täglich den Chauffeur für ihn. Man leiht Bücher her, will aber dem Freund nicht die ganze Bibliothek zur Verfügung stellen. Aber in großen und komplexen Gesellschaften wird die Sache schwieriger. Auch hier gibt es noch ethnische Gruppierungen, religiöse Gemeinschaften, lokale Assoziationen, Freiwilligenkomitees in Wahlkämpfen, gemeinsame Aktivitäten in Schulgemeinschaften und in vielen anderen Kleingruppen. Die Soziologen sind auch Verflechtungen auf der Spur, die sie unter den Begriff der »Netzwerke« fassen; darunter ist zu verstehen, was Individuen, die in dieser Gesellschaft leben, schon immer in Worte gefaßt haben wie: »Man muß jemanden kennen«; oder: »Man muß Beziehungen haben.«[25] Damit ist gemeint, daß es persönliche

---

[24] Amitai Etzioni: Jenseits des Egoismusprinzips. Ein neues Bild von Wirtschaft, Politik und Gesellschaft, Stuttgart 1994.

[25] Mark Granovetter: Getting a Job. A Study of Contacts and Careers, Cambridge, MA 1974; Ronald Burt: Corporate Profits and Cooptation. Networks of Market Constraints and Directorate Ties in the American Economy, New York 1983; Beth Mintz und Michael Schwartz: The Power Structure of American Business, Chicago 1985; Nitin Nohria und Robert Eccles (Hrsg.): Networks and Organisations. Structure, Form and Action, Boston 1992.

Kontakte mit zahlreichen Personen gibt, die man gegebenenfalls um einen Gefallen bitten kann oder die man, da sie selbst wieder andere Personen kennen, um Intervention ersuchen kann. Allerdings besteht in diesen Netzwerken eine sehr unterschiedliche »Qualität« und »Dichte« von Beziehungen: Man kann seinen Hausarzt bitten, im Krankenhaus um einen frühen Untersuchungstermin zu intervenieren, wohl aber kaum darum, die Hausarbeit der Kinder durchzusehen. Man kann die Nachbarin darum bitten, am Nachmittag einmal nach dem bettlägrigen Kind zu sehen, wohl aber kaum darum, die pflegebedürftige Großmutter die nächsten fünf Jahre zu betreuen. Es gibt den Apotheker um die Ecke, den man um homöopathische Ratschläge bitten kann, und das *old boys-network*, das für die Karriere sorgt. Solidarität kann einen sehr verschiedenen Charakter haben: Es gibt ohne Zweifel Solidaritätsgefühle zwischen den Mitgliedern einer Bridge-Runde oder eines Schachklubs, aber auch zwischen den Anhängern einer Skinhead-Gruppe und den Mitgliedern einer mennonitischen Siedlung, aber diese Gefühle sind sehr unterschiedlich. Die Mitglieder der Irisch-Amerikanischen Gesellschaft in Boston unterscheiden sich in ihren Solidaritätsgefühlen von den Mitgliedern der Irisch-Republikanischen Armee in Belfast.

Es besteht nun allerdings auch kaum ein Zweifel, daß der Zusammenhalt zahlreicher wichtiger Gruppen in der modernen Gesellschaft sich abschwächt. Man mag der Feststellung, daß die geographische Mobilität die Gemeinschaften zerreißt, entgegenhalten, daß die Menschen in der mobilen Gesellschaft gelernt haben, neue Netze rasch wieder aufzubauen, und wichtige soziale Netze sind ohnehin nicht lokal begrenzt oder definiert.[26] Tatsächlich werden ethnische oder religiöse Minderheiten, Homosexuelle, Künstler und Wissenschaftler ihre »Geistesverwandten« in allen großen Städten finden. Aber die Frage ist ja gerade, wie intensiv die neu aufzubauenden Solidaritätsbeziehungen sein können. Die Vertrautheit, die aus einer jahrzehntelangen Bekanntschaft resultiert, aus dem Wissen, daß man sich einander nichts vorzumachen hat, weil man über die Lebensgeschichten, die Erfolge und das Versagen, die Fähigkeiten und Schwächen wechselseitig Bescheid weiß, – diese Vertrautheit ist nicht so geschwind herzustellen. Die Bedingungen der modernen Gesellschaft sind der Herstellung solidarischer Gemeinsamkeit nicht gerade förderlich. In einer

[26] Vgl. etwa Amitai Etzioni: »The Attack on Community. The Grooved Debate«, Society 32 (1995), No.5, 12-17.

Gesellschaft, die fragmentiert ist, in der die Individuen verschiedenen Gruppen und Kreisen angehören, in der sich Identitäten schneiden und Interessen kreuzen und in der sich alle Fakten und Werte rasch wandeln, kann die Sozialisation in umfassende solidarische Normen nicht mehr so leicht erfolgen.[27] Die postmoderne Auffassung, daß man miteinander genauso gut solidarisch sein kann, wenn man die Verschiedenheit der Individuen und ihrer Werte und Auffassungen anerkennt, wenn man unter den vielen verfügbaren »Erzählungen« keine mehr hervorhebt, sondern alle gelten läßt, wenn man sich in der tolerant-indifferenten Wertschätzung der Unterschiedlichkeit findet, ist ein Trick: Sie wendet ein hilflos beobachtetes Geschehen ins Positive. Die Gemeinsamkeit, nichts gemeinsam zu haben, mag dazu reichen, sich nicht gegenseitig den Schädel einzuschlagen (und nicht einmal das stimmt); sie reicht jedenfalls nicht zur Begründung einer wirklichen Solidarität. Viele sprechen denn auch von den moralischen Beständen als »Residuen«: als jener kulturellen Erbschaft, von der die modernen Industriegesellschaften parasitär zehren, die sie aber nicht zu schaffen imstande sind.

3. Solidarität in Großgruppen

In den kleinen sozialen Einheiten, von denen bisher die Rede war, mag auf die unmittelbare face-to-face-Solidarität Verlaß sein; in größeren sozialen Einheiten kann man sich darauf nicht mehr stützen. Die Entwicklung der modernen »Großgesellschaften« ist der Prozeß des Verlustes der inneren Bindungen der Menschen aneinander. Der Prozeß der Differenzierung und Individualisierung bringt die Menschen in die unterschiedlichen Lebenslagen, schafft revisionsoffene Identitäten und führt zur Erfahrung der Unverläßlichkeit und Unüberschaubarkeit der Welt.[28] Zwei Varianten dieses Erosionsprozesses stehen zur Debatte. Zum einen wird behauptet, es handle sich bei der modernen Welt um eine *rational-egozentrische Gesellschaft*, in der die Individuen ihre Interessen sorgfältig kalkulieren und ihren eigenen Vorteil

---

[27] Richard M. Coughlin: Ideology, Public Opinion, and Welfare Policy, Berkeley 1980.

[28] Peter L. Berger, Brigitte Berger, Hansfried Kellner: Das Unbehagen in der Modernität, Frankfurt und New York 1985.

zu maximieren verstehen. Sie ziehen sich deswegen aus altruistischen Verpflichtungen zurück und schieben die Verantwortung für die Bewältigung von Situationen, in denen diese Verpflichtungen zum Tragen kämen, kollektiven Einrichtungen zu. Die Entsolidarisierung beruht auf dem Triumph *rationaler* Interessen. Zum anderen wird behauptet, wir lebten in einer *hedonistischen Gesellschaft*, in der die Individuen auf den sofortigen Lustgewinn und auf die Verdrängung all dessen, was ihnen Unbehagen bereitet oder Opfer auferlegt, bedacht seien. Die Entsolidarisierung beruht auf der Verallgemeinerung *irrationaler* Oberflächlichkeit: auf Emotionen, nicht auf Kalkül. Ob nun in Form des Kalküls oder der Verdrängung, also in rationaler oder irrationaler Akzentuierung: Das Gemeinsame beider Auffassungen findet sich darin, daß sich solidarische Orientierungen, Gefühle der Zusammengehörigkeit und Verpflichtungen zur wechselseitigen Hilfe aufzulösen scheinen. Das ist ebenso ein kultureller Befund wie ein moralischer Vorwurf. Aber ist dieser Befund richtig, und ist dieser Vorwurf berechtigt?

Für den Zerfall von Solidarität und Gemeinschaftlichkeit können verschiedene Bedingungen des modernen Lebens namhaft gemacht werden: Die Menschen sind urbaner und mobiler geworden, sie siedeln verstreut in den Vorstädten und treffen sich nicht mehr in den »kleinen Nachbarschaften«. Frauen strömen auf den Arbeitsmarkt, und sie fallen für jene »soziale Arbeit« aus, die in der Aufrechterhaltung enger Kontakte zu Nachbarn, Freunden und Verwandten besteht. Für die Doppelverdiener-Familie besteht ein steigender Zeitdruck, die Organisation ihres Lebens und Haushalts aufrechtzuerhalten; notdürftig kommt man mit den dringendsten Angelegenheiten über die Runden, aber es bleiben keine Zeit und keine Kraft für Gemeinschaften. Der Wohlfahrtsstaat macht eine Reihe solidarischer Hilfeleistungen überflüssig. Seit den sechziger Jahren hat sich ein Wandel in der Einschätzung der Generationen vollzogen; die Jüngeren schätzen nicht mehr jene Vergesellungsformen, die den Älteren wichtig waren. Das Fernsehen stiehlt mehrere Stunden im Tag.[29]

[29] Das Fernsehen ist der »Hauptverdächtige« in Robert D. Putnams Analysen der Abnahme des *civic engagement* in Amerika: »The Strange Disappearance of Civic America«, The American Prospect (1996) No. 24, Winter 34-48; »Tuning In, Tuning Out: The Strange Disappearance of Social Capital in America«, PS. Political Science and Politics 28 (1995), 664-683.

Das alles ließe sich im Detail belegen. Wir beschränken unsere Analyse jedoch zunächst auf einen sehr einfachen Sachverhalt: den der Größe der Gruppe. Steigende Gruppengröße löst die herkömmlichen Grundlagen für solidarische Gefühle auf. Wie ließe sich »altruistische Unmittelbarkeit« in der modernen Welt leben? Wäre es nicht irrational, in einer Großgesellschaft, in der die Individuen einander kaum kennen, die erforderliche Hilfe auf unmittelbare zwischenmenschliche Solidarität und Hilfsbereitschaft – auf *face-to-face-Solidarität* – zu gründen? Kann nicht jeder, der die Hilfsbereitschaft der anderen nüchtern kalkuliert, unter diesen Bedingungen jeden anderen leicht ausbeuten, und wird nicht jeder, wenn sich dieser Verdacht nicht eindeutig ausräumen läßt, die Hilfe verweigern müssen? Wann ist Hilfe angemessen, in einer Situation, in der Informationen, um diese Frage zu beantworten, prinzipiell fehlen müssen? Diese Fragen bedürfen einer näheren Erörterung, und wir beginnen wieder mit einer »rationalen« Annäherung.

Erstens: Die Möglichkeit, sich auf »Liebe«, »Solidarität« oder »Altruismus« als koordinierende Mechanismen sozialen Handelns zu verlassen, ist – allen Erfahrungen zufolge – an einen *überschaubaren sozialen Raum* gebunden und schwindet mit der zunehmenden »Größe« der Gesellschaft. In Primärgruppen, so hat schon Charles Cooley beobachtet, herrschen face-to-face-Beziehungen vor, zahlreiche und vielfältige Kontakte, eine große Innentransparenz sowie informelle Beziehungen und Entscheidungsmechanismen. Solche kleinen Gruppen bieten weniger Möglichkeiten für eine Außenseiterposition. Die Einbindung in größere soziale Einheiten, die nicht durch eine sehr weitgehende segmentäre Differenzierung aufgehoben wird, läßt hingegen originär-ethische Bindungen dahinschwinden. Dies ist in drei Umständen begründet.

Zum einen nimmt die *Spürbarkeit bzw. die Relevanz des individuellen Handelns* für die Gruppe mit steigender Zahl der Beteiligten ab. Der einzelne kann Kosten kooperativen Verhaltens, die für ihn als Individuum von großer Bedeutung sind, sparen, während seine Nichtkooperation für die große Gruppe so gut wie folgenlos bleibt. Denn die jeweils zu veranschlagende Bedeutung des eigenen Handelns hat ihre Rückwirkungen auf das individuelle Verhalten: In einer Gruppe von zehn Personen ist im Kooperationsfall das Handeln des einzelnen für die übrigen stark spürbar; in einer Gemeinschaft von einer Million Menschen kann der einzelne antizipieren, daß sein geringer

Beitrag praktisch nicht spürbar wird, daß also auch sein gemeinschaftsschädigendes Verhalten kaum Effekte zeitigt und es »egal« ist, ob er sich kooperativ oder eigensüchtig verhält. Wenn man in einer Großgesellschaft Steuern nicht bezahlt, steht man sich spürbar besser, während der durch den Steuerausfall einer einzigen Person bewirkte Verlust an staatlichen Leistungen unsichtbar, jedenfalls aber marginal ist. Das öffentliche Verkehrsnetz ist nicht gefährdet, wenn meine Steuerleistung ausfällt, und ich kann es weiter nutzen; ob die Privatstraße vor dem Haus asphaltiert wird oder nicht, ist hingegen von der Einigung *aller* Anrainer abhängig. Wenn aber alle Gemeinschaftsmitglieder in der Großgesellschaft folgerichtig egozentrisch agieren, da sie ja antizipieren können, daß in der Anonymität der Großgruppe die Sanktionsdrohung an Glaubwürdigkeit verliert, kommt es zur Selbstschädigung in einer Gemeinschaft von *homines oeconomici*, deren Handlungsprinzip jenes der gemeinwohldistanzierten eigenen Interessendurchsetzung ist.

Weiters schwinden die *Möglichkeiten der Kontrolle und Sanktionierung* des einzelnen durch die anderen Mitglieder. Es ist ohne zusätzliche Kontrollmechanismen nicht mehr überschaubar, wer seinen Teil an der gemeinsamen Leistung nicht erbracht hat, und es bestehen kaum zwischenmenschliche Sanktionsmöglichkeiten, da der einzelne in der modern-mobilen Großgruppe diesen Sanktionen – etwa der fürderhin drohenden Nichtkooperation des Kontrahenten – immer ausweichen kann. Wenn der einzelne seine Steuern nicht bezahlt, würde dies ohne die Buchführung des Finanzamtes niemandem auffallen, und man würde nicht riskieren, von den Nachbarn schief angeschaut zu werden. Kaum jemand würde behaupten wollen, daß sich ein städtisches Verkehrssystem aufrechterhalten läßt, wenn man von den Benutzern freiwillige Beiträge erbittet. Selbst wenn manche Mitbürger wissen, daß man sich an der Bezahlung von Gemeinschaftsleistungen nicht beteiligt, taucht das Freerider-Problem auch bei der Sanktionierung auf: Warum sollte der einzelne die Kosten einer sanktionierenden Handlung auf sich nehmen, wo doch die Leistungsverweigerung eines einzelnen ihm als Beobachter des Delikts nur einen unmeßbar geringen Schaden zufügt? Warum sollte der Passant gegen Schwarzfahrer in der Straßenbahn einschreiten, zumal dies immer riskanter wird? Da der Gruppendruck nicht mehr ausreicht, um kooperatives Verhalten zu gewährleisten, müssen in der Großgruppe besondere Kontroll- und Sanktionsinstanzen eingerichtet werden.

Schließlich verschärfen sich in einer differenzierten Großgesellschaft die *Probleme der Verhaltenssicherheit*. Es wird schwieriger, über das Verhalten der Mitmenschen Erwartungen zu bilden, weil man über ihre Lebensgeschichten weniger Bescheid weiß und ihre Handlungssignale weniger gut einschätzen kann. Auf solche Signale aber ist man angewiesen, um die Kooperationswilligkeit und die Ehrlichkeit des potentiellen Partners einschätzen zu können. Mit Fremden solidarisch zu sein, ist risikoreich. Im unangenehmeren Fall setzt man sich dem Risiko aus, mangels persönlichkeitsbezogener Einschätzung der Hilfsnotwendigkeit einer bewußten Täuschung zum Opfer zu fallen: dem »Pannenopfer«, das den Helfer ausraubt. Im harmloseren Fall wird man ausgenutzt: vom wohlsituierten Bettler, der seine Lage dramatisch darzustellen weiß, aber um die Straßenecke sein Auto stehen hat. Man weiß einfach über den »Partner« zu wenig, und man möchte nicht hintennach als der Dumme dastehen.

Wenn diese Argumente richtig sind, so werden *mit steigender Gruppengröße formalisierte Beziehungen immer wichtiger*, und mit Überschreiten einer bestimmten Fühlbarkeitsschwelle ist nur noch auf solche Mechanismen Verlaß: auf den Kontrollor in der U-Bahn, auf die Buchhaltung des Finanzamtes, auf die Akten des Arbeitsamtes. In kleinen Gruppen sparen die ethischen Beziehungen Organisationskosten; je größer die Gruppen werden, um so eher verfallen kooperative Zielsetzungen.[30] Dann muß die Solidarität »umgebaut« werden; die solidarische Gemeinschaftshilfe wird durch eine rationalistisch-organisierte Form ersetzt. »Als gezielt eingesetztes Organisationsprinzip findet man Altruismus in komplexen Gesellschaften praktisch nicht vor. Vielmehr füllen altruistisch motivierte Verhaltensweisen Lücken in der gesellschaftlich organisierten Daseinsvorsorge, die wegen fehlender politischer Basis keine politische Anerkennung gefunden haben.«[31]

Zweitens: Es handelt sich beim Verfall der face-to-face-Solidarität nicht um ein Phänomen moralischen Wandels oder Werteverfalls in der Moderne, sondern zunächst um ein simples Größenproblem. *Solidarität muß umkonstruiert werden.* Marktförmige und staatlich-admi-

[30] James M. Buchanan: »Markets, States, and the Extent of Morals«, American Economic Review, Papers and Proceedings, 68 (1978), 364-368.

[31] Frank E. Münnich: »Gesellschaftliche Ziele und Organisationsprinzipien«, in: Erich Streißler und Christian Watrin (Hrsg.): Zur Theorie marktwirtschaftlicher Ordnungen, Tübingen 1980, 163-196, hier 177.

nistrative Regelungsmechanismen bieten sich als Ersatz an; der Versuch, die Gemeinschaftsideologie auf Großgruppen auszuweiten und die traditionellen Verhaltensweisen dadurch auch für größere soziale Einheiten fruchtbar zu machen, bietet keine dauerhafte Grundlage des Zusammenwirkens. Emile Durkheims Auffassung war freilich eine andere: Er meinte, daß Solidarität auch in Großgesellschaften existieren könne.[32] Er hat die Existenz einer »organischen Solidarität« in der modernen Sozialordnung – und damit in einer Großgesellschaft – dadurch begründet, daß in einer arbeitsteilig differenzierten Gesellschaft die Interaktionshäufigkeit zwischen den Menschen zunehme und das Bewußtsein von der wechselseitigen Abhängigkeit steige; und daraus erwachse das Solidaritätsgefühl. Beide Argumente sind jedoch nicht überzeugend.[33] Natürlich wird es stimmen, daß eine steigende *Interaktionshäufigkeit* zu Vertrauen, Freundschaft und Hilfsbereitschaft führen kann; alle internationalen Studentenaustauschprogramme leben von dieser Vermutung. Aber die moderne Marktgesellschaft zeichnet sich nicht nur durch die steigende Zahl von Interaktionen, sondern auch durch die *steigende Zahl von Interaktionspartnern* aus. Wie nie zuvor ist es möglich, andauernd mit verschiedenen Menschen zu interagieren. Das mag zur Folge haben, daß eher eine *abnehmende Interaktionshäufigkeit* pro Partner zu verzeichnen ist. Die Beziehungen zwischen ihnen verlieren daher ihre spezifische face-to-face-Qualität und haben keine solidaritätsfördernden Konsequenzen mehr. Das Stammgasthaus wird durch fast food-Ketten ersetzt. Die Einkaufszentren verdrängen den Kaufmann um die Ecke. Studenten verlieren sich in riesigen Hörsälen. Steigende Mobilität läßt Nachbarschaften und Freundschaften wechseln. Auch aus dem Bewußtsein der *Abhängigkeit* muß keine Solidarität entstehen. Die Komplexitätssteigerung der modernen Gesellschaft bedeutet wohl, daß der einzelne in

---

32 Emile Durkheim: Über soziale Arbeitsteilung. Studie über die Organisation höherer Gesellschaften, Frankfurt 1988 (erstmals franz. 1893).

33 Niklas Luhmann: »Arbeitsteilung und Moral. Durkheims Theorie«, in: Durkheim 1988, 19-38; Hans-Peter Müller und Michael Schmid: »Arbeitsteilung, Solidarität und Moral. Eine werkgeschichtliche und systematische Einführung in die 'Arbeitsteilung' von Emile Durkheim«, in: Durkheim 1988, 481-521; Michael Schmid: »Solidarität und Arbeitsteilung. Bemerkungen zu Durkheims Theorie«, in: Max Haller, Hans-Jürgen Hoffmann-Nowotny, Wolfgang Zapf (Hrsg.): Kultur und Gesellschaft, Frankfurt und New York, 1989, 518-531.

immer längere Interdependenzketten verflochten wird[34]; daraus aber erwächst nicht automatisch ein Abhängigkeitsgefühl und aus diesem keineswegs unbedingt Solidarität. Warum sollten Solidaritätsgefühle aus dem Umstand entstehen, daß an der Anlieferung meiner Milch und meines Brotes zahlreiche Menschen beteiligt sind? Ich bin in den Zentren großer Städte von Taxis abhängig, aber warum sollte ich mich mit Hunderten von Taxifahrern solidarisch fühlen? Georg Simmel wußte, daß die Geldwirtschaft *konkrete* Abhängigkeiten von anderen Individuen auflöst und durch *anonyme Abhängigkeiten* ersetzt.[35] Aber diese anonymen Abhängigkeiten belasten und verpflichten den einzelnen nicht sehr, denn es gibt jeweils eine große Zahl von anderen möglichen Marktpartnern, mit denen man kontrahieren kann. Ich muß keine persönliche Sympathie zu meinem Milchlieferanten entwickeln. Es gibt auch andere, die mich damit versorgen können. Ich muß den Taxifahrer nicht mögen, denn es ist ohnehin immer ein anderer, mit dem ich fahre. Deshalb ist man zwar auf *andere*, aber nicht auf *konkrete andere* angewiesen; und so ist man doch wieder unabhängig, ist durch das Gefühl des Angewiesenseins auf andere ihnen keineswegs verbunden. Abstrakte, geldvermittelte Abhängigkeit schafft schwerlich Solidarität.

Weil Durkheim spürt, daß seine Argumente nicht überzeugen, rekurriert er im Bedarfsfall auf die immer schon existierende Moral, die durch Erziehung sicherzustellen und durch die Moralkodizes der Berufsverbände zu befestigen ist. Daß Berufsverbände einigermaßen zuverlässige Integrationslieferanten sein können, stimmt aber mittlerweile auch nicht mehr. Und Solidarität wird dabei immer schon als bestehende vorausgesetzt, denn nur dann kann sie im Sozialisationsprozeß reproduziert werden. Durkheims Theorie ist keine Lösung für die schwindende Solidarität in der Großgesellschaft.

Drittens: Aber wozu brauchen wir in einer Großgesellschaft denn Solidarität? Wenn meine Versorgung mit Milch und Taxis nach marktförmigen Regeln großartig funktioniert, kann man auf die Solidarität verzichten. Aber das ist nicht ganz so. Eine für Großgruppen relevante Unterscheidung bringt uns weiter, die in Kleingruppen vernachlässigt werden kann – jene nach dem Kollektivgutcharakter von Normen. Viktor Vanberg, dessen Terminologie wir hier folgen,

---

[34] Norbert Elias: Über den Prozeß der Zivilisation. Soziogenetische und psychogenetische Untersuchungen, 2 Bde., 6. Aufl., Frankfurt 1978/79.

[35] Georg Simmel: Philosophie des Geldes, 7. Aufl., Berlin 1977 (erstmals 1900).

unterscheidet Vertrauensnormen und Solidaritätsnormen.[36] Die Vorteile von *Vertrauensnormen* (»Versprechen halten«, »andere nicht betrügen«) sind bereits in beliebig kleinen Teilmengen der Akteure realisierbar, es bestehen keine Anreize zum Trittbrettfahren. Es handelt sich um ein »Marktmodell«, bei dem nur minimale Vertrauenspotentiale erforderlich sind. Die Vorteile von *Solidaritätsnormen* (»mit gemeinsamen Ressourcen pfleglich umgehen«, »sich als Teammitglied nicht drücken«, »sich in Warteschlangen nicht vordrängen«) sind nicht zu realisieren, wenn sich nur einige daran halten, sie sind nur vorteilhaft, wenn die überwiegende Menge der Akteure diese Regeln einhält. Für diese Situationen gilt auch, daß jeder Anreize hat, die Regeln zu durchbrechen, also Anreize zum Trittbrettfahren, und daß der einzelne nicht nur in der permanenten Versuchung steht, sich auf Kosten der anderen zu »bereichern«, sondern nicht einmal einen Anreiz hat, die Kosten auf sich zu nehmen, um die Regeleinhaltung bei anderen zu erzwingen, da auch dies wieder für ihn Kosten mit sich bringen würde.

Daraus folgt zum einen: Im Falle von Vertrauensnormen bedarf es auch in größeren gesellschaftlichen Einheiten nur der *Sicherung äußerer Rahmenbedingungen*, um beispielsweise Vertragseinhaltung durch rechtlichen Zwang – durch die »sichtbare Hand« des Staates – zu bewirken. Märkte müssen konstituiert und rechtlich geformt werden; existieren sie aber, genügt es, im Falle der Regelverletzung entsprechende Sanktionsinstanzen vorzusehen, während »business as usual« den Beteiligten (auf einem »freien« Markt) überlassen werden kann. Und weiters folgt: Im Falle von Solidaritätsnormen bedarf es einer »*Organisation*«. Eine Organisation zeichnet sich dadurch aus, daß mehrere Akteure bestimmte Ressourcen in einen Pool einbringen, über den in der Folge gemeinsam disponiert und der gemeinsam genutzt wird.[37] Es wird ein »korporativer Akteur« begründet, für den

[36] Viktor Vanberg: »Markt, Organisation und Reziprozität«, in: Klaus Heinemann (Hrsg.): Soziologie wirtschaftlichen Handelns (KZfSS Sh. 28), Opladen 1987, 263-279.

[37] Vgl. James S. Coleman: Macht und Gesellschaftsstruktur, Tübingen 1979 (engl. 1974); siehe auch Viktor Vanberg: »Colemans Konzeption des korporativen Akteurs – Grundlegung einer Theorie sozialer Verbände«, Nachwort zu J. Coleman: Macht und Gesellschaftsstruktur, Tübingen 1979, 93-126; Viktor Vanberg und James M. Buchanan: »Rational Choice and Moral Order«, Analyse & Kritik 10 (1988), 138-160; Viktor Vanberg: Markt und Organisation. Individualistische Sozialtheorie und das Problem korporativen Handelns, Tübingen 1982.

Dispositionsrechte und Verteilungsrechte festgelegt werden – beispielsweise Krankenversicherungs- oder Pensionsanstalten, die nicht nur nach versicherungsmathematischen, sondern auch nach »solidarischen« Prinzipien vorgehen. Diese intermediären Organisationen sind in den modernen Großstaaten die *Orte institutionalisierter Solidarität*, und als den umfassendsten dieser korporativen Akteure kann man den Staat bezeichnen. Dieses Modell führt somit zum *Gesellschaftsvertrag*, in den Versionen von Thomas Hobbes bis James Buchanan.[38] Der Verfassungsvertrag, wie ihn Buchanan modifiziert darstellt, beruht auf einem Gleichgewicht der Kräfte;[39] er garantiert – auch als »impliziter Gesellschaftsvertrag«[40] – sachlich und zeitlich begrenzte Solidarität: jenes Minimalmaß an Solidarität, ohne das eine Gesellschaft nicht bestehen kann. Großgesellschaften brauchen diese institutionalisierte Solidarität; sie können nicht auf individueller face-to-face-Solidarität beruhen.

Viertens: Wiederum müssen wir die Grenzen der individuellen und kollektiven Rationaltheorie überschreiten, um mit Phänomenen fertigzuwerden, die in die vorgegebenen Kategorien nicht passen wollen – etwa Phänomene von Gruppenkonflikt und Gruppenfeindschaft, von Haß und Rassismus, von Nationalismus und Chauvinismus. Die faktisch erfahrbaren Grenzen der Solidarität fallen oft mit den *Gruppengrenzen* zusammen. In einfachen Gesellschaften bestehen starke ethisch-altruistische Bindungen innerhalb der eigenen Gruppe, aber kaum Verhaltensrestriktionen gegenüber Fremden. Die Solidarität im Inneren geht einher mit absoluter Nicht-Solidarität nach außen. Den Fremden wird oft nicht einmal der Status des »Menschen« zugestanden. Außerhalb der Gruppe gibt es keine Grundlage für einen fried-

---

[38] Thomas Hobbes: Leviathan, 1. engl. Ausg. 1651; dt. 1.Aufl. Neuwied 1966, Nachdruck Frankfurt und Berlin-Wien 1976; greifbare Ausgabe Frankfurt 1984; James M. Buchanan: The Limits of Liberty. Between Anarchy and Leviathan, Chicago 1975.

[39] Geoffrey Brennan und James M. Buchanan: The Reason of Rules. Constitutional Political Economy, Cambridge et.al. 1985; Peter Koller: Neue Theorien des Sozialkontrakts, Berlin 1987; Manfred Prisching: »Kontinuität und Diskontinuität sozialer Institutionen. Zur Vereinbarkeit einiger institutionstheoretischer Modelle«, in: Volker Bornschier, Manuel Eisner, Kurt Imhof, Gaetano Romano und Christian Suter (Hrsg.): Diskontinuität des sozialen Wandels. Entwicklung als Abfolge von Gesellschaftsmodellen und kulturellen Deutungsmustern, Frankfurt und New York 1990, 91-112.

[40] Barrington Moore: Ungerechtigkeit. Die sozialen Ursachen von Unterordnung und Widerstand, Frankfurt a.M. 1982.

lichen Tausch, der – wie schon die klassische Außenhandelstheorie lehrte – beide Sozietäten besser stellen würde. Nach außen hin sind Plünderung, Raub, Überfall und Betrug gestattet. Daß dies bis in die neuere Zeit und auch für »entwickeltere« Völker gilt, belegt die Geschichte der Kolonialisierung und des Imperialismus. Die bewährte politische Strategie, bei Schwierigkeiten im Inneren die Aggression nach außen zu tragen und durch die Attacke gegen einen gemeinsamen Feind die eigene Gruppe wieder zu einen, ist ein pragmatisch-politischer Anwendungsfall dieses Prinzips.[41] Als die Hutu-Regierung in Ruanda bedroht war, wurden die Tutsi zu inneren Feinden erklärt, um die Stammessolidarität zu festigen. Als die Amerikaner den Golfkrieg begannen, hatte die Armee so viele Bewerber wie nie zuvor, die es als notwendig ansahen, jetzt hinter ihrem Land zu stehen. *Solidarität nach innen ist oft durch Feindschaft nach außen bedingt.* Und gibt es zu wenig äußere Feinde, findet man sie im Inneren, in der besonders scharfen Abgrenzung gegen jene Devianz, die der Mehrheit zur Solidarisierung, zur Selbstvergewisserung ihrer Normen und Werte, verhilft. Sind entsprechend verabscheuungswürdige Gruppen nicht vorhanden, können sie auch geschaffen werden: Einwanderer, Juden, Häretiker, Kapitalisten.[42] Das Moment der »Konstruktion« von Solidargemeinschaften ist in dem bekannten Experiment von Muzafer Sherif hinlänglich demonstriert worden: Er hat elfjährige Buben in einem Sommercamp in zwei Gruppen geteilt, und zwar quer durch Freundschaftscliquen, sie separat untergebracht und verschiedene Wettstreitaktivitäten ausführen lassen; binnen kurzer Zeit hatten sie starke Loyalitäten zu ihrer eigenen und eine deutliche Feindseligkeit gegenüber der anderen Gruppe entwickelt.[43] Sie ähneln ganz offensichtlich den »imagined communities«, als die Nationen heute charak-

[41] Allerdings existieren auch in »dichten« sozialen Gruppen zuweilen Elemente eines solidarischen Verhaltens, welches die Gruppengrenzen überschreitet. Deutlich wird dies etwa am Phänomen der Gastfreundschaft, also jener Hilfe, die eben dem Fremden – wenn auch meist nicht dem *ganz* Fremden – gewährt wird: Die Rolle des Gastgebers ist vielen Völkern heilig. Wer seinen Heimatort verlassen hat, findet gastliche Aufnahme, er kann zumindest mit einem bescheidenen Obdach und Verpflegung rechnen, wenn nicht überhaupt aufgetischt wird, was Küche und Keller hergeben. Es ist die dünnbesiedelten Gebieten und unwirtlichen Landstrichen angemessene Solidarität mit dem, der den Unbilden der Natur ausgesetzt ist und den man nicht in Dunkelheit und Einsamkeit umherirren lassen will.

[42] Lewis Coser: The Functions of Social Conflict, Glencoe, Ill. 1956.

[43] Muzafer Sherif: »Experiments in Group Conflict«, Scientific American (1956), No. 195, 54-58.

terisiert werden.[44] Nationen, Identitäten und Solidaritäten werden von »politischen Unternehmern« geschaffen: »Croatians, Muslims, and Serbs have only minor differences in objective identity, yet the strength of their identifications is so great that they are murdering each other.«[45]

Auch *nationalistische* und *regionalistische* Bestrebungen sind nichts anderes als Versuche von solidaritätserzeugenden Gruppenbildungen durch die Abgrenzung nach außen. Wo andere Integrationsmechanismen – positiver oder negativer Art – nicht mehr wirksam sind, fällt der Gruppenbildungsprozeß auf historisch-nationalistische Momente zurück. Dabei gilt, daß sich Gruppen- und Solidaritätsgrenzen besonders leicht dort verorten lassen, wo *cleavages* parallel laufen: wo sich die Trennlinie zwischen Gruppen gleichzeitig durch ökonomische, kulturelle, religiöse, politische und andere Gegensätze bestimmen läßt.[46] Offenbar gibt es aber auch eine Art von geographisch abgestuften Solidaritätsgefühlen; sie schwinden mit der Distanz solidaritätsheischenden Geschehens vom Betrachter: Die Leiden des Krieges im Nachbarland bewegen die Menschen, während die Tötung zahlreicher Menschen in Südostasien nur peripheres Interesse findet. In einigen Fällen werden Solidaritätsgefühle selbst in Großgesellschaften ausgelöst: Das Fehlurteil gegen O.J. Simpson im Herbst 1995 hat in der afro-amerikanischen *community* Jubel ausgelöst, weil der Prozeß als repressiver Akt der weißen Amerikaner gegen einen Schwarzen gedeutet wurde. Die Solidarität zwischen den Generationen, die im Angesicht von gravierenden Umweltproblemen und in Anbetracht von tristen Pensionsprognosen aufgerufen wird, findet dagegen keinen solchen Widerhall, daß sie eine tatkräftige Politik tragen könnte. In einer Mediengesellschaft werden solidarische Gefühle allerdings oft punktuell auch über längere Entfernungen wachgerufen: etwa durch

---

[44] Benedict Anderson: Die Erfindung der Nation. Zur Karriere eines folgenreichen Konzepts, Frankfurt und New York 1988. Vgl. auch Eric J. Hobsbawm: Nationen und Nationalismus. Mythos und Realität seit 1780, Frankfurt und New York 1991; Ernst Gellner: Nations and Nationalism, Oxford 1983.

[45] Russel Hardin: »Contested Community«, Society 32 (1995), No.5, 23-29, hier 27.

[46] Solidaritätsgefühle nach außen werden durch Bestrebungen gebremst, die eigene *Identität* zu wahren: Der Zustrom ausländischer Immigranten in die Industrieländer wirft – gerade wenn die Assimilierungswilligkeit nicht allzu hoch ist – kulturelle Vereinbarkeitsprobleme auf. Eine im Grunde vernünftige Bedachtnahme auf die Grenzen realisierbarer Solidarität kann sich in Form diffuser Aversionen artikulieren.

die Aufbereitung einer Story, in der identifizierbare Einzelmenschen als Exempel einer allgemein hilfsbedürftigen Situation dargestellt werden. Für das schwarze, von Fliegen umschwärmte Kind mit aufgeblähtem Bauch läßt sich sogar eine Spendenbereitschaft mobilisieren, die auf der Basis einer sachlichen Argumentation für Entwicklungshilfe nicht wachzurufen wäre.

4. Solidarität in marktförmigen Strukturen

Markt und Solidarität werden oft als alternative, ja unvereinbare Koordinationsmechanismen einander gegenübergestellt; davon war eingangs bereits die Rede. Hondrich und Koch-Arzberger unterscheiden die beiden Mechanismen folgendermaßen: »Von *Marktbeziehungen* unterscheidet sich Solidarität dadurch, daß eine persönliche, materielle oder symbolische Unterstützung zwar mit einer Erwiderung rechnet, also die Idee der Gegenseitigkeit enthält, aber nicht als eine genau ausgehandelte, berechnete, vertraglich gesicherte Gegenleistung. Solidarität bleibt oft eine *Vorleistung.*«[47] Der Gegensatz wird meist aber sogar so weit verschärft, daß die beiden Mechanismen als einander *feindlich* beschrieben werden, und der Markt erweist sich dabei als der stärkere: *Der Markt zerstört die Solidarität.* Typisch hierfür ist etwa der Vorwurf Eduard Heimanns: »Wo der anonyme Marktmechanismus die Bewertung besorgt, da wird die Solidarität unter den Menschen programmatisch geleugnet, und kein Mensch, keine Gruppe, keine Institution übernimmt die Verantwortung für Verzweiflung, Hunger und Ruin.«[48] Auch andere äußern sich ähnlich: Für Jürgen Habermas handelt es sich beim Triumph der Marktlogik um die »Kolonialisierung der Lebenswelt«.[49] Solidarität ist das *Gegenteil* von Markt.

Daran mag manches richtig sein. Wenn sich die Geldlogik in Bereichen des sozialen Handelns einnistet, ist die Bedrohung überkommener Freiwilligkeiten nicht von der Hand zu weisen. Einst wurden

---

[47] Hondrich und Koch-Arzberger 1992, 14.

[48] Eduard Heimann: Soziale Theorie der Wirtschaftssysteme, Tübingen 1963, 141.

[49] Jürgen Habermas: Theorie kommunikativen Handelns, 2 Bde., Frankfurt a.M. 1981.

ältere Menschen in der »Lebenswelt« gepflegt, jetzt werden sie in (karitativen oder profitorientierten) Institutionen aufbewahrt. Sobald die Touristen in das entlegene Dorf strömen, ist es mit der »wirklichen« Gastfreundschaft der Bewohner vorbei. Lebensweltliche Beziehungen werden kommodifiziert, in die Sphäre entgeltlicher Markttransaktionen verschoben, und alles andere wäre naiv. Hier soll es aber um etwas weniger Selbstverständliches gehen: um die solidarischen Potentiale, die *in* den Marktmechanismen selbst stecken. Es geht also nicht um die Frage der jeweiligen Revierabgrenzung zwischen Markt und Solidarität, sondern darum, inwieweit Märkte solidarische Gefühle als Grundlage brauchen und wie solidarisch Marktmechanismen selbst sind.

Erstens: *Der Markt ist nicht gänzlich amoralisch.* Bei Adam Smith, der heute gerne als Verfechter der freien Marktwirtschaft gehandelt wird, sind Marktsystem und moralische Ordnung gar identisch.[50] Soziale Interaktion ist bei Smith ein Prozeß des Austausches von Gütern, Leistungen, Gesten, Symbolen und dergleichen, und das dabei an den Tag gelegte Verhalten muß sich permanent vor dem *impartial spectator*, einem objektiven und unbestechlichen, gleichwohl aber mit Menschlichkeit, Anteilnahme und Mitgefühl ausgestatteten Zuseher aller Handlungen, rechtfertigen. Die Natur des Menschen ist für die Kooperation mit anderen offen, und das Individuum lernt diese Kooperation in seinem Sozialisationsprozeß. Im Konkurrenzprozeß steckt selbst ein Element von Solidarität, und dies war für Smith schon deshalb selbstverständlich, weil sich das Handeln zahlreicher Menschen in seiner Sichtweise zu einer harmonischen, gottgewollten und naturrechtlich abgesicherten Gesamtordnung fügen mußte. Aber auch jenseits dieser pazifizierend-religiösen Smithschen Weltsicht gilt, daß der Markt kein Dschungel ist, sondern ein System

---

[50] Adam Smith: Die Theorie der ethischen Gefühle, Hamburg 1977 (erstmals engl. 1759); ders.: Der Wohlstand der Nationen. Eine Untersuchung seiner Natur und seiner Ursachen, München 1978 (erstmals engl. 1776); dazu Manfred Prisching: »Adam Smith und die Soziologie – Zur Rezeption und Entfaltung seiner Ideen«, in: Heinz D. Kurz (Hrsg.): Adam Smith (1723-1790). Ein Werk und seine Wirkungsgeschichte, Marburg 1990, 53-92. – Man muß allerdings auch berücksichtigen, daß Smith eine andere Terminologie verwendet: Wenn er *moralisch* sagt, so meint er oft nichts anderes, als was wir heute als *kulturell* bezeichnen würden. Aber tatsächlich ist sein Markt nicht nur von unfreundlichen *homines oeconomici* besetzt, sondern auch von den empathischen Individuen, die er in der *Theory of Moral Sentiments* beschreibt.

der *antagonistischen Kooperation* verkörpert[51]: die Verbindung von Konkurrenz und Solidarität. In der Marktwirtschaft ist das Leben nicht *brutal, nasty und short* wie in der Hobbesschen Anarchie. Sie beruht auf einer stillschweigenden Übereinkunft der Marktpartner. Kein geordneter Konkurrenzprozeß kann ohne einen *minimalen Plafond von wechselseitigem Einverständnis* funktionieren. Verträge sind nicht nur durch die Justiz zu erzwingen. Nicht jeder Austausch kann durch Maschinenpistolen abgesichert werden. Profitable Handelsbeziehungen müssen auf normativen Spielregeln beruhen, die von den Partnern »freiwillig« eingehalten werden. Märkte existieren nicht jenseits der Lebenswelt, sie sind in diese eingebettet und zum Teil von ihr durchdrungen, und Solidarität ist eine *funktionelle Voraussetzung* des Tausches. Märkte funktionieren nur dann effizient, wenn in den Tiefenschichten marktgeregelter Systeme ethische Normierungen vorhanden sind: geschäftliche Anständigkeit und Loyalität, Werkehre, Standesstolz. Wilhelm Röpke, einer der intellektuellen Begründer der »sozialen Marktwirtschaft«, hat dies deutlich gemacht: »Der Herrschaft des Marktprinzips sind also bestimmte, in der Natur des Menschen liegende Grenzen gesetzt, und so wie die Demokratie staatsfreie Sphären aufweisen muß, wenn sie nicht zur schlimmsten Despotie entarten soll, so muß es in der Marktwirtschaft marktfreie Sphären geben, ohne die sie unerträglich wird: *die Sphäre der Gemeinschaft und der reinen Hingabe, die Sphäre der Selbstversorgung, die Sphäre der kleinen und einfachen Verhältnisse, die Sphäre des Staates und der Planwirtschaft*.«[52]

Zweitens: *Solidarität füllt nach wie vor viele Lücken im Güterangebot.* Dies ist in manchen Fällen des Marktversagens deutlich, dessen Typologie die Wirtschaftstheoretiker in den letzten Jahren vielfach verfeinert haben. Bei solidarischen Regelungen handelt es sich oft nicht um Reste ineffizienter Strukturen aus vorkapitalistischen Verhältnissen, die durch eine Vermarktlichung wesentliche Effizienzsprünge realisieren könnten, sondern um die effizientesten Regelungen zur Bereitstellung bestimmter Güter und Dienste. Welche Probleme auftauchen, wenn diese solidarischen Leistungen wegfallen, zeigen Schwierigkeiten, Erziehungs- und Pflegeprozesse zu organisie-

---

[51] Hartmut Kliemt: Moralische Institutionen. Empiristische Theorien ihrer Evolution, Freiburg-München 1985.

[52] Wilhelm Röpke: Die Gesellschaftskrisis der Gegenwart, Erlenbach-Zürich 5. Aufl. 1948 (erstmals 1942), 192.

ren, wenn Frauen nicht mehr willens sind, diese Leistungen zu erbringen: So war etwa die Pflege älterer Menschen und die Erziehung der Kinder in der Familie nicht nur eine normativ erwünschte, sondern offenbar auch eine *effiziente* Lösung des Problems. Die Ineffizienzen anderer Lösungen zeigen sich nicht nur an der minderen Qualität professionell erbrachter Dienste im Vergleich mit solidarisch geleisteten, sondern auch an der Unfinanzierbarkeit des boomenden Pflegebereichs. Offenbar ist die »solidarische« Familie, diese marktferne, multifunktionale und nicht-arbeitsteilige Einrichtung, eine weit zweckentsprechendere Institution zur Aufzucht und Sozialisation von Kindern als professionell verwaltete und geführte Heime, und es gibt hinreichend viele empirische Belege dafür, daß die familiären Erziehungsdilettanten durchwegs bessere Resultate zustande bringen als die geschulten Professionisten, die sich in den arbeitsteiligen Organisationen (wie Erziehungsanstalten) über Kinder hermachen. Die Frage, wie sich *Liebe* am *effizientesten* organisieren läßt, ist in der Sprache der ökonomischen Sozialtechnokraten schwer auszudrücken.

Drittens: *Solidarische Korrekturen von Marktprozessen sind weitverbreitet.* Sie dienen nicht nur zur Ergänzung unliebsamer Marktergebnisse, wie im Falle sozialpolitischer Vorkehrungen. Sie nehmen mehr Platz ein, als man glauben mag. Zwei Beispiele müssen genügen. (1) *Duldungsmuster* sind Verhaltensweisen der Vorgesetzten bzw. der Unternehmensleitung, die von seiten der Arbeitnehmer als »großzügig« eingestuft und mit Anerkennung bedacht werden. Dazu gehören etwa die folgenden Erwartungen: Es soll keine lückenlose Überwachung und keine fortwährende Kontrolle des Arbeiters stattfinden; wenn den Arbeitern ein Fehler passiert, soll ihnen noch eine »Chance« eingeräumt werden; Regelungen sollen flexibel gehandhabt werden, so daß ein Arbeiter aus dringenden familiären Gründen einmal früher vom Arbeitsplatz weggehen kann; Arbeitern sollen horizontale und vertikale Möglichkeiten zur Mobilität zugestanden werden; bei Verletzungen soll ein Arbeiter einen anderen und leichteren Arbeitsplatz innerhalb der Fabrik erhalten, bis er sich wieder erholt hat; die Arbeiter sollen einen bevorzugten Zugang zu Rohmaterialien, Werkzeugen und Endprodukten des Unternehmens haben, das heißt sie für persönliche Zwecke billig ausleihen oder konsumieren können.[53] Diese Erwartungen liegen jenseits der »marktkonformen« Ar-

---

[53] Vgl. Alvin W. Gouldner: Reziprozität und Autonomie. Ausgewählte Aufsätze, Frankfurt a.M. 1984, 123.

beitsverträge, und die Arbeiter wissen, daß sie darauf keinen wie immer gearteten Anspruch haben. Dennoch haben sie das Gefühl, die Unternehmensleitung sollte diese Normen wahren, und sie sind jedenfalls dankbar und erfreut, wenn sie sich gemäß diesen Normen, die einer »Solidargemeinschaft« angemessen sind, verhält. (2) *Gift-exchange-Theorien* gehen von dem folgenden Problem aus: Warum zahlen manche Unternehmen höhere Löhne, als dies der Arbeitsmarkt erfordern würde? Sind die Unternehmer schlicht irrational? Die Erklärung mag darin liegen, daß es eine Beziehung zwischen Arbeitsproduktivität und Reallohn gibt, die es für die Unternehmen vorteilhaft macht, ihren Beschäftigten einen höheren Lohn zu zahlen, um sie zu intensiverer Arbeit zu veranlassen. Die Gründe dafür sind: (a) Arbeitsverträge können nicht alle Aspekte der Tätigkeit hinreichend festlegen, Akkordlöhne sind oft nicht handhabbar, Arbeitnehmer können daher unkontrollierbar ihre Leistung absenken und sich vor der Arbeit drücken (*shirking*). Höhere Löhne können ihnen hingegen Anreize verschaffen, produktiver zu arbeiten. (b) Unternehmen können jene Kosten, die ihnen durch häufigen Arbeitsplatzwechsel der Beschäftigten entstehen, dadurch zu vermeiden suchen, daß sie höhere Löhne zahlen und daher den Wechsel unattraktiv machen. (c) Wenn die Fähigkeiten von Arbeitnehmern mit ihrem *reservation wage* also jener Lohnschwelle, unter der sie nicht bereit sind, einen Arbeitsplatz anzunehmen – in Zusammenhang stehen, werden Firmen mit höheren Löhnen fähigere Kandidaten für den Arbeitsplatz anziehen (das *adverse selection*-Problem). Das sind einige *rationale* Gründe, mehr zu zahlen, als es der Arbeitsmarkt verlangt;[54] aber in einigen Argumenten werden auch *solidarische* Potentiale angesprochen: Arbeitnehmer arbeiten aus Solidaritätsgefühl mit dem Unternehmen mehr, wenn dieses durch höhere Löhne seine Wertschätzung für ihre Arbeit zum Ausdruck bringt. Es geht nicht nur um den Austausch von Geld gegen Leistung, sondern von Anerkennung

[54] Vgl. Manfred Prisching: Arbeitslosenprotest und Resignation in der Wirtschaftskrise, Frankfurt und New York 1988, 99f.; George A. Akerlof: »Gift Exchange and Efficiency-Wage Theory: Four Views«, American Economic Review, Papers and Proceddings 74 (1984), 79-83; ders.: »Labor Contracts as Partial Gift Exchange«, Quarterly Journal of Economics 97 (1982), 543-569; Janet L. Yellen: »Efficiency Wage Models of Unemployment«, American Economic Review, Papers and Proceedings 74 (1984), 200-205.

gegen Solidarität.[55] Wenn dies richtig ist, bedeutet es: *Die legitimatorische Stabilisierung des Marktes erfordert es, seinen Regelmechanismus zuweilen zugunsten solidarischer Muster zu verletzen.*

Viertens: Wir können aber noch eine stärkere Behauptung aufstellen. *Marktmechanismen verkörpern selbst solidarische Beziehungen*, gerade durch ihren Formalismus und ihre Anonymität, also durch Charakteristika von marktförmigen Verfahren, die oft Zielscheibe von Kritikern des Marktes sind. Marktmechanismen enthalten ein solidarisches Potential durch die *Nichtdiskriminierung von Marktteilnehmern*. Auf einem funktionierenden Markt zählen nur Kaufwille und Kaufkraft, nicht Rasse, Religion, Sympathie oder andere derartige Kriterien.[56] Das soll natürlich nicht heißen, daß solche Differenzierungen nicht vorkommen. Für den Willen zur Diskriminierung muß jedoch der einzelne, der dieses Diskriminierungsverlangen ausleben will, zahlen, das heißt einen Einkommensverlust hinnehmen. Wenn der Kaffeehausbesitzer Gäste mit schwarzer Hautfarbe nicht bedienen will, muß er auf diesen Kundenkreis und damit auf einen Teil seines Umsatzes verzichten. Das mag wenig moralisch anmuten, aber es ist nicht der schlechteste Weg dazu, solche Diskriminierungen zu unterbinden.[57] Der Markt kennt nur *eine* Form von Diskriminierung: die

---

[55] Schließlich gibt es Situationen, in denen Vorstellungen eines *iustum pretium* durchschlagen: Weinbauern verlangen für ihre Jahrgänge »anständige« Preise, obwohl sie in kurzer Zeit ausverkauft sind; Hotels fordern auch an den Wochenenden oder zur Messezeit keine markträumenden Preise, wie dies der Logik von Angebot und Nachfrage entsprechen würde. Es gibt Situationen, in denen der *Preismechanismus* durch einen *Rationierungsmechanismus* ersetzt wird, beispielsweise bei der Verknappung von Gütern, die grundlegende Bedürfnisse befriedigen: Bei Nahrungsmittelknappheiten oder Energieversorgungskrisen werden an jeden Kunden nur noch begrenzte Kilo- oder Litermengen des begehrten Gutes abgegeben. Alles andere würde die moralischen Gefühle der Marktteilnehmer verletzen und die Institution des Marktes selbst diskreditieren. Der Markt ist für Situationen, die als »Notfälle« betrachtet werden, nicht geeignet.

[56] Knut Borchardt: »Die Konzeption der Sozialen Marktwirtschaft in heutiger Sicht«, in: Otmar Issing (Hrsg.): Zukunftsprobleme der Sozialen Marktwirtschaft (Verein für Socialpolitik 1980), Berlin 1981, 33-53.

[57] Natürlich mag es Fälle geben, in denen der Markt auch Diskriminierungen prämiiert. Wenn der besagte Kaffeehausbesitzer in einem rassistischen Umfeld zu Hause ist, wird er gezwungen sein, seinen Kunden zu geben, was sie verlangen: die Aussperrung von Nichtweißen. Denn gerade als Verfechter multikultureller Egalität würde er Kundschaft einbüßen. Aber die Logik des Marktes drängt in die andere Richtung: in Richtung auf die Zurückhaltung der Unternehmer in ideologischer, politischer, rassistischer Hinsicht. Und natürlich soll das Argument in kei-

Zahlungsfähigkeit. Das mag im Einzelfall unbefriedigend sein, aber es ist der Preis dafür, alle anderen Diskriminierungen hintanzuhalten. Selbst die monetäre Diskriminierung bedarf zu ihrer Rechtfertigung bestimmter Absicherungen: Amerikanische Eliteuniversitäten, die ihren Schülern 20.000 Dollar Studiengebühren im Jahr abverlangen, haben Stipendienprogramme für begabte, aber sozial schwache Studenten. Die Salzburger Festspiele bemühen sich, den Preis der schlechteren Kategorien von Eintrittskarten niedrig zu halten, obwohl sie alle Karten verkaufen und mehr lukrieren könnten. In vielen Ländern müssen Arme keine Fernsehgebühr bezahlen.

Der Markt baut auch die »Diskriminierung« persönlicher Nähe ab, er entbindet tendenziell von jener »dichten« sozialen Kontrolle, die in kleinen Gruppen belastend sein kann. *Anonymität* bedeutet: die beschwerliche Dauersolidarität der Nachbarn abschütteln, die Kontrolle der Umwelt abstreifen, sich aussuchen, mit wem man bekannt oder zusammen sein will. »Will man auf eine Formel bringen«, so meint Dieter Claessens, »was die kapitalistische Kultur gegenüber der Vergangenheit so anziehend machte, dann kann man sagen: Anonymität.«[58] Es fällt der *Solidaritätszwang* weg, der Umstand, daß einem immer die gleichen Leute ohne Unterlaß über die Schulter schauen. Man kann sogar argumentieren, daß der Nachteil der traditionellen, »solidarischen« Gesellschaft eben der war, daß es für den einzelnen gar nicht die Option der Nicht-Solidarität, der Solidaritätsverweigerung, gab, und daß man von einer »freien« Solidarität erst sprechen kann, wenn auch die Entscheidung dazu (in der Marktgesellschaft) möglich wird. – Insgesamt läßt sich folgern: *Nicht jede Ausdehnung marktförmiger Verfahren bedeutet Solidaritätsabbau*, wie dies Marktkritiker oft als selbstverständlich unterstellen. Der Markt selbst birgt ein wenig Solidarität.[59]

ner Weise besagen, daß nicht auch nicht-marktförmige Methoden, Diskriminierungen hintanzuhalten, zum Einsatz kommen sollen.

58 Dieter Claessens und Karin Claessens: Kapitalismus als Kultur. Entstehung und Grundlagen der bürgerlichen Gesellschaft, Frankfurt a.M. 1979, 124f.

59 Damit soll natürlich nicht gegen jene Tendenzen argumentiert werden, die in der modernen Welt auch mit Händen zu greifen sind: daß die Vermarktlichung aller Lebensbereiche wesentliche Impulse zur sozialen Rechenhaftigkeit setzt, daß die Menschen immer egoistischer werden – daß sie immer mehr jenen *homines oeconomici* ähneln, welche die ökonomische Theorie fälschlich als überhistorische Typen voraussetzt.

5. Solidarität in staatlich-administrativen Strukturen

Der Staat ist eine Organisation zur Wahrung kollektiver Interessen; er ist aber auch eine *Lebensform.* Ohne grundlegende Solidarität, das heißt Übereinstimmung über bestimmte Grundlagen der Gemeinschaftlichkeit und Legitimität, kann er nicht stabil bleiben. Meist wird in diesem Zusammenhang vom »Grundkonsens« gesprochen, der sich einer näheren Beschreibung mit beachtlicher Hartnäckigkeit entzieht. Immerhin ist es naheliegend, wohlfahrtsstaatliche Vorkehrungen als Elemente politisch-solidarischen Handelns zu verstehen, und tatsächlich ist der moderne Sozialstaat eine imponierende Leistung für das Design einer sozialen Ordnung. Wir können also bei der Frage ansetzen, ob seine Errichtung am Ende des 19. Jahrhunderts eine bewußt *solidarische* Handlung war.

Die gesellschaftliche Umwälzung – die im Gang befindliche industrielle und die sich abzeichnende politische Revolution – warf die Frage nach der Solidarität der Mitglieder des Gemeinwesens bei der Hilfe gegen Not und Verelendung breiter Bevölkerungsgruppen auf. Die wichtigsten Argumente, die für eine Institutionalisierung kollektiver Hilfsprogramme vorgetragen wurden, waren: (a) Sittlich-humanitäre Gründe machten es in einer Gesellschaft, die sich als kultiviert verstehen wolle, unausweichlich, die durch die neuen Lebens- und Arbeitsbedingungen in Not geratende Arbeiterschaft sozialpolitisch abzusichern. (b) Die soziale Integration der von Not geplagten Schichten in die Gemeinsamkeit einer Sozialordnung, die allen Mitgliedern ein menschenwürdiges Leben sichert, sei notwendig, um einen revolutionären Umsturz der Gesellschaftsordnung zu verhindern, also aus Gründen der gesellschaftlichen Legitimierung und Stabilisierung. (c) Erst eine durch redistributive Maßnahmen erzielte Verringerung der materiellen Unterschiede zwischen den Bevölkerungsschichten erfülle das Versprechen einer demokratischen Ordnung, die ohne ein gewisses Maß an Gleichheit nur ein die wahren Macht- und Verteilungsverhältnisse verschleiernder formaler Apparat bliebe.

Die ersten beiden Argumente waren immer untrennbar miteinander verbunden. Man war nicht blind gegenüber den Erfordernissen der Zeit. Der Staatswissenschaftler Robert von Mohl hatte beispielsweise schon 1838, als der Industrialisierungsprozeß in Deutschland noch kaum seinen Anfang genommen hatte, das Augenmerk besonnener Zeitgenossen auf die in diesen Jahren noch recht kleine Gruppe von industriellen Arbeitskräften und auf die zur Besserung ihrer Lage erforderlichen politischen Eingriffe gelenkt: »Soll der Fabrikarbeiter mit seinem Lose ausgesöhnt, und also in ein des Menschen würdiges und von ihm zu ertragendes Verhältnis gesetzt werden, so ist zweierlei unerläßlich. Einmal muß er gegen einen Mißbrauch seiner Kraft und Zeit geschützt werden, so daß er nicht mehr durch die tägliche Arbeit ganz erschöpft, sondern zum Genusse eines Familienlebens und zu einer sittlichen und geistigen Bildung befähigt wird. Zweitens muß ihm ein Hoffnungsstern in sein mühevolles und armseliges Leben gebracht werden, damit er in der Verfolgung dieser wenn schon noch so fernen Aussicht Mut und sittliche Kraft behalte.«[60] Wenn dies nicht der Fall sei, wären stabilitätspolitische Befürchtungen angebracht: »Eine solche Masse armer, über ihr Schicksal, die höheren Stände und die bestehenden Staatseinrichtungen erbitterter, in jedem Augenblicke durch einen unabwendbaren Zufall gänzlicher Arbeitslosigkeit, und somit dem äußersten Elende ausgesetzter, zum großen Teile ungebildeter und verdorbener Menschen kann nur gefährlich sein für das Bestehen der gesetzlichen Ordnung und der höheren Gesittigung. Die Mittel zur Niederhaltung der Gefahr werden aber mit jedem Tage schwächer.«[61] Später kam zu diesen beiden Argumenten – Humanität und Stabilisierung – ein drittes hinzu: das Problem des Verhältnisses von *Demokratie und Gerechtigkeit*. Für eine Demokratie, die sich als formalen Regelungsmechanismus versteht, als ein »rein formales Organisationsprinzip, das an und für sich gar keinen allgemeinen und unbedingten Wert für jeden Organisations-

[60] Robert von Mohl: »Gewerbe- und Fabrikswesen«, in: Staats-Lexikon oder Encyclopädie der Staatswissenschaften, hrsg. von K. von Rotteck und C. Th. Welcker, Bd. 6, Altona, wiederabgedruckt in Lothar Gall/Rainer Koch, Hrsg.: Der europäische Liberalismus im 19. Jahrhundert. Texte zu seiner Entwicklung, 4 Bde., Frankfurt, Berlin und Wien 1981, Bd. IV, 53-117, hier 96.

[61] Drei Jahrzehnte später äußerte sich Gustav von Schmoller, der Mitbegründer des Vereins für Socialpolitik, ganz im selben Sinne: »Der Nagel zum Sarg jeder bestehenden Eigentumsverteilung ist der um sich greifende Glaube, daß moralisch verwerfliche Erwerbsarten zu ungehindert sich breit machen, daß mehr der unehrliche als der ehrliche Erwerb die großen Vermögen schaffe, daß zwischen den verschiedenen Leistungen der Einzelnen und ihren wirtschaftlichen Resultaten – ihrem Einkommen eine zu große, zu ungerechte Disharmonie sei.« Gustav Schmoller: Zur Social- und Gewerbepolitik der Gegenwart. Reden und Aufsätze, Leipzig 1890, 51f.

zweck beanspruchen kann«[62], als eine bloße »Methode zur Erzeugung der sozialen Ordnung«[63], – für eine solche Demokratie sind solidarische Gefühle irrelevant. Das bedeutet nicht, daß Hans Kelsen oder Joseph Schumpeter[64], die solche Modelle einer *Konkurrenzdemokratie* vertreten haben, inadäquate Vorstellungen eines demokratischen Verfahrens entwickelt haben; sie fassen den Begriff präziser, wollen damit aber keineswegs suggerieren, in ausreichender Weise Existenz- oder Stabilitätsbedingungen eines Staates beschrieben zu haben. Auf den letzteren Aspekt legen hingegen jene Theoretiker Wert, die – wie der Austromarxist Max Adler – den Demokratiebegriff rousseauistisch nicht an Mehrheitsbildung, sondern an die »Bildung eines einheitlichen, allgemeinen Volkswillens«[65] binden: Demokratie ist seines Erachtens in einem Klassenstaat, in dem kein einheitliches Volk vorhanden sei und daher kein gemeinsamer Wille zustande kommen könne, prinzipiell unmöglich. Eine Synthese dieser Auffassungen findet sich in der reformistischen Fassung einer *»sozialen Demokratie«*: einer sozialen Ordnung, »die den Normunterworfenen nicht nur einen formal gleichen Anteil an der Erzeugung des Gemeinschaftswillens, sondern auch ein in irgendeinem Sinne gleiches Maß von Gütern gewährleistet.«[66] Nur in einer Gesellschaft, so meinen allerdings auch viele Verteidiger des modernen Sozialstaates, in der eine gewisse, wohl bemessene Dosis an Solidarität zwischen den Bürgern spürbar wird, läßt sich jene faktische Legitimität erzeugen, die als Voraussetzung einer friedlichen Ordnung unabdingbar ist. Maßnahmen zur Verwirklichung der sozialen Gerechtigkeit stellen jene »soziale Homogenität«[67] her, die Gemeinschaftlichkeit erzeugt. »Echte« Demokratie ist

---

[62] Hans Kelsen: Sozialismus und Staat. Eine Untersuchung der politischen Theorie des Marxismus, 3. Aufl. Wien 1965 (erstmals 1920), 120.

[63] Hans Kelsen: Vom Wesen und Wert der Demokratie, 2. Aufl. Tübingen 1929, 94.

[64] Joseph Schumpeter: Kapitalismus, Sozialismus und Demokratie, 4. Aufl., München 1975 (engl. 1942).

[65] Max Adler: Die Staatsauffassung des Marxismus. Ein Beitrag zur Unterscheidung von soziologischer und juristischer Methode, Darmstadt 1973 (erstmals 1922), 122.

[66] Kelsen 1929, 93.

[67] Gerhard Leibholz: Strukturprobleme der modernen Demokratie. Neuausgabe der 3., erw. Aufl. Frankfurt a.M. 1974, 87.

dieser Auffassung zufolge nur in einer *solidarischen*, d.h. einer *Nicht-Klassen-Gesellschaft*, möglich.[68]

Die genannten drei Argumente erschöpfen natürlich nicht das Feld der langwierigen Auseinandersetzungen, in denen der moderne Sozialstaat etabliert wurde.[69] Sicherlich sind einseitige Schilderungen nicht angemessen: Auf der einen Seite hört man die Heldengeschichte der Arbeiterschaft, die den Sozialstaat erkämpft habe, und empirische Studien machen zuweilen die differierende Machtstellung von Gewerkschaften und Linksparteien für internationale Unterschiede an Wohlfahrtsstaatlichkeit verantwortlich – der Sozialstaat als Erfolg *solidarischen* Handelns. Auf der anderen Seite wird hervorgehoben, daß es konservative und autoritäre Regierungen waren, die frühe und umfassende Sozialprogramme eingeführt haben, um die Arbeiterschaft zu spalten und an ihre Herrschaft zu binden – die Frühgeschichte des Wohlfahrtsstaates als Beispiel eines im Grunde *unsolidarischen*, weil manipulierenden Handelns.[70] Der Ausbau solidarischer Sicherungssysteme, der in der zweiten Hälfte des 19. Jahrhunderts eingesetzt hat, ist tatsächlich aus unterschiedlichen Motivationen gespeist worden, und das sich unsystematisch darbietende Gebäude des Wohlfahrtsstaates spiegelt die Vielfalt dieser Motivationen wider. Der Wohlfahrtsstaat ist ein Balanceakt zwischen zwei Extremen: dem Ideal einer *liberal-marktwirtschaftlichen* Ordnung, die sich auf das minimale Erfordernis einer rational-egoistischen Haltung gründet und dadurch Innovation und Dynamik sichert, und dem Ideal einer *solidarischen* Gemeinschaft, die durch kollektive Vorrichtungen Risiken für das Mitglied beseitigt und allen ein menschenwürdiges Leben gewährleistet. In diesem Spannungsfeld ist der Sozialstaat das Ergebnis vielfältiger, oft inkonsistenter, vom langsamen Ausbau wie von überraschenden »Schüben«, von Erfolgen und Rückschlägen gekennzeichneter Anstrengungen, *Solidarität unter den Bedingungen einer modernen Industriegesellschaft zu organisieren.*

Die angewandte Solidarität des Wohlfahrtsstaates muß, dem modernen Staatsverständnis entsprechend, in Institutionen und Gesetzen fixiert werden, und das ändert den Charakter der Solidarität.

---

[68] Vgl. Thomas H. Marshall: Citizenship and Social Class, Cambridge 1950.

[69] Wolfgang Mommsen (Hrsg.): Die Entstehung des Wohlfahrtsstaates in Großbritannien und Deutschland 1850-1950, Stuttgart 1982.

[70] Sehr weit in diese Richtung geht etwa Gösta Esping-Anderson: The Three Worlds of Welfare Capitalism, Princeton, NJ 1990.

Während in einfacheren Gesellschaften Wohltätigkeit eine Pflicht der Reicheren war, ohne daß der Beschenkte ein Recht hatte, mit Gnadengaben bedacht zu werden, werden asymmetrische Transfers im Sozialstaat rechtsstaatlich festgeschrieben. *Solidarität wird zum Rechtsanspruch gegen bestimmte Institutionen.* Das hat Rückwirkungen auf das Bewußtsein. Der gesellschaftliche Reichtum führt generell dazu, daß Reziprozitätsnormen (im Sinne der Vorstellung einigermaßen ausgewogener Tauschverhältnisse auch im Rahmen solidarischer Beziehungen) schwinden; zuweilen gibt es sogar so etwas wie aggressive Attacken auf Reziprozitätsnormen: Betteln als öffentliches Ritual, das nicht nur mit *Bitten*, sondern mit *Ansprüchen* verbunden ist.[71] Damit ist nicht das Drohpotential gemeint, das Arme gegen ihre Spender immer zur Anwendung gebracht haben: die Drohung, den Geizhals zu »verfluchen«; die schwebende Option, sich mit Gewalt zu holen, was nicht freiwillig gegeben wird; aus Rache die Scheune anzuzünden oder den Brunnen zu vergiften. Das ist nur ein gleitender Übergang zu jener »Spende«, die man – als Gebühr für den »Aufpasser« – in manchen nord- und südamerikanischen Stadtteilen heutzutage an herumlungernde Jugendliche zu entrichten hat, damit das Auto nach der Rückkehr unbeschädigt vorgefunden wird. Aber nicht diese Drohpotentiale sind mit den Ansprüchen im Wohlfahrtsstaat gemeint, auch nicht die unsichere Stabilität amerikanischer Slumgebiete, in denen möglicherweise mit Aufruhr zu rechnen ist, wenn drastische Reduktionen an Sozialprogrammen vorgenommen werden. Hier ist vielmehr davon die Rede, daß in den Wohlfahrtsstaaten ein sicheres

---

[71] Abram de Swaan arbeitet diese Übergänge im Verhalten heraus: »Das eine Extrem waren die *pauvres honteux* – anständige, schamhafte Arme –, die ihre Notlage kaschierten und nichts erbaten, Wohltaten annahmen, ohne darum zu betteln. Faktisch mag dies eine recht aktive, aber subtile Strategie gewesen sein, versteckt Fürsorge und Almosen zu fordern. Einen Hauch aktiver waren jene Armen, die betteln gingen, auf ihre Notlage hinwiesen und diese dabei überdrastisch zur Schau stellten. Durch feine Gesten und Mienen konnte sich das Bitten um Almosen in eine Forderung, einen Fluch auf den Geizhals oder gar eine offene Androhung von Gewalt, Raub oder Brandstiftung verwandeln. Manche begnügten sich nicht mit Drohungen, sondern stahlen und zerstörten wirklich. Das andere Extrem bildeten jene Armen, die in Banden zusammengerottet Bauern ihrer Region terrorisierten. Solche Nuancen der Passivität und Aktivität – Fügsamkeit und Rebellion – wurden im Sprachgebrauch des 16. und 17. Jahrhunderts, zunehmend pejorativ, moralisch bewertet: von *pauvres impotens et honteux* bis zu *coquins vagabonds.*« Abram de Swaan: Der sorgende Staat. Wohlfahrt, Gesundheit und Bildung in Europa und den USA der Neuzeit, Frankfurt und New York 1993, 29f.

Bewußtsein besteht, daß man »berechtigt« ist, öffentliche Gelder in Anspruch zu nehmen. Man hat ein gutes Gewissen, wenn man früher in die Pension geht, denn man hat in den Fonds ja »eingezahlt«. Man hat die Moral auf seiner Seite, wenn man erhöhte Familiengelder bezieht, denn Kindererziehung ist heute ein so schwieriges Geschäft, daß man die Unterstützung der »Gesellschaft« verdient. Alles ist zudem in den Gesetzen fixiert, und diese werden wohl keine »unmoralischen« Zahlungen festlegen. – Dazu kommt noch, daß sich immer mehr Bürger von den Märkten entfernen und damit ihr Verständnis für deren Gesetzlichkeiten abbauen. Die Ausgliederung immer größerer Teile der Bevölkerung aus marktförmigen Einkommensverhältnissen (Schüler und Studenten, Wohlfahrtsempfänger, Arbeitslose, Pensionisten und so weiter) prägt das Bewußtsein von der Einforderbarkeit solidarischer Leistungen, bis hin zum »Grundeinkommen ohne Arbeit«. Es ist jene Haltung, wie sie von manchen Dekommodifizierungstheoretikern formuliert wird: Die sozialstaatliche Qualität eines Staates sei daran zu bemessen, in welchem Maße es Individuen oder Familien möglich sei, einen akzeptablen Lebensstandard unabhängig von ihrer Teilnahme am Marktprozeß aufrechtzuerhalten. Dabei geht es nicht nur darum, kontrollierbare Notlagen auszugleichen, sondern ihnen die »freie Wahl« zum zeitweiligen *opting-out* aus dem Arbeitsprozeß ohne Benachteiligung offenzulassen. Die beste Krankenversicherung ist jene, die dem einzelnen während seiner Abwesenheit das normale Einkommen garantiert, ohne daß er wesentliche Nachweise seiner krankheitsbedingten Beeinträchtigung erbringen muß, und das auf jene Zeitdauer, die ihm angemessen erscheint.[72] Das ist natürlich eine offene Einladung zum Miß-

---

[72] Esping-Andersen (1990) schreibt wörtlich über den *de-commodifying welfare state* nach sozialdemokratischem Muster, den er als beste Lösung hervorhebt: »A minimal condition must entail that citizens can freely, and without potential loss of job, income, or general welfare, opt out of work when they themselves consider it necessary. With this definition in mind, we would, for example, require of a sickness insurance that individuals be guaranteed benefits equal to normal earnings, and the right to absence with minimal proof of medical impairment and for the duration that the individual deems necessary ... Similar requirements would be made of pensions, maternity leave, parental leave, educational leave, and unemployment insurance.« Daß ein solcher Vorschlag gemacht oder ein solcher Maßstab angelegt wird (siehe 48ff.), legt den Verdacht nahe, daß auch auf seiten des Forschers eine intensive Sozialisation in marktfern-wohlfahrtsstaatliche Strukturen stattgefunden hat. Es wird ein unendlich großer monetärer Pool imaginiert, aus dem sich alle »Urlaubswünsche« finanzieren ließen, und das kommt ohnehin

brauch, und entsprechende Maßzahlen messen nicht den Solidaritätsgrad eines Wohlfahrtsstaates, sondern den Grad seiner Mißbrauchsanfälligkeit. Wer im privaten Wirtschaftsleben tätig ist, der weiß, daß Geld verdient sein muß, um es ausgeben zu können: daß man Personen finden muß, die jene Güter und Leistungen, die man anzubieten hat, so schätzen, daß sie dafür Geld zu zahlen bereit sind. Wer die monatliche Überweisung aus dem großen Topf des Staates bekommt, für den schwindet dieses Bewußtsein, und er hat auch kein Gefühl mehr dafür, daß die schwache Natur des Menschen es erforderlich macht, zumindest einen »sanften Druck« auszuüben, um sie zur Arbeit zu veranlassen. Das Gefühl, daß das entsprechende Arrangement von Lebenslagen genügt, um mit gutem Gewissen eine öffentliche Alimentierung zu fordern, ist ohnehin im Wachsen. Die Ansprüche an staatlich-administrativ vermittelte Solidaritätsleistungen wachsen durch die Zwischenschaltung staatlicher Kassen. Es wird unsichtbar, daß es um *Umverteilung* geht; vielmehr verbreitet sich die Suggestion, es handle sich um Geldströme aus dem Nichts. Auch die Entgegennahme von Geldern wird dann nicht mehr als Akt gesellschaftlicher Solidarität empfunden. Man hat gesetzliche *Ansprüche*, und das heißt: Man braucht die *Solidarität* der anderen gar nicht mehr.

Drittens: Die »sanfte«, paternalistische Diktatur des Wohlfahrtsstaates ist seit Tocquevilles scharfsinnigen Bemerkungen immer wieder diskutiert worden. Aber politische Solidaritätsforderungen verbinden sich auch mit drastischeren Vorstellungen. Überdehnt die Gemeinschaft das angemessene Maß an Solidaritätgefühlen oder Solidaritätsforderungen, so gerät sie leicht in *totalitäre Gefilde*. Der einzelne ist dann nichts, die Gemeinschaft ist alles – in verschiedenen Versionen dieser auf ein Höchstmaß gesteigerten Solidaritätsforderungen hat sich totalitäres Gedankengut immer wieder ausgedrückt, in der jüngeren Geschichte in faschistischen oder kommunistischen Varianten. Allgemeiner formuliert, handelt es sich um den Gegensatz zwischen *gentilizistischem* und *individualistischem Sozialgeist*: »Im

---

einem um sich greifenden Bewußtsein nahe. Die Gruppe derer, die noch arbeiten, wenn ihr Einkommen auf dem normalen Niveau stabilisiert wird, obwohl sie nach freier Entscheidung auch zu Hause bleiben können (wenn Unwohlsein, Erziehungsnotwendigkeiten oder anderes dazu veranlassen), dürfte auf wenige beschränkt bleiben, deren Arbeit in sich attraktiv ist: also Forscher, Künstler, Pfarrer und einige wenige andere – und selbst bei vielen von ihnen kann man Zweifel anmelden.

einen Fall dreht sich alles um die Gruppe, und die Persönlichkeit rückt angesichts der Gruppeninteressen fast völlig in den Hintergrund; im anderen Fall scheint es sich geradezu um eine freie Vereinigung selbständiger Individuen zu handeln. Im gentilizistischen Typ des Soziallebens erscheint sonach der einzelne Mensch in erster Linie als Träger und Repräsentant der Gruppe, und die Gruppe als der eigentliche Sinn des individuellen Lebens; in der individualistischen Form des Soziallebens erscheinen umgekehrt die Individuen als eigenwertige Einheiten, für die die Gruppe bloß ein Medium ihrer Entwicklung ist.«[73] Das ist nicht bloß eine folgenlose theoretische Unterscheidung; sie gewinnt politische Brisanz, wenn, wie dies zuweilen im politischen Kontext zum Ausdruck gebracht wird, das eigentliche Wollen des einzelnen erst in der Gruppe (etwa: in der Volksgemeinschaft oder in der Partei) seine Erfüllung findet. Diese Einbindung kommt nur zustande, wenn man einen Rousseauschen Allgemeinwillen unterstellt, der über den individuellen Strebungen anzusiedeln ist, ja in dem sich erst die »wahren« Wünsche der Menschen widerspiegeln. Dieses Höchstmaß an Solidarität, das sich in Einigkeit und Einstimmigkeit des Wollens ausdrückt, wird schon in der Vision Johann Gottlieb Fichtes in seinem *System der Sittenlehre* deutlich: »Alle haben die gleichen Überzeugungen, und die Überzeugung eines jeden ist die Überzeugung aller. Es fällt der Staat, als *gesetzgebende und zwingende* Macht. Der Wille eines jeden ist wirklich allgemeines Gesetz, weil alle anderen dasselbe wollen; und es bedarf keines Zwanges, weil jeder schon von sich selbst will, was er soll. Auf dieses Ziel soll alles unser Denken und Handeln und selbst unsere individuelle Ausbildung abzwecken: nicht wir selbst sind unser Endzweck, sondern alle sind es.«[74] Die »Volksgemeinschaft« wurde in faschistischen wie kommunistischen Deklarationen immer wieder mit großem theoretischen Aufwand beschworen. In Ländern, die den abendländischen Prozeß der Reformation und der Aufklärung nicht mitgemacht haben, bedarf es hingegen gar keines argumentativen Aufwandes, um das Individuum in der Gemeinschaft aufgehen zu lassen. Deshalb verstehen chinesische Politiker nicht, warum westliche Staatsmänner

[73] Karl Acham: »Teil und Ganzes, Differenzierung und Homogenität. Überlegungen zu Gegenstand und Methode der Soziologie und der historischen Sozialwissenschaften«, in: Karl Acham und Winfried Schulze (Hrsg.): Teil und Ganzes. Zum Verhältnis von Einzel- und Gesamtanalyse in Geschichts- und Sozialwissenschaften, München 1990, 72-107, hier 81.

[74] Zit. n. Acham 1990, 90f.

immer wieder auf ihres Erachtens unwichtige und absurde Kategorien wie Menschenrechte zu sprechen kommen, und fundamentalistische islamische Geistliche sehen die Einbindung in die Gemeinschaft fraglos als wichtiger an als Individualität und Menschenwürde.

Ein solches Höchstmaß an *Solidarität* muß nicht – wie man vermuten könnte – bedeuten, daß die Gruppe, die Träger eines solchen Bewußtseins ist, durch ihre Einheitlichkeit und Geschlossenheit erhöhte *Stabilität* genießt. Denn es ist an Auffassungen wie jene Emile Durkheims zu erinnern, der deviantes Verhalten als Quelle jeder gesellschaftlichen Innovation und ein Übermaß an Konformität deshalb als bedrohliche Sklerotisierung eines Sozialwesens ansieht[75], oder an die Auffassung Friedrich von Hayeks, der den von ihm propagierten Wert der Freiheit in evolutionistischer Sicht als überlebenswichtiges Charakteristikum einer gesellschaftlichen Ordnung betrachtet, weil nur durch das individualistische Spiel der Kräfte und Ideen sich die erforderlichen gesellschaftlichen Anpassungs- und Wandlungsprozesse vollziehen können.[76] »Dichte« Solidarität und ausgeprägte Konformität können die Überlebenschance einer Gesellschaft mindern. So meint auch Arno Plack: »Eine Führung, die von jedem 'Volksgenossen' erwartet, daß er für das Ganze sich aufopfere, setzt eben damit die Axt an das Ganze der Gesellschaft. Dieses 'Ganze' ist zwar so gut wie jedes andere noch mehr als die Summe seiner Glieder, aber nur, wenn diese nicht zu Nullen sich erniedrigen: weil dann das Ganze zerfällt.«[77] Diese übersteigerte, aggressive Form des Einheitsgedankens – eine hybride Solidaritätsvorstellung – löst nämlich die gewachsene Verbindung, die freie Solidarität zwischen den Individuen, auf. *Solidarität kann Solidarität vernichten.*

---

[75] Emile Durkheim: Die Regeln der soziologischen Methode, 6. Aufl., Neuwied 1980, 160.

[76] Friedrich von Hayek: Die Verfassung der Freiheit, 2.Aufl., Tübingen 1983; ders.: Law, Legislation and Liberty. A New Statement of the Liberal Principles of Justice and Political Economy, London 1982.

[77] Arno Plack: Die Gesellschaft und das Böse. Eine Kritik der herrschenden Moral, München 1967, 12. Aufl. 1977, Neuausgabe Frankfurt, Berlin und Wien 1979, 269f.

6. Das Schwinden der face-to-face-Solidarität

Die Möglichkeit, sich auf *ethische Normen* – auf das Prinzip »Liebe« oder »Solidarität« – zu verlassen, also darauf, daß die Menschen einander freundlich und hilfsbereit entgegenkommen, daß sie Transfers freiwillig anbieten und Hilfestellungen zwanglos offerieren, hat Gesellschaftsutopien immer wieder dazu angeregt, diesen Regelmechanismus zu preisen und ihn konkurrierenden wie Markt und Staat vorzuziehen. Allerdings herrscht nach wie vor relative Unklarheit darüber, wie es zur Entwicklung altruistischer Haltungen in der Entwicklung von Sozialsystemen kommt.[78] Wir wollen hier nur – im Gegensatz zu den »großen« Theorien – die folgenden strukturellen Faktoren aufzulisten, die solidarischen Gefühlen förderlich sind und in empirischen Untersuchungen immer wieder genannt werden: (1) Verwandtschaft und Nachbarschaft; Interaktionshäufigkeit; Gruppengröße; gemeinsame Aufgaben und Herausforderungen; Gruppenidentität; (2) Kulturelle Homogenität, gemeinsame Weltsicht, Überzeugungen, Werte; (3) Konflikt und Abgrenzung zu anderen Gruppen; Spaltungen nach Rasse, Klasse, Nation; (4) Katastrophen und Notlagen; gemeinsame Ausweglosigkeit; (5) gemeinsame, strukturell identifizierbare Interessen. Diese Gruppenbildungen können unterschiedliche Reichweiten haben – von der geringen Reichweite der Beziehungen von Verwandtschaft oder Nachbarschaft bis zur großen Reichweite von Klasse oder Nation. Es gibt auch in der Großgesell-

[78] Drei Beispiele seien genannt: *Soziobiologische* Theoretiker versuchen, Altruismus als evolutionistisches Ergebnis von Überlebensstrategien der Gene darzustellen – die Verwandtengruppe mit altruistischen Mitgliedern hat kollektive Vorteile und setzt sich im Prozeß des »survival of the fittest« durch. Vgl. Christian Vogel: Vom Töten zum Mord. Das wirklich Böse in der Evolutionsgeschichte, München und Wien 1989; E.O. Wilson: Sociobiology. The New Synthesis, Cambridge, Mass. 1975. – *Utilitaristen* stellen ab auf einen soziokulturellen Evolutionsprozeß, in dem Altruismus als Ergebnis eines wohlverstandenen (aufgeklärten) Selbstinteresses, also im Sinne eines langfristigen Nutzenmaximierungskalküls im Hinblick auf allen gemeinsam zukommende Kooperationsvorteile, verstanden wird. Dabei gilt, daß Selbstinteresse und Solidarität in einer hinreichend umfassenden und langfristigen Perspektive eins werden können. – Schließlich wird (gerade in Umkehrung des soziobiologischen Arguments) argumentiert, daß erst die Freisetzung von evolutionistischen Überlebenszwängen durch die Produktivität zivilisierteren menschlichen Handelns *Spielräume* gewähre, die eine gewisse Freiheit sFrankmenschlichen Entscheidens erlaubt und altruistische Wertvorstellungen entstehen lassen kann.

schaft »Inseln« kleiner solidarischer Gruppen: unvermutet auftauchende Netzwerke von Personen, die nach anderen Spielregeln handeln, als es den Tendenzen der »Großgesellschaft« entspricht.[79] Aber das macht die Analyse der Richtung, in welche sich die Gesellschaft als ganze bewegt, nicht überflüssig.

Die *face-to-face-Solidarität* wird im Prozeß der Modernisierung geschwächt, teils gerade durch die Prozesse, in denen Solidarität in der modernen Welt institutionalisiert werden soll. Die *kollektive Bereitschaft*, für Pensionsversicherungen und andere Versicherungssysteme zu zahlen, ist in den europäischen Ländern erstaunlich hoch. Dennoch wird immer öfter die Frage aufgeworfen, ob die wohlfahrtsstaatlichen Solidaritätsansprüche nicht überzogen werden, ob nicht Belastungsgrenzen des wirtschaftlich-politischen Systems überschritten werden. Beim Konflikt zwischen Befürwortern und Gegnern des Ausbaus sozialpolitischer Programme im Rahmen einer marktwirtschaftlichen Ordnung geht es meist weniger um die Wünschbarkeit sozialpolitischer Maßnahmen, sondern eher um ihre Machbarkeit und Systemverträglichkeit: Interventionisten halten sie für gegeben; Liberale argumentieren entweder, daß entsprechende Maßnahmen überhaupt nicht »greifen«, oder zumindest, daß sie mit gravierenden dysfunktionalen Folgen für die Gesamtgesellschaft verbunden seien. Daß Sozialpolitik *möglich* ist, kann nach jahrzehntelangen Erfahrungen als bewiesen gelten; daß nicht jede Art und jedes Maß an Sozialpolitik mit dem Funktionieren marktwirtschaftlicher Mechanismen *vereinbar* ist, kann gleichfalls als plausibel angesehen werden. Der Wohlfahrtsstaat stößt auf Beschränkungen, ist doch das Individualinteresse in diesem Gesellschaftssystem – mit insgesamt günstigen Folgen – die treibende Kraft. Wilhelm Röpke hat bereits vermerkt: »Da nun aber der Staat nichts anderes als die Gemeinschaft aller repräsentiert, sind auch seine Hilfsmöglichkeiten durch die Möglichkeiten der Besteuerung aller Staatsangehörigen beschränkt ... Während die Selbstanspannung jedes einzelnen sinkt, wachsen seine Ansprüche an eine Kasse, die nur durch die Selbstanspannung aller gefüllt werden kann.

[79] Um nur ein Beispiel für solche unvermutet auftauchenden »dichten« Gruppen zu nennen: Ethnische Gruppen als Wirtschaftsgruppen haben in den letzten Jahren ein beachtliches Interesse gefunden; vgl. allein ihr Vorkommen in Mark Granovetter: »Business Groups«, Alberto Martinelli: »Entrepeneurship and Management«, und Ivan Light und Stavros Karageorgis: »The Ethnic Economy«, alle in Neil J. Smelser und Richard Swedberg (Hrsg.): The Handbook of Economic Sociology, Princeton und New York 1994.

Um ein bekanntes Wort von Abraham Lincoln anzuwandeln: Man kann einzelnen dauernd helfen, man kann allen vorübergehend helfen, aber man kann nicht allen dauernd helfen.«[80] *Solidarität kann die Basis solidarischen Handelns zerstören.*

Nun aber steckt die wohlfahrtsstaatliche Solidarität jedenfalls in bürokratisierten Strukturen, und sie wird nicht mehr von Mensch zu Mensch aktualisiert. Wie aber steht es mit den Beständen »privater Solidarität« im Wohlfahrtsstaat: mit den solidarischen Gefühlen *von Mensch zu Mensch?* Denn daß die grundlegende Organisation mitmenschlicher Hilfe unter den Bedingungen einer Großgesellschaft anders gestaltet werden muß, würde allein weder ausreichen, um ein Verschwinden entsprechender individueller Motivationen glaubhaft zu machen, noch würde dieser Umstand es gestatten, sich die Frage nach der individuellen Motivation zu ersparen. Es sind drei Gründe, die namhaft gemacht werden können, um tatsächlich eine *Schwächung »privater Solidarität«* zu erklären: (a) Die Verfügbarkeit öffentlicher Hilfssysteme reduziert privaten Altruismus. (b) Armut wird in der modernen sozialstaatlichen Gesellschaft unsichtbar und löst demgemäß nicht mehr Mitleidsreaktionen aus. (c) Die Einkommenserhöhung löst generell solidarische Bindungen zwischen den Individuen auf.

Wenden wir uns dem ersten Argument zu. Die Bereitstellung kollektiv-juristischer Formen von Hilfe hat Wirkungen auf die privat ausgeübte *caritas. Wenn staatliche Hilfe zur Verfügung steht, schwindet die Bereitschaft, selbst solidarisch zu handeln.* Wiederum können wir bei einem *rationaltheoretischen* Argument ansetzen. Die Ausübung privater Solidarität ist, selbst wenn die Bereitschaft dazu besteht, mit Opfern verbunden. Es wäre einigermaßen *irrational*, diese Opfer auf sich zu nehmen, wenn man sich dessen bewußt ist, daß mit geringem Aufwand – Ausfüllen von Formularen, Erbringen von Nachweisen, Aufsuchen von Behörden – eine kollektive Lastentragung mit denselben segensreichen Wirkungen möglich ist. Da aber im modernen Wohlfahrtsstaat die meisten Notlagen sozialpolitisch versorgt werden, richtet sich die Aufmerksamkeit Betroffener und potentieller Helfer von vornherein auf mögliche staatlich-administrative Transferprogramme. Privatsolidarität gerät gar nicht mehr so leicht ins Blickfeld. Sie erhält nur noch den Stellenwert eines Lückenfüllers für Defizite sozialpolitischer Programme oder eine Ersatzfunktion für öffentliche

---

[80] Röpke 1948, 266.

Leistungen von ungenügender Qualität. Die Ansprüche, die beim Auftreten von Notlagen artikuliert werden, richten sich in erster Linie an öffentliche Institutionen. – Ein *sozialisations- oder lerntheoretisches* Argument kommt dazu. Wird Solidarität nicht *»eingeübt«*, so schwindet die Fähigkeit, solidarisch zu handeln. Diese Befürchtung ist schon von den Gründern der »sozialen Marktwirtschaft«, die den sozialpolitischen Einrichtungen zweifelsohne positiv gegenüberstanden, geäußert worden. So befürchtete etwa Wilhelm Röpke: »Wir haben endlich im Staate einen weltlichen Gott gefunden, auf den wir wie die Lilien auf dem Felde alle unsere Sorgen abwälzen können, und zugleich wird die wahre Wohltätigkeit, die nur auf echter Freiwilligkeit und Hilfsbereitschaft beruhen kann, aber heute schon eine charakteristische Geringschätzung erfährt, verkümmern.«[81] Auch solidarische Handlungen müssen gelernt werden; und man kann umgekehrt durch wiederholte Erfahrung lernen, daß solidarische Handlungen überflüssig sind. Man ist dann in Sachen Solidarität untrainiert. – Schließlich läßt sich die *Theorie der kognitiven Dissonanz* heranziehen, um plausibel zu machen, daß praktisch ausgeübte Solidarität weitere Solidaritätsakte hervorruft, und jeder solidarische Akt, der unterbleibt, die Wahrscheinlichkeit weiterer solidarischer Akte schwächt: Wenn Individuen für ihre Überzeugungen Opfer gebracht haben, so identifizieren sie sich stärker mit ihren Handlungen und finden es im Hinblick auf die Balance des eigenen psychischen Haushalts unerfreulich zuzugeben, daß ihr Opfer vergebens oder fehlgeleitet war. Sie werden also eher bereit sein, weitere Opfer zu bringen. Solidarität kann also in positiver oder negativer Richtung eine eigendynamische Beschleunigung erhalten.

Das zweite Argument bezieht sich auf die in einer »reichen« Gesellschaft *in der Unsichtbarkeit versickernden Armutserfahrungen*. Soziale Risiken wie Krankheit, Arbeitslosigkeit und Alter haben – in materieller Hinsicht – eine wesentliche Entdramatisierung durch das Netz sozialstaatlicher Absicherungen erfahren. Beispielsweise bedeutet der Verlust des Arbeitsplatzes für die davon Betroffenen in vielen Fällen zwar immer noch ein gewisses Maß an materieller Bedrängnis; aber dieses nach gesellschaftlichen Standards definierte Armutsniveau ist nicht mit einer absoluten Verelendung gleichzusetzen, und somit bleibt die allgemeine Entrüstung aus. Man muß gar nicht auf Friedrich Engels' Studien oder andere Berichte über die Lage der Arbeiter-

---

[81] Röpke 1948, 266.

schaft im 19. Jahrhundert zurückgreifen; noch biographische und sozialgeschichtliche Berichte aus den dreißiger Jahren unseres Jahrhunderts erzählen von den schwerwiegenden Härten, mit denen ein solcher Schicksalsschlag verbunden war: von Verschuldung und gerichtlichen Pfändungen, dem allmählichen Verkauf des Mobiliars, Engpässen bei Nahrungsmitteln und Bekleidung, der Abschaltung des elektrischen Stroms. Die Erfolge des Wohlfahrtsstaates haben Armut gemildert; aber zugleich werden zwischenmenschliche Solidaritäten nicht mehr gefordert, wenn Armut als solche nicht mehr kenntlich ist. Sozialleistungen schmälern sowohl die Protestfreudigkeit der von sozialen Kosten Belasteten als auch die solidarische Protestresonanz.[82]

Nun zum dritten Argument: Nicht nur die Unsichtbarkeit von Armut, auch die *Einkommenserhöhung* scheint Solidaritäten zu schwächen. Dies ist nicht selbstverständlich, denn der Überfluß der reichen Gesellschaften könnte ja größeren Spielraum für solidarische Transfers gewähren. Dieser Auffassung zufolge wäre es in Gesellschaften, die nahe dem Subsistenzniveau leben, viel schwieriger, solche Transfers vorzunehmen, während reiche Gesellschaften sich leichter tun, von ihrem Überfluß abzugeben. Gerade in reicheren Gesellschaften entwickelt sich somit erst die Möglichkeit, »wahre«, das heißt freiwillige Solidarität zu üben; denn die Freisetzung von unmittelbaren Überlebenszwängen läßt materielle Spielräume entstehen, die im Sinne altruistischer Wertvorstellungen genutzt werden können.[83] So hofft etwa auch Gouldner: »Eine Welt des Überflusses und der verminderten Knappheit der Güter unterminiert die Reziprozitätsnorm und stärkt die Wohltätigkeitsnorm«[84] – womit er meint, daß die Äquivalenz von Leistung und Gegenleistung weniger beachtet und bedürftigen Individuen einseitige Hilfe in stärkerem Maße zuteil wird. Eine große Zahl von Beobachtungen aber belegt in Wirklichkeit das Gegenteil: Reichtum geht mit *Entsolidarisierung* einher. Dort, wo Knappheit herrscht, ist unsolidarisches Handeln existenzbedrohend, und das Risiko, selbst im Bedarfsfall alleine gelassen zu werden, ist allzu hoch. Solidarität ist gerade in einfacheren Gesellschaftsformationen erforderlich, weil der allen Gruppenmitgliedern bewußte Druck

---

[82] Manfred Prisching: Arbeitslosenprotest und Resignation in der Wirtschaftskrise, Frankfurt und New York 1988.

[83] Vgl. in diesem Sinne Münnich: Gesellschaftliche Ziele und Organisationsprinzipien, in: Streißler und Watrin 1980, S. 163-196.

[84] Gouldner 1984, 134.

existentieller Gefährdung dazu zwingt, alle Möglichkeiten, welche die Überlebenschancen verbessern, zu nutzen. Äußere und innere Herausforderungen sind es dieser Perspektive zufolge, welche Solidarität wachrufen, um so mehr Herausforderungen, die an die Grenze des menschlichen Daseins führen: »Im eigentlichen Sinn *solidarisch* miteinander sind wir als Menschen gegenüber dem, was uns Grenzen setzt, also gerade auch gegenüber dem Tod.«[85] Existentielle Knappheit in der Nähe des Subsistenzniveaus erzeugt in diesem Falle Solidarität. Im Überfluß – und insbesondere beim Vorhandensein kollektiver Einrichtungen, auf deren Leistungen man einen Rechtsanspruch hat – kann man auf Solidaritäten im unmittelbar zwischenmenschlichen Sinne, also auf face-to-face-Solidarität, leichter verzichten. Der Zusammenhalt ist weniger notwendig, unsolidarisches Verhalten wird weniger gefürchtet, Solidarität wird daher auch weniger gepflegt. Es ist daher nicht abwegig, daß Ulrich Beck vor allem die sozialgeschichtlich revolutionäre Einkommensverbesserung, welche den Arbeitern gestattet, den Status des »proletarischen Habenichtses« zu verlassen, für die Zufriedenheit mit der gesellschaftlichen Ordnung und – als notwendige Begleiterscheinung – für die Erosion des solidarischen Klassenbewußtseins verantwortlich macht.[86] Das Mehr an Geld und das Mehr an freier Zeit schwächen die Klassen- und Familienbande, es werden die sozialen Milieus neu gemischt, und diese verschwimmen zugleich in der Konturlosigkeit des Massenkonsums.[87]

Mit der Modernisierung werden auch neue, weniger solidarische *Menschenbilder* gezeichnet. Der kühle, rechnende Erfolgsmensch, der flexible Karrieretypus, der dynamische, rastlose Vermehrer seines Vermögens, – sie werden zu den neuen Idealen, zumindest werden ihre Verhaltensmodelle akzeptabel. Sie aber haben mit der Solidarität nichts mehr im Sinn. Schließlich wird ihnen andauernd bewiesen, daß das eigennützige Verhalten sich auf wundersame Weise zum allgemeinen Besten verwandeln kann. Die *business*-Seiten der Zeitungen und die Titelblätter der Journale sind voll von Typen, die es »geschafft«

---

[85] Plack 1979, 61.

[86] Ulrich Beck: Risikogesellschaft. Auf dem Weg in eine andere Moderne, Frankfurt a.M. 1986.

[87] Hondrich und Koch-Arzberger (1992) verweisen allerdings auf zahlreiche Selbsthilfegruppen und private Unterstützungsnetze, die sich auch in modernen Gesellschaften bilden. In einem Modellversuch haben sie eine derartige Hilfsorganisation aufgebaut und sind auf ein hohes Maß an Bereitschaft gestoßen, bei einem derartigen Vorhaben mitzutun.

haben: nicht durch Solidarität, sondern durch Härte; nicht durch Fürsorge, sondern durch Berechnung; nicht durch soziale Wärme, sondern durch buchhalterische Kühle. Die langfristigen Auswirkungen einer derartigen »Propaganda« werden erst über die Generationen sichtbar werden: »Eine Kultur, die vom kulturellen Grundfaktum der mitmenschlichen Solidarität sich abneigt, bringt den Prozeß ihrer Selbstauflösung in Gang, schon da sie als eine militante Kultur sich bildet. Ist mitmenschliche Solidarität ein Wesenszug der Natur des Menschen selber, so findet an ihr jede mögliche Kultur eine natürliche Grenze. Kultur wird diese Grenze nur ignorieren können bei Strafe, darüber zu Fall zu kommen.«[88]

Schlußbemerkungen

Der Begriff der Solidarität weckt positive Assoziationen. Aber wie dies mit so weit gefaßten Begriffen meistens ist: Assoziationen beziehen sich nur auf einen Teil dessen, was den Inhalt des Begriffes ausmacht. Nicht immer ist Solidarität erwünscht; und wo sie erwünscht ist, gibt es Grenzen ihrer Erwünschtheit und ihrer Machbarkeit. Es gibt die »deviante« Solidarität von Gruppen, die bestimmte, sozial nicht erwünschte Interessen »solidarisch« verfolgen. Es existieren ja nicht nur die Solidarität streikender Arbeiter, die Gemeinschaftlichkeit schiffbrüchiger Individuen und das Wir-Gefühl einer Schulklasse, sondern auch die »Solidarität« einer Räuberbande, der Mafia oder einer terroristischen Vereinigung; die Solidarität von Studenten beim Schummeln; oder die Solidarität vieler Islamgläubiger, die den Kopf eines gotteslästerlichen Schriftstellers verlangen. Wir stoßen auf die Solidarität des schwarzarbeitenden Handwerkers mit seinem Auftraggeber bei der gemeinsamen Steuerhinterziehung und auf die Solidarität von Betriebsräten und Unternehmern beim »rent-seeking« aus öffentlichen Kassen. Selbst Formen von Rassismus und Nationalismus beruhen auf Gemeinschaftsgefühlen, die nichts anderes sind als intensivierte Solidaritätsgefühle innerhalb bestimmter Gruppen, die mit deutlicheren Abschließungshaltungen nach außen einhergehen. *Solidarität kann eine falsche Solidarität sein.*

---

[88] Plack 1979, 270.

Aber natürlich würden die meisten zustimmen, daß wir uns eine *solidarische* Gesellschaft wünschen, auch wenn wir nicht ganz einig sind, was darunter zu verstehen ist – jedenfalls soll es eine Gesellschaft sein, in der nicht die Kühle egoistischer Rechenhaftigkeit alle Bereiche des Lebens durchwirkt. In dieser Studie habe ich die folgenden Thesen zu begründen versucht:

(1) Wenn von Solidarität die Rede ist, steht uns das Bild einer unmittelbaren, zwischenmenschlich wirksamen Solidarität vor Augen. Diese face-to-face-Solidarität kann Lücken füllen und konkrete Notlagen verbessern, sie ist aber den Bedingungen einer differenzierten Großgesellschaft nicht angemessen und kann nicht Grundlage für die Erbringung jener Leistungen sein, die als universell-solidarische auch in einer »reichen Gesellschaft« erforderlich sind. Dennoch wäre es um die Gesellschaft traurig bestellt, wenn die face-to-face-Solidarität gänzlich dahinschwinden würde, und sie lebt auch in »Inseln« innerhalb der Großgesellschaft weiter.

(2) In der modernen Großgesellschaft muß Solidarität auf andere Weise als auf der Ebene individuell-karitativer Akte institutionalisiert werden, und dies ist durch die Einrichtungen des modernen Sozialstaates geschehen. In seinen administrativen Regelsystemen verkörpern sich die Solidaritätspotentiale der modernen Gesellschaft, und nach allen verfügbaren empirischen Befunden sind diese redistributiven Potentiale größer als in allen historisch vergleichbaren Gesellschaften. Ideen über die Rückverlagerung solidarischer Handlungen in Lebenswelt und Gemeinschaft müssen an den strukturellen Gegebenheiten moderner Großgesellschaften scheitern.

(3) Es scheint in der modernen Welt Tendenzen zu geben, die geeignet sind, face-to-face-Solidarität zu reduzieren: durch die Verfügbarkeit sozialpolitischer Einrichtungen, die »private« Initiativen als irrational erscheinen lassen; durch die zunehmende Unsichtbarkeit von Armut, die Mitgefühl nicht mehr hervorrufen kann; und durch die entsolidarisierenden Effekte der allgemeinen Einkommenserhöhung.

(4) Die Vermarktlichung von Lebensbereichen ist daran beteiligt, unmittelbar-mitmenschliche Solidaritätspotentiale aufzuzehren. Aber die einfache Entgegensetzung von Markt versus Solidarität übersieht, daß sich auch in den Marktmechanismen selbst solidarische Potentiale verbergen. Die Marktwirtschaft ist keine unsolidarische Ordnung, auch wenn sie der sozialstaatlichen Zähmung bedarf.

Die Ausweitung der Staatsaufgaben

Ein modernisierungstheoretischer Rahmen

Die Staatsquote befindet sich in den westlichen Industrieländern seit dem Beginn dieses Jahrhunderts im Anstieg, selbst wenn man sie um Inflation und Bevölkerungszuwachs bereinigt, wie dies den Absichten, die sich mit der Messung meist verbinden, angemessen ist. Dieser Sachverhalt läßt sich empirisch in unstrittiger Weise festhalten, aber über die ökonomischen Konsequenzen läßt sich kontrovers diskutieren. Es handelt sich ja wohl auch um einen jener wirtschaftlichen Sachverhalte, der zu weltanschaulichen Weiterungen einlädt: Wer über den Anteil des Staates am Wirtschaftsleben oder – meist damit verbunden – die Staatsverschuldung spricht, der begrüßt oder beklagt meist zu gleicher Zeit die Expansion staatlicher Finanzströme. Das Problem ist nicht zuletzt deswegen anfällig für weltanschauliche Bekundungen, weil es Assoziationen über grundlegende gesellschaftliche Ordnungsmodelle – in der weitgespannten Dimension von »Markt versus Staat« und »öffentlich versus privat« – wachruft und damit unmittelbar in Grundsatzfragen der Wirtschaftsordnung führt. So hat man bereits im vorigen Jahrhundert über die Gründe und den Verlauf dieser Entwicklung spekuliert und versucht, theoretische Begründungen für jene Ausweitung der Staatsbudgets zu liefern, die sehr bald als irritierend angesehen wurde.

Für solche Irritationen besteht heute, da die Staatsbudgets in vielen Ländern Ausmaße angenommen haben, die man am Beginn dieses Jahrhunderts für undenkbar gehalten hätte, natürlich noch viel mehr Anlaß. Im harmlosesten Fall stellt man die Frage, ob die Individuen nicht mit jenem Geld, das ihnen für diese oder jene »öffentlichen« Zwecke durch staatliche Zwangsgewalt weggenommen wird, etwas Gescheiteres, auf jeden Fall ihren Bedürfnissen besser Entsprechendes hätten anfangen können. Im äußersten Fall wird eine steigende Staatsquote als virulente Bedrohung der freiheitlich-demokratischen und marktwirtschaftlichen Ordnung angesehen. Die nüchterne Maßzahl birgt also Brisanz.

1.
Ein kurzer Rückblick auf den etatistischen Expansionismus

Die Diskussion wäre rasch zu Ende, würde man die Ausdehnung der Staatsausgaben auf politisch-diskretionäre Entscheidungen zurückführen: auf die »leichte Hand« der Politiker beim Geldausgeben, auf die »Verschwendungspolitik« der Amtsinhaber, also auf persönliche Unzulänglichkeit. Demgegenüber besteht der Eindruck, daß auch die Akteure, die an den Hebeln der staatlichen Politik stehen, nicht Herr jener Entwicklungen sind, die immer größere Anteile der in einer Volkswirtschaft erarbeiteten Ressourcen in die Kanäle des Ärars lenken. Man kann sich kaum des Eindrucks entziehen, als wären auch sie Getriebene: als würden sich zwingende Kräfte in diesem Expansionsprozeß durchsetzen. Dann aber drängt sich die Frage auf, was denn diese Kräfte seien? Lassen sich auffällige Korrelationen, systematische Relationen oder verstehbare Kausalitäten finden, die deutlich machen, warum der Staat sich zu einem gefräßigen Leviathan entwickelt?

Verlaufsformen der Expansion

Solche Fragen haben die Sozialwissenschaftler schon früh beschäftigt. Ehe noch hinreichend genaue Daten der Wirtschaftsstatistik verfügbar waren, hat Adolph Wagner das Phänomen der zunehmenden Staatstätigkeit in seinem »*Gesetz der wachsenden Ausdehnung der öffentlichen, insbesondere der Staatstätigkeiten*« zu erfassen versucht.[1] Seine theoretisch nicht allzu umfassend begründete Behauptung lief darauf hinaus, daß die staatlichen Funktionen sowohl im Schutz- und Macht-

[1] Adolph Wagner: Die Ordnung des österreichischen Staatshaushaltes, mit besonderer Rücksicht auf den Ausgabeetat und die Staatsschuld, Wien 1863; Adolph Wagner: Grundlegung der politischen Oekonomie. Erster Theil: Grundlagen der Volkswirthschaft (Lehr- und Handbuch der politischen Oekonomie, I.1), Leipzig 1892, 358ff.

bereich als auch im Bereich der Kultur- und Wohlfahrtsaufgaben zunehmen und damit auch die Anforderungen an die staatlichen Etats steigen würden. Die Expansion werde sowohl dadurch vorangetrieben, daß die Staaten neue Aufgaben übernähmen, als auch dadurch, daß sie diese mit größerer Intensität ausübten. So würden beispielsweise früher ehrenamtlich wahrgenommene Aufgaben professionalisiert; mit der wirtschaftlichen Entwicklung verbundene rechtliche Umstände verkomplizierten sich; Infrastruktur- und Versicherungsaufgaben würden vom Staat übernommen; Dienstleistungen müßten in Bereichen angeboten werden, in denen das Gewinnmotiv fehl am Platze sei, wie etwa im Bereich der Bildung; steigende kollektive und kulturelle Bedürfnisse verlangten eine bessere Qualität öffentlicher Leistungen, was beispielsweise mit kleineren Schulklassen, einer intensiveren Gesundheitsbetreuung und mehr Postämtern verbunden sei; schließlich werde das Prinzip der Vorsorge jenes der Sanktionierung ersetzen, und man brauche entsprechende Behörden zur Kontrolle und Betreuung. Wagner hat dies als erwünschte und als unvermeidbare Entwicklung betrachtet.

In der Folge wurde über die Erwünschtheit der staatsexpansiven Entwicklung mit weltanschaulichem Engagement diskutiert, und über die Unvermeidbarkeit der prognostizierten Tendenzen suchte man sich mittels empirischer Untersuchungen klarzuwerden. Neuere empirische Untersuchungen – so etwa jene Thomas E. Borcherdings für die USA und jene Horst Claus Recktenwalds für Deutschland – haben allerdings klar gemacht, daß die schon für das 19. Jahrhundert vermutete Tendenz, daß es zu einer stetigen oder doch sich im Zeitverlauf letztlich durchsetzenden relativen Zunahme der staatlich abgeschöpften Ressourcen komme, gerade für jene Epoche, in der solche Feststellungen zum Zwecke der Selbstverständigung über die grobe Richtung der ökonomischen Prozesse getroffen wurden, noch gar nicht allgemein nachzuweisen ist.[2] Für Wagners Zeit war sein Gesetz ein bißchen voreilig. Aber er sollte nichtsdestoweniger recht behalten. Welche Gründe auch immer namhaft gemacht werden: An der Tatsache, daß im Laufe des letzten Jahrhunderts die gesellschaftliche

[2] Thomas E. Borcherding (Hrsg.): Budgets and Bureaucrats. The Source of Government Growth, Durham, 1977; Horst Claus Recktenwald: »Umfang und Struktur der öffentlichen Ausgaben in säkularer Entwicklung«, Handbuch der Finanzwissenschaft, hrsg. v. Fritz Neumark, Bd. I, Tübingen 1977, 713-752; Horst Claus Recktenwald (Hrsg.): Tendances a Long Terme du Secteur Public. Secular Trends of the Public Sector, Paris 1978.

Wertschöpfung in höherem Maße in staatliche Kassen fließt, besteht kein Zweifel.

Natürlich ist der empirische Befund, wie die Ausweitung im konkreten vor sich geht, gar nicht so einfach zu erstellen: Es können sich *Verzögerungseffekte* einstellen, wie dies Timm vermutet hat[3]; oder es bedarf spezieller »Großereignisse« – wie Kriege, Katastrophen, politischer Revolutionen –, um *Displacement-Effekte* – im Sinne Peacocks und Wisemans[4] – zu bewirken: turbulente Ereignisse also, die den Umfang der Staatsaufgaben auf ein höheres Niveau heben. Krisenzeiten überwinden dieser Auffassung zufolge den politischen und staatsbürgerlichen Widerstand gegen höhere Steuern, und nachdem man sich erst einmal in den Zeiten der Not an die höhere Abschöpfung gewöhnt hat, duldet man auch in den nachfolgenden Zeiten wiedererrungener Stabilität ein etwas höheres Steuerniveau. Auch in friedlichen Jahren kehrt man dann nicht zur vorherigen Quote staatlicher Wirtschaftsabschöpfung zurück. Andere haben schlicht das Wirtschaftswachstum mit einer Zunahme der Staatsquote korreliert, aber auch diese Annahme ist mittlerweile als zu simpel nachgewiesen. Manche Theoretiker vermuten eine *nichtlineare* Zunahme (mit abnehmenden Zuwachsraten), andere bevorzugen *Stufentheorien* verschiedenster Art.[5] Auf Details dieser hinlänglich bekannten Theorien wollen wir uns hier nicht einlassen.

In den erwähnten Theorien wird meist versucht, die Zunahme der relativen Staatsausgaben an *wenige entscheidende Größen* zu binden. Es handelt sich dabei um eine bewußte methodische »Einseitigkeit«, durch die versucht wird, einige Variablen aus einem Prozeß, in dem eine Vielzahl gesellschaftlicher Entwicklungen verflochten ist, als entscheidende Determinanten des Geschehens herauszustreichen. Sie greifen etwa *eine* Größe heraus: Stärke der sozialdemokratischen Par-

---

[3] H. Timm: »Das Gesetz der wachsenden Staatsausgaben«, Finanzarchiv 21 (1961), 201-247.

[4] Alan T. Peacock und Jack Wiseman: The Growth of Public Expenditure in the United Kingdom 1890-1955, Princeton 1961. Vgl. etwa zu den Displacement-Effekten der Ölkrise Masuo Nomura: »The Displacement Effect on Government Expenditures of Two Oil Crises: Japan, the United Kingdom and the United States«, The Manchester School of Economic and Social Studies 59 (1991), 408-418. Interessanterweise wird in den USA schon 1971 ein »Schub« entdeckt, wahrscheinlich wegen der Rezession 1970. Der Displacement-Effekt läßt sich nach der zweiten Ölkrise im UK und in den US nachweisen, aber es gibt keine Effekte in Japan.

[5] Vgl. Borcherding 1977.

teien, und machen sie für den Anstieg der Staatsausgaben verantwortlich. Oder sie suchen nach *zwei* Größen: Es zeigt sich, daß korporatistische Regime mit offenen Volkswirtschaften höhere Staatsausgaben bewirken als pluralistische Regime oder korporatistische in geschlossenen Volkswirtschaften. Das mag schon der Fall sein; aber es sind nur Mosaikstücke. Diese Theorien greifen bei der Analyse der zahlreichen und miteinander verbundenen Impulse, die den Expansionsprozeß in der Realität bestimmen, in ihrer – zum Teil gewollten, zum Teil aber unbewußten – Aspekthaftigkeit oft zu kurz. Andere Studien, die sich mit dem Thema bereits unter Bedachtnahme auf die zahlreichen festgestellten Wirkkräfte befassen, konstatieren eine höhere Komplexität des Entwicklungsprozesses, kommen mit ihr aber nicht anders zu Rande, als eine ausführliche *Auflistung* jener Kräfte vorzunehmen, die in den unterschiedlichen Ecken und Winkeln der Gesellschaft verortet werden. Dabei ermangelt es oft einer theoretischen Verklammerung dieser expansiven Faktoren. Blättert man somit in den Kommentaren über diese Entwicklung, hat man die Alternative zwischen der *kausalen Simplifizierung* der historischen Verläufe und der *unverbundenen Auflistung* zahlreicher zufällig anmutender Entwicklungen. Vor allem erstaunen die kühnen mechanistischen Grundannahmen dieser meist universalistisch orientierten Untersuchungen: In den üblichen Korrelations- und Regressionsanalysen wird unterstellt, daß es beispielsweise über längere Zeiträume hinweg und quer über alle Kulturkreise ein festes Verhältnis zwischen Staatsanteil und Wachstum geben müsse, oder daß die wesentlichen Kräfte der Expansion immer und überall krisenhafte Ereignisse sein müssen.[6] So wagemutig wollen wir in der Folge nicht sein. Erst in einem umfangreicheren Gemälde der Entwicklung zur Moderne können verschiedene wirkende Kräfte beschrieben werden, von denen sich in einem Jahrzehnt die einen, im nächsten Jahrzehnt die anderen in den Vordergrund schieben, oder von denen in einem entwickelten

---

[6] Da werden zum Beispiel Daten aus allen OECD-Ländern zusammengeworfen und dann auch noch die Daten aus drei Jahrzehnten gepoolt, als ob die wirtschaftliche Welt in den fünfziger und den achtziger Jahren dieselbe gewesen wäre, und als ob sich wirtschaftlich-politische Prozesse in Italien genau so abspielen müßten wie in den Vereinigten Staaten. Vgl. beispielsweise zur Pfadabhängigkeit der Regierungsausgaben Robert Higgs (Hrsg.): Arms, Politics, and the Economy. Historical and Contemporary Perspectives, New York 1990; Jonathan R.T. Hughes: The Governmental Habit. Economic Controls from Colonial Times to the Present, New York 1977.

Land die einen, im anderen Land die anderen besonders wirksam waren. Es lassen sich allerdings bestimmte typische Muster feststellen, idealtypische Kräftekonstellationen, die auf die Ausweitung hinzuwirken pflegen. Welches Arrangement von Kräften an konkreten Orten und zu konkreten Zeiten wirksam war, ist nur im Einzelfall festzustellen.

Die Dynamik der Staatsanteile

An der Tatsache, daß heute ein im Vergleich zum vorigen Jahrhundert oder im Vergleich zu den ersten Jahrzehnten des 20. Jahrhunderts wesentlich gestiegener und weiter steigender Anteil der gesellschaftlichen Ressourcen über die Kassen des Staates fließt, besteht, wie gesagt, kein Zweifel: Es ist ein Prozeß, der seine charakteristische Dynamik in den letzten Jahrzehnten in voller Deutlichkeit erwiesen hat. In den *sechziger* Jahren betrachtete man das Wachstum des öffentlichen Sektors ohne Argwohn, denn man hielt das Angebot an Gütern, die »öffentlich« anzubieten waren, für suboptimal. Die Wähler verlangten einen besseren Zugang zu Gesundheit und Bildung; sie forderten umverteilende Maßnahmen; und sie wollten den Staat mit den erforderlichen Instrumenten für eine antizyklische Fiskalpolitik versorgen. In den *siebziger* Jahren mußten sie allerdings erleben, daß Arbeitslosigkeit und Inflation trotz hoher Staatsanteile nicht bekämpft werden konnten. Die meisten Staaten, die dies gleichwohl versuchten, schlitterten in eine rapide anwachsende Verschuldung. Nach dem Zweiten Ölpreisschock 1979 beendeten die meisten Länder ihre allgemeine Expansionspolitik, weil Besorgnis darüber aufkeimte, daß man so schnell in die Verschuldung rutschte. Die *achtziger* Jahre waren von verschiedenartigen Versuchen gekennzeichnet, die Budgetdefizite wenigstens auf hohem Niveau zu stabilisieren, wenn man schon an ihren Abbau kaum zu denken wagte. Aber der Spielraum war eng, denn auch die Folgekosten hoher Steuern wurden nun stärker beachtet. Also suchte man eine Konsolidierung über die Stabilisierung der Ausgaben und die Rücknahme staatlicher Interventionen. Obwohl dies in einer Konkurrenzdemokratie immer eine heikle Angelegenheit ist, waren den Versuchen in der zweiten Hälfte der achtziger Jahre sogar gewisse Erfolge beschieden.

Die Erfolge hielten sich in Grenzen. In den frühen neunziger Jahren nähern sich die *Ausgaben* der Regierungen in den europäischen OECD-Ländern der Hälfte des Sozialprodukts. Die skandinavischen Länder, die als wohlfahrtsstaatliche Musterfälle gehandelt werden, liegen noch höher, und nur die »liberalen« Länder, wie die Schweiz, die Vereinigten Staaten und Japan, unterbieten den allgemeinen Standard. Aber selbst diese Steuermengen reichen nicht. Die *Gesamtverschuldung* der Staaten kletterte im Zeitraum von 1979 bis 1990 in Belgien von rund 62 auf 121% des Sozialprodukts, in Italien von 56 auf 98%, in Griechenland von 28 auf 87%, in den Niederlanden von 22 auf 59%. Besser konnten sich Länder wie Österreich (von 36 auf 55%), Deutschland (von 12 auf 23%), Frankreich (von 14 auf 25%) und die Vereinigten Staaten (von 19 auf 31%) halten. Die jüngere Entwicklung zeigt deutlich, welche Ausgabenkategorien ansteigen: Der *Schuldendienst* nimmt am schnellsten zu; die öffentlichen *Investitionen* nehmen durchwegs ab; der öffentliche *Konsum* steigt in einigen Ländern; die *Sozialtransfers* nehmen fast überall deutlich zu. Entsprechend der zurückhaltenden Entwicklung des öffentlichen Konsums, der auch die Löhne des öffentlichen Sektors einschließt, sind die Einkommen der öffentlich Bediensteten in den achtziger Jahren gegenüber dem privaten Sektor zurückgefallen.[7] Die Beschäftigung im öffentlichen Bereich stieg noch am Beginn dieses Jahrzehnts, blieb dann aber ziemlich stabil; von 1970 bis 1990 ist der Anteil der öffentlich Beschäftigten an der Gesamtbeschäftigung in Deutschland etwa von 11 auf 15,6%, in Österreich von 13,2 auf 21,2% gestiegen. Einen wirklichen Bruch in den expansionistischen Entwicklungen haben wir selbst in den »libertären« Jahren nicht zu verzeichnen; nur in den britischen und den amerikanischen Daten finden wir deutlichere Akzente des Zeitgeistes.

Am Rande sei vermerkt, daß diese Daten keine zuverlässige Einschätzung der Staatsaktivitäten erlauben. Der Staat kann durch die rechtliche Festsetzung von »Regeln« viel intensiver steuern; er kann Branchen privilegieren, ohne daß ihn das Geld kostet.[8] Er kann öko-

[7] In Deutschland haben sich die relativen Löhne der öffentlich Bediensteten (im Verhältnis zu den Durchschnittslöhnen des privaten Sektors) folgendermaßen entwickelt: 1970-74: –0,1; 1974-79: –1,9; 1979-84: 0,1; 1984-90: –1,8. Die entsprechenden Zahlen für Österreich lauten: –2,7; –0,4; –0,3; –1,9.

[8] Vgl. etwa John L. Campbell und Leon N. Lindberg: »Property Rights and The Organization of Economic Activities by the State«, American Sociological Review 55 (1990), 634-647.

nomische Anreize nicht nur durch die Einhebung von Steuern setzen, sondern sie umgekehrt auch durch Steuererleichterungen oder bestimmte Formen von Steuerabsetzmöglichkeiten bewirken. Wenn die Regierung Subventionen einstellt, schrumpft sie; wenn sie bisher gewährte Steuererleichterungen einstellt, wächst sie. Wenn Wasser- und Müllentsorgung privatisiert werden und die Gebühren nicht mehr von der Kommune eingehoben, sondern von den Nutzen direkt an die Firmen abgeliefert werden, mag sich aus der Sicht des Bürgers überhaupt nichts geändert haben, und doch ist der Staatsanteil gesunken. Auch die Zahl der Staatsangestellten ist kein »hartes« Faktum: Eine Reihe von Privatfirmen arbeitet nur für die Regierung. Die Arbeitskräfte in Straßenbaufirmen müßten eigentlich zu den Staatsbeschäftigten gezählt werden, da es ja bei der Abschätzung der Rolle des Staates nicht um ihre rechtliche Stellung, sondern um ihre ökonomische Funktion geht. Rasche Assoziationen zum »Freiheitsgehalt« eines Landes sind ohnehin verfehlt: Wenn der Staat von einem System der Wehrpflicht zu einer Freiwilligentruppe übergeht, werden höhere Löhne notwendig, und obwohl wir von einer gestiegenen »Freiheit« sprechen können, steigen bei gleichem Personal die Ausgaben, und damit erhöht sich der Staatsanteil.[9] Schließlich wurden in den letzten Jahren Möglichkeiten der Verschleierung staatlicher Aktivitäten durch ausgegliederte Unternehmen oder die Betrauung von Privatgesellschaften mit »staatlichen« Aufgaben entwickelt: Die Beschäftigten in einer Aktiengesellschaft zählen zur Privatwirtschaft, auch wenn die Gesellschaft zu hundert Prozent im Eigentum der öffentlichen Hand steht. Erfolge bei der Reduzierung der Beamten wurden in den letzten Jahren nicht selten durch eine derartige »Ausgliederung« erzielt. In anderen Fällen ist es von der Sache her unklar, ob wir von einer steigenden oder sinkenden Bedeutung der Staatsintervention sprechen sollen: wenn der Staat etwa in einem vorher ungeregelten Bereich angesichts offenkundiger Unzulänglichkeiten Märkte »organisiert« oder Konsumentenrechte festlegt. Die Beispiele sollen nur andeuten, daß der Staatsanteil ein wichtiger und für praktische Zwecke verwendbarer Indikator für die Staatstätigkeit ist, daß seine Aussagekraft aber ihre Grenzen aufweist.

---

[9] Robert Higgs: »Eighteen Problematic Propositions in the Analysis of the Growth of Government«, The Review of Austrian Economics, 5 (1991), No. 1, 3-40.

Der Staat im Modernisierungsprozeß

In der vorliegenden Arbeit wird versucht, einen umfassenden gesellschaftstheoretischen Rahmen zur Erklärung steigender Sozialausgaben heranzuziehen: Es handelt sich um die »klassische« *Modernisierungstheorie*, um jenen gesellschaftstheoretischen Ansatz, der bestrebt ist, den Wandel, der seit der Industriellen Revolution in England am Ende des 18. Jahrhunderts in den europäischen Ländern stattgefunden hat (und in andere Länder »diffundiert« ist), zu einem umfassenden Bild des Industrialisierungsprozesses auszuarbeiten.[10] Es soll gezeigt werden, daß der Anstieg des Staatsanteils und der Sozialaufwendungen vor dem Hintergrund dieses Entwicklungsmodells interpretiert und verstanden werden kann.[11] Besonders wichtig ist hierbei, daß die-

[10]Hans Ulrich Wehler: Modernisierungstheorie und Geschichte, Göttingen 1975; Mustafa O. Attir, Burkart Holzner und Zdenek Suda (Hrsg.): Directions of Change. Modernization Theory, Research, and Realities, Boulder, Col. 1981; Bret L. Billet: Modernization Theory and Economic Development. Discontent in the Developing World, Westport, Conn. 1993.

[11]Die Modernisierungstheorie ist mittlerweile ein wenig in Verruf gekommen, insbesondere aufgrund ihrer Neigung, den spezifischen Entwicklungsprozeß der europäisch-amerikanischen Kultur als überhistorische Notwendigkeit zu postulieren. Vor allem wird ihre Anwendbarkeit auf Länder der Dritten Welt (und ihre Fähigkeit, eine entwicklungspolitische Leitlinie für unterentwickelte Länder zu bieten) beeinsprucht. Es haben sich Entwicklungsverläufe gezeigt, die mit den Annahmen der Modernisierungstheorie nicht übereinstimmen, und Länder, die ihren Kriterien zufolge auf dem richtigen Weg gewesen waren, konnten ihre Entwicklung nicht in einen dauerhaften Prozeß verwandeln. Tatsächlich läßt sich an der Übertragbarkeit des Entwicklungsmodells, das aus der Geschichte europäischer Länder gewonnen wurde, und am Anspruch, ein »allgemeines« Verlaufsmodell der Industrialisierung zu beschreiben, zweifeln. Auch andere Hintergrundannahmen lassen sich mit Recht kritisieren: daß es nur diesen einen, notwendigen Entwicklungsprozeß gebe; daß es sich notwendig um einen Fortschrittspfad handle; daß die Entwicklung nicht auch steckenbleiben oder umgedreht werden kann; daß die einzelnen Variablen in diesem Geschehen in zwingenden Relationen zueinander stehen; und manches andere. Alle diese deterministischen Anwandlungen liegen uns fern, und ebenso soll keine Generalisierungsabsicht damit verbunden werden. Es interessiert hier ja nur die Anwendung auf die fortgeschrittenen Industrieländer und deren Geschichte: Diese sind es, die hier zur Debatte stehen, und ihre Expansion der Staatsausgaben ist es, die in eine verstehbare Beziehung zu anderen Entwicklungscharakteristika gebracht werden soll. Davon, daß es auch andere Entwicklungswege geben mag und daß die Dritte Welt-Länder andere Entwicklungsvarianten verfolgen könnten, ist hier nicht die Rede. Für die Geschichte der fortgeschrittenen Industrieländer aber haben viele Argumente der Modernisierungstheorie – etwa über die wechselseitigen Bedingtheiten und Beeinflussungen von öko-

ses Modell als *theoretischer Rahmen* für die Entwicklung des modernen Wohlfahrtsstaates bis in die Gegenwart verwendet werden kann.[12] Es bietet uns Gelegenheit, zahlreiche Argumente, die sich mit dem gegenwärtigen Expansionsprozeß der staatlichen Kassen befassen, einzugliedern. Es wird somit ein – wenn auch loser – theoretischer Konnex zwischen den Bestimmungsgründen dieser Entwicklung geboten, und das ist immerhin mehr, als die erwähnten Auflistungen zu leisten imstande sind. Der umfassende Anspruch der Theorie erlaubt es auch, ein viel breiteres Repertoire an gesellschaftlichen Kräften zu analysieren, als es die oft sehr »zurückhaltenden« ökonomischen Studien bieten.[13] Bei der Analyse der Entwicklungen, die für diese Expansion der staatlichen Finanzen verantwortlich sind, steht ein Umstand außer Zweifel: daß die *Sozialausgaben* sich – gerade in der jüngeren Vergangenheit – als der dynamischste Ausgabenposten erwiesen haben. Ihnen soll deshalb in der folgenden Studie besondere Aufmerksamkeit gewidmet werden.

Im zweiten Abschnitt wird zunächst ein kurzer Abriß jener Perspektive des Entwicklungsprozesses geboten, die für die Modernisierungstheorie typisch ist, und es werden, um den historischen Prozeß »übersichtlicher« zu machen, sechs Subsysteme unterschieden, die wiederum durch mehrere Grundtendenzen und Stichworte charakterisiert werden. Es handelt sich um insgesamt sechzehn Begriffe, die sodann vom dritten bis zum achten Abschnitt beschrieben und im Hinblick auf ihre Bedeutung für die Staatsausgabenentwicklung näher erörtert werden.

---

nomischen, politischen und kulturellen Variablen – durchaus etwas für sich. Die Theorie dient uns in der Folge als *heuristischer Rahmen*, in dem die Staatsausgabenexpansion gedeutet wird.

[12] Es geht also nur um die modernen Industriestaaten; vgl. etwa Anthony Giddens: The Nation-State and Violence, Berkeley 1987; Gianfranco Poggi: The Development of the Modern State. A Sociological Introduction, Stanford 1978.

[13] Wir wollen den ökonomischen Studien zugutehalten, daß sie einiges an Aufschlüssen geliefert haben. Ihre »Zurückhaltung«, ihren starken *bias* zugunsten wirtschaftlicher Variablen, würden manche freilich weniger freundlich als beschränkten Horizont bezeichnen. Aber beschränkte Horizonte findet man auch bei Soziologen und Politikwissenschaftlern.

2. *Elemente der Modernisierungstheorie und ihre Beziehung zum Staat*

Der Begriff der *Modernisierung* kennzeichnet jenen Prozeß des sozialen Wandels, in dem weniger entwickelte Gesellschaften Kennzeichen erwerben, die fortgeschritteneren Ländern eigentümlich sind. Unter fortgeschrittenen Gesellschaften sind die *Industriegesellschaften westlicher Prägung* zu verstehen. Das Modell rekonstruiert den Entwicklungsgang der Industrieländer und versucht, bestimmte Entwicklungen in Wirtschaft, Politik, Sozialstruktur und Kultur auf systematisch-verstehbare Weise miteinander in Verbindung zu setzen.[14] Daraus wurde seinerzeit die Idee eines »Normalpfades« in die moderne Welt geboren. Ein solches geschichtsphilosophisch-deterministisches Fortschrittskonzept ist aber nicht zwingend mit der Modernisierungstheorie verbunden. Es geht ihr eher um die *Vereinbarkeit* bestimmter gesellschaftlicher Entwicklungen: um kulturelle, politische, ökonomische und sozialpsychologische Charakteristika, die jeweils miteinander in Beziehung stehen oder als wechselseitige Begrenzungen und Bedingtheiten verstanden werden können. Nicht jede Kombination von Elementen aus den genannten Bereichen der Gesellschaft ist möglich, zumindest sind bestimmte Kombinationen *wahrscheinlicher* als andere: Nach wie vor gilt beispielsweise eine gewisse Plausibilität dafür, daß ein breitangelegtes, selbsttragendes Wirtschaftswachstum auf Dauer mit Demokratisierungsprozessen verbunden ist.[15]

---

[14] Es steckt dahinter die Vorstellung, daß sich traditionale Gesellschaften von modernen Industriegesellschaften unter verschiedenen Aspekten unterscheiden lassen, etwa im Sinne eines Zwei-Phasen-Modells, wie es Henry Sumner Maine (vom Status zum Kontrakt), Emile Durkheim (von der mechanischen zur organischen Solidarität), Ferdinand Tönnies (von der Gemeinschaft zur Gesellschaft) oder Talcott Parsons (mit seinen *pattern variables*) dargestellt haben, oder im Sinne eines Drei-Phasen-Modells, in dem üblicherweise eine zusätzliche transitorische Phase zwischen die beiden anderen Phasen eingeschoben wird.

[15] Es gibt natürlich einige Gründe dafür, diesen Zusammenhang in Zweifel zu ziehen. Heute gibt es einige Länder, in Südostasien und in Südamerika, die ökonomische Erfolge trotz relativ autoritärer Strukturen aufweisen können; aber in vielen dieser Länder sind gewisse Demokratisierungsprozesse im Gange. China wird als potentiell erfolgreiches Beispiel des »Entwicklungssozialismus« gehandelt; aber es ist unsicher, ob sich Demokratisierungsprozesse auf Dauer unterdrücken lassen. Wie auch immer: Wir wollen nicht ausschließen, daß es andere Wege (wie

Den Kern eines solchen Prozesses, wie er auch von Entwicklungstheoretikern, die an praktischen wirtschaftlichen Fragestellungen interessiert sind, beschrieben wird, machen sicherlich *ökonomische Veränderungen* aus: ein selbsttragender Wachstumsprozeß mit einem steigenden Sozialprodukt pro Kopf. Gerade das Versagen von Entwicklungsmodellen, die ausschließlich mit ökonomischen Größen operieren, zeigt jedoch, daß weitere Aspekte berücksichtigt werden müssen. So sind im Modernisierungsprozeß beispielsweise Probleme der nationalen *Identitätsbildung* zu lösen; die *politisch-administrativen* Zentren haben die Gesellschaft zu »durchwirken«; die Arbeitskräfte sind besser zu *qualifizieren*; eine als akzeptabel anerkannte *Verteilung* von Gütern und Diensten gilt es zu bewerkstelligen. Solche Systemprobleme legen die Vorstellung nahe, daß es eine Art von flexibler *Komplementarität zwischen ökonomischen, technischen, sozialkulturellen und politischen Entwicklungen* gibt, ohne daß damit Vorstellungen eines strengen Entwicklungsdeterminismus verbunden werden dürfen.[16] Wir unterscheiden – wie dies des öfteren in ähnlicher Weise gehandhabt wird – drei Subsysteme: das ökonomische, das politische und das kulturelle. Dem fügen wir drei weitere hinzu, nämlich das wissenschaftlich-technische Subsystem, dem in der Modernisierungstheorie große Bedeutung beigemessen wird, das demographische und das internationale System.[17]

---

auch immer variantenreich) in die Moderne gibt. Für den Geschichte der entwickelten Industrieländer gelten diese Zusammenhänge jedenfalls nach wie vor als plausibel. Vgl. Friedrich A. von Hayek: The Road to Serfdom, Chicago 1944.

[16] Gabriel A. Almond und James S. Coleman (Hrsg.): The Politics of the Developing Areas, Princeton 1960; Shmuel Noah Eisenstadt: Modernization. Growth and Diversity, Bloomington 1963; Berthold F. Hoselitz: Sociological Aspects of Economic Growth, Glencoe, Ill. 1960; Marshall D. Sahlins und Elman R. Service (Hrsg.): Evolution and Culture, Ann Arbor 1960.

[17] Wir gehen somit relativ frei mit den »Subsystem«-Kategorien um, wie dies ja das Privileg der Systemtheoretiker zu sein scheint. Wir könnten uns natürlich an die Parsonianischen vier Kategorien halten und damit den Wegen Richard Münchs folgen; wir könnten auch das internationale System dem politischen und das technisch-wissenschaftliche dem ökonomischen unterordnen. Schließlich könnten wir die Liste der Subsysteme verlängern, wenn wir uns an Luhmanns Analyse der modernen Gesellschaft unter dem Gesichtspunkt anschließen, daß die gesellschaftliche Differenzierung zu immer mehr vergleichsweise »selbständigen«, ihrer eigenen Logik folgenden Inseln führt. Aber hier geht es nicht um theoretische Haarspaltereien, sondern um einen einigermaßen plausiblen Rahmen, in den sich beobachtete Entwicklungen eingliedern lassen.

Das ökonomische System

Kennzeichnend für die ökonomischen Veränderungen im gesellschaftlichen Wandel von einer traditionalen zu einer modernen Gesellschaft ist die grundlegende Orientierung auf *Effizienz* und *Wachstum*. Ein Prozeß setzt ein, der mit einem gewaltigen Anstieg der Produktion pro Kopf verbunden ist. Diese Entwicklung wird getragen von einem *Innovationsprozeß*, der von einem in die wirtschaftlichen Strukturen eingebauten Mechanismus – vorzugsweise dem langsam sich herausbildenden und alle Bereiche der Gesellschaft durchdringenden *Markt* – zustande gebracht wird. Dadurch kommen immer effizientere *Technologien* zum Einsatz, und es werden zunehmend höhere Formen der *Energie* verwendet. Die landwirtschaftlich geprägte Gesellschaft wandelt sich zu einer auf industrielle Güterproduktion, später noch stärker auf Dienstleistungen hin orientierten Gesellschaft, die Kapitalintensität steigt. Die Größe der Wirtschaftseinheiten wächst, Investitionen werden zunehmend von *korporativen Organisationen* getätigt; Eigentum und Lenkungsgewalt in solchen Institutionen fallen auseinander, eine *Managerklasse* entsteht. Die nationale Ökonomie wird immer stärker *reguliert*, die politischen Systeme werden *international* stärker verflochten.[18] Für unsere Zwecke genügt es, das ökonomische Subsystem durch die beiden Begriffe *»Wachstum«* und *»Strukturwandel«* zu beschreiben. »Wachstum« bezieht sich auf den Prozeß der raschen wirtschaftlichen Expansion, der in den letzten Jahrhunderten stattgefunden hat und in dem das verfügbare Potential der Güter und Dienstleistungen in ungeahnter Weise erweitert worden ist. »Strukturwandel« kennzeichnet den Wandel in der Zusammensetzung dieses Sozialprodukts, wobei im einfachsten Fall die Änderung in der Gewichtung der Produktionsaktivitäten, also der Wandel vom primären zum sekundären und tertiären Sektor, gemeint ist, aber auch intrasektorale Änderungen in der Zusammensetzung der Güterbündel ins Auge gefaßt werden können.

[18] Walt W. Rostow: The Stages of Economic Growth. A Non-Communist Manifesto, Cambridge, 1960.

Das politische System

Parallel zu diesem ökonomischen Prozeß zeigt sich in den meisten Ländern eine charakteristische Veränderung der politischen Strukturen: ein Wandel von autoritären zu *demokratischen* Ordnungen, verbunden mit der steigenden Mitbestimmung weiter Bevölkerungskreise, einer starken Betonung der *Gleichheitsidee*, einer Einführung *universalistischer Gesetze*. Diese Gleichzeitigkeit der wirtschaftlichen und politischen Entwicklung hat viele Theoretiker dazu veranlaßt, die wechselseitige Bedingtheit von Marktwirtschaft und Demokratie zu analysieren. Eine marktwirtschaftliche Gesellschaft fördert dieser Auffassung zufolge die Demokratie, und die Demokratie ist in einem ökonomischen Planungssystem auf Dauer nicht aufzuhalten. Der politische Apparat steigert seine Kapazität bei der Bewältigung administrativer Aufgaben *(Penetration)*, bei der Beseitigung gesellschaftlicher Kämpfe und Konflikte *(Gewaltmonopol)* und bei der Erfüllung individueller Ansprüche. Er bedient sich hierzu eines ausgebauten Apparates *(Bürokratisierung)*, der sich strukturell differenziert, spezifische Funktionen kompetenzmäßig ordnet und die erforderlichen Ressourcen aufzubringen imstande ist *(Steuerstaat)*. Zugleich bedarf es neuer Integrationsmechanismen, der Entwicklung und Wahrung eines Kerns gemeinsamer *Werte*; der Herausbildung eines *Nationalgefühls*, das Einheit sichert und Identität verkörpert. Als Voraussetzung dessen wird die Ausdehnung bürgerlicher, sozialer und politischer *Rechte* angesehen.[19] Das politische Subsystem soll für unsere Zwecke durch die Kategorien *»Demokratie«* und *»Bürokratie«* gekennzeichnet werden. »Demokratie« weist auf den Prozeß der Ausbreitung parlamentarischer und massendemokratischer Systeme im Zuge des letzten Jahrhunderts hin: auf das Entstehen politischer Strukturen, die durch freie Wahlen, »von unten« bestellte Gesetzgebungsinstitutionen und die Entwicklung intermediärer allgemein-politischer und interessenorientierter Organisationen gekennzeichnet sind. »Bürokratie« kennzeich-

---

[19] Gabriel A. Almond und Sidney Verba: The Civic Culture. Political Attitudes and Democracy in Five Nations, Boston, 1963; Joseph G. LaPalombara (Hrsg.): Bureaucracy and Political Development, Princeton, 1963; Joseph G. LaPalombara und Myron Weiner (Hrsg.): Political Parties and Political Development, Princeton 1966; Seymour M. Lipset: Political Man. The Social Bases of Politics, Garden City, N.Y., 1960; Lucian W. Pye und Sidney Verba (Hrsg.): Political Culture and Political Development, Princeton, 1965.

net die moderne Implementationsstruktur für politische Herrschaftsintentionen, den rationalen Verwaltungsapparat, die »Durchstaatlichung« der Gesellschaft durch rechtsstaatlich begründete Administrationen.

Das soziokulturelle System

Eine dynamisch-demokratische Gesellschaft, wie sie in ihren politischen Strukturen soeben geschildert wurde, bedarf auch »neuer« Menschen, *»moderner Persönlichkeiten«*, die sich durch Fähigkeiten zur Selbstorientierung und zur Entscheidungsfällung auszeichnen, Personen also, die angesichts verwirrender und widersprüchlicher Eindrücke, wie sie in einer modernen Gesellschaft alltäglich sind, nicht in Angst und Desorientierung verfallen. Primäre Beziehungen zwischen den Individuen werden zurückgedrängt, *formale und unpersönliche Rollen* forciert; *»empathische« Individuen*, solche, die sich psychisch in andere Rollen und Situationen versetzen können, sind gefragt. Es setzt eine Wanderung von agrarischen in urbane Wohngegenden und Agglomerationen ein *(Urbanisierung)*, die räumliche *Mobilität* steigt, ein breiter *Erziehungsprozeß* – beginnend mit der Alphabetisierung und fortgesetzt in höheren Etagen eines sich entfaltenden Bildungssystems – setzt ein. Die *Massenmedien* tragen zu dieser Qualifizierung bei, sie führen aber auch zur weiteren *Pluralisierung* der Lebenswelten. Die soziale Schichtung wird geprägt von einer Ausdehnung der Mittelschichten *(Mittelschichtgesellschaft)*, die Übergänge zwischen den einzelnen Schichten werden kontinuierlicher, eine Leistungsorientierung *(Meritokratie)* gewinnt Anerkennung. Gleichheitsorientierte Werte *(Egalitarismus)* verbreiten sich.[20] Das soziokulturelle Subsystem wird für unsere Zwecke durch die Begriffe *»Differenzierung«* und *»Rationalisierung«* erfaßt. »Differenzierung« kennzeichnet den gesellschaftlichen Prozeß der institutionellen und rollenmäßigen Arbeitsteilung, der Konkretisierung beschränkterer Aufgabenbereiche und der Ausgestaltung spezialisierter Institutionen für immer spezifi-

---

[20] Daniel Lerner: The Passing of Traditional Society. Modernizing the Middle East, Glencoe, Ill. 1958; D. C. McClelland: The Achieving Society, Princeton, N.J. 1961; David Riesman: The Lonely Crowd. A Study of the Changing American Character, New Haven 1950; Karl W. Deutsch: »Social Mobilization and Political Development«, American Political Science Review 55 (1961), 493-514.

schere Zwecke, wodurch der Komplexitätsgrad der Gesellschaft erhöht wird. »Rationalisierung« bedeutet den Abbau religiöser und überkommener Traditionen, den Zusammenbruch von überkommenen Weltorientierungen im Zuge der Entfaltung einer modernen Marktgesellschaft, den Aufstieg des modernen Utilitarismus.

Das wissenschaftlich-technische System

In gewissem Sinne liegt die »moderne« Einstellung gegenüber dem *Wissen* allen erörterten Wandlungserscheinungen zugrunde; denn die dynamischen Impulse kommen aus dem Fortschritt des Wissens, der sich in *technische Innovationen* umsetzt. In der Methodologie der Wissenschaften kommt demgemäß der dauernde Wandel der modernen Gesellschaft am deutlichsten zum Ausdruck, die – ihrem Selbstverständnis zufolge – nur noch *vorläufige Behauptungen* gelten läßt und ihre Erkenntnisse von anderen sozialen Bedingungen – zugunsten »reiner Wahrheitsfindung« – abkoppelt. Die kulturell-wissenschaftliche Akkumulation des Wissens vollzieht sich in einem *automatischen, selbsttragenden Prozeß*, und sie findet ihren Niederschlag in immer neuen *technischen Apparaturen*, welche die Lebenswelt des modernen Menschen prägen. Das wissenschaftlich-technische Subsystem läßt sich durch die beiden Begriffe *»Wissensfortschritt«* und *»Technisierung«* kennzeichnen. »Wissensfortschritt« bezieht sich auf die Institutionalisierung einer modernen Wissenschaft, losgelöst von religiösen und traditionalen Vorstellungen und Verpflichtungen. »Technisierung« bezieht sich auf die Verfügbarkeit unzähliger Apparaturen der Zivilisation, mit denen praktische Aufgaben auf effizientere Weise durchgeführt werden können.

Das demographische System

Im Zuge der Modernisierung verändert sich das reproduktive Verhalten in typischer Weise. Eine Gesellschaft, die Nachkommen als Arbeitskräfte und Überlebenshilfen ansieht und wegen hoher Kindersterblichkeit und allgemeiner Lebensunsicherheit auf angemessen hohe Geburtenraten »programmiert« ist, stellt ihr »Fortpflanzungsprinzip« um: auf wenige Nachkommen, deren Leben als gesichert angesehen werden kann und in die demgemäß mehr Ressourcen investiert werden können. Man spricht vom *»demographischen Übergang«* im Industrialisierungsprozeß, und das ist auch unser Stichwort. Aber die Wandlungen sind auch in den entwickeltsten Industriegesellschaften noch nicht zum Abschluß gekommen, wie die nach wie vor sinkende Geburtenrate zusammen mit dem Zerfall herkömmlicher Familienmodelle zeigt. Da auf der anderen Seite die medizinisch-hygienischen Fortschritte zu einem deutlichen Anstieg der Lebenserwartung geführt haben, ergibt sich für die Industrieländer der nächsten fünfzig Jahre eine *»alternde Bevölkerung«*.

Das internationale System

Im Zuge der Modernisierung bilden sich Nationalstaaten, und sie haben ihre Konkurrenz oft mit militärischen Mitteln ausgetragen. Die Industrieländer haben im Modernisierungsprozeß nicht nur ihre produktiven Kapazitäten gesteigert, sondern auch ihre Vernichtungskapazitäten. Die großen Kriege des 20. Jahrhunderts zeigen, wie erfolgreich sie darin waren. Der Kalte Krieg hat den Aufbau gigantischer Waffenarsenale verursacht, vor allem bei den Supermächten, aber auch bei vielen ihrer jeweiligen Alliierten, und das hat sich in den Staatsbudgets niedergeschlagen. Der Zusammenbruch der Systemkonfrontation könnte nun die Chancen zu einem deutlichen Abbau der Rüstungsausgaben eröffnen, die allerdings in den meisten Ländern nur in einer Größenordnung von 2 bis 3 Prozent des Sozialprodukts liegen. Andererseits zeigen sich neue Bedrohungsbilder, und das internationale Krisenmanagement könnte auch neue finanzielle Belastungen mit sich bringen. Wir sprechen das mit dem Stichwort *»Globalisierung«* an.

Das durch die Verwendung der Modernisierungstheorie als Rahmenwerk gewonnene theoretische Modell wird nun zur Interpretation der Staatsausgabenexpansion verwendet. Wir folgen den sechzehn Stichworten der Tabelle. Es wird sich zeigen, daß diese Kategorien die wesentlichen Kräfte, die zu höheren Ausgaben des Staates drängen, beinhalten.

A. Ökonomisches System	
Wachstum	(1) Produktionskomplementaritäten (2) Globalsteuerung
Strukturwandel	(3) Produktivitätsdifferenzen (4) Wirtschaftsinteressen
B. Politisches System	
Demokratisierung	(5) Parteienkonkurrenz (6) Verbändekonkurrenz
Bürokratisierung	(7) Bürokratie (8) Legalisierungsprozeß
C. Soziokulturelles System	
Differenzierung	(9) Zivilisationskomplementaritäten (10) Informationsverzerrung
Rationalisierung	(11) Erwartungshaltungen (12) Erosion der Gemeinschaft
D. Wissenschaftlich-technisches System	
Wissensfortschritt	(13) Machbarkeit
Technisierung	(14) Kapitalaufwand
E. Demographisches System	
Demographischer Übergang	(15) Überalterung
F. Internationales System	
Globalisierung	(16) Verteidigung

3.
Ökonomische Impulse.
Erfordernisse, Zwänge, Versuchungen und Interessen

Produktionskomplementaritäten

Der empirische Befund spricht dafür, daß wirtschaftliches Wachstum mit einer Ausweitung der öffentlichen Kassen einhergeht. Länder mit höheren Werten für das Pro-Kopf-Sozialprodukt weisen einen höheren Staatsanteil aus.[21] Das hat ohne Zweifel zunächst den trivialen Grund, daß in einer blühenden Wirtschaft jene Ressourcen geschaffen werden, die man zuerst einmal haben muß, um sie ausgeben zu können. Sprudelnde Steuerquellen erleichtern die Abschöpfung und machen Politiker generös. Aber natürlich läßt sich daraus nicht ohne weiteres folgern, daß auch der *Anteil* an der Wertschöpfung, der auf dem Weg über die politischen Instanzen verteilt wird, steigen muß.

---

[21] Über den Zusammenhang von Staatsausgaben und Wirtschaftswachstum finden sich zumindest die folgenden Behauptungen in der Literatur. Erstens: Höhere Staatsausgaben oder Staatsanteile sind mit geringerem Wachstum verbunden; so etwa Daniel Landau: »Government Expenditure and Economic Growth: A Cross-Country Study«, Southern Economic Journal 50 (1983), ders.: »Government Expenditure and Economic Growth in the Developed Countries 1952-76«, Public Choice 47 (1985), 459-477. Zweitens: Höhere Staatsausgaben oder Staatsanteile gehen mit einem höheren Wachstum einher, vor allem wegen der Kausalität vom Wachstum zum Staatsanteil; für viele Länder finden dies Michael A. Conte und Ali F. Darrat: »Economic Growth and the Expanding Public Sector: A Reexamination«, Review of Economics and Statistics 70 (1988), 322-330. Drittens: Es gibt positive und negative Effekte des Staatsanteils auf das Wachstum, je nach der Höhe des Staatsanteils und dem Entwicklungsstand des Landes, es sind also kurvilineare oder komplexere Zusammenhänge anzunehmen; so etwa Edmund J. Sheehey: »The Effect of Government Size on Economic Growth«, Eastern Economic Journal 19 (1993), 321-328. Viertens: Es gibt Zusammenhänge, die aber über andere, etwa demographische Variablen, vermittelt sind, und wenn man alle wichtigen anderen Größen einbezieht, werden die Zusammenhänge immer schwächer; so etwa Bun Song Lee und Shuanglin Lin: »Government Size, Demographic Changes, and Economic Growth«, International Economic Journal 8 (1994), 91-108. Fünftens: Es gibt gar keine Zusammenhänge, so etwa Rati Ram: »Government Size and Economic Growth: A New Framework and Some Evidence from Cross-Section and Time-Series Data«, American Economic Review 76 (1986), 191-203; Balvir Singh und Balbir S. Sahni: »Causality between Public Expenditure and National Income«, Review of Economics and Statistics 66 (1984), 630-644; Richard Rubinson: »Dependency, Government Revenue, and Economic Growth, 1955-70«, Studies in Comparative International Development 12 (1977), 3-28.

Steuern sind die wirtschaftlichen Kennzeichen eines Staates schlechthin. Wenn man den Blick auf die ersten Phasen der Durchsetzung einer staatlichen Zentralgewalt richtet, so steht der *Steuerstaat* an der Wiege des modernen Staates überhaupt.[22] »Ohne das finanzielle Bedürfnis«, so sagt Joseph Schumpeter, »hätte der unmittelbare Anlaß zur Schöpfung des modernen Staates gefehlt.«[23] Die überkommene Finanzwirtschaft geriet im 14. und 15. Jahrhundert in eine tiefe Krise; der Fürst war mit seinem privaten Haushalt den steigenden Anforderungen – an Lebenshaltung und Kriegsführung – nicht mehr gewachsen, und im Angesicht der Türkengefahr bewilligten die Stände ihm das Recht, Steuern zu fordern. »Aus der 'gemeinen Not' wurde der Staat geboren.«[24] Auch später waren es verschiedene sachliche Notwendigkeiten, die den Ausbau staatlicher Aktivitäten erforderlich machten. Der Aufbau eines modernen Staatsapparats, der mit den absolutistisch-merkantilistischen Herrschern einsetzte, und die Durchdringung der Gesellschaft durch die staatliche Gewalt benötigten Ressourcen.[25] Daß der vormoderne Staat die Entwicklung einer Marktwirtschaft behinderte und unterband und daß der Durchbruch liberalbürgerlichen Handelns und Denkens gegen seinen Widerstand erfolgte, ist eine unrealistische Heldengeschichte; in Wahrheit haben die Staaten die wirtschaftliche Entwicklung geprägt und entscheidend zum Durchbruch der modernen Industriegesellschaft beigetragen.[26] Die Expansion der staatlichen Kassen in den letzten hundert Jahren kann freilich nicht mehr aus dieser ursprünglichen Aufgabenstellung, einen modern-aktiven Staat aufzubauen, erklärt werden. Es müssen zusätzliche Gründe gefunden werden, warum wirtschaftliches Wachs-

---

[22]Rolf Richard Grauhan und Rudolf Hickel (Hrsg.): Krise des Steuerstaats? Widersprüche, Perspektiven, Ausweichstrategien, Opladen 1978, geben einen guten Überblick über den Diskussionsstand der siebziger Jahre. Zur Polemik gegen den Staat wird der Begriff benutzt in Walter Wittmann: Der Steuerstaat. Die Ausbeutung der Fleißigen, München 1986.

[23]Joseph A. Schumpeter: »Die Krise des Steuerstaats«, in: Rudolf Goldscheid und Joseph Schumpeter: Die Finanzkrise des Steuerstaats. Beiträge zur politischen Ökonomie der Staatsfinanzen, hrsg. von Rudolf Hickel, Frankfurt a.M. 1976, 329-379, hier 341.

[24]Schumpeter 1976, 339.

[25]Zur aktiven Rolle des Staates besonders bei den *late-comers* vgl. Alexander Gerschenkron: Economic Backwardness in Historical Perspective, Cambridge 1962.

[26]Karl Polanyi: The Great Transformation. The Political and Economic Origins of Our Time, Boston 1957 (erstmals 1944).

tum mit einer Ausdehnung der kollektiven Finanzierungserfordernisse einhergeht. Die Feststellung, dies liege in der »Logik der Industriegesellschaft«, ist zunächst nicht mehr als ein Etikett für ein unbegriffenes Phänomen.

Industrielles Wachstum benötigt ein »Umfeld«, in dem es gedeihen kann. Wenn wir von dieser Prämisse ausgehen, können wir einen inhaltlichen Zusammenhang zwischen Industrialisierung und Staatsausgaben herstellen. Es werden immer mehr Leistungen erforderlich, die den Charakter *öffentlicher Güter* haben. Es treffen auf sie also die Kriterien der Unteilbarkeit oder Nichtausschließbarkeit zu.[27] Nun hat die definitorische Abgrenzung öffentlicher Güter ihre Probleme; es ist etwa nicht sicher, ob die Definition, daß diese Güter *nicht* durch den Markt bereitgestellt werden können, haltbar ist.[28] Wir wollen uns hier damit bescheiden, daß es sich um Güter und Leistungen handelt, von denen wir gute Gründe haben anzunehmen, daß sie zweckmäßiger und effizienter durch Kollektivinstitutionen bereitgestellt werden. Schon Adam Smith hat ja gemeint, daß es Aufgabe der Regierung sei, neben der nationalen Verteidigung und der Sicherung der Gerechtigkeit jene öffentlichen Einrichtungen und Arbeiten anzubieten, die, obwohl von hohem Nutzen für die Gesellschaft, doch privat nicht bereitgestellt werden könnten, weil die Aufwendungen marktförmig nicht entgolten würden.[29] Als öffentliche Anbieter treten in den meisten europäischen Ländern – mangels »privater« *communities* – in erster Linie staatliche Instanzen unterschiedlicher Ebenen – von den kommunalen über die regionalen und föderalen bis zu den gesamt-

---

[27] Vgl. die Übersicht von W. Blümel, R. Pethig und O. von dem Hagen: »The Theory of Public Goods: A Survey of Recent Issues«, Journal of Institutional and Theoretical Economics 142 (1986), 241-309. Genauer befassen sich mit öffentlichen Gütern Tyler Cowen (Hrsg.): Public Goods and Market Failures. A Critical Examination, New Brunswick 1992; John G. Head: Public Goods and Public Welfare, Durham, NC 1974; William Löhr und Todd Sandler (Hrsg.): Public Goods and Public Policy, Beverly Hills 1978.

[28] Tatsächlich können natürlich auch diese Güter – wie Straßen oder Leuchttürme – marktförmig angeboten werden, allerdings sind die Transaktionskosten prohibitiv hoch: Es ist also beispielsweise nicht *unmöglich*, an jeder Straßenecke eine Zollstation einzurichten, es ist nur so unpraktisch, daß es unvorstellbar ist. Aber die Frage ist dann, ab welcher Höhe Transaktionskosten prohibitiv wirken – die qualitative Frage (öffentliches Gut oder nicht) wird zu einer quantitativen (ein Gut, das effizienter als öffentliches angeboten werden kann).

[29] Adam Smith: An Inquiry into the Nature and the Causes of the Wealth of Nations, 2 vols., Oxford 1976 (erstmals 1776), hier 2. Band, 244.

staatlichen Instanzen – auf. Eine andere Aufgabe für staatliche Akteure liegt vor, wenn negative Externalitäten aus der privaten Wirtschaftstätigkeit – Verschmutzung, gefährliche Arbeitsbedingungen, gesundheitsgefährdende Produkte – verringert werden sollen.

Nun herrscht freilich keine strenge Limitationalität öffentlicher und privater Ausgaben vor, vielmehr gibt es Spielräume der Gestaltung. Die europäischen Staaten haben mit unterschiedlichen Gestaltungsmodellen experimentiert. Die allmähliche Vorsorge für öffentliche Leistungen dieser Art war also kein geplanter Prozeß in dem Sinne, daß sich eine plausible Abfolge solcher Maßnahmen erkennen ließe. Die Eisenbahnen, die ohne Zweifel ebenso Produkt wie Triebkraft früher Phasen der kapitalistischen Entwicklung waren, wurden zunächst durch private Betreiber gebaut, doch hat sich binnen kürzester Zeit gezeigt, daß diese überfordert waren, und der Staat hat ihre Anlagen übernommen. Aber die wechselseitige Abhängigkeit politischer Maßnahmen und wirtschaftlicher Entfaltungsprozesse läßt sich trotz aller »Spielräume« und »Bandbreiten« im Laufe der geschichtlich vielfältigen Entwicklungen, in der auch Zufälle, Entscheidungen von Einzelpersonen und politische Machtverhältnisse als »Störfaktoren« zum Ausdruck kommen, kaum leugnen. Der Staat war schon seit den Zeiten der merkantilistisch gesinnten Herrscher ein wesentlicher »Mitspieler« im Modernisierungsgeschehen. Aber es handelt sich nicht nur um eine Funktion der Vergangenheit: In den modernen Staaten werden umfangreiche Infrastrukturleistungen im Transport-, Kommunikations-, Umwelt- und Energiebereich diskutiert, die auf das einundzwanzigste Jahrhundert vorbereiten sollen, und dem Staat wird dabei allemal die tragende Rolle zugeschrieben.[30] Es sind Projekte für das nächste Jahrhundert. Auch die öffentliche Kreditaufnahme wird am leichtesten dadurch gerechtfertigt, daß den künftigen Belastungen auch künftige Erträge gegenüberstehen, daß es für den Staat wie für Privatunternehmen vernünftig ist, Investitionen durch Kredite zu finanzieren, die zu einer höheren Leistung führen und zukünftige Gewinne ermöglichen. Freilich ist es im öffentlichen Sektor weit weniger klar, was unter »investiven Ausgaben« und »künftigen Erträgen« zu verstehen ist. Beim Privatunternehmen fallen die daraus erfließenden Erträge beim Kreditnehmer an; von den Staatsinvestitio-

[30]Robert Reich: The Work of Nations. Preparing Ourselves for 21st Century Capitalism, New York 1991; Lester Thurow: Head to Head. The Coming Economic Battle Among Japan, Europe, and America, New York 1992.

nen profitieren viele Private. Wie läßt sich also Rentabilität errechnen? Wie lassen sich Erhaltungs- und Neuinvestitionen abgrenzen? Wie können die Folgekosten einbezogen werden? Kosten-Nutzen-Rechnungen für neue Hochgeschwindigkeitszüge können beliebige Ergebnisse produzieren. In welchem Sinn »benötigt« das Wirtschaftsgeschehen des 21. Jahrhunderts solche Systeme?

Bei der Komplementarität öffentlicher und privater Güter ist nicht nur an materielle Projekte wie Infrastrukturleistungen zu denken. Als der *take-off* das Antlitz der sich modernisierenden Staaten veränderte, kamen die sozialen Turbulenzen, die sich mit der »Doppelrevolution« verbanden, deutlich zum Ausdruck. Die Sozialpolitik hat einerseits die *Folgen* der industriellen Expansion zu beseitigen, sie schafft aber damit gleichzeitig die *Voraussetzungen* für eine weitere Expansion. Dies zeigt sich am deutlichsten in ihren Anfängen: Die Arbeitsschutzmaßnahmen und gesundheitspolitischen Absicherungen des 19. Jahrhunderts sind ein Beispiel für die wechselseitige Beziehung. Sie wurden notwendig, weil der steigende Konkurrenzdruck des entstehenden Kapitalismus, befreit von ständisch-zünftischen Einschränkungen, zu einer ruinösen Nutzung der Arbeitskräfte führte – ruinös nicht nur für die betroffenen Arbeitskräfte, deren physische und psychische Konstitution durch überlange Arbeitszeiten, schlechte Arbeitsbedingungen und soziale Mißstände in Mitleidenschaft gezogen wurde, ruinös auf längere Sicht vielmehr auch für die soziale Ordnung selbst, die solche Mißstände verursachte. Es sind *»public bads«*. Denn erstens mußte sich unter Effizienzgesichtspunkten, wenn nicht jeweils eine reichliche, den raschen »Verschleiß« ausgleichende »Reservearmee« an »frischen« Arbeitskräften zur Verfügung stand, die Arbeitsproduktivität aufgrund des schlechten Gesundheitszustandes des Arbeiterpotentials im Laufe der Zeit verringern. Es ist billiger, in bestimmtem Ausmaß in Gesundheitsmaßnahmen zu investieren, als die Verluste durch gesundheitlich bedingt sinkende Produktivität hinzunehmen, und das ist aus einzelwirtschaftlicher Sicht zumal dann richtig, wenn sich die Kosten der Gesunderhaltung zumindest teilweise auf die Allgemeinheit abschieben lassen. Zweitens mußte die Aufrechterhaltung der politischen Stabilität in einer Gesellschaft, die von steigender Verelendung breiter Schichten gekennzeichnet war, zunehmende Kosten – und seien es nur solche polizeilich-repressiver Art – verursachen. Es ist nicht nur humaner, sondern auch billiger, grundlegende Existenzbedürfnisse zu sichern, als sich nur auf den Repressionsapparat zu verlassen, um ein Aufbegehren existenzbedrohter Arbeitermassen niederzuschlagen.

So sind staatliche Maßnahmen der sozialen Sicherung einerseits als kollektive *Humankapitalinvestitionen* zu verstehen, die dazu dienen sollen, gesunde und leistungsfähige Arbeitskräfte zur Verfügung zu stellen: Da die neuen Produktionsverhältnisse neue Gesundheitsrisiken zur Folge hatten, deren Beseitigung durch das selbständige Wirken der Marktkräfte nicht zu erwarten war, wurde staatliche Sozialpolitik benötigt, um die Vorbedingungen für das weitere Wirtschaftswachstum zu schaffen und die selbstzerstörerischen Folgen dieses Prozesses für das Wirtschaftssystem zu kompensieren. Andererseits lassen sich die Sozialausgaben als Aufwendungen zur Produktion des kollektiven Guts *politische Stabilität* verstehen, indem sie für die Legitimität der bestehenden gesellschaftlichen Ordnung – für die faktische Anerkennung staatlicher Autorität – sorgten und dergestalt die soziale Integration der mit Revolution drohenden Arbeiterschaft bewirkten: Mit dem steigenden Destabilisierungsdruck und angesichts der prospektiven Kosten im Falle revolutionärer Aktionen wurde es rentabel, das Kollektivgut »soziale Sicherheit« – im Sinne einer Abwehr revolutionärer Einstellungen und Programme – in größerem Umfang als öffentliche Leistung anzubieten. *Ökonomisch* gesehen, geht es also um die Qualitätssicherung eines Produktionsinputs, *politisch* gesehen um die Herstellung stabiler Rahmenbedingungen der Wirtschaftsgesellschaft. Auch Sozialpolitik liegt in der »Logik des Industrialismus«.[31]

Die sozialpolitische Gewährleistung der Gesundheit der Arbeitskräfte im Einklang mit legitimatorischen Aspekten ist keineswegs auf die Geburtsphase des Kapitalismus begrenzt. Zwei Beispiele seien für aktuelle Anwendungen genannt: die Arbeitsmedizin und die Umweltpolitik. Im Bereich der *Arbeitsmedizin* handelt es sich um staatliche Gewährleistungs- und Kontrolleistungen, die dem Produktionsprozeß in unmittelbarer Weise komplementär sind.[32] Die unmittelbare

---

[31] Phillips Cutwright: »Political Structure, Economic Development, and National Social Security Programs«, American Journal of Sociology 70 (1965), 537-550; Harold Wilensky und Charles Lebaux: Industrial Society and Social Welfare, New York 1965.

[32] Vgl. Rainer Müller und D. Milles: Beiträge zur Geschichte der Arbeiterkrankheiten und der Arbeitsmedizin in Deutschland, Dortmund 1984; Friedrich Hauß (Hrsg.): Arbeitsmedizin und präventive Gesundheitspolitik, Frankfurt und New York 1982.

physisch-psychische Bedrohung der Arbeitskräfte durch unliebsame Begleiterscheinungen des Produktionsprozesses ist in den fortgeschrittenen Ländern mittlerweile in hohem Maße abgeschwächt; aber einzelne Umstände der Arbeitswelt geben immer wieder Anlaß zu arbeitsmedizinischen Vorsichtsmaßnahmen. Daß Asbest-Verkleidungen gravierende Gesundheitsschäden auslösen, muß erst einmal entdeckt werden, und dann müssen gefährdende Situationen bereinigt, kontrolliert und künftig vermieden werden. Belastungen durch radioaktive Strahlung betreffen unmittelbar die Gesundheit, und selbst bei »harmloseren« Belastungen wie längerdauernder Bildschirmarbeit entsteht der Bedarf nach Zumutbarkeitsregelungen und Kontrollen. Man kann sich auf das gute Herz der Unternehmer nicht verlassen. Man mag dabei mit *gesamtwirtschaftlichen* Effizienzziffern argumentieren: Die Behandlung von Wirbelsäulen- und Augenschäden bei Legionen von Sekretärinnen ist teurer als der Ankauf besserer Sekretariatsstühle und Bildschirme. Man mag mit der Durchsetzung *einzelwirtschaftlicher* Effizienz argumentieren: Gesunde Sekretärinnen arbeiten besser. Schließlich mag man aber auch auf erhöhte *Sensibilitäten* gegenüber solchen Problemen hinweisen, und diese führen unmittelbar zu Legitimierungsfragen: Hat man sich vor wenigen Jahrzehnten noch mit einem Schulterzucken damit abgefunden, daß Sehnenscheidenentzündungen eben eine typische Berufskrankheit von Sekretärinnen sind, so wird heute zumindest der bestmögliche Schutz vor solchen Beeinträchtigungen gefordert. Wenn schon nicht unmittelbar staatliche Produktionsaktivitäten (obwohl die Größenordnung der Bürobereiche im öffentlichen Dienst bekanntlich nicht ganz unerheblich ist), so sind doch in vielen Bereichen staatliche Regulierungs- und Kontroll-Leistungen für private Einrichtungen gefragt, und diese schlagen sich als Aufwendungen für Ämter und Beamte nieder; für Gesundheitsuntersuchungen, die präventiv Schäden in Frühphasen erkennen sollen; und schließlich für die medizinische Behandlung, wenn Schädigungen tatsächlich eingetreten sind.

Aber Sozialpolitik, verstanden als Bündel von Maßnahmen zur Sicherung bestimmter Standards der Gesundheit und der Lebensqualität von Individuen, reicht über den Arbeitsplatz hinaus: Als eines der heikelsten politischen Probleme, das seit den siebziger Jahren zunehmende Bedeutung für die Lebensqualität der Bevölkerung erhalten hat, wird heute die *ökologische Beschaffenheit* der Lebensräume angesehen. Die externen Effekte, welche die Qualität von Kollektivgütern wie Luft und Wasser verringern, sollen beseitigt, der Qualitätsstandard von Nahrungsmitteln soll kontrolliert werden. Die Konsumenten können das nicht. Es sind auch solche dem Produktionsprozeß komplementären Kontroll- und Regulierungsaufgaben, die den Staatsapparat personell und finanziell anwachsen lassen. Mögen auch bestimmte Probleme, wie Emissionen, durch marktförmige Verfahren, wenn auch gleichfalls unter staatlicher Organisierung und Kontrolle, gelöst werden können – wie das Beispiel der Umweltzertifikate zeigt –, so sind doch Probleme wie die Sicherung der Nahrungsqualität nur durch staatliche Beaufsichtigung zu lösen. Ein hinreichender Standard der Nahrungsmittelkontrolle bedarf unter den modernen Produktionsbedingungen eines aufwendigen Verwaltungsapparats und geeigneter fachtechnischer Institutionen, und die Kontrolluntersuchungen selbst sind oft aufwendig. Diese Kosten können nur in unzureichender Weise auf die Privatwirtschaft überwälzt werden. Das alles kostet Geld, und unter modernen Bedingungen immer mehr Geld.[33]

Es ist naheliegend anzunehmen, daß Externalitäten, die komplementär zu den Produktionsaktivitäten anfallen, nach Umfang und Wirkungstiefe in der modernen Gesellschaft überproportional zum Wachstum zunehmen. Der Staat ist hierbei in zweierlei Weise involviert: Erstens führt der steigende Umfang der Güterproduktion allein schon dann, wenn man eine *Proportionalität* der Externalitäten im Verhältnis zum Produktionsumfang voraussetzt, dazu, daß solche externen Effekte an Bedeutung gewinnen. Da die externen Effekte nach den Anweisungen der ökonomischen Theorie mit Eingriffsnotwendigkeiten des Staates gekoppelt sind, muß, wenn diese Eingriffe Geld kosten, das absolute Staatsbudget steigen. Wenn man zweitens,

---

[33] Zu den Externalitäten siehe Richard Cornes und Todd Sandler: The Theory of Externalities, Public Goods and Club Goods, Cambridge und New York 1986; Peter Michael Salter: Externe Effekte – »Marktversagen« oder Systemmerkmal?, Heidelberg 1989; Andreas A. Papandreou: Externality and Institutions, Oxford und New York 1994; Yoshitsugu Kanemoto: Theories of Urban Externalities, Amsterdam und New York 1980; Karl William Kapp: Social Costs, Economic Development, and Environmental Disruption, Lanham 1983; Steven N.S. Cheung: The Myth of Social Cost. A Critique of Welfare Economics and the Implications for Public Policy, London 1978; William J. Baumol: The Theory of Environmental Policy. Externalities, Public Outlays, and the Quality of Life, Englewood Cliffs, NJ 1975; David K. Whitcomb: Externalities and Welfare, New York 1972; Robert J. Staaf und Francis X. Tannian (Hrsg.): Externalities. Theoretical Dimensions of Political Economy, New York 1973; Steven A.Y. Lin (Hrsg.): Theory and Measurement of Economic Externalities, New York 1976.

was gleichfalls nicht unangemessen ist, davon ausgeht, daß durch die zunehmende Reichweite und die »Verdichtung« der wirtschaftlichen Produktion sowie durch ihre steigende Komplexität Externalitäten *überproportional* zum Produktionsumfang zunehmen, lassen sich entsprechende *relative* Zuwächse der Staatsaktivitäten ableiten. Je dichter die Besiedlung, desto eher bedeutet der Verkehr Externalitäten. Je verflochtener und arbeitsteiliger wirtschaftliches Handeln, desto eher wirken sich Entscheidungen der einzelnen auf andere aus. Bei steigendem Sozialprodukt steigen die Eingriffsnotwendigkeiten und Eingriffskosten dann schneller als das Sozialprodukt. Im Grunde ist dies auch die Tücke des Konzepts: »Marktversagen« liegt beinahe überall vor in einer Gesellschaft, in der jeder Kaufakt externalisierte Kosten der Müllbeseitigung und jeder Energiekonsum externalisierte Kosten der Produktion von Energie impliziert[34], und wenn jede Externalität Staatsintervention rechtfertigt, eröffnet sich ein unbegrenztes Feld für Eingriffe einer fürsorglich-effizienten Regierung. Das Konzept des »Marktversagens«, das ursprünglich dazu gedacht war, die Grenzen der legitimen Staatsintervention genau zu beschreiben, ist zu einer Legitimation für beliebige Staatseingriffe geworden, nachdem man die Universalität externer Effekte festgestellt hat.

Beides, der Bedeutungsgewinn der Externalitäten unter dem Gesichtspunkt ihrer proportionalen Expansion wie auch unter dem ihrer überproportionalen Zunahme, gilt natürlich nur unter der Voraussetzung, daß die Ausgabenintensität staatlicher Eingriffe konstant bleibt oder steigt, daß also nicht systematisch eine Umschichtung von ausgabenintensiven Instrumenten auf »kostenlose« Eingriffsvarianten – etwa Gebote oder Verbote – erfolgt.[35] Es könnten aber auch andere Instrumente zum Einsatz kommen, die sich, wie etwa Gebühren oder Steuern, nicht auf der Ausgabenseite der staatlichen Budgets niederschlagen oder die für den Staat weitgehend einkommensneutral sind, wie etwa die Organisierung von Märkten für Umweltrechte.[36] Aber

[34] Herman E. Daly und John Cobb jr.: For the Common Good. Redirecting the Economy Toward Community, the Environment, and a Sustainable Future, Boston 1989.

[35] Allerdings ist es meistens eine Illusion, solche Instrumente tatsächlich als »kostenlos« anzusehen, wie dies gerne in den Erläuterungen zu neuen Gesetzesvorhaben getan wird.

[36] Die Gestaltungsmöglichkeiten werden oft nicht bedacht oder jedenfalls nicht ausgeschöpft. So könnten Güter und Dienste öffentlich und gratis angeboten, aber auch öffentlich angeboten und durch Gebühren finanziert werden. Es können pri-

in größerem Maßstabe sind solche Varianten noch nicht zum Einsatz gelangt: Man kann jedenfalls nicht davon sprechen, daß eine Substitution zu weniger kostenintensiven Regelungsinstrumenten auf breiter Front stattgefunden hat. Dafür werden die staatlichen Budgets zur Aufgabe herangezogen, bestimmten Branchen, die unter dem Anpassungsprozeß an weitergehende Umweltschutzbestimmungen leiden, durch Subventionen unter die Arme zu greifen – eine ausgabenexpansive Nebenwirkung.

Es kann gegen eine Analyse solcher Produktionskomplementaritäten eingewendet werden, daß die Feststellung von »objektiven Eingriffsnotwendigkeiten« nicht hinreichend ist zur Erklärung des Umstands, daß die Eingriffe auch wirklich stattgefunden haben oder stattfinden. Die Kritik besteht zu Recht. Es wäre ein *übertriebener Funktionalismus* anzunehmen, daß alle jene Maßnahmen, die zur Sicherung der Effizienz notwendig werden, sich in wunderbarer Harmonie einstellen. Es gibt Fälle, in denen Ineffizienzen nicht wahrgenommen werden; in denen nur bestimmte Lösungen diskutiert werden; in denen Machtgruppen aus Eigeninteresse die effizienten Lösungen verhindern; in denen Ideen und Ideologien wichtig sind. Gerade deshalb ergänzen sich die Elemente des modernisierungstheoretischen Gesamtbildes, und wir brauchen zusätzliche Argumente. Ohne allzu sehr den weiteren Abschnitten der Studie vorgreifen zu wollen, sei etwa darauf verwiesen, daß es natürlich »Träger« des Wandels geben muß: Interessengruppen, »politische Unternehmer«, ein administrativer Apparat, soziale Bewegungen. Irgendjemand muß es sich zur Aufgabe machen, die »objektive« Vorteilhaftigkeit umzusetzen. Daß soziale Probleme als Komplementaritäten des Produktionsprozesses wahrgenommen werden, bedarf zudem der Interpretation, und daß der Staat aufgefordert wird, ihnen abzuhelfen, bedarf eines modernen Verständnisses der Machbarkeit gesellschaftlicher Verhältnisse. Aber auch wenn es politischer Entscheidungen und weiterer Rahmenbedin-

---

vate Anbieter durch Subventionen angeregt werden, die Güter bereitzustellen. Es kann verschiedene Varianten einer öffentlich-privat »gemischten« Produktion geben. Es können privat produzierte Güter durch die öffentliche Hand angekauft und gratis oder mit sozial differenzierten Gebühren verteilt werden – und so weiter. In jedem Fall kommt dem Staat die aktive, gestaltende Rolle zu, was Libertäre nicht zugestehen wollen. Und in jedem Fall gibt es Spielräume der staatlichen Ausgabenintensität, was reformistisch gesinnte Menschen wiederum nicht gerne hören.

gungen bedarf, »anstehende Probleme« zu lösen, haben wir bei der Feststellung, daß es »anstehende Probleme« gibt, anzusetzen.[37]

Globalsteuerung

In den Jahrzehnten nach dem Zweiten Weltkrieg ist der Staat mit der Gesamtverantwortung für den Ablauf des Wirtschaftsprozesses – für ein gleichförmiges Wirtschaftswachstum und für die Sicherung einer ausreichenden Beschäftigungslage – betraut worden, eine Entwicklung, die ebenso durch das bereitwillige Angebot dieser Leistungen durch den Staat wie durch die Zumutung solcher Steuerungsaktivitäten von seiten der Bürger zustande gekommen ist. Auch die makroökonomische Stabilität kann man als »öffentliches Gut« bezeichnen, doch ist die Diskussion darüber nicht in der Sprache der Allokationseffizienz abgewickelt worden, sondern in der Sprache der Konjunktur- und Wachstumstheorie. Die Übernahme dieser Verantwortung durch den Staat hat eine in allen politischen Situationen brauchbare Grundlage für die Ausweitung staatlicher Budgets abgegeben. Vier Aspekte sind hierbei von Belang.

Erstens wurde über lange Zeit – bis in die frühen siebziger Jahre – eine Argumentation für plausibel gehalten, die eine zunehmende Nutzung gesellschaftlicher Ressourcen durch den Staat *per se* für *wünschenswert* ansah: Wenn der Staat den gesamten Wirtschaftsablauf durch eine antizyklische Fiskalpolitik nach den keynesianischen Vorschriften stabilisieren sollte, so mußte er über eine hinreichende *fiskalpolitische Manövriermasse* verfügen.[38] Fiskalpolitik ist nur möglich, wenn der Staatsanteil nicht zu gering ist. Dieses Argument war in jenen Jahren, in denen an die zunehmend präziser werdende Steuer-

[37] Diese Feststellung gilt es auch in den weiteren Abschnitten der Studie zu berücksichtigen. Denn am Ende eines jeden Abschnittes wäre daran zu erinnern, daß das jeweils betrachtete Element nicht allein steht, sondern in Ergänzung zu anderen bewegenden Kräften wirksam wird. Da die Zusammenhänge aber ohnehin auf der Hand liegen, wird im allgemeinen darauf verzichtet, jedes Mal alle anderen Faktoren auch wieder zu nennen.

[38] Von der *fiskalpolitischen* bzw. *konjunkturpolitischen* Funktion abgesehen, wurde von manchen auch mit der *wachstumspolitischen* Funktion des Staates argumentiert. Die Angst, daß private Investitionsinteressen auf Dauer zu gering sein könnten, um einen stabilen Wachstumsprozeß zu gewährleisten, bietet eine Rechtfertigung für ein permanent hohes Investitionsniveau durch den Staat.

barkeit des Wirtschaftsprozesses geglaubt wurde, dienlich, um *jegliche* Budgetposten auszuweiten, unter ihnen auch jene des sozialpolitischen Bereichs. Denn im Kern ging es nicht einmal um die inhaltliche Wichtigkeit gezielt eingesetzter Ausgabepositionen, sondern um die »Masse«, die zur Verfügung stand, um im Falle wirtschaftlicher Schwankungen mit den wirtschaftlichen Aggregaten manövrieren zu können. Zugunsten zusätzlicher Ausgaben konnte man »schlampig« argumentieren, wenn doch allein die Tatsache der Ausweitung einen Wert für sich darstellte.

Die theoretische Rechtfertigung für den Expansionismus boten die Lehren von John Maynard Keynes, der die Grundsatzentscheidung »Markt oder Plan« in den dreißiger Jahren durch seinen makroökonomischen Interventionismus geschickt umging, weil er die freien Marktprozesse auf der Mikroebene nicht antastete.[39] Die von ihm vorgeschlagenen Interventionen berührten nur die Makroebene: in erster Linie Staatsausgaben sowie Steuern und Abgaben. Allerdings nahm er hierdurch den Politikern auch das »schlechte Gewissen« bei ihren finanzpolitischen Aktionen, die in die zunehmende Verschuldung führten. Hatte öffentliche Verschuldung zuvor immer – wie in einem Privathaushalt σ– als politischer Leichtsinn und wirtschaftliche Ungehörigkeit gegolten, so konnte im keynesianischen Modell, selbst in seinen mit der Neoklassik verbundenen Varianten, »bewiesen« werden, daß selbst Schuldenmachen als sinnvolle Strategie der Wirtschaftspolitik anzusehen sei. Bei Störungen des gesamtwirtschaftlichen Gleichgewichts gerät das Budget schon deshalb ins Ungleichgewicht, weil die sozialpolitischen Aufwendungen (etwa für Arbeitslosengelder) steigen und die Steuereinnahmen unterproportional steigen oder sogar sinken. Aber durch einen Budgetausgleich würde der Staat die Krise verschärfen, und er soll den Entwicklungen ja gegensteuern. Das Fatale daran ist allerdings, daß es nicht leicht ist, konjunkturelle und strukturelle Defizite zu unterscheiden. Eine kräftige antizyklische Stabilisierungspolitik kann zudem auf Dauer die Marktkräfte schädigen, denn die Verhinderung von Krisen bedeutet auch die Verhinderung der »reinigenden« und »entzerrenden« Wirkungen von Krisen. Einmal gesetzte Impulse lassen sich später oft schwer

---

[39] Robert Lekachman: The Age of Keynes, New York 1966; Peter A. Hall (Hrsg.): The Political Power of Economic Ideas. Keynesianism across Nations, Princeton 1989; Andrew Shonfield: Modern Capitalism, London 1960.

rückgängig machen, und zeitliche Verzögerungen machen fiskalpolitische Anreize oft wirkungslos oder dysfunktional.[40]

Aber diese Feinheiten dringen nicht in die politische Diskussion vor. Die psychologische Wirkung der Rechtfertigung der Verschuldung ist fatal: Mit dem Keynesschen Modell waren eine psychische Barriere beseitigt und eine argumentative Basis gewonnen, die in der Folge zur fiskalischen Unverantwortlichkeit verleitete.[41] Die politischen Instanzen hatten keine Schuldgefühle mehr, wenn sie immer mehr Geld verbrauchten und immer mehr Schulden anhäuften, und sie konnten trotz der Budgets, die aus den Fugen gerieten, mit gutem Gewissen ihren Wählern gegenübertreten.[42]

---

[40] Das schöpft die Gründe gegen die Staatsverschuldung noch nicht aus. Zu den wichtigsten Argumenten gegen Staatsverschuldung gehören die folgenden. Erstens werden private Investitionen verdrängt. Kreditfinanzierte öffentliche Ausgaben erhöhen die Nachfrage am Kreditmarkt und führen zu erhöhten Zinsen. Staatsausgaben sind zinsunempfindlich, private zinsempfindliche Investitionen unterbleiben. Bei der Abwägung müssen aber auch die produktivitätssteigernden Wirkungen der öffentlichen Investitionen berücksichtigt werden: Wenn sie komplementär zu privaten Investitionen sind, können sie sich dennoch günstig auch für die privatwirtschaftliche Aktivität auswirken. Zweitens muß die Staatsverschuldung mit einer passenden Fiskal- und Geldpolitik kombiniert werden. Nur in besonderen Fällen kann es sinnvoll sein, wenn eine sehr expansive Fiskalpolitik mit einer wegen der Inflationsgefahr restriktiven Geldpolitik kombiniert wird. Drittens verengen sich die finanziellen Handlungsspielräume. Mit dem Grad der Verschuldung steigt die Rückzahlungsquote im öffentlichen Budget. Das engt den Spielraum für laufende Ausgaben und diskretionäre Ausgaben – und damit für eine bewußte Politik überhaupt – ein. Die steigenden Rückzahlungen werden durch eine Erhöhung der Abgaben oder der weiteren Verschuldung finanziert, und das kann auf Dauer zu einer Schwächung der Wirtschaftskraft führen.

[41] James Buchanan und Richard E. Wagner: Democracy in Deficit: The Political Legacy of Lord Keynes, New York, 1977; vgl. auch dies.: Public Debt in a Democratic Society, Washington 1967; dies.: (Hrsg.): Fiscal Responsibility in Constitutional Democracy, Leiden-Boston-Hingham 1978; James M. Buchanan: The Consequences of Mr. Keynes. An Analysis of the Misuse of Economic Theory for Political Profiteering, with Proposals for Constitutional Discipline, London 1978.

[42] In der Folge, insbesondere seit den siebziger Jahren, ging es mit dem Keynesianismus zwar bergab, und es begannen sich alternative Theorien in den Vordergrund zu spielen, die auch zur Wiederbelebung des liberalen-libertären Zeitgeistes beitrugen; aber zur Legitimierung politischer Ausgaben dient nach wie vor die keynesianische Theorie, wie widersprüchlich sie auch immer in der wirtschaftspolitischen Diskussion ihren Platz einnimmt. Vgl. zur wirtschaftstheoretisch-wirtschaftspolitischen Folgediskussion etwa Natalie J. Marshall (Hrsg.): Keynes. Updated or Outdated? Lexington, MA 1970; Sidney Weintraub: Capitalism's Inflation and Unemployment Crisis. Beyond Monetarism and Keynesianism, Reading,

Zweitens wurde in den Jahren nach dem Zweiten Weltkrieg die *Beschäftigungssicherung* als wesentliche Aufgabe des Staates anerkannt, und da (zwangsläufig) jede Art von staatlichen Ausgaben (ceteris paribus) zur Erhaltung oder Schaffung von Arbeitsplätzen beiträgt, schien auch dieses Argument zugunsten eines stärkeren Staatsengagements vielen Bürgern durchaus plausibel.[43] Mit dem Argument, daß in Krisen Arbeitsplätze für Jobsuchende geschaffen werden müßten, waren selbst viele Liberale einverstanden, die den zunehmenden Wohlfahrtsausgaben skeptisch gegenüberstanden: Ein Arbeitsplatz sei allemal die beste Sozialpolitik.[44] Auch eine »aktive Arbeitsmarktpolitik« hat aber ihre Kosten. Eine höhere Beschäftigung im öffentlichen Sektor war nicht nur für die betroffenen Arbeitskräfte vorteilhaft, sondern schien auch den Bürgern unmittelbare Vorteile zu bringen. Daß es für dasselbe Geld auch alternative Verwendungsweisen gebe (und daß auch im Falle privater Verausgabung des Geldes andere Arten von Beschäftigung gesichert würden), wurde meist dann nicht näher debattiert, wenn die unmittelbaren beschäftigungsschaffenden Folgen staatlicher Ausgaben sichtbar wurden. Wer wollte auch gegen die Beschäftigung von mehr Ärzten und Krankenschwestern und damit gegen eine bessere gesundheitliche Betreuung der Bevölkerung auftreten? Wer wollte sich gegen mehr patrouillierende Polizisten stark machen, die doch die steigende Kriminalität in den Griff bekommen sollten? Gerade die Bereitstellung von Personalressourcen im Staatsbereich für alle Arten von staatlichen Serviceleistungen läßt sich unschwer rechtfertigen. Nur wenn es sich um Beamte der »allgemeinen Verwaltung« handelt, ortet das öffentliche Bewußtsein allemal Einsparmöglichkeiten, und diese werden auch noch gewaltig überschätzt.

Drittens hat die Vorstellung des Staates als einer gesellschaftspolitischen Gesamtplanungsinstanz, nicht zuletzt genährt durch die über

---

MA 1978; Simon Clarke: Keynesianism, Monetarism, and the Crisis of the State, Aldershot/Hants und Brookfield, VT 1988; Charles P. Kindleberger: Keynesianism vs. Monetarism, and Other Essays in Financial History, London und Boston 1985; Egon Matzner und Wolfgang Streeck (Hrsg.): Beyond Keynesianism. The Socio-Economics of Production and Full Employment, Aldershot und Brookfield, VT 1991.

[43] Robert M. Collins: The Business Response to Keynes, 1929-1964, New York 1981.

[44] Vgl. für den amerikanischen Kontext etwa William A. Gamson und Kathryn Lasch: »The Political Culture of Social Welfare Policy«, in: Shimon E. Spiro und Epharim Yuchtman-Yaar (Hrsg.): Evaluating the Welfare State, New York 1983, 397-415.

Jahrzehnte unleugbar beeindruckenden Erfolge staatlicher Interventionen, dazu beigetragen, daß die Ausweitung staatlicher Aktivitäten von vornherein als politischer *Leistungsnachweis* anerkannt wurde. Bei vielen Budgetpositionen, von der Gesundheit bis zum Straßenbau, wurde es – aufgrund der Meßschwierigkeiten im Hinblick auf die Effizienz der staatlichen Produktion – üblich, *Input-Ziffern* als legitimitätserzeugenden und damit wählerstimmenmaximierenden Aktivitätsnachweis zu verwenden: Die Zahl der Krankenhausbetten konnte um *x* Prozent gesteigert werden, die Zahl der Ärzte um *y* Prozent. In der letzten Legislaturperiode wurden *so und so viele* Kilometer Autobahn fertiggestellt. Wenn sich Politiker der Ausgabenerhöhungen rühmen, wird damit implizit unterstellt, daß sich die Ausgaben in effiziente Output-Leistungen umsetzen und daß dieser Output auch den Bedürfnislagen der Individuen entspricht. Beide Annahmen sind gänzlich aus der Luft gegriffen, aber sie kommen erst in den letzten Jahren unter stärkere Kritik.[45] Wenn es aber von vornherein als wünschenswert erachtet wird, daß diese oder jene Ausgaben um Millionen »erhöht werden konnten«, dann muß nicht verwundern, daß sich insgesamt eine gewaltige Sogwirkung zugunsten der öffentlichen Kassen ergibt. Jeder Bürgermeister, ob er nun eine Metropole oder ein Dorf zu verwalten hat, rühmt sich, wenn es ihm gelungen ist, Gelder der oberen politischen Instanzen für den Hafenausbau, die Umfahrungsstraße oder das neue Stadion zu akquirieren. Geldausgeben wird zum Leistungsnachweis.

Viertens wurde die Argumentation in der Mitte der siebziger Jahre, als sich das Bewußtsein zu verbreiten begann, daß ein undifferenziertes Wachstum nicht in jedem Falle mit proportionalen Wohlfahrtsgewinnen gleichzusetzen sei, in dem Sinne geändert, daß nunmehr das Wachstum des öffentlichen Sektors als wichtigste Garantie für ein *»qualitatives Wachstum«* eingestuft wurde. »Wird ein qualitatives Wachstum gefordert, so bedeutet dies eine zusätzliche Versorgung mit öffentlichen Gütern«, postulierte Bernhard Gahlen 1974.[46] Nicht all-

[45] Diese Argumentation ist in den Vereinigten Staaten immer auf größeren Widerstand gestoßen als in Europa. In den USA war vielen immer eher ein »commercial Keynesianism« (ein Begriff von Robert Lekachman: The Age of Keynes, New York 1966, 287) plausibel, ein Keynesianismus, der eher auf Steuerkürzungen und automatischen Stabilisatoren beruht als auf einer Ausweitung der öffentlichen Ausgaben.

[46] Bernhard Gahlen: »Neue Wohlfahrtsmaßstäbe, Hemmnisse für eine höhere Investitionsquote und Reform der marktwirtschaftlichen Ordnung«, in: Ulrich

gemeines Wirtschaftswachstum könne die Disparität zwischen dem öffentlichen und dem privaten Sektor beheben, sondern nur eine Umverteilung: »Diese Disparität wird nur dann aufgehoben, wenn die Relation des privaten und öffentlichen Sektors geändert wird. Demnach ist heute die Forderung berechtigt, daß der öffentliche Sektor zu Lasten des privaten Sektors ausgedehnt wird. Wird von qualitativem Wachstum gesprochen, so ist eine solche Änderung der Relationen der beiden Sektoren unserer Wirtschaft gemeint.«[47] Mit dem Begriff des »qualitativen Wachstums« lassen sich zweifelsohne auch andere Inhalte verbinden. Es stimmt wohl, daß die kollektiven Aufgaben, ohne welche die ökologischen Dimensionen der Lebensqualität bedroht sind, öffentliches Handeln erfordern. Für unseren Argumentationsgang ist hier jedoch die Wendigkeit von größerem Interesse, mit der das neue Öko-Thema sofort zur Legitimierung der Staatsausgabenexpansion dienlich gemacht wird. Denn hier steht ja nicht die ökologiepolitische Programmatik des Staates, die dringend eingemahnt wird, zur Debatte; vielmehr wird das Öko- und Wachstumsthema, das im Begriff des »qualitativen Wachstums« seinen Fokus findet, zum Aufhänger, um ganz pauschal eine Umverteilung zu den öffentlichen Kassen rechtfertigen zu können – »mehr Staat« ist »mehr Lebensqualität«. Da der Staat als umfassende Steuerungsinstanz Vertrauen genießt, können weitere Ressourcen in die Hände seiner Repräsentanten gelegt werden.

Die Wirkung von Wirtschaftstheorien soll nicht überschätzt werden; aber in diffuser, meist simplifizierter Weise prägen die Ideen doch auch den öffentlichen Bewußtseinsstand. Sie haben somit ihren Teil zur Rechtfertigung der Staatsausgabenexpansion beigetragen – bis eine Gegenbewegung einsetzte. Tatsächlich haben die Wirtschaftswissenschaftler meist für jeden etwas zu bieten. Robert K. von Weizsäcker vermerkt mit Recht: »In der Tat lassen sich hinsichtlich der *makroökonomischen* Konsequenzen staatlicher Defizite mindestens drei Schulen voneinander unterscheiden: die der Neoklassiker, die der Keynesianer und die der Ricardianer. Folgt man der jeweiligen Argumentation dieser Schulen, so wird niemand behaupten können, Ökonomen seien phantasielos; ob man nun glaubt, Defizite und staatliche Verschuldung seien schlecht, gut oder irrelevant: Für jede Position

---

Teichmann (Hrsg.): Probleme der Wirtschaftspolitik, 2 Bände, Darmstadt 1978, I, 177-208 (erstmals 1974), hier 188.

[47] Gahlen 1974, 189.

gibt es, so scheint es, eine wissenschaftliche Rückendeckung; man muß sich lediglich für eines der Paradigmen entscheiden.«[48] Vielleicht halten wir uns am besten an Paul Krugman, der meint, die Verschuldung (etwa der Vereinigten Staaten) sei zwar nicht erfreulich, aber auch nicht wirklich dramatisch; der enorme Zuwachs der achtziger Jahre habe vielleicht drei Prozent des Wohlstands gekostet. Bedenklicher sind langfristige Auswirkungen, zumal wenn der Trend zum Ausgabenwachstum nicht gebremst werden kann.[49]

Produktivitätsdifferenzen

Im Wandel zur Wohlstands- und Dienstleistungsgesellschaft hat der Staat den Bereich seiner Dienstleistungen ausgeweitet: nicht nur im traditionell-hoheitlichen Bereich, sondern etwa auch in Bereichen wie Bildung und Gesundheit. Der Umstand, daß der Staat vor allem *Dienstleistungen* anzubieten hat, läßt sich mit dem Argument *struktureller Produktivitätsunterschiede* zu einer Erklärung relativer Preisunterschiede und steigender Gesundheitsausgaben verbinden. William J. Baumol hat in seinem berühmten Aufsatz aus dem Jahre 1967 ein wesentliches Moment der Ausgabensteigerung darin gesehen, daß im staatlichen Sektor einerseits nur geringere Produktivitätssteigerungen als im Privatsektor erreichbar seien, andererseits aber eine parallele Entwicklung des Geldlohnsatzes entsprechend dem Produktivitätswachstum des progressiven Privatsektors angenommen werden müsse.[50] Der Lehrer wird seinen Output nicht dadurch verdoppeln können, daß er in derselben Zeit die doppelte Zahl an Schülern »durchschleust«. Der Familienberater wird seine Betreuungsleistung nicht auf die doppelte Geschwindigkeit erhöhen können. Der Polizist kann seine Patrouille nicht schneller absolvieren, will er seine Wirksamkeit nicht mindern.

Der Lehrer, der Familienberater und der Polizist aber werden nicht immer weiter hinter den Lohnentwicklungen des privaten Sektors

---

[48] Robert K. von Weizsäcker: »Staatsverschuldung und Demokratie«, Kyklos 45 (1992), 51-67, hier 56.

[49] Paul Krugman: Peddling Prosperity. Economic Sense and Nonsense in the Age of Diminished Expectations, New York und London 1994, Ch. 6.

[50] William J. Baumol: »Macroeconomics of Unbalanced Growth. The Anatomy of Urban Crisis«, American Economic Review 57 (1967) 415-426.

nachhinken können, weil sich sonst keine oder keine qualifizierten Personen mehr für diese Berufe finden. Ihre Einkommen sollen an der allgemeinen Verbesserung des Lebensstandards teilnehmen. Gerade die steigende Komplexität der Gesellschaft verlangt nach qualifizierterem Personal, das die Kommandobrücken besetzen kann. Ein Fließbandarbeiter finanziert seinen steigenden Lohn gewissermaßen selbst, indem er in derselben Zeit mit verbesserten Maschinen die doppelte Zahl an Gütern herstellt; der öffentliche Dienstleister will auch mehr Geld, aber er kann seinen Output nicht steigern. Aus diesem Umstand läßt sich (mit einigen Zusatzannahmen) die exponentielle Kostenausweitung des öffentlichen Bereichs ebenso ableiten wie die Wahrnehmung einer zunehmenden Diskrepanz zwischen Qualität und Quantität öffentlicher Dienste einerseits und ihren Kosten andererseits.

Der Staatsanteil muß steigen, wenn auch nur ein gegebenes (reales) Niveau an öffentlichen Leistungen aufrechterhalten werden soll, denn die steigenden Löhne verschlingen mehr Ressourcen. Ähnlich hat auch Winfried Vogt argumentiert.[51] Wenn die Wachstumsraten der Arbeitsproduktivitäten in verschiedenen Produktionsaktivitäten unterschiedlich hoch, die Wachstumsraten der Lohnsätze aber gleich sind; wenn relativ schnell steigende Lohnkosten über Preissteigerungen kompensiert werden; wenn weiters in einer kapitalistischen Wirtschaftsstruktur gerade jene Aktivitäten durch den Staat organisiert werden, die unterdurchschnittliche Produktivitätssteigerungen aufzuweisen haben; und wenn schließlich die Produktion staatlicher Aktivitäten nicht systematisch langsamer wächst als die privat organisierte Produktion; – dann muß die Lohnsumme im staatlichen Sektor langfristig schneller steigen als im privaten Sektor. Das mag zu Lasten der Löhne oder der Gewinne gehen, jedenfalls sind zunehmende Schwierigkeiten zu erwarten. »Die laufende Erhöhung des Staatsanteils, so zeigt sich, hat über kontinuierliche Steuererhöhungen die Konsequenz, daß entweder die private Nettolohnquote oder die Profitrate oder beide abnehmen und daß langfristig mindestens eine der beiden dazu tendiert zu verschwinden. Diese Entwicklung wird wahrscheinlich zu erheblichen ökonomischen und gesellschaftlichen Konflikten führen, deren Lösung unsicher ist.«[52] Die Produktion von

[51] Winfried Vogt: »Zur langfristigen ökonomischen Entwicklung eines kapitalistischen Systems«, Leviathan 1973, 161-188.

[52] Vogt 1973, 181.

Fernsehapparaten bedarf nur noch eines Bruchteils jenes Arbeitsinputs, der vor Jahrzehnten erforderlich war; für die Betreuung einer Volksschulklasse ist der Arbeitseinsatz gleichgeblieben, ja in Wahrheit sogar gestiegen. Die Volksschulklasse ist im Vergleich zum Fernsehapparat viel teurer geworden, und die meisten Aktivitäten des Staates lassen sich eher mit der Unterrichtstätigkeit vergleichen als mit der Produktion von Fernsehern.[53]

Wenn das Produktivitätsargument zur Erklärung steigender Staatsanteile herangezogen werden soll, so muß man freilich Vorsicht walten lassen; denn in den letzten Jahrzehnten sind vor allem die (sozialpolitischen) *Transfer*zahlungen gestiegen, für die solche Produktivitätsprobleme im Grunde irrelevant sind. Geld überweisen kostet fast nichts, und Geld verwalten kostet nicht viel. Gegen die Baumolsche »Kostenkrankheit« des öffentlichen Sektors kann auch eingewendet werden, daß man die Produktivitätsfortschritte in den Dienstleistungsbereichen des Staates nicht unterschätzen darf – die Computerisierung hat auch dort ihren Einzug gehalten. Sie trägt auch dazu bei, daß Einkommen weniger leicht verheimlicht werden können, daß also die »administrative Produktivität« bei der Steuereintreibung steigt.[54] Aber für den Gesundheitsbereich ist das Argument von der Produktivitätsverzerrung beispielsweise durchaus anwendbar. Es gilt sowohl für jene Gesundheitsleistungen, die von seiten des Staates offeriert werden, das heißt vor allem für die Spitäler, als auch für den Bereich ärztlicher Dienste, der zwar in Ländern wie Österreich und Deutschland formal weitgehend privatwirtschaftlich organisiert, aber praktisch, was die entscheidenden Handlungslogiken betrifft (durch Zwangsversicherung und Kostendeckungsprinzipien), einem »öffentlichen Angebot« sehr angenähert ist. Für den Bildungsbereich, die therapeutischen Dienste, die öffentliche Sicherheit, das Justizwesen und viele andere Funktionsbereiche gilt dasselbe.[55]

---

[53] Solange der Schulunterricht nicht auf elektronische Betreuung umgestellt ist, bleibt dieses ungünstige Verhältnis bestehen; und wenn erst einmal die Fernsehapparate auf alle Lernplätze vorgedrungen sind, also der Unterricht elektronisch erfolgt, stellt sich die Qualitätsfrage. Aber das ist eine andere Diskussion.

[54] Vgl. J.B. Kau und P.H. Rubin: »The Size of Government«, Public Choice 37 (1981), 261-274; siehe auch Edwin G. West: »Secular Cost Changes and the Size of Government. Towards a Generalized Theory«, Journal of Public Economics 45 (1991), 363-381.

[55] Lehrer können multimediale Methoden einsetzen, aber im Grunde bleibt die Kapazität eines Lehrers auf eine bestimmte Anzahl von Studenten beschränkt –

Aber es kommt noch schlimmer. Steigende Ausgaben sind nicht nur durch Produktivitätsnachteile – bei konstantem realem Volumen – bedingt; es sprechen alle Indikatoren dafür, daß sich auch das *reale Angebot* ausgeweitet hat. Schließlich sind beispielsweise der Bildungsbereich und der Gesundheitsbereich wesentlich angewachsen. Obwohl nun immer mehr Ressourcen in diese Bereiche fließen, kann die von Baumol erwähnte *Unzufriedenheit* mit dem öffentlichen Angebot entstehen: Gerade durch den Umstand, daß die politische Argumentation in bezug auf die Vorzüglichkeit der staatlich-administrativen Leistungen – wie vorhin erwähnt – eher auf die Input-Ziffern abstellt, ist eine wenn auch nur vage in das Bewußtsein gesickerte Information darüber verfügbar, daß rasch steigende Aufwendungen für diese Bereiche getätigt werden. Immer deutlicher werden Mahnungen über die drohende Unfinanzierbarkeit verschiedener staatlicher Funktionsbereiche, insbesondere bei den Sozialleistungen. Sie verschärfen das Gefühl, daß viel Geld dorthin fließt. Die Bürger sind zwar nicht informiert über die Kosten des Einzelfalls, aber es kommt immer stärker ein *diffuses* Gefühl der Gesamtbelastung auf – so kann es ja erst zu Illusionen über das Verhältnis aggregierter Einzelkosten zu den Gesamtaufwendungen kommen. Wenn nun die Steuerzahler ein derartiges Unbehagen über diesen Aufwand verspüren, so muß es ihnen als Nutzern der Einrichtungen um so verwunderlicher erscheinen, daß – aufgrund der erwähnten Produktivitätsdifferenzen – keine dementsprechende *qualitative Verbesserung* der Gesundheitsdienstleistungen zu verzeichnen ist: Denn die Erfahrung lehrt, daß die rasante Besserung der Verhältnisse, wie sie durch die Steigerung der Aufwendungen erwartbar gewesen wäre, nicht in diesem Maße eintritt. Man bezahlt bereits so viel, und noch immer muß man auf den Ämtern warten. Die Kosten der Spitäler explodieren, und trotzdem blättert da und dort der Putz. Die Sozialversicherungseinrichtungen verschlingen

---

außer man hängt Visionen vom vollautomatischen Unterricht nach, bei dem ganze Schulen von einem Labor aus betreut werden können. Richter können durch Textverarbeitung, die Verschriftlichung von gesprochenem Wort und computerisierte Suchverfahren produktiver werden, aber auch dann ist eine Grenze erreicht – außer man hängt Visionen vom datenverarbeitungsunterstützten Entscheiden in den meisten Routineangelegenheiten nach. Polizisten können ihre Effizienz durch mancherlei technische Einrichtungen steigern, aber ihre Präsenz »auf der Straße« läßt sich kaum produktiver gestalten – außer man hängt Visionen von der automatischen, auf Kameras gestützten Überwachung aller Lebensbereiche nach. Alle diese Visionen werfen Qualitätsfragen und Fragen nach den Grenzen einer demokratischen Ordnung oder einer menschlichen Welt auf.

immer größere Summen, und dennoch bezahlen sie nicht einmal die Zahnkrone, die man sich spätestens im vierten Lebensjahrzehnt anfertigen lassen muß.

So entsteht eine Diskrepanz zwischen Belastungsgefühlen und Erwartungen, die zur *Dauerunzufriedenheit* mit dem öffentlichen Angebot führen muß – und die in der Folge zu politischen Anstrengungen veranlaßt, das Angebot selbst unter Inkaufnahme weiterer Kostensteigerungen zu verbessern. Damit ist eine *Dynamik der Expansion* in Gang gesetzt, die sich schwer stoppen läßt. Denn die Produktivitätslücke läßt sich durch eine forcierte Expansionspolitik nicht einholen. Wenn immer mehr Geld in die Gesundheitsbereiche fließt, so kann es doch niemals genug sein, um alles abzudecken: eigendynamische Kostensteigerungen, die größere Zahl der Anspruchsberechtigten, die steigenden Behandlungskosten, die Produktivitätsverluste gegenüber der Gesamtwirtschaft und die Erwartungen an Qualitätsverbesserungen.

Wirtschaftsinteressen

Einflußreiche Gruppen haben immer versucht, politische Ausgabenprogramme – auch in politischen Systemen, die sich als demokratische verstehen – in der Weise zu beeinflussen, daß sie davon in größtmöglicher Weise profitieren. Während bereits Charles Wright Mills von der Herrschaft eines militärisch-industriellen Komplexes gesprochen hat, der für die überhöhten Militärausgaben der Vereinigten Staaten verantwortlich zeichne[56], hat James O'Connor diese These auf die Wohlfahrtsausgaben erweitert: Auch mit Sozialinvestitionen ließen sich gute Geschäfte machen, und es sei daher von einem amerikanischen *Rüstungs- und Wohlfahrtsstaat* zu sprechen. Der Staat sei einerseits für die Bereitstellung von »Sozialkapital« verantwortlich: (a) »Sozialinvestitionen« erhöhen die Produktivität der Arbeitskräfte (Er-

[56] Charles W. Mills: »Die Machtstruktur in der amerikanischen Gesellschaft«, in: W. Röhrich (Hrsg.): »Demokratische« Elitenherrschaft. Traditionsbestände eines sozialwissenschaftlichen Problems, Darmstadt 1975, 267-286; ders.: The Power Elite, New York 1956. – Es ist nachgewiesen worden, daß militärische Staatsausgaben – wie berechtigt auch immer – die Entwicklung bestimmter Industrien in den USA ganz entscheidend geprägt haben; vgl. Gregory Hooks: »The Rise of the Pentagon and U.S. State Building. The Defense Program as Industrial Policy«, American Journal of Sociology 96 (1990), 358-404.

ziehungsausgaben), (b) Maßnahmen der »sozialen Konsumtion« verringern ihre Reproduktionskosten (zum Beispiel durch die Sozialversicherung). Andererseits übernehme der Staat »soziale Unkosten«, die als Folgekosten der privaten Produktion anfallen und zu denen beispielsweise das Wohlfahrtssystem gehöre. Das Anwachsen des Staates verlaufe nun Hand in Hand mit der Expansion des Monopolkapitals, das den Wettbewerbssektor verdränge. Um den kontinuierlichen Akkumulationsprozeß des Monopolkapitals aber abzusichern, müßten immer mehr Produktionsnebenkosten durch den Staat getragen und Industriegüter für den sozialen und militärischen Bedarf in zunehmendem Maße absorbiert werden. Je schneller das »Sozialkapital« (das der Staat investiert, um private Produktion zu ermöglichen und zu fördern) wachse, um so schneller auch das Monopolkapital. Je rascher aber dieses wachse, um so größere »soziale Unkosten« fielen an (als Folgekosten der Produktion, die wiederum vom Staat getragen werden müßten). Es ist ein widersprüchlicher Akkumulationsprozeß, ein Teufelskreis: Die Kosten würden vergesellschaftet, die Gewinne privat angeeignet, und das treibe den Staat unweigerlich in eine »Finanzkrise«.[57]

Freilich läßt sich diese Variante marxistischer Untergangsprognostik schwer begründen, zumal sich kaum staatliche Agenden ausfindig machen lassen, die nicht – wenn man so will – als »Voraussetzungen« oder »Folgen« des ökonomischen Prozesses und damit als wirtschafts*notwendige* Stabilisierungsleistungen gedeutet werden können. Es spricht aber einiges dafür, daß die unbedingt »erforderlichen« staatlichen Komplementärleistungen doch weitgehend Ergebnisse gesellschaftlicher Prozesse und Konflikte sind und nicht aus technisch-ökonomischen Erfordernissen abgeleitet werden können. Sowohl geschichtliche Vergleiche als auch Querschnittsuntersuchungen belegen die *Variabilität* sozialpolitischer Lösungen in verschiedenen Ländern. Da stimmt wohl die Behauptung Schumpeters, der lakonisch feststellt: »Überhaupt gibt es nichts, was nicht 'öffentliche' oder 'staatliche' Angelegenheit sein *kann*, wenn der Staat einmal da ist, und nichts, was in den Kreis des 'Öffentlichen' oder 'Staatlichen' fallen *muß* in dem Sinn, daß wir andernfalls nicht von einem Staat sprechen könnten.«[58] Wenn aber nicht ökonomisch-technische Beziehungen

---

[57] James O'Connor: The Fiscal Crisis of the State, New York 1973 (dt. Die Finanzkrise des Staates, Frankfurt a.M, 1974).

[58] Schumpeter 1976, 335.

entscheidend sind, sondern wenn zumindest politische Spielräume der Durchsetzung, der Erpressung, der Kompromißfindung und der Konfliktpazifizierung zwischen Machtgruppen bestehen, heißt dies, daß vor allem den Bemühungen von Interessengruppen und Eliten sowie ihren relativen Machtverhältnissen Aufmerksamkeit geschenkt werden muß. Der Erfolg des Lobbyings von Wirtschaftsgruppen läßt sich nicht völlig in »technischen« Relationen verstecken – zuweilen erhalten sie Subventionen, die aus der Logik der Systemerhaltung nicht zwingend abzuleiten sind, sondern persönliche Einflußnahmen, politische Strategien, korrupte Praktiken, Zufälle und anderes widerspiegeln. Die durch die Konkurrenz aus unterentwickelten Ländern bedrängte Textil- und Lederindustrie hat in Europa wenig öffentliche Unterstützung erhalten, in den Kohlebergbau und in die Stahl- und Eisenbranche dagegen sind in den europäischen Problemzonen ungeheure Summen als Erhaltungssubventionen geflossen, bevor die Regierungen erkannten, daß die Produktion auf Dauer unhaltbar ist. Die Durchsetzbarkeit von Interessen der Unternehmer und der Arbeitnehmer ist von vielen Umständen abhängig: etwa von dem Umstand, daß es sich bei den Konzernen in den »alten Industriegebieten« um große Wählergruppen handelte, die man nicht leichtsinnig vergrämen wollte; von dem Umstand, daß es große Produktionseinheiten waren und Massenentlassungen allemal ein viel größeres Aufsehen erregen als das langsame Aussickern von Beschäftigten aus kleineren Unternehmen; von dem Umstand, daß es sich um »Kerngruppen« der sozialistischen Arbeiterschaft handelte, die sozialdemokratische Regierungen auf keinen Fall vergrämen wollten; von dem Umstand, daß sich lange Zeit – zu lange – eine frühindustrialistische Ideologie halten konnte, die funkensprühende Hochöfen als Verkörperung der modernen Industriegesellschaft ansah. Das ist lebensnaher als die »kapitalistischen Bestandserfordernisse«.

Wir können, ohne gleich bei Untergangsprognosen zu landen, in der *interest group society*[59] einen der wesentlichen Gründe für das Ansteigen der Staatsausgaben erkennen.[60] Natürlich bedeutet dies nicht,

---

[59] Jeffrey M. Berry: The Interest Group Society, Boston 1984.

[60] Klaus von Beyme: Interessengruppen in der Demokratie, München 1980; Graham Wootton: Interest-Groups, Englewood Cliffs, NJ 1970; Graham K. Wilson: Interest Groups, Oxford-Cambridge 1990; Allan J. Cigler und Burdett A. Loomis (Hrsg.): Interest Group Politics, Washington 1995; Abraham Holtzman: Interest Groups and Lobbying, New York 1966; Jeffrey M. Berry: Lobbying for the People. The Political Behavior of Public Interest Groups, Princeton, NJ 1977;

daß sich die politischen Akteure über die Logik des Wirtschaftsgeschehens hinwegsetzen können. Es gibt Grenzen, bei deren Überschreitung die Gesetzlichkeiten des marktwirtschaftlichen Prozesses in einer Weise verletzt wird, daß die Systemdynamik erlahmt. Der Staat – so hat Schumpeter gemahnt – sei in der bürgerlichen Gesellschaft »etwas Peripherisches, dem Eigenzweck der Privatwirtschaft Fremdes, ja Feindliches, jedenfalls etwas Abgeleitetes.«[61] Das Individualinteresse sei die eigentlich treibende Kraft, und diese müsse geschont werden. »Der Steuerstaat darf den Leuten nicht soviel abfordern, daß sie das finanzielle Interesse an der Produktion verlieren oder doch aufhören, ihre beste Energie daran zu setzen.«[62] Es läßt sich also keine genaue Begrenzung angeben, die Grenze hängt von den Einstellungen und Erwartungen der Menschen ab. Eine Menge von Ansprüchen und Belastungen hat sich nun freilich in vielen Jahren angehäuft, und irgendwann kann die Bereitwilligkeit der Menschen, dies alles zu finanzieren, in der Tat erschöpft sein. Gerade die mittlerweile geschaffene Unübersichtlichkeit bedeutet nicht nur, daß die Belastungen nicht so recht abgeschätzt werden können, ja vielleicht unterschätzt werden; sie bedeutet auch, daß der Verdacht ungerechter Lastenverteilung um sich greifen und die Schwelle der Verweigerung schneller erreicht werden kann. Vorformen einer solchen Verweigerung werden zuweilen beobachtet, etwa beim langsamen Versickern von Individuen aus der offiziellen in die inoffizielle Wirtschaft: Eine schrittweise Entsolidarisierung kann Lücken nützen, um dem finanziell belastenden Sozialverband auszuweichen, illegal über die Ausdehnung von Schwarzarbeit, legal durch den Übergang in einen freiberuflichen Status (der sich praktisch nur marginal von jenem des Unselbständigen unterscheidet, etwa die »unechte Selbständigkeit« des Taxifahrers, Journalisten, Bauhandwerkers etc.).

Interessenten an staatlichen Leistungen lassen sich leicht ausfindig machen. Jede Gruppe wird positiv darauf reagieren, wenn das Gewalt-

---

Sar A. Levitan und Martha R. Cooper: Business Lobbies. The Public Good and the Bottom Line, Baltimore 1984; Thomas Martz: Interessengruppen und Gruppeninteressen in der Demokratie. Zur Theorie des Rent-Seeking, Frankfurt a.M. und New York 1990; Ronald J. Hrebenar und Ruth K. Scott: Interest Group Politics in America, 2nd ed., Englewood Cliffs 1990; Williams Ashworth: Under the Influence. Congress, Lobbies, and the American Pork-Barrel System, New York 1981.

[61] Schumpeter 1976, 345.

[62] Schumpeter 1976, 346.

monopol des Staates eingesetzt wird, um anderen Gruppen Geld abzunehmen und diese finanziellen Mittel an die eigene Gruppe zu transferieren. Das gilt für Junge und Alte, für Sportler und Touristen, für Wissenschaftler und Künstler. Von staatlichen Gesundheitsausgaben etwa versprechen sich (von den Konsumenten einmal abgesehen) zumindest Ärzte, Pharmahersteller, Klinikinhaber, Krankenschwestern und Produzenten medizinischer Apparaturen Vorteile, und sie verfügen zum Teil über machtvolle Interessenorganisationen (zum Beispiel über Ärzteverbände und Ärztekammern), um öffentliche Gelder in ihre Bereiche zu leiten. Sie können Vorteile erwarten, wenn die Ausgaben für Medikamente und für die Nutzung medizinischer Apparaturen ansteigen, und zwar sowohl im staatlichen Bereich (in den Spitälern) selbst als auch über die Refundierung entsprechender Aufwendungen durch die Sozialversicherung (bei den niedergelassenen Ärzten). Alle Beteiligten finden sich in gleichgerichteten Interessen. Politiker sind an spektakulären Baumaßnahmen und Anschaffungen interessiert, an Institutionen und Installationen, die applausträchtig eröffnet werden können; Sozialbürokraten ist an einer Ausdehnung ihrer Einflußbereiche gelegen; Ärzte wollen zu jeder Zeit eine bessere Apparate-Ausstattung; die betroffene Industrie, der sozial-industrielle Komplex, der zu einem wichtigen Teil von den staatlichen Ausgaben lebt, ist von solchen Anschaffungen erst recht begeistert. Bis auf die diffuse Gestalt des Steuerzahlers, der für alle diese Kosten aufzukommen hat, plädieren alle beteiligten Gruppen für eine Erweiterung der Gesundheitsetats, und sie allein stellen die Experten, die glaubwürdig für die Notwendigkeit weiterer Ausgaben argumentieren können. Ähnliches gilt für andere Bereiche: von der Bildung bis zum Umweltschutz. Bildung ist immer gut, und nichts spricht dagegen, daß der Staat bezahlt. Therapien jeder Art kann man ohnehin immer brauchen, und so kämpfen auch die Psychologen darum, in das staatliche Anerkennungssystem hineinzukommen und die Gesundheitstöpfe anzapfen zu können. So kommt es zur Koalition unterschiedlicher Gruppen, die, selbst wenn sie ganz unterschiedliche Ziele und Interessen haben, sich doch in dem einen Interesse einig sind: die Staatskasse für ihre Zwecke anzuzapfen.[63]

---

[63] Dazu kommt noch – mit aller Vorsicht – das Interesse der Wirtschaftseliten an einem funktionierenden Wirtschaftssystem im ganzen. Fred Block hat argumentiert, daß sich das Interesse »der Kapitalistenklasse« nicht über plumpe Instrumentalisierungsstrategien gegenüber dem Staat durchsetze, sondern auf die Weise, daß

Das vereinigte Interesse der Gruppen, denen die jeweilige inhaltliche Kompetenz in einem Sachgebiet zukommt, bedeutet zugleich, daß nicht unbedingt die billigsten und effizientesten Lösungen – etwa Maßnahmen, die bereits das Entstehen bestimmter Probleme verhindern – gesucht werden, sondern daß man sich etwa auf eine *nachträgliche physisch-technologische Problembewältigung* orientiert.[64] An nicht entstandenen Krankheiten kann niemand verdienen, allenfalls kleinere Märkte für Vitaminpillen und Gesundenuntersuchungen können bedient werden. Das große Geld ist mit der aufwendigen Beseitigung entstandener Krankheiten zu machen. Es entsteht eine Symbiose zwischen den Sozial-Industrien und ihrer Staatskundschaft: Denn der Staat hat gerade in einer Ära reduzierten Wachstums und steigender Beschäftigungsprobleme auch ein Interesse an der Förderung der industriellen Produktion, und die Industrie ist an einer staatlichen Abnahme ihrer Güter interessiert, ist doch der politisch-administrative Apparat als Kunde (meist) besser kalkulierbar und über die öffentliche Meinung beeinflußbar, und vor allem spricht einiges dafür, daß er eine relativ preisunelastische Nachfrage entfaltet. Jänicke resümiert: »An die Stelle eines einmaligen, vorsorglichen, kostengünstigeren 'Nein' zur Problemursache tritt in der Tendenz ein doppeltes 'Ja': einmal zur Problemproduktion, zum anderen zur kostenträchtigen technokratischen Entsorgung in Form von bürokratisch-industriellen Gegenproduktionen.«[65] Verpackungsmaterial wird nicht verhindert, sondern es werden Technologien zu seiner Entsorgung entwickelt. Das ist möglich, weil im Zusammenspiel verschiedener Gruppen (und ihrer Experten) die politische Agenda bestimmt wird: Es werden, wie Bachrach und Baratz gezeigt haben, nur bestimmte Lösungen diskutiert, und andere werden gar nicht in Betracht gezogen.[66] Natürlich sind dabei auch die »öffentlichen Experten«, die

---

auch die Amtsinhaber ihre *eigenen* Interessen (Wiederwahl, Machterhalt) nur durchsetzen können, wenn sie das Interesse der Kapitalisten wahren: Nur in einem »günstigen« Wirtschaftsklima werden diese investieren und damit eine befriedigende Entwicklung, Beschäftigung und Wohlstand sichern. Fred Block: »The Ruling Class Does Not Rule. Notes on the Marxist Theory of the State«, Socialist Revolution (1977), No. 33, 6-28.

[64]Martin Jänicke: »Zur Theorie des Staatsversagens«, Politische Vierteljahresschrift, Sonderheft 11, 21 (1980), 132-145.

[65]Jänicke 1980, 143.

[66]Peter Bachrach und Morton S. Baratz: »Two Faces of Power«, American Political Science Review 56 (1962), 947-952.

Fachleute aus den Ministerien und die »sachzuständigen« Politiker, von großer Bedeutung; der politische Apparat hat sein Eigengewicht in der Formung und Führung dieser Diskussion.[67] Ein *kooperativer Expansionismus* stellt sich ein, der allen Beteiligten etwas zu bieten hat: Absatz und Gewinn, Einfluß und Karriere, Wählerstimmen und Legitimität, höhere Einkommen und bessere Arbeitsbedingungen.

4.
Politische Impulse.
Wettkampf, Sklerose und Legalisierung

Parteienkonkurrenz

Die ideologische Positionierung der politischen Parteien würde für eine einfache Zuordnung sprechen: Kapitalisten (und ihre bürgerlich-konservativ-liberalen Parteien) sind gegen die Ausweitung der Staatsausgaben, Arbeiter (und ihre sozialdemokratisch-linksorientierten Parteien) sind dafür. Wer sich durchsetzt, ist von der Stärke der Klassenverhältnisse abhängig, und es kann in demokratischen Ordnungen empirisch an Wahlergebnissen und an der Zusammensetzung der Regierungen abgelesen werden.[68] Die niedrigeren Staatsausgaben in der Vereinigten Staaten sind dann ganz einfach auf die Schwäche der Gewerkschaften und den Umstand, daß sich in diesem Land niemals eine sozialistische Bewegung entwickeln konnte, zurückzuführen. Das klingt einleuchtend, auch wenn es sich empirisch schwer »beweisen« läßt; aber es ist noch nicht die ganze Geschichte.[69]

---

[67] Das Eigengewicht des politischen Apparats hat besonders Theda Skocpol hervorgehoben: »Bringing the State Back In«, in: Peter Evans, Dietrich Rueschemeyer und Theda Skocpol (Hrsg.): Bringing the State Back In, New York 1985, 3-37; als Anwendung siehe Theda Skocpol und John Ikenberry: »The Political Formation of the American Welfare State in Historical and Comparative Perspective«, Comparative Social Research 6 (1983), 87-148.

[68] Frank Castles: The Social Democratic Image of Society, London 1978; Gösta Esping-Anderson: Politics Against Markets. The Social Democratic Road to Power, Princeton, NJ 1985; Walter Korpi: The Democratic Class Struggle, Boston, MA 1983; John Stephens: The Transition from Capitalism to Socialism, London 1979.

[69] Zu den spezifischen Ergänzungen, die zum Verständnis der amerikanischen Entwicklung nötig sind, vgl. Theda Skocpol: Social Policy in the United States. Future Possibilities in Historical Perspective, Princeton, NJ 1995.

Die »klassischen« Analysen der Staatstätigkeit – von Ausnahmen wie Machiavelli abgesehen – haben meist auf den Prämissen beruht, daß der Staat die Wohlfahrt der Bürger zu maximieren trachtet, daß Politiker getreue Repräsentanten der Wählerinteressen und Bürokraten ihre zweckrationalen Erfüllungsgehilfen sind. Diese Annahmen sind systematisch erst von jenen Studien in Zweifel gezogen worden, welche die jeweiligen Eigeninteressen der handelnden Akteure zur Grundlage ihrer Beschreibung machen – also etwa von Downs, Olson, Buchanan, Tullock und anderen public choice-Vertretern. In dieser Perspektive werden Parteien als stimmenmaximierende Organisationen angesehen, deren jeweilige Programme als Angebote an verschiedene Wählergruppen verstanden werden können.

Gerade die Sozialpolitik – als einer der sensibelsten Bereiche von alters her – hat im Konkurrenzkampf politischer Gruppierungen immer eine besondere Rolle gespielt. Soziale Probleme als solche führen nicht unmittelbar zu staatlichen Ausgaben; es bedarf der *Politisierung* dieser Probleme. Sie müssen in den politischen Prozeß eingespeist werden. Nachdem – aus unterschiedlichen Motiven – die Institutionalisierung solcher Sicherungssysteme stattgefunden hatte, wurde die Gesundheits- und Sozialpolitik – im Rahmen einer massendemokratischen Ordnung – zu einem der entscheidenden Felder der *Parteienlizitation*.[70]

Es kommt für die Durchsetzung von Sozialprogrammen natürlich darauf an, welche Gruppen von welchen Vorhaben am meisten angesprochen werden. So mag es *spezifische Angebote* geben, durch die ganz bestimmte Gruppen begünstigt werden können; solche Projekte werden wohl eher dann realisiert werden, wenn es zugleich gelingt, die Bevölkerungsmehrheit über die damit verbundenen Belastungen zu täuschen – was wiederum insofern möglich ist, als kein Individuum, das mit diesen speziellen Angelegenheiten nichts zu tun hat, die Informationskosten auf sich nehmen möchte, um den erforderlichen Kenntnisstand zur sachverständigen Abwägung von Vor- und Nach-

[70] Freilich waren »linke« Parteien die eindeutigeren Verfechter wohlfahrtsstaatlicher Ausgaben. Verschiedene Untersuchungen haben sich mit der Frage beschäftigt, ob die Dominanz sozialdemokratischer Parteien oder die Stärke der Gewerkschaften dazu beträgt, unterschiedliche sozialpolitische Entwicklungen in verschiedenen Ländern zu erklären; dies scheint in gewissem Maße der Fall zu sein, wenn es auch nicht als alleinige Erklärung tauglich ist. J. Williamson und J. Weiss: »Egalitarian Political Movements, Social Welfare Effort and Convergence Theory: A Cross-national Analysis«, Comparative Social Research 2 (1979), 289-302.

teilen eines speziellen Projektes zu erlangen. Für *allgemeine Massenprogramme* – wie dies für die meisten Sozialprogramme zutrifft – sind aber gleichermaßen individuelle Vorteilskalkulationen relevant. So ist etwa anzunehmen, daß Erhöhungen der Krankenversicherungsleistungen vor allem von jenen befürwortet werden, die sich bereits in der zweiten Hälfte ihres Lebens befinden: Denn die Vorteile kommen allen gleichermaßen zugute, die Älteren selbst müssen aber, anders als die jüngeren Arbeitnehmer, nur noch auf die Dauer weniger Jahre die erhöhten Leistungen zahlen.[71] Gleichermaßen läßt sich daraus schließen, daß eine Verbesserung des Gesundheitsangebots rundweg befürwortet wird von den Pensionisten, welche die zusätzlichen Leistungen »gratis« erhalten, ohne jemals dafür bezahlen zu müssen. Familienbeihilfen werden von den Jungfamilien gefordert, besondere Zuschüsse von den kinderreichen Familien, Karenzgelder für Alleinstehende werden von emanzipierten Frauen verlangt, mehr Dienstposten an Schulen von den Lehrern und so fort.[72] Es hängt von den Kalkülen der politischen Parteien ab, welche Gruppen sie in besonderer Weise ansprechen möchten, um sich ihre Dankbarkeit für den Wahltag zu sichern, und welche Ausgaben hinreichend unauffällig erfolgen können oder gegenüber der Gesamtbevölkerung rechtfertigbar sind. Spezielle Programme sind schon deswegen leichter durchzusetzen als allgemeine, weil sie billiger sind. Sind konservative Politiker von Einfluß, werden sie sich eher für genau kalkulierte Zielgruppenprogramme einsetzen als für breite Programme für die Mittelschicht. Programme für die wirklich Armen sind auch in bezug auf allgemeine Gerechtigkeitsvorstellungen leichter argumentierbar als Programme für breite und vergleichsweise wohlhabende Schichten; wenn man stärker auf das Selbstinteresse hin argumentiert, gilt das Umgekehrte.[73] Das Geschehen kann natürlich der Logik der politischen

[71] Edgar K. Browning: »Why the Social Insurance Budget is too Large in a Democracy«, Economic Inquiry 13 (1975), 373-388.

[72] Mittlerweile gibt es auch gute empirische Belege dafür, daß das klare Interessenkalkül ein zu einfaches Modell ist. Es gibt spezifische höhere und niedrigere Legitimitäten von Sozialprogrammen, die sich nicht gut mit sozialen Interessenlagen decken.

[73] Paul Pierson (1995) hat einige dieser Argumente in der umgekehrten Richtung, als Einflüsse auf die Politik der Zurückdrängung des Wohlfahrtsstaates, vorgebracht. Sie widersprechen zum Teil der Logik, die man generell auf das Verhältnis von speziellen und generellen Programmen anwendet; aber es gibt gute Belege dafür, daß es realistische Beobachtungen dessen sind, was sich bei aktuellen Versuchen zur Demontage des Sozialstaates beobachten läßt.

Konkurrenz nicht entrinnen: Wenn es sich um möglichst viele Gruppen handeln soll, die man sich verpflichten will, ist dies mit möglichst hohen Ausgaben verbunden.

Es sind einfache »Wachstumsimperative«, denen dieser Prozeß unterliegt. Ein Beleg für diesen *»automatischen Expansionismus«* läßt sich darin sehen, daß in empirisch-vergleichenden Untersuchungen konstatiert wird, daß eine wesentliche Größe, die den Umfang von Sozialprogrammen erklären kann, schlicht das *Alter* solcher Programme darstellt: die Zeitdauer seit der erstmaligen Einführung der in Frage stehenden Maßnahmen. Besteht die Grundstruktur eines solchen Programmes einmal, setzt ein *politisch induzierter inkrementalistischer Wachstumsprozeß* ein: Erstens werden die Leistungen selbst erhöht; zweitens wird der Kreis der Anspruchsberechtigten kontinuierlich erweitert, indem Anspruchslimits verändert oder zusätzliche Gruppen integriert werden; drittens steigt durch den »Werbeeffekt« die Quote der Inanspruchnahme der Programme an.[74] Der Expansionismus ist vorprogrammiert. Noch trivialer – und durchaus einleuchtend – sind Nachweise, daß die Höhe der beschlossenen Staatsausgaben mit der Zeit, die Parlamente in Sitzungen verbringen, korreliert ist: Kimenyi und Tollison haben für den amerikanischen Kongreß nachgewiesen, daß sich die simple Annahme, daß gesetzgebende Körperschaften während ihrer Sitzungsdauer kostenträchtige Gesetze beschließen und daher ein ganz einfacher Zusammenhang zwischen Sitzungsdauer und Ausgaben besteht, empirisch erhärten läßt.[75] *Parlamente sind nur billig, wenn sie wenig arbeiten.* Eine weitere Facette dieser Geschichte sind *Wahlzyklen*, die darauf hinauslaufen, daß Regierungsparteien vor den Wahlen eine besonders leichte Hand bei ihren Ausgaben haben, um eine günstige Situation und Stimmung zu

---

[74] Harold L. Wilensky: The Welfare State and Equality. Structural and Ideological Roots of Public Expenditure, Berkeley-Los Angeles-London 1975; Peter Flora, Jens Alber und Jürgen Kohl: »Zur Entwicklung der westeuropäischen Wohlfahrtsstaaten«, Politische Vierteljahresschrift 18 (1977), 707-772; Wolfgang Blaas: »Staatsquoten im internationalen Vergleich«, Quartalshefte 15 (1980), H. 3, 11-31.

[75] Die Grundhypothese ist, daß längere und kompliziertere Gesetze beschlossen werden, je länger das Parlament arbeitet. Jedes Gesetz bringt irgendwelche Ausgaben mit sich. Längere Sessionen sollten daher größere Ausgabenbeschlüsse mit sich bringen. Daten werden für die beiden Häuser des Kongresses in der Zeit von 1947 bis 1982 verwendet. Mwangi S. Kimenyi und Robert D. Tollison: »The Length of Legislative Sessions and the Growth of Government«, Rationality and Society 7 (1995), 151-155.

schaffen, in der sie ihre Macht erhalten, und daß diese Ausgaben nach der Wahl, egal ob gewonnen oder verloren, üblicherweise nicht wieder zurückgenommen werden. In der empirischen Literatur finden wir darüber hinaus eine ganze Reihe weiterer Präzisierungen des Verhaltens ausgabenfreudiger Regierungen. Je stärker etwa die politische Polarisierung ist, desto größer ist die Verschuldung des Landes – offenbar macht die Angst leichtsinnig. Je wahrscheinlicher die Abwahl der Regierung ist, desto größer die Verschuldung – schließlich geht es um Kopf und Kragen der eigenen Fraktion, und wenn man verliert, muß man die Konsequenzen ohnehin nicht selbst ausbaden. Je kürzer in einem Lande die durchschnittliche Amtszeit einer Regierung ist, desto größer sind die Defizite – wieder gilt, daß jeweils dem politischen Gegner, der drauf und dran ist, die Regierung zu übernehmen, angesonnen wird, die Scherben aufzukehren, und der wieder sieht sich dazu nicht veranlaßt, wenn die Wahrscheinlichkeit, daß die Gegenpartei bald wieder an die Macht kommt, hoch ist; würde dann doch die eigene Regierungszeit besonders ungünstig (als *austerity*-Periode) gegen die leichtere Hand des Gegners abstechen. Je größer die Zahl der Koalitionspartner ist, desto größer ist die Verschuldung – schließlich will jeder der Partner seine Programme durchbekommen und seinen Anhängern etwas zugute kommen lassen, weil er ja seine Teilnahme an der Regierung rechtfertigen muß. Auch wenn die Macht institutionell stärker verteilt ist (in verschiedenen Institutionen, in einer Zentralregierung und unteren politischen Einheiten oder zwischen politischen Parteien), zeigt sich eine stärkere Ineffizienz in der Budgetpolitik.[76]

Der Beitrag, den die Gestaltung der politischen Institutionen – etwa durch die Etablierung einer »schwachen« Regierung, eines fragmentierten Regierungs- und Verwaltungsapparats, eines koalitionsförderlichen Wahlrechts oder einer auf Lobbies angewiesenen Abge-

[76] Nouriel Roubini und Jeffrey D. Sachs: »Political and Economic Determinants of Budget Deficits in the Industrial Democracies«, European Economic Review 33 (1989), 903-933; vgl. auch Torsten Persson und Lars Svensson: »Why a Stubborn Conservative Would Run a Deficit: Policy With Time-Inconsistent Preferences«, Quarterly Journal of Economics 104 (1989), 325-346; Alberto Alesina und Guido Tabellini: »A Positive Theory of Fiscal Deficits and Government Debt«, Review of Economic Studies 57 (1990), 403-414; Guido Tabellini und Alberto Alesina: »Voting on the Budget Deficit«, AER 80 (1990), 37-49; Robert P. Inman: »Public Debts and Fiscal Politics: How to Decide?« AER PP 80 (1990), 81-85.

ordnetenriege – leistet, ist nicht zu unterschätzen.[77] Die Dezentralisierung und Föderalisierung eines Systems wird allgemein als Bremse für die Staatsausgaben angesehen. Querschnittsdaten über amerikanische Bundesstaaten zeigen, daß der Staatsanteil niedriger ist, wenn eine höhere Dezentralisierung vorliegt oder wenn die Wähler selbst über Gesetze abstimmen dürfen.[78] Steuer- und Ausgabengrenzen, die durch Volksabstimmung den Politikern aufgezwungen werden, sind gleichfalls wirksam.[79] Die Auswirkungen solcher Grenzen können

---

[77] Die Interpretation kann natürlich in verschiedene Richtungen gehen, was am Beispiel der Vereinigten Staaten sehr deutlich wird. Auf der einen Seite wird argumentiert, daß ein Teil der steigenden Staatsausgaben sich mit dem Lobbyismus, zu dem das System zwingt, erklären läßt. Andererseits kommt man an der Tatsache nicht vorbei, daß der Staatsanteil insgesamt in den USA vergleichsweise gering ist; aber die Begründung dafür, nämlich die Bindung an bestimmte Gruppen, ähnelt dem Argument über steigende Ausgaben. Die Argumentation geht folgendermaßen: »It is very clear that Americans do not like the symbol 'big government'. But when asked about government programs for public roads, public education, the national guard, Aid to Families with Dependent Children, the environment, public health, drugs, crime, space exploration, and virtually every other specific thing that government provides the public, large majorities of Americans say they either like the programs as they are, or want to see them increased ... People hate taxes ... But why are the taxes lower in the US than in other advanced democracies? I argue here that taxes are low in America because of the unique structure of American political institutions. Specifically, the fragmentation of political authority established by the US Constitution and subsequently exacerbated by a series of congressional reforms creates unique political incentive structures for those who are responsible for tax policymaking. Whereas in all other modern democracies decision-making power for tax policy lies in the executive, in the US real authority for tax policy lies in Congress. Due in part to a series of Progressive Era reforms, Congress itself is a highly fragmented institution in which party leaders are uniquely weak *vis-à-vis* their own members. The result is that individual members must cater to particular constituencies who have enormous influence over taxation policy in the US.« Sven Steinmo: »Why is Government So Small in America?« Governance 8 (1995), 303-334. Die Literatur über Staatsausgaben ist reich an derartigen Paradoxien, an Fällen, in denen gegensätzliche Bedingungen für dieselben Entwicklungen verantwortlich gemacht werden; es ist nicht einmal gesagt, daß das unter verschiedenen Rahmenbedingungen nicht sogar wahr sein könnte – und dann haben wir nach den unterschiedlichen Rahmenbedingungen zu fragen. Dem können wir hier nicht weiter nachgehen.

[78] David Joulfaian und Michael L. Marlow: »Government Size and Decentralization. Evidence from Disaggregated Data«, Southern Economic Journal 56 (1990), 1094-1102; J.G. Matsusaka: »Fiscal Effects of the Voter Initiative. Evidence from the Last 30 Years«, Journal of Political Economy 103 (1995), 587-623

[79] Daile G. Bails: »A Critique on the Effectiveness of Tax-Expenditure Limitations«, Public Choice 38 (1982), 129-138; Daphne A. Kenyon und Karen M.

natürlich auch ambivalent sein; in Staaten mit höherem Wirtschaftswachstum erlauben sie den Politikern ein weiteres Geldausgeben.[80] Dennoch zählen Dezentralisierung und verfassungsgesetzliche Limits zu den wichtigsten Reformvorschlägen, die zur Zähmung eines wuchernden Staates vorgebracht werden.

Die Dynamik der Ausgaben wird noch unterschätzt, wenn nur die Ausweitung existierender Programme – ein bißchen höhere Zahlungen, ein paar Berechtigte mehr – ins Auge gefaßt wird. Vielmehr sind Parteien darauf angewiesen, *zusätzliche Offerte* zu tätigen, »neue Güter« zu erfinden und neue »Marktlücken« zu entdecken. Politiker handeln als »politische Unternehmer«, die durchaus eigene innovative Vorstellungen durchsetzen wollen[81] – und die dabei »Neuerungen« kreieren, von denen sie glauben, daß sie den Beifall der Bürger finden können. So können neue »soziale Probleme« ausfindig gemacht, neue »Armutsgruppen« entdeckt, neue »Herausforderungen« thematisiert werden. Jeder soziale Nachteil kann in einer *egalitätsbewußten Gesellschaft* durch kollektive Solidarität ausgeglichen werden: Ihr scheint der Gedanke durchaus nicht absurd, daß der Steuerzahler zur Kasse gebeten wird, wenn sich eine Frau mit ihrem Ehemann zerstreitet: »Unzumutbare« Belastungen durch die Betreuung ihres Kindes sollen auf Kosten der Gemeinschaft vermieden werden. Sucht sich jemand einen besseren Arbeitsplatz in größerer Entfernung, so sollte ihm nicht zugemutet werden, den höheren Lohn mit dem erhöhten Aufwand in rationaler Abwägung in Relation zu setzen: Es könnte ihm aus dem öffentlichen Budget ein Teil seiner Fahrtkosten ersetzt wer-

---

Benker: »Fiscal Discipline: Lessons from the State Experience«, National Tax Journal 37 (1984), 437-446; Phillip G. Joyce und Daniel R. Mullins: »The Changing Fiscal Structure of the State and Local Public Sector: The Impact of Tax and Expenditure Limitations«, Public Administration Review 51 (1991), 240-253; Harold W. Elder: »Exploring the Tax Revolt: An Analysis of the Effectiveness of State Tax and Expenditure Limitation Laws«, Public Finance Quarterly 20 (1992), 47-63.

[80] Vgl. Ronald J. Shadbegian: »Do Tax and Expenditure Limitations Affect the Size and Growth of State Government?«, Contemporary Economic Policy 14 (1996), 22-35. Vgl. zu diesem Thema auch James C. Garand: »Measuring Government Size in the American States: Implications for Testing Models of Government Growth«, Social Science Quarterly 70 (1989), 487-496; Philip J. Grossman: »Fiscal Decentralization and Government Size: An Extension«, Public Choice 62 (1989), 63-69.

[81] Hans Peter Widmaier: Sozialpolitik im Wohlfahrtsstaat. Zur Theorie politischer Güter, Reinbek b.H. 1976, 65.

den. Möchte sich jemand – durch öffentlich finanzierte Angebote – fortbilden, kann dies als eine so erfreuliche Initiative angesehen werden, daß ihm sogar das entgangene Arbeitseinkommen aus dem Steuertopf ersetzt wird. Hat jemand das Bedürfnis, ein Musikinstrument zu lernen, kann der Lehrer zur Verfügung gestellt werden, da doch die Förderung der »Volkskultur« ein allgemeines Anliegen ist. Geht man von der Prämisse aus, daß alles, was sinnvoll und gut ist, aus öffentlichen Kassen bezahlt werden könnte, so finden sich Interessen für viele Arten der Geldverteilung, und die Versprechungskonkurrenz der Parteien macht es einzelnen politischen Gruppen beinahe unmöglich, dabei nicht mitzutun.

Einmal mehr kommen wir zu dem Schluß, daß das, was als »öffentliche Aufgabe« angesehen wird, variabel ist – es hängt mit Zivilisierungsprozessen, der Erosion der Gemeinschaft, den Vorstellungen über die Eingriffsmacht des Staates, der ideologischen Profilierung der Parteien und anderen Elementen zusammen. Gerade die eigenständige Rolle von Ideen und Ideologien, die sich im politischen Wettkampf herausbilden, wird aber in vielen Untersuchungen vernachlässigt. »In the world of reality, life, and human action there is no such thing as interests independent of ideas, preceding them temporally and logically. What a man considers his interests is the result of his ideas ... Free men do not act in accordance with their interests. They act in accordance with what they believe furthers their interests.«[82] Natürlich können bestimmte Ideen nur in bestimmten Situationen aufblühen, und es gibt Ideen, für die »die Zeit noch nicht reif« ist. Sie müssen Resonanz finden. Aber sie sind auch für die Veränderung der politischen Landschaft wirksam. Sie ändern die Situationsdefinition der politischen Akteure, sie schmieden neue Koalitionen, sie erleichtern oder verhindern politisch-ökonomischen Wandel, sie definieren neue Interessen, sie können Brücken zwischen verschiedenen Gruppen bauen oder Klüfte aufreißen. Das Rehn-Meißner-Modell hat nach dem Zweiten Weltkrieg politische Koalitionen in Schweden geschmiedet. Das Modell der »sozialen Marktwirtschaft« war in Deutschland die Grundlage des Handelns aller wichtigen politischen Kräfte. Der Austrokeynesianismus hat die österreichische Wirtschaftspolitik der siebziger Jahre geprägt. Diese Paradigmen haben definiert, was Aufgabe des Staates ist. Die Vorstellungen darüber ändern sich: Sozialdemokratische Regierungen haben den Interventionsstaat in den sech-

---

[82] Ludwig von Mises: Theory and History, New Haven 1957, 140 und 142.

ziger Jahren entschieden ausgebaut und ab den achtziger Jahren zurückgestutzt; und es war nicht allein der Druck finanzieller Engpässe, der sie plötzlich die »Privatisierung« preisen ließ, sondern auch eine veränderte Auffassung über die Funktionsgesetzlichkeiten von Wirtschaft und Staat. Welche Themen, Lösungen und Optionen definiert werden, ist Ergebnis einer komplizierten Diskussion: In den sechziger Jahren hatten europäische Parteien quer durch das politische Spektrum wenig Zweifel an der Steuerungskompetenz des Staates; in den neunziger Jahren hat der Zweifel daran gleichfalls alle Parteien erfaßt, auch wenn sie in den Lösungen differieren. Aus der Verortung im ideologischen Spektrum allein läßt sich das Handeln politischer Gruppen nicht ableiten. Wenn man die praktische Politik ansieht, zeigt sich das *ideologische Glaubwürdigkeitsparadoxon*: Sozialdemokratische Regierungen können beispielsweise einen Abbau wohlfahrtsstaatlicher Programme leichter durchsetzen, konservative einen Ausbau. Denn die jeweils gegnerische Fraktion ist ohnehin für die Maßnahme, und die eigene läßt sich durch die *Ideologiewidrigkeit* überzeugen: Wenn sogar *diese* Partei für die in Betracht stehende Maßnahme ist, dann muß sie *wirklich* notwendig sein. Freilich haben die Parteien dann jeweils mit inneren Widerständen zu kämpfen, das »Geschäft des politischen Gegners« zu besorgen. Aber tatsächlich waren es in den letzten beiden Jahrzehnten in vielen Ländern sozialdemokratische Regierungen, die den Sparkurs zu administrieren hatten, und sie waren darin erfolgreicher als manche konservativen Regime.

Verbändekonkurrenz

Individuen schließen sich zu Interessengruppen zusammen, um bestimmte Anliegen im politischen Prozeß zu fördern. Einflußnahmen erfolgen nicht nur durch den Wahlmechanismus, sondern auch über lobbyistische Aktivitäten, Verhandlungen zwischen einflußreichen Gruppierungen und Institutionen, die Bereitstellung ausgewählter Informationen, Stellungnahmen und Gutachten in frühen Phasen des Gesetzgebungsprozesses und ähnliche Aktivitäten – vielleicht auch durch Versprechungen, durch Korruption und durch Bestechung. Es gibt politische Spielräume, also raschere und langsamere Entwicklungen und unterschiedliche Lösungsmöglichkeiten für anstehende Probleme, und dies ist das Gebiet der Interessengruppen. So ist der

»Wohlfahrtsstaat« zuweilen als historischer Kompromiß zwischen den Vertretern der Kapitalseite und den Interessenorganisationen der Arbeiterschaft bezeichnet worden, dessen Durchsetzung nicht (in einem übertriebenen Funktionalismus) von objektiv feststellbaren »Erfordernissen« der Systementwicklung, sondern von den politischen Kräfteverhältnissen abhängig war.[83]

Wie für die Parteien, so gilt natürlich erst recht für die einzelnen Verbände, etwa jene der Unternehmer und der Ärzte, für die Gewerkschaften und die Landwirtschaftsverbände, die Gruppierungen der Rechtsberufe und der Lehrer und viele andere, daß sie ihre Interessen gegenüber dem Staatsapparat durchzusetzen bemüht sind – schließlich sind sie nicht zuletzt zu diesem Behufe gegründet worden. Selbst in einer *pluralistischen* Perspektive führen ihre Bemühungen zu steigenden Staatsausgaben. Erstens können sich unterschiedliche Koalitionen von Gruppen bilden, die für sich jeweils günstige Programme erzwingen.[84] Zweitens gibt es Lobbies, die im Schutze unübersichtlicher Verhältnisse für die eigene Gruppe Begünstigungen herausholen. Wie gut sie sich organisieren können, wird in den Vereinigten Staaten deutlich, wo der politische Konkurrenzkampf enorme Summen verschlingt, die im wesentlichen von berufsmäßigen Interessenvertretern, der Wirtschaft, aber auch von politischen Aktionsgruppen und Organisationen bereitgestellt werden, denen ihre Freundlichkeit vom Spendenempfänger auf legislativem Wege entgolten werden muß.[85] Diese Gruppen haben damit Einfluß auf die Auswahl der Amtsinhaber. Drittens prägen sie über ihren Medienzugang

---

[83] In bezug auf bereits erwähnte »Krisentheorien« des Steuerstaates ist dies freilich ermutigend: Sie bauen meist darauf auf, daß »technische« Relationen – etwa die *zwingende* politisch-ökonomische Komplementarität von Wachstum und Sozialkapital – unterstellt werden, und sie leiten ihre Krisenanalyse aus »zwingenden« Unvereinbarkeiten ab. Doch die »Politisierung« dieser Relation eröffnet zugleich die Option einer *stabilisierenden Reform*, einer Erhöhung der Flexibilität und eine Reversibilität bereits realisierter Maßnahmen. Struktureller Zwang ist unhintergehbar; Politik ist veränderbar.

[84] Vgl. Nelson W. Polsby: »How to Study Community Power. The Pluralist Alternative«, Journal of Politics 22 (1960), wiederabgedruckt in Theda Skocpol und John L. Campbell (Hrsg.): American Society and Politics. Institutional, Historical and Theoretical Perspectives, New York et al. 1995, 9-14.

[85] Vgl. die Untersuchungen des amerikanischen Gesetzgebungsprozesses durch David R. Mayhew: Congress. The Electoral Connection, New Haven 1974; Morris Fiorina: Congress. Keystone of the Washington Establishment, New Haven 1977.

auch die Diskussion über spezielle Anliegen, und sie definieren Situationen und Lösungen über ihre Experten, Konferenzen und Thinktanks.[86] Freilich gibt es auch Gegenkräfte: einen Präsidenten, der das Gemeinwohl zu verkörpern hat; Parteiführer, die sich nicht in regionale Protektionismen zerren lassen dürfen; die Öffentlichkeit, die auf Privilegierungen sensibel reagieren kann.[87] Aber daß im Endeffekt eher expansive Wirkungen auf die Staatsausgaben überwiegen, wird kaum jemand bestreiten.[88]

Korporatistische Analysen belegen noch deutlicher, daß Verbände oft einen politisch gewichtigen Faktor im Spiel um die öffentlichen

---

[86] G. William Domhoff: Who Really Rules? Santa Monica, Calif. 1978. Gerade in pluralistischen Systemen ist den Einflüssen ein breiterer Spielraum gewährt, weil die Politik tendenziell eher kurzfristig reagieren muß und der Staatsapparat aufgesplittert und fragmentiert ist. Damit gibt es wechselnde Koalitionen von Interessengruppen und undurchschaubare Netzwerke von Beziehungen. Vgl. Thomas L. Gais, Mark A. Peterson und Jack Walker: »Interest Groups, Iron Triangles, and Representative Institutions in American National Government«, British Journal of Political Science 14 (1984), 161-185; Edward O. Laumann und David Knoke: The Organizational State. Social Choice in National Policy Domains, Madison 1987. Vgl. die Fallstudie John L. Campbell: Collapse of an Industry. Nuclear Power and the Contradictions of U.S. Policy, Ithaca, NY 1988.

[87] Die Erklärungen, warum es in Amerika im Vergleich mit anderen entwickelten Industrieländern niedrige Staatsausgaben gibt, sind auch für ihre Umkehrung interessant; denn in den meisten europäischen Staaten liegen andere politische Strukturen vor, die demgemäß für höhere Staatsausgaben verantwortlich sind. Die USA mußten die Moderne nicht gegen ein monarchisch-absolutistisches System durchsetzen, sie brauchten keine große stehende Armee, um gegen feindselige Nachbarn gerüstet zu sein, sie mußten kein Land im Krieg erobern, und Kriege hatten niemals so zentralisierende Wirkungen wie in Europa. Der größte Krieg war schließlich ein Bürgerkrieg. Die amerikanische Revolution war nicht nur ein Aufstand gegen das britische Empire, sondern auch gegen das europäische Staatsmodell. Amerikaner haben kein wirkliches Bild von einem Gesamtstaat, sie sind auf die Verfassung und die »rule of law« fixiert, und sie sind mißtrauisch gegen jede zentrale Verwaltung. Das 19. Jahrhundert entwickelte ein politisches System von Gerichtshöfen und Protektionsparteien. Niemals konnte sich eine wirklich professionelle, ethisch geprägte Beamtenschaft entwickeln. Vgl. Theda Skocpol: Social Policy in the United States. Future Possibilities in Historical Perspective, Princeton, NJ 1995; Stephen Skowronek: Building a New American State. The Expansion of National Administrative Capacities, 1877-1920, Cambridge und New York 1982.

[88] Vgl. auch das theoretische Modell von Peter J. Coughlin, Dennis C. Mueller und Peter Murrell: »Electoral Politics, Interest Groups, and the Size of Government«, Economic Inquiry 28 (1990), 682-705; Frank R. Lichtenberg: »Contributions to Federal Election Campaigns by Government Contractors«, Journal of Industrial Economics 38 (1939), 31-48.

Ressourcen darstellen.[89] Es gibt Konflikte *zwischen* den Interessengruppen, die um die knappen staatlichen Ressourcen konkurrieren, und *innerhalb* der Interessengruppen, wo die Interessenlagen keineswegs homogen sein müssen; – und beide Arten von Konflikten lassen sich im günstigen Fall auf Kosten des Staates bereinigen.[90]

Das korporatistische Modell der politischen Steuerung eignet sich zur kooperativen Lösung von Konflikten *zwischen den Interessengruppen* besonders gut. In diesem Modell existieren monopolartig organisierte Interessengruppen, die eine besondere Förderung durch den Staat erfahren. Die Mitgliedschaft bei diesen Organisationen, die bürokratisch-hierarchische Strukturen entwickeln, ist oft unfreiwillig, und sie dienen nicht nur zur Repräsentation der Interessen ihrer Mitglieder, sondern auch zur Steuerung und Beeinflussung der von ihnen vertretenen Gruppen. Zwischen den Staatsinstanzen und den Interessenverbänden bestehen enge Beziehungen.[91] Die enge Verflechtung zwischen den Interessengruppen und dem politischen, parlamentarischen und administrativen Bereich, aber auch die rege Kommunikation zwischen den Experten der Verbände hat ein hohes Maß an Integration bewirkt, das in bezug auf Länder wie die Niederlande, Norwegen und Schweden genau analysiert worden ist; die österreichische Sozialpartnerschaft galt in den internationalen Vergleichen als besonders ausgeprägtes Beispiel für eine korporatistische Struktur. Beim Versuch, Entstehungs- und Wirkungsbedingungen dieser Systeme zu analysieren, ist man immer wieder bei diffusen, aber letztlich plausiblen Kategorien wie »politische Kultur« und »Tradition« und bei spezifischen Konstellationen – etwa der niederländischen religiösen Fragmentierung oder den österreichischen Erfahrungen mit dem Totalita-

---

[89] Gerhard Lehmbruch und Philippe C. Schmitter (Hrsg.): Patterns of Corporatist Policy Making, Beverly Hills und London 1982; Philippe C. Schmitter und Gerhard Lehmbruch (Hrsg.): Trends Toward Corporatist Intermediation, Beverly Hills und London 1979.

[90] Zum Verhältnis von Interessengruppen und Regierungsausgaben vgl. Gary S. Becker: »A Theory of Competition Among Pressure Groups for Political Influence«, Quarterly Journal of Economics 98 (1983), 371-400; J.A. Lybeck: The Growth of Government in Developed Economies, Hants 1986; Dennis C. Mueller und Peter Murrell: »Interest Groups and the Size of Government«, Public Choice 48 (1986), 125-145.

[91] Vgl. Peter J. Williamson: Corporatism in Perspective. An Introductory Guide to Corporatist Theory, London und Newbury Park 1989, Kap. 3 und 4.

rismus – gelandet.[92] Hier kommt es uns aber auf etwas anderes an: In den Verhandlungen zwischen den Verbänden ist immer auch der Staat gegenwärtig – und der Verhandlungskompromiß geht nicht so selten *zu Lasten der staatlichen Kassen* aus, als einer »dritten« Quelle, aus der Gruppeninteressen bedient werden können. Der Kompromiß ist zuweilen teuer. Der Konsens wird aus Steuergeldern alimentiert, und es wurden empirische Indizien dafür gesammelt, daß dies noch mehr in kleinen Ländern mit offenen Wirtschaften der Fall ist.[93] Die Erleichterung der Kooperation durch den Zugriff auf das Staatsbudget ist um so leichter möglich, als die Sozialpartner durchaus gewichtige Mitspieler im politischen Getriebe sind.[94] Über ihre Wünsche kann man sich nicht leicht hinwegsetzen, und nicht so selten beruht die Mitwirkung auf dem Prinzip kooperativ-proporzhafter Ressourcenverteilung. Wenn die Existenz starker Verbände (Gewerkschaften) daher im internationalen Vergleich mit einer höheren Staatsquote einhergeht, so mag dies nicht so sehr an einer »linken« Politik liegen, die durch das Machtpotential der Arbeitnehmervertretungen erzwungen wird, sondern auch an der Option, daß sich in korporatistischen Systemen die einflußreichen Verbände zu Lasten der staatlichen Kassen arrangieren. Schließlich ist in diesen Systemen, in denen oft nach dem Konsensprinzip, also in Einstimmigkeit, entschieden wird, jede einzelne Organisation mächtig, denn sie hat eine hohe *Blockierungs- oder Vetomacht*. Jeder beteiligte Verband muß »eingekauft« werden.

Auch die Konflikte *innerhalb der Interessengruppen* werden oft auf dem Rücken des Steuerzahlers ausgetragen. Im Bereich der Gesund-

---

[92] Manfred Prisching: »Bestandsaufnahme der Sozialpartnerschaft«, Wirtschaft und Gesellschaft 17 (1991), 9-36; ders.: »Die Zukunft der Arbeiterkammer und der Gewerkschaften«, in: 75 Jahre Kammern für Arbeiter und Angestellte, hrsg. von der Bundesarbeitskammer, Wien 1995, 137-178.

[93] Vgl. Peter J. Katzenstein: Small States in World Markets. Industrial Policy in Europe, Ithaca, NY 1985; David R. Cameron: »The Expansion of the Public Economy: A Comparative Analysis«, American Political Science Review 72 (1978).

[94] Zwar ist es wohl übertrieben, den Aufstieg des Korporatismus als Zerstörung der staatlichen Souveränität zu sehen und demgemäß von der »Herrschaft der Verbände« und der »Ohnmacht der Demokratie« zu sprechen; denn auch die Interessengruppen wurden und werden zuweilen von den Staatsinstanzen zur Durchsetzung ihrer Wünsche eingespannt. Es handelt sich eher um ein Kooperations- und Kompromißverhalten, bei dem die Verbände schon in frühen Phasen des politischen Entscheidungsprozesses einbezogen werden und ihre Präferenzen einbringen können.

heitspolitik etwa handelt es sich um Ärztekammern, Krankenkassen und Vertreter von Spitälern. Deren Interessenlagen sind natürlich im »Innenverhältnis« nicht immer konfliktfrei: »Freie« Ärzte konkurrieren mit Spitälern und Ambulatorien, private Sanatorien mit öffentlichen Pflegeheimen, die Krankenkassen versuchen ihre den Anbietern der Gesundheitsdienste zufließenden Ausgaben nicht allzu rasch wachsen zu lassen. Aber alle sind sich darin einig, wenn es gilt, einen größeren Anteil am Sozialprodukt für den Gesundheits- und Sozialsektor zu erkämpfen und zu diesem Behufe gegen den Staat vorzugehen.

Von einer *Instrumentalisierung* der staatlichen Politik durch die Interessengruppen, wie sie in kritischen Stellungnahmen zuweilen befürchtet wird, kann gleichwohl nicht die Rede sein. Es sind nicht allein die »grauen Mächte« im Hintergrund wirksam. Es gibt keine *Hydraulik von Machtpotentialen.* Es lassen sich zahlreiche empirische Beispiele finden, in denen sich machtvolle Interessen *nicht* durchsetzen konnten.[95] Der politische Apparat hat sein Eigenleben, und Untersuchungen, die sich mit einer Analyse der Interessenlagen zufriedengeben, greifen deshalb zu kurz, weil sie gar nicht erst zu klären versuchen (oder sich mit Alltagsplausibilitäten zufriedengeben), warum sich diese oder jene Interessen durchsetzen konnten. Politiker müssen mehrere Machtfaktoren berücksichtigen: nicht nur ihre Geldgeber und Gruppen, die ihnen durch feindliche Publizität Schwierigkeiten machen können, sondern auch den öffentlichen Diskussionsstand (also Journalisten und Intellektuelle, Populisten und Experten, politische Instanzen verschiedener Ebenen und administrative Apparate). Verbände, Assoziationen, Kammern, freie Bewegungen verschiedener Art können ihren Einfluß auf verschiedene Umstände gründen. Sie können beispielsweise als freie Bürgervereinigungen auftreten, denen zugestanden wird, das allgemeine Wohl im Auge zu haben, weil sie Anliegen vertreten, die nicht auf ihre eigenen Interessen zugeschnitten sind und deshalb einen hohen Grad an *Glaubwürdigkeit* genießen. Aber auch Interessenvertretungen, die sehr wohl Partikulärinteressen vertreten, können nicht über einen Kamm geschoren werden. Wenn ärztliche Standesvertretungen Demonstrationen oder Streiks organisieren, werden ihre Aktionen meist nicht als Versuche, individuelle Interessen durchzusetzen, gedeutet, sondern

---

[95] Vgl. etwa Paul J. Quirk: »Deregulation and the Politics of Ideas in Congress«, in: Jane J. Masbridge (Hrsg.): Beyond Self-Interest, Chicago 1990, 183-199.

von seiten der Öffentlichkeit den politischen Instanzen, die »berechtigte« oder »notwendige« Forderungen zu erfüllen nicht imstande waren, angelastet. Bei einer hohen Legitimation in der Öffentlichkeit tun sich die politischen Instanzen schwer, ihnen den Zugriff auf die staatlichen Kassen zu verwehren. Was als »Machtpotential« eines Interessenverbandes betrachtet wird, darf also nicht zu eng definiert werden, sonst gerät man beispielsweise mit der *Landwirtschaft*, die in den europäischen Ländern solche Mengen an Subventionen erhält, in Schwierigkeiten: Es handelt sich um eine so kleine Gruppe von Wählern, daß ihre »Stimmenpotentiale« ihren politischen Erfolg nicht erklären können, und die Gruppe verfügt über keine relevanten »Verweigerungspotentiale«, auf die Politikwissenschaftler Wert zu legen pflegen. Aber ihre allfälligen Protestaktionen können nicht nur eine malerische Kulisse inszenieren, mit einem Traktoraufmarsch und der provokanten Vernichtung von Nahrungsmitteln, eine Inszenierung, die entsprechendes Medieninteresse auslöst. Vielmehr bringen die Bürger den Bauern auch ein »romantisches« Wohlwollen entgegen, so daß ihre Aktionen auf eine hohe Legitimitätszuschreibung in der Wählerschaft rechnen können.

Bestimmte Interessengruppen verselbständigen sich. Selbst de facto »verstaatlichte« Organisationen (wie etwa die österreichischen Krankenkassen) sind zum Teil privatrechtlich, genossenschaftlich oder sozialpartnerschaftlich organisiert, jedenfalls in einer Weise, daß weitgehend *autonome Gestaltungs- und Herrschaftsbereiche* entstehen. Von der Einflußnahme der Mitglieder sind sie weitgehend »abgeschottet«, aber auch staatlich-politischer Einfluß wird nur in Brechungen wirksam. So können sie nicht so leicht durch hierarchische Kontrolle (als Staatsbürokratien) in Sanierungsvorhaben eingespannt werden; sie können auch *gegen* aktuelle politische Vorhaben auftreten, wenn dies zu ihren Lasten gehen soll, ja sie können richtiggehende Propagandakampagnen starten. Sie können politisch nicht leicht auf Linie gebracht werden – und ihre *eigene* Linie kostet staatliches Geld.

Bürokratie

Geldströme brauchen Ämter. Auch die »Verwaltung der Gesundheit« bedarf ihrer Büros und Behörden, die – um mit Achinger[96] zu sprechen – »bereits die Masse des sozialen Unglücks in die verwaltungsmäßig richtigen Kategorien zu sondern bemüht sind.« Der Modernisierungsprozeß ist zwangsläufig auch ein Bürokratisierungsprozeß: Max Weber hat bereits die technische Überlegenheit der bürokratischen Organisationsform über jede andere Form hervorgehoben; die bürokratische Maschinerie zeichnet sich aus durch Präzision, Eindeutigkeit, Schnelligkeit, Aktenkundigkeit, Kontinuierlichkeit, Diskretion, Einheitlichkeit und Hierarchie. Bürokratie erspart Kosten.[97] Es waren die staatlichen Verwaltungseliten, die den Aufbau von Wohlfahrtseinrichtungen vorangetrieben haben: Sie diagnostizierten und ergründeten die Probleme; sie interpretierten Tatsachen und Entwicklungen; sie suchten nach Formen der Abhilfe; sie arbeiteten die politischen Alternativen aus. Ehrenamtlich-karitative Tätigkeiten haben sich zu professionell-beamteten gewandelt, ein neuer Berufsstand der direkten und indirekten »Sozialarbeiter« ist geschaffen worden. »Durch Kollektivierung des Gesundheits-, Bildungs- und Versicherungswesens entstanden in den neuen Verwaltungszweigen massenhaft Arbeitsplätze für ausgebildete Experten. Ein und dieselbe Entwicklung zog das einst selbständige, nun aber von Konzernen und Großindustrien bedrohte Kleinbürgertum und ehrgeizige Sprößlinge aufstrebender Industriearbeiter, die in großen Organisationen vorankommen hofften, in die expandierenden Sozialämter. Dort hatten sie mit Leuten zu tun, die nicht arbeiten konnten, wollten oder mußten. Somit schluckte das Kissen der Beschäftigung im Sozialdienst viele Tränen des Bürgertums und Hoffnungen der Arbeiterklasse: Es nahm immer neue Generationen in die 'Verteilereliten' auf, um die wachsende 'Sozialklientel' des Staates zu bedienen.«[98] Dieser Stand entwickelt seine Eigeninteressen und läßt Webers Lob unvorsichtig erscheinen. Bürokratie verursacht zuweilen auch *unnütze* Kosten, und

---

[96] Hans Achinger: Sozialpolitik als Gesellschaftspolitik. Von der Arbeiterfrage zum Wohlfahrtsstaat, Hamburg, 1958, 104.

[97] Max Weber: Wirtschaft und Gesellschaft. Grundriß der verstehenden Soziologie, 5. rev. Aufl., Tübingen 1976, 561.

[98] Abram de Swaan 1993, 255.

dieser Umstand ist für den in Betracht stehenden Expansionsprozeß von Belang. *Ämter brauchen Geldströme.*

Erstens hat sich die Sozialverwaltung – wie andere Staatsaufgaben auch – zu einem derart komplizierten System ausgewachsen, daß Bürokratien zunehmend die Chance erhalten, *autonome Strategien* zu verfolgen.[99] Aus diesem Umstand ergibt sich die Möglichkeit, Eigeninteressen der Verwaltung überhaupt wirksam ins Spiel zu bringen, damit aber sind auch Einflußmöglichkeiten für Interessengruppen – wie Kammern, Verbände, Krankenkassen oder Spitäler – gegeben, die ihre sachzuständigen »Anlaufstellen« in der öffentlichen Verwaltung besitzen.[100] Wenn der administrativ-politische Leistungsnachweis vor allem über die Verausgabung von Geldern erfolgt, deckt die Expansionsstrategie sowohl die politischen Intentionen als auch die Eigeninteressen der Bürokratie ab. *Die Staatsausgaben steigen im Konsens der beteiligten »Expertengruppen«.*[101]

---

[99] Franz Lehner: Grenzen des Regierens. Eine Studie zur Regierungsproblematik hochindustrialisierter Demokratien, Königstein/Ts. 1979.

[100] Vgl. Bodo Benzner: Ministerialbürokratie und Interessengruppen. Eine empirische Analyse der personellen Verflechtung zwischen bundesstaatlicher Ministerialorganisation und gesellschaftlichen Interessengruppen in der Bundesrepublik Deutschland im Zeitraum 1949-1984, Baden 1989. – Hier ist auch das Argument zu erwähnen, daß Wirtschaftsgruppen und andere Interessengruppen, sofern sie weitsichtig genug sind, durchaus ein Interesse daran besitzen, »zuständige Ämter« zu bekommen, die für ihre Belange, selbst in regulierender und kontrollierender Weise, verantwortlich sind. Sie dienen als Ansprechpartner und als sachverständige Instanz in der Regierung, sie wahren für einzelne Wirtschaftsbereiche das »Gesamtinteresse« auch über disparate Einzelinteressen hinaus, und sie werden nicht so selten zu Lobbies für »ihren« Wirtschaftszweig im Rahmen des politischen Systems. Vgl. auch Gabriel Kolko: The Triumph of Conservatism, Chicago 1963; James Weinstein: The Corporate Ideal in the Liberal State, Boston 1968. – Zur *capture*-Theorie vgl. George J. Stigler: »The Theory of Economic Regulation«, Bell Journal of Economics and Management Science 2 (1971), 3-21. Er unterstellt, daß sich die jeweilige Industrie ihrer Regulierungsbehörden bemächtigt, und so einfach ist die Sache nicht; zur Verbesserung vgl. Sam Peltzman: »Toward a More General Theory of Regulation«, Journal of Law and Economics 19 (1976), 211-240; Roger G. Noll und Bruce M. Owen: The Political Economy of Deregulation. Interest Groups in the Regulatory Process, Washington, DC 1983. Ganz anderer Auffassung ist etwa Gary S. Becker: »A Theory of Competition among Pressure Groups for Political Influence«, Quarterly Journal of Economics 98 (1983), 371-400.

[101] »Je mehr der Staatsapparat wächst, desto mehr Beschäftigte verdienen also dort ihren Lebensunterhalt, bilden Gruppen, Untergruppen und Splittergruppen, verteidigen ihre persönlichen, kollektiven, beruflichen oder sektoralen Interessen gegen andere, identifizieren sich jedoch gegenüber Außenstehenden mit dem ganzen Staatsapparat. Gleichzeitig haben sich jenseits der offiziellen Bürokratie wei-

Zweitens: Nicht nur die Politiker sind im Zuge der theoretischen Diskussion des Mythos ihrer klassischen Gemeinwohlorientierung »entkleidet« worden, sondern auch der Implementierungsapparat für staatliche Programme, die Bürokratie. Auch den Mitgliedern der Verwaltung werden – ohne ihnen jede ethische Verpflichtung absprechen zu wollen – *rational-egoistische Handlungsprämissen* unterstellt. Der Webersche Idealtypus, demzufolge Bürokraten nur als neutrale Exekutoren politischer Entscheidungen und als Wahrer von Effizienz und Rationalität zu betrachten sind, wird in dieser Sichtweise verabschiedet. Auch der *homo bureaucraticus* ist ein *homo oeconomicus.* Von C. Northcote Parkinson bis André Breton und William Niskanen besteht Einigkeit über die folgende Verhaltensmaxime: Wenn die Zahl der Untergebenen und die Höhe der verwalteten Gelder Ansehen, Karrierechancen und Gewicht des Bürokraten bestimmen, werden die administrativen Instanzen eher als pressure-group zur Vergrößerung der Verwaltungsapparate und zur zusätzlichen Verausgabung von Geldern agieren.[102] Die für jede Bürokratiekritik attraktive Gestalt des *budgetmaximierenden Beamten* hat eine Fülle von Anreizen, ihre Aufgabe möglichst unwirtschaftlich zu erfüllen. Die Staatsausgaben steigen, weil dies ein Instrument für die persönliche Zielerfüllung der Beamten ist. Sie haben ein *Interesse an der Ineffizienz.* Es war bereits die Rede von der beobachtbaren Produktivitätsdifferenz zwischen staatlichem und privatem Sektor, und es ist nicht auszuschließen, daß dieser Unterschied nicht nur durch inhärente (technische) Eigenheiten des Sozialbereichs (als eines dienstleistungsorientierten Produk-

---

tere Gruppen formiert, die stark auf den Staat angewiesen sind, um rechtliche Garantien, Subventionen oder politische Unterstützung zu erhalten. Als Gegenleistung bieten sie Dienste, Fachwissen, Autorität und Loyalität und streben immerfort an, ihre Position zu Lasten anderer Gruppen auszubauen. Sie bilden professionelle und halb-professionelle Kohorten, die zwar mit dem Zentralstaat verbündet, aber nie ganz von ihm abhängig, nie völlig verläßlich sind, sondern sich nur total daran ausrichten, um ihre Stellung weiter zu festigen.« Abram de Swaan 1993, 255.

[102] André Breton: The Economic Theory of Representative Government, Chicago 1974; William A. Niskanen: Bureaucracy and Representative Government, Chicago und New York 1971: Cyril N. Parkinson: Parkinsons Gesetz und andere Untersuchungen über die Verwaltung, Reinbek b.H. 1966. Zur Diskussion vgl. André Blais und Stephane Dion (Hrsg.): The Budget-Maximizing Bureaucrat, Pittsburgh, PA 1991. Auch T. Romer und H. Rosenthal: »Median Voters or Budget Maximizers. Evidence from School Expenditure Referenda«, Economic Inquiry 20 (1982), 556-578.

tionsbereichs) bedingt ist, sondern daß sich darin auch bürokratische Ineffizienz niederschlägt. Gleichermaßen besteht der Verdacht, daß die Arbeitsintensität im bürokratischen Bereich (durch X-Ineffizienz) generell niedriger sein könnte als im privaten Wirtschaftsleben.[103] *Die Staatsausgaben steigen aufgrund von Effizienzmängeln in der Verwaltung.*

Drittens sind – neben den Expansionstendenzen – auch bürokratietypische *Beharrungstendenzen* wichtig: Ein automatischer Expansionismus der Sozialausgaben ergibt sich daraus, daß Programme fortgeschrieben werden, die auf die existierenden Ressourcen, Institutionen und Fähigkeiten zugeschnitten sind. Allen Nullbudgetierungs- und Planning-Programming-Budgeting-Versuchen[104] zum Trotz werden Etats extrapoliert und prozentuell aufdotiert, und an den einmal eingespielten Prozeduren und Routinen wird festgehalten. Das Bedürfnis nach innerorganisatorischer Konfliktvermeidung läßt Lösungen dort suchen, wo keine starken Gegenkräfte spürbar werden und eine inkrementalistische Politik machbar erscheint – und das sind keineswegs immer jene Maßnahmen, bei denen der Mitteleinsatz am effizientesten ist. *Die Staatsausgaben steigen wegen mangelnder Flexibilität.*

Viertens schließlich ist es ein Charakteristikum bürokratischer Apparate, daß eine Wahrung der Kompetenzverhältnisse, eingespielte Routinen und überkommene Etatpositionen wichtig sind. Die *bürokratische Segmentierung* verhindert, daß das Allokationsproblem für staatliche Ressourcen in seiner ganzen Breite gesehen wird: als Frage des relativen Mittelaufwandes für eine Vielzahl politischer Ziele. Tatsächlich würde eine effiziente Allokation der Mittel voraussetzen, daß der letzte Autobahnkilometer gegen das letzte Promille an Pensionserhöhung, ein neuer Operationssaal gegen ein gesundheitspoliti-

[103] Harvey Leibenstein: Beyond Economic Man. A New Foundation for Microeconomics, Cambridge, Mass.-London 1976; Dieter Bös: »Effizienz des öffentlichen Sektors aus volkswirtschaftlicher Sicht«, Schweizerische Zeitschrift für Volkswirtschaft und Statistik 1978, 287-314.

[104] Albert C. Hyde (Hrsg.): Government Budgeting. Theory, Process, and Politics, Pacific Grove, Calif. 1992; John A. Worthley und William G. Ludwin (Hrsg.): Zero-Base Budgeting in State and Local Government. Current Experiences and Cases, New York 1979; Peter Langner: Zero-Base Budgeting und Sunset Legislation. Instrumente zur Rückgewinnung öffentlicher Handlungsspielräume? Baden-Baden 1983; Joseph S. Wholey: Zero-Base Budgeting and Program Evaluation, Lexington 1978; James Cutt: A Planning, Programming, and Budgeting Manual. Resource Allocation in Public Sector Economics, New York 1974.

sches Präventivprogramm abgewogen würde. In Wirklichkeit werden – aus Bequemlichkeit, aus Gedankenlosigkeit, zum Zwecke der Komplexitätsreduktion und zur Konfliktvermeidung – beim Auftauchen von Problemen Lösungen gesucht, die im Rahmen der eigenen Abteilung oder des Ressorts behandelt werden können oder für die entsprechende Dotierungen im budgetären Katalog bereits vorhanden sind. Was immer man im öffentlichen Dienst auch machen will: Man muß eine Budgetposition haben, bei der es sich verrechnen läßt. *Die Staatsausgaben steigen wegen unzureichender Planungsinstrumente.*

Legalisierungsprozeß

Die Ausweitung bürokratisch-rationaler Verfahrensweisen hat der Verrechtlichung staatlichen Handelns, also der Fixierung sozialpolitischer wie auch anderer Ansprüche in den Formen des Gesetzes, die Grundlage geboten. Es gilt die Herrschaft des Gesetzes, das heißt es bestehen gleiche rechtliche Spielregeln für alle. Der *Rechtsstaat* ist Ergebnis des bürgerlichen Kampfes gegen Willkür. Staatliches Handeln kann nur aufgrund von Gesetzen stattfinden. Nicht mehr die persönliche Überzeugung, daß jemand der Hilfe bedarf, ist entscheidend, sondern eine universalistisch definierte »Aktenlage«, die Hilfsmaßnahmen auf meßbare Fälle beschränkt. Nicht mehr das Bewußtsein von »Gerechtigkeit« bestimmt administrative Entscheidungen, sondern die Rechts- und Aktenlage. Das Recht aber ist nicht einfach ein Umsetzungsapparat politischer Wünsche, es hat ein *Eigenleben*. In manchen Ländern wie den USA ist die unabhängige Rechtssprechung eine Kraft, die die Politik mitformt; der Oberste Gerichtshof war bedeutend für die Ausdehnung der Staatsausgaben in den USA. Wir betrachten einige Konsequenzen der Legalisierung.

Erstens transferiert die gesetzliche Formalisierung die gesundheitliche Betreuung aus dem *karitativen* in den *juristischen* Bereich. Die monatliche Überweisung im Alter und die medizinische Behandlung im Krankheitsfall erfolgen aufgrund eines rechtlichen »Anspruchs«, nicht als Gnadenakt. Dies aber hat eine gewisse *Starrheit* der Regelungen zur Folge, in der Präzedenzfälle stärkeres Gewicht gewinnen, und es entsteht eine asymmetrische Situation: Es kommt zwar immer wieder zur Anreicherung und Ergänzung, kaum aber jemals zur Abschaffung bestehender Regelungen. Leistungen bedürfen nur eines einmaligen Aktes, um dann laufend (»von selbst«) erbracht zu werden; und es bedürfte eines neuerlichen legistischen Aktes, um die Leistungseinstellung vorzunehmen. Dagegen aber laufen Interessengruppen Sturm, und der Status quo wird nicht angetastet. Vor allem durch seine versteinernden Wirkungen, durch die Absage an eine zukunftsoffene Flexibilität, gerät das System des Wohlfahrtsstaates in die Selbstüberforderung. Niklas Luhmann schreibt: »Im Prinzip des Wohlfahrtsstaates liegt es, jeden Anspruch an öffentliche Ordnungsmittel oder an öffentliche Kassen ernst zu nehmen, sofern er nur auf den Tastaturen der öffentlichen Meinung, der politisch erheblichen Persönlichkeiten oder des Rechts angemeldet werden kann. Zugleich speichert das System befriedigte Ansprüche in der Form von Daueransprüchen. Das Registrieren des Erreichten in der Form von Recht und Geld ist ein hochtransparenter, bewußtseinsbildender Vorgang; und eben deshalb löst jede Überlegung einer Umschichtung und Positionsverschlechterung ein bedrohliches Bellen und Knurren aus. Die Betroffenen wehren sich, die anderen bleiben indifferent, weil sie gerade mit dem Durchsetzen eigener Interessen beschäftigt sind.«[105] Diese Konstellation ist dynamischer nach »oben« als nach »unten«, in Richtung auf die Erhöhung als in Richtung auf die Senkung der Ausgaben.

Zweitens reichen die gesetzlich festgelegten Verpflichtungen in die *Zukunft*, in Situationen, die nicht vorausgesehen werden konnten, oder die zwar vorausgesehen, aber aufgrund ihrer zeitlichen Distanz als irrelevant vernachlässigt wurden – man mag das (in ökonomischer Perspektive) als zu hohe Abdiskontierung von zukünftigen Kosten oder (in politischer Perspektive) als Fixierung auf Wahlperioden bezeichnen. Dies führt, etwa im Falle der Dynamisierung von Geldzahlungen, zu unvorhersehbar expansiven Entwicklungen, und manchmal werden aktuelle Schwierigkeiten durch Maßnahmen behoben, die erst in ferner Zukunft zu großen Belastungen führen werden. Ein Beispiel ist der günstige »Nachkauf« von Pensionsjahren: Dem Umstand, daß Wählerstimmen heute, Budgetkrisen aber erst in dreißig Jahren anfallen, kann kein Politiker widerstehen. Auch dort, wo unspezifizierte Kostendeckungsprinzipien gelten, läßt man sich auf eine unsichere Zukunft ein: auf die pauschale Abgeltung unvorhersehbarer Verhaltensveränderungen und technischer Neuheiten. Man verspricht

---

[105] Niklas Luhmann: Politische Theorie im Wohlfahrtsstaat, München und Wien 1981, 152.

zu zahlen, was immer da kommen mag. Damit schafft man Zeitbomben, die dem Budget irgendwann bedrohlich werden.

Drittens lädt die rechtliche Fixierung der Sozialleistungen dazu ein, den jährlichen Bedarf durch die Brille der hiefür vorgesehenen *Etatpositionen* zu sehen. Wer auf den Umstand verweisen kann, daß für eine Ausgabe ein Budgetposten vorgesehen ist, hat den größeren Teil der Rechtfertigung bereits geleistet. »Als die eigentlichen Schlaumeier«, so meint Achinger ironisch, »gelten dann diejenigen Antragsteller und Verhandlungspartner, die die von ihnen vertretene Notlage gleich auf den Etatposten zugeschnitten darbieten, bei dem noch Mittel verfügbar sind. Und es kann dann nicht fehlen, daß wiederum jene Umkehrung des Denkens stattfindet, bei der aus den Hilfsmitteln auf die Notstände geschlossen wird. Wer möchte wohl das Vorhandensein einer Notlage bestreiten, wo bereits nachgewiesen ist, daß dafür Etatmittel verfügbar sind.«[106] Man kann also vom Vorhandensein von Geld, besonders wenn es schon einem Zweck gewidmet ist, darauf schließen, daß es auch ausgegeben wird; denn ein passender Grund, der sich im Einklang mit der Etatposition befindet, läßt sich zweifellos finden. Die Logik der Situation läßt keine Überschüsse entstehen, die am Ende gar in das allgemeine Budget zurückfließen würden. Überschüsse werden von der Bürokratie spätestens dann »bereinigt«, wenn der Abrechnungszeitraum sich dem Ende nähert: Im November entdeckt man, daß schnell noch ein Schwung an Computern bestellt werden kann. Unter Zeitdruck sucht man dann nach rasch implementierbaren Ausgaben.

Viertens hat die administrative Penetration der Gesellschaft zur *Ausweitung der Besteuerungsmöglichkeiten* geführt. Benjamin Ward meint, hier müsse generell die Erklärung wachsender Staatsanteile einsetzen.[107] Denn die finanziellen Möglichkeiten bieten erst die

---

[106] Achinger 1958, 106.

[107] Benjamin Ward: »Taxes and the Size of Government«, American Economic Review, Papers and Proceedings 72 (1982), 346-350. Die Gegenposition vertritt Robert J. Barro: »On the Determination of Public Debt«, Journal of Political Economy 87 (1979), 940-71. Er meint, es gebe einen exogenen Pfad der Regierungsausgaben; Steuern werden angepaßt, um Störungen zu minimieren, und das Budget werde über die Zeit ausgeglichen: Das heißt, daß die Ausgaben die Steuern bestimmen. Kevin D. Hoover: »Causation, Spending, and Taxes: Sand in the Sandbox or Tax Collector for the Welfare State?« American Economic Review 82 (1992), 225ff., hat eine empirische Analyse für die USA versucht. Die Ergebnisse sind, daß sich rund um 1970 eine Schwelle erkennen läßt; vor dieser Zeit hätten die

Grundlage für die Ausweitung der staatlichen Aktivitäten, für die sich, ist das Geld erst einmal vorhanden, allemal gute Gründe finden lassen. Die Möglichkeiten zur Besteuerung aber sind gestiegen, die Kosten der Steuereintreibung – verglichen mit einer wirtschaftlichen Struktur mit zahlreichen verstreuten Kleinunternehmen, mit schwer erfaßbaren landwirtschaftlichen Betrieben und weitverbreiteter administrativer Korruption – wesentlich gesunken. Die Transaktionen in einem Konzern sind leichter erfaßbar, schon weil sie ebenfalls bürokratisch abgewickelt werden müssen, als die Transaktionen eines Bauern oder eines Kleingewerbetreibenden. Es bleiben weniger »schwarze« oder »graue« Transaktionen übrig. Es gibt zudem weniger familiäre Leistungen und weniger Nachbarschaftshilfe. Die Frauen gehen arbeiten und bezahlen Kindermädchen; die Berufstätigen können sich um ihren Vorgarten nicht mehr kümmern und engagieren einen Gärtner; und weil alle früh von zu Hause weg müssen, ist selbst das allfällige Schneeschaufeln irgendwo in Auftrag zu geben. Insoweit der Markt in lebensweltliche Aktivitäten vordringt, also diese in marktförmige umwandelt, werden auch diese besteuert. Damit stehen dem Staat mehr Ressourcen zur Verfügung, die für populäre soziale Projekte ausgegeben werden können. Der Staat ist ein *effizienter Steuereintreiber*, und so kann er ein *ineffizienter Geldausgeber* sein.

5.
Soziokulturelle Impulse.
Zivilisierungsprozesse, Informationen und Erwartungen

Zivilisationskomplementaritäten

Die Bedürfnisse der Individuen verlagern sich im Zuge der gesellschaftlichen Differenzierung und der Herausbildung verfeinerter Sitten und Normen der abendländischen Zivilisation – eine Verlagerung, die nicht zuletzt zugunsten der Leistungen des Staates vonstatten geht. Natürlich gibt es Unterschiede zwischen den Kulturkreisen, die mancherlei Spielräume offenlassen, und der Vergleich des amerikanischen

Steuern die Ausgaben verursacht, danach handelt es sich um zwei kausal nicht zusammenhängende Variablen.

Staates mit den europäischen Wohlfahrtsstaaten macht das deutlich.[108] Aber es gibt offenbar so etwas wie zivilisatorische Komplementaritäten des Wachstums- und Industrialisierungsprozesses in zweierlei Hinsicht.[109]

Erstens differenzieren sich mit der Sicherung materieller Bedürfnisse und der immer langwierigeren Sozialisierung in einen komplexen Sozialverband auch Erwartungen und Anforderungen: Es werden *zusätzliche und subtilere Ansprüche* humanitärer und sozialer Art an die Gesellschaft gestellt. Der Zivilisationsprozeß führt zu einer Sensibilisierung gegenüber alten Sitten und Gebräuchen, aber auch gegenüber hygienischen und sozialen Standards – wie dies etwa Norbert Elias beschrieben hat.[110] In ein Spitalszimmer stellt man keine zwanzig Betten mehr. Schulklassen von fünfzig Schülern werden nicht mehr, wie noch vor wenigen Jahrzehnten, mit Züchtigungen ruhiggestellt. Das Gefühlsleben wird empfindlicher. Vorstellungen über adäquate Lebensbedingungen wandern von einem minimalen Niveau (»Überleben«) zu höheren Ebenen: Ein Zustand des umfassenden Wohlgefühls, ja des Glücklichseins wird angestrebt, und die Voraussetzungen für die Erfüllung dieses Zieles werden von jener Institution eingefordert, die ihre Leistungsfähigkeit in der modernen Welt unter Beweis gestellt hat: vom Staat. Solche Vorstellungen kommen teuer; denn sie legen nahe, daß auch marginale Zustandsverbesserungen jeden Ressourcenaufwand lohnen, zumal dieser von der »Öffentlichkeit« und damit – oberflächlich betrachtet – gratis bereitgestellt wird. Das Spektrum marginaler Zustandsverbesserungen aber ist unendlich, obwohl die Befriedigung in Sättigungsbereiche vorstößt. Es gibt immer noch zu erfüllende Wünsche. Die Wunschliste ist unendlich, und so sind es auch die Ausgaben.

---

[108] Kristen Gronbjerg, David Street und Gerald D. Suttles: Poverty and Social Change, Chicago, Ill. 1978; Anthony King: »Ideas, Institutions and the Policies of Government: A Comparative Analysis«, I and II, British Journal of Political Science 3 (1973), 291-313, 409-423; Gaston Rimlinger: Welfare Policy and Industrialization in Europe and America, New York 1971.

[109] Das bestreitet Sam Peltzman: »The Growth of Government«, Journal of Law and Economics 23 (1980), 209-288. Er findet eine Nachfrageelastizität steigender Einkommen in bezug auf staatliche Güter und Leistungen nahe bei Eins. Die Schlußfolgerung daraus ist, daß steigende Staatsanteile allein dem größeren Engagement des Staates in Umverteilungsaktivitäten geschuldet sind.

[110] Norbert Elias: Über den Prozeß der Zivilisation. Soziogenetische und psychogenetische Untersuchungen, 2 Bde, 6.Aufl., Frankfurt a.M. 1978/79.

Zweitens führt der Aufstieg der *Gleichheitsidee* dazu, daß schichtspezifische Unterschiede in den Lebensbedingungen nicht mehr als schicksalhaft angesehen werden, sondern zur Artikulation politischer Ansprüche führen. Da manche Ökonomen nicht mehr als eine Einkommenselastizität von eins nach Staatsgütern erkennen können, kann man sich mit »Geschmacksveränderungen« hin zu staatlich bereitgestellten Gütern nicht zufrieden geben. In der Tat sind ja die Sozialausgaben, also im wesentlichen Umverteilungsausgaben, die treibenden Kräfte.[111] Die Toleranz gegenüber differierenden gesundheitlichen Standards, die durch jeweils unterschiedliche Lebensumstände bedingt sind, hat abgenommen; die Egalität der Gesundheitschancen wird ebenso eingemahnt wie jene der Bildungs- oder Berufschancen. Durch die Änderung der Einschätzung aber werden diese Güter aus dem »Markt« herausgenommen: Inhaltliche »Gleichheit« ist ein Kriterium, das der Logik von Marktprozessen fremd ist, das vielmehr nach der Staatsintervention ruft. Aber man stößt auf eine unendliche Menge von Ungleichheiten, die zunehmend als untragbar angesehen werden. Wenn die Ungleichheit jugendlicher Entfaltungsmöglichkeiten in allen Teilen der Stadt zum politischen Problem wird, ist eine angemessene Ausstattung mit Jugendzentren und öffentlichen Sportplätzen gefordert. Wenn die Ungleichheit von Teilnahmechancen am Arbeitsmarkt diskutiert wird, muß über die landesweite Ausstattung mit öffentlichen Verkehrsmitteln diskutiert werden (und zwar bis in die abgelegenen Teile des Landes, und sogar besonders dorthin, weil dort das private Angebot sicher nicht rentabel ist). Wenn gleiche Lebenschancen für alle eingemahnt werden, rufen auch »Dicke« nach ärztlicher Hilfe auf Staatskosten. Werden psychologische Probleme als »Krankheiten« definiert und als Benachteiligung angesehen, ist es nur noch ein Schritt zur Schönheitsoperation, die aus Steuergeldern bezahlt werden muß. Die Sozialpolitik wird im Zuge der Realisierung einer *sensibilisierten Gleichheitsidee* nicht nur zu einem kompensatorischen Instrument der wirklich Bedürftigen; ihre Leistungen werden vielmehr zu einem »Recht aller Bürger«. Der Staat wird durch seine Ausgaben zu jener Instanz, die

---

[111] Vgl. Peltzman 1980; P.H. Aranson und Peter C. Ordeshook: »Regulation, Redistribution and Public Choice«, Public Choice 31 (1981), 69-100; Allan H. Meltzer und S.F. Richard: » A Rational Theory of the Size of Government«, Journal of Political Economy 89 (1981), 914-927; Assar Lindbeck: »Redistribution Policy and the Expansion of the Public Sector«, Journal of Public Economics 28 (1985), 309-328.

ein »wahres Bürgertum« verwirklichen soll: Das Recht des Bürgers beginnt nach T.H. Marshalls Darstellung mit den zivilen Rechten des 18. Jahrhunderts, es setzt sich fort in den politischen Rechten des 19. Jahrhunderts, und es findet seine Erfüllung in den sozialen Rechten des 20. Jahrhunderts.[112] Weite Bereiche des Lebens werden »dekommodifiziert«[113], aus der Marktlogik herausgenommen; jeder wird anspruchsberechtigt; und die umgewälzten Gelder nehmen immer größere Dimensionen an.

Auch bei diesen Entwicklungen sind natürlich die Zusammenhänge mit anderen Elementen des Modernisierungsprozesses deutlich. Die Subtilisierung der Gefühle und die Verbreitung von egalisierenden Visionen werden von Interessenten aus der Wirtschaft genutzt, sie werden zum politischen Anliegen im Wettkampf der Parteien und Verbände. Sie werden in legistische Kategorien übersetzt und gewinnen dadurch ihr Eigenleben. Sie prägen Wahrnehmungen und Erwartungen. Ihre expansive Wirkung auf die Staatsausgaben ergibt sich aus diesem Szenarium.

Informationsverzerrung

Die Differenzierung und Komplizierung der Gesellschaft und ihrer Apparate läßt das Informationsproblem in bezug auf politische und finanzielle Angelegenheiten virulent werden. Denn bezüglich öffentlicher Güter, Leistungen und Transfers haben wir es zwar mit keinen Angebots-Nachfrage-Mechanismen wie auf dem Markt zu tun, es sollte sich aber in analoger Weise der Wille der Bürger über politische Wahlmechanismen durchsetzen. Wenn die Wähler mit einer Regierung unzufrieden sind, weil sie die Steuern und öffentlichen Ausgaben in unerwünschte Höhen treibt, wäre demnach zu erwarten, daß eine konkurrierende Partei mit dem Versprechen auftritt, das Finanzierungsvolumen wieder zu senken, und daß diese Partei die nächsten Wahlen gewinnt. Die Kritik an den Staatsausgaben aber lebt ja von der meist verschwiegenen Prämisse, daß das jeweilige Staatsausgabenniveau *nicht* den Präferenzen der Bürger entspricht. Die Bürger *wol-*

---

[112] Thomas H. Marshall: »Citizenship and Social Class« and Other Essays, Cambridge 1950.

[113] Gösta Esping-Andersen: The Three Worlds of Welfare Capitalism, Princeton 1990.

len weniger Steuern. Also *muß* es ein Informationsproblem geben; im schlimmsten Fall werden die Wähler getäuscht.

In einfacheren Systemen sind Informationen über Mengen und Preise wichtiger Güter, über staatliche Steuerabschöpfung und öffentliche Güterbereitstellung eher verfügbar als in dem komplizierten System der modernen Welt. Modernisierungsprozesse machen die Welt zwangsläufig unübersichtlich. Die Wähler wissen kaum Bescheid über ihre Steuerleistungen und die Feinheiten staatlicher Budgets. Anthony Downs kommt aufgrund seiner Annahme, daß sich die Wähler in einem konkurrenzdemokratischen System eher der Kosten als der Vorteile aus öffentlichen Ausgabenprogrammen bewußt seien, zu dem Schluß, daß der Anteil des staatlichen Sektors kleiner sei, als dies optimal wäre.[114] Der Augenschein spricht allerdings eher für die These Buchanans und Wagners, die die umgekehrte Behauptung plausibler finden: Ihres Erachtens unterschätzen Wähler aufgrund ihrer *Fiskalillusion* den Preis der Regierungsleistungen; sie freuen sich über die Leistungen, die sie bekommen, sind aber kaum des Umstands gewahr, daß sie selbst dafür Steuerleistungen erbringen müssen.[115] Tatsächlich erweckt die öffentliche Diskussion oft den Eindruck, daß die Wähler einen riesigen Geldpool des Staates unterstellen, aus dem sich ihre Wünsche belastungsfrei finanzieren ließen. Die Grundwahrheit von der Nichtexistenz eines *free lunch* ist ihnen kaum bewußt geworden. Das aber hat zur Folge, daß der Umfang des »Staates« zu groß ist. Konkrete Programme weisen spürbare Vorteile für die Betroffenen auf, während die dadurch erforderliche Steuerbelastung auf alle Bürger verteilt und daher für den einzelnen nicht mehr spürbar wird. Jeder einzelne hat deshalb den Anreiz, mehr zu verlangen. Dieses Ungleichgewicht wird dadurch verstärkt, daß die Steuertechniken immer komplexer werden und die wahre Steuerlast verschleiert wird.[116]

Die Kostenverzerrung trifft für Systeme, die beispielsweise nach der Art der Krankenversicherungen finanziert werden, deshalb in besonders hohem Maße zu, weil die Beitragszahlung zwischen Arbeit-

---

114 Anthony Downs: »Why the Government Budget is Too Small in a Democracy«, World Politics 12 (1960), 541-563.

115 James M. Buchanan und Richard E. Wagner: Democracy in Deficit. The Political Legacy of Lord Keynes, New York 1977.

116 Wallace E. Oates: »On the Nature and Measurement of Fiscal Illusion. A Survey«, in: Geoffrey Brennan et.al. (Hrsg.): Taxation and Fiscal Federalism, Canberra 1988, 65-82.

gebern und Arbeitnehmern geteilt wird: Es wird dadurch der Anschein erweckt, daß das Sozialversicherungssystem sehr viel billiger ist, als dies tatsächlich der Fall ist. Dem Arbeitnehmer wird nicht bewußt, daß der Arbeitgeberanteil, der für ihn bezahlt werden muß, gleichermaßen seinem Lohn zuzurechnen (und demgemäß als Lohnabzug zu bewerten) ist. Im Gesundheitsbereich stellen solche Informationsprobleme, welche die Grundlage für eine Abschätzung von Vor- und Nachteilen sind, ein noch größeres Problem dar als in anderen Bereichen: als etwa bei einer »alltagspolitischen« Kosten-Nutzen-Analyse von Schwimmbädern und Sportplätzen. Denn schon die Mengenentscheidung im Rahmen der Nachfrage nach Gesundheitsleistungen liegt nicht im Ermessensbereich des Konsumenten, sondern wird im wesentlichen vom Anbieter, das heißt vom Arzt, bestimmt. Da die Behandlung in ausgebauten Versicherungssystemen zu Lasten Dritter, nämlich der Krankenkassen, abgewickelt wird, spielen Preise in dieser Interaktion keine Rolle, sie sind daher weder interessant noch bekannt. Selbst wenn sie bekannt wären, müßten Beurteilungskriterien vorhanden sein, die alle denkbaren Informationsstandards übersteigen: Der Patient müßte über unterschiedliche Behandlungsvarianten, mit den entsprechenden Erfolgswahrscheinlichkeiten und erreichbaren Behandlungsergebnissen, Bescheid wissen, um eine Entscheidung treffen zu können – Informationen, über die meist nicht einmal der Arzt verfügt.[117]

Aber die Gesundheitsmärkte sind üblicherweise so konstruiert, daß diese Erwägungen ohnehin nicht von Belang sind: In der *Rationalitätenfalle*[118] der Krankenversicherung gefangen, die jeden zum »Freerider« macht, ist es für den einzelnen vernünftig, Leistungen des Systems zu nutzen, solange auch nur marginale gesundheitliche Verbesserungen zu erzielen sind, da doch die Kosten nicht selbst zu tragen sind. Es kommt aber auch noch eine *Informationsfalle* hinzu: Das paradoxe Ergebnis ist, daß beide Arten von Informationsverzerrung – die Unterschätzung und die Überschätzung der Kosten – zum selben Ergebnis, nämlich zur intensiveren Nutzung des Systems, führen. Werden die Kosten *unterschätzt*, bestehen keine Barrieren dagegen, ärztliche Hilfe auch in Bagatellfällen in Anspruch zu nehmen, zumal

---

[117] Kenneth J. Arrow: »Uncertainty and the Welfare Economics of Medical Care«, American Economic Review 53 (1963), 941-973.

[118] Philipp Herder-Dorneich: Der Sozialstaat in der Rationalitätenfalle. Grundfragen der sozialen Steuerung, Stuttgart-Degerloch 1982.

nichtmonetäre Kosten (wie Reisekosten und Zeitaufwand) mit steigender Arztdichte weniger wirksam sind. Wenn der Arzt »billig« ist, kann es nicht einmal moralische Einwände dagegen geben, den geröteten Hals von ihm besichtigen und den Schnitt im Finger in der Ambulanz verbinden zu lassen. Werden die Kosten *überschätzt*, besteht also das Bewußtsein bei den Versicherten, daß dieser Apparat sehr viel Geld kostet, werden Anreize wirksam, sich die eigenen Beiträge, so weit es geht, »zurückzuholen«, allenfalls durch Kuraufenthalte und ähnliche Annehmlichkeiten, deren Akquirierung im Rahmen des Systems möglich ist. Solche Neigungen zur Rückgewinnung erbrachter Beiträge werden noch durch Skandale verstärkt, die eine Verschwendungspolitik von Sozialversicherungs-Bürokratien offenkundig werden lassen. Das System ist also auf hohe Nutzung, ja *Übernutzung* programmiert, und angesichts verschiedener Verbesserungstendenzen – einer steigenden Arztdichte, der medizinischen Fortschritte, der besseren Apparateausstattung und dergleichen – wird auch seine expansive Dynamik verständlich.

Erwartungshaltungen

Der Staat der modernen Gesellschaft verliert seine transzendente Überhöhung, er wird nüchtern als Dienstleistungsorganisation und Güterproduzent betrachtet und zum Gegenstand eines Kampfes gegensätzlicher Interessen gemacht. Der Staat wird in die Pflicht genommen, verschiedene Ansprüche der Bürger zu befriedigen. Die soziale und ökonomische Entwicklung hat die Möglichkeit zur Artikulation solcher Forderungen erhöht, da die Spielregeln der Demokratie weitgehende Transparenz verlangen, die Informationsmöglichkeiten und Bildungschancen ausgedehnt wurden und die verbesserten Kommunikationsmittel leichtere Koalitionen zwischen verschiedenen gesellschaftlichen Gruppen ermöglichen. Das hat zur Folge, daß die Verantwortung politisch-bürokratischer Instanzen in all jenen Fällen sofort angerufen wird, die in früheren Zeiten in sozialen Bereichen – wie etwa der Familie – »aufgefangen« oder geduldig dem »Schicksal« zugeschrieben worden wären.

Dadurch aber wird ein *selbstverstärkender Prozeß* ausgelöst: Denn gerade die öffentliche Leistungsbereitschaft löst zusätzliche Erwartungen aus, die sich zu neuerlichen Aufgabenverpflichtungen verfestigen, die wiederum, mit Erfolg absolviert, die Erwartungen höher steigen lassen. So werden nahezu alle Probleme dem Staat zur Lösung zugeschoben; gerade dann, wenn die öffentlichen Leistungen zufriedenstellende Ergebnisse erbracht haben. Das schafft Regierbarkeitsprobleme.[119] Der *allzuständige* ist der *allmächtige* Staat, der Problemlöser par excellence. Diese Annahme ist – nach den Erfahrungen der letzten hundert Jahre – keineswegs unvernünftig. »Die europäischen Bürokratien sind ... – außer man will sie vorsätzlich nicht in ihrer Stärke, sondern in bestimmten Degenerationsformen wahrnehmen – trotz der Tatsache, daß sie genug absprechende Kritik auf sich gezogen haben, die ihre Leistungen verdunkeln sollte, ein gutes Beispiel dafür, daß für die Klienten dieser Institution ein gutes Maß an Freiheit vom Realitätsdruck erst durch die Realisierung eines hochkomplexen Organisationsgefüges herstellbar war.«[120]

Die aus diesen positiven Erfahrungen erwachsende Tendenz, dem Staat immer steigende Leistungen abzuverlangen, wird des öfteren als *Revolution der steigenden Erwartungen* apostrophiert, die nicht nur durch die bereits erörterten politischen Konkurrenzprozesse forciert wird, sondern auch durch den steigenden gesellschaftlichen Wohlstand, das zunehmende Bildungsniveau und die dichtere Kommunikation. Verstärkt werden solche Erwartungen noch durch den ideengeschichtlich rasanten Aufstieg der Gleichheitsidee, die sich vom politischen Bereich auf andere Bereiche des gesellschaftlichen Lebens verbreitet hat und von der schon die Rede war.[121] Das Abstreifen der *Aura* führt dazu, daß der Staat nur noch leisten, nicht aber fordern kann. Er ist keine Instanz mehr, für die man Opfer bringt. Er liefert umfassende und qualitätvolle Leistungen. Die Revolution steigender Erwartungen aber führt zur *Revolution steigender Staatsanteile* – denn die expansive Dynamik der sechziger und siebziger Jahre hat durchaus

---

[119] Wilhelm Hennis, Peter Graf Kielmansegg und Ulrich Matz (Hrsg.): Regierbarkeit. Studien zu ihrer Problematisierung, 2 Bde, Stuttgart 1977/79; Michel Crozier, Samuel P. Huntington und Joji Watanuki: The Crisis of Democracy. Report on the Governability of Democracies to the Trilateral Commission, New York 1975; Joachim Heidorn: Legitimität und Regierbarkeit. Studien zu den Legitimitätstheorien von Max Weber, Niklas Luhmann, Jürgen Habermas und der Unregierbarkeitsforschung, Berlin 1982.

[120] Karl Acham: »Bürokratisierung und Demokratisierung – zur wechselseitigen Kontrolle von Verselbständigungstendenzen«, Geschichte und Gegenwart 1 (1982), 7-41, hier 39.

[121] Vgl. schon sehr früh dazu Robert Theobald: The Rich and the Poor. A Study of the Economics of Rising Expectations, New York 1960.

»revolutionäre« Züge. Die *Revolution der sinkenden Erwartungen* hat in jüngster Zeit zwar die Verdrossenheit mit der Regierung steigen lassen, aber nicht zu einem echten Forderungsverzicht der Bürger geführt. Man erwartet sich zwar weniger vom Staat, hält dies aber für einen Skandal – und in diesem Sinne erwartet man sich eigentlich doch viel mehr, jedenfalls mehr, als er leisten kann. Das hält den Druck aufrecht.

Erosion der Gemeinschaft

Im Prozeß der Durchrationalisierung aller Lebensbereiche der Gesellschaft, aber auch gerade durch die zunehmende Tätigkeit des Staates kommt es zur Zerstörung traditioneller Institutionen, in denen bis zum Modernisierungsprozeß soziale Risiken aufgefangen wurden. Gemeinschaftsstrukturen – wie dörfliche Lebenskreise, Nachbarschaften oder Großfamilien – haben *soziale Netze* geboten, die im Industrialisierungsprozeß löchrig geworden sind. Dadurch aber, daß der Staat sie zu stopfen sich veranlaßt gesehen hat, wird ihr Erosionsprozeß beschleunigt. Zwischenmenschliche Solidaritäten – im Sinne einer unmittelbaren Hilfe von Mensch zu Mensch – sind üblicherweise an kleinere Gemeinschaften gebunden, und für den jeweiligen sozialen Nahbereich existieren sie nach wie vor. Bei entsprechender sozialer Nähe entstehen – um mit David Hume oder Adam Smith zu sprechen – Gefühle der »Sympathie«. Wo Verwandtschaft, Freundschaft und Bekanntschaft bestehen, existieren *altruistische soziale Normen.*[122] Erst mit steigender Gruppengröße, wenn die Regelverletzer schwer identifizierbar werden, wenn die sozialen Beziehungen austauschbar werden, so daß eine Regelverletzung nicht einfach durch reziprokes Verhalten der anderen Individuen unrentabel gemacht wird, und wenn die Erwartungsbildung über das Verhalten der anderen immer schwieriger wird, sind zusätzliche Kontrollvorkehrungen – einschließlich staatlicher Eingriffe – vonnöten. Auf unmittelbare und spontane Steuerung ist dann kein Verlaß mehr. Das Verfahren, durch das solidarisches Handeln realisiert wird, muß umgebaut, das heißt an die Bedingungen einer Großgesellschaft angepaßt werden. Gerade staatliche Sozialversicherungs- und Redistributionsprogramme sind

[122] James M. Buchanan: »Markets, States, and the Extent of Morals«, American Economic Review, Papers and Proceedings 68 (1978), 364-368.

jene Instrumente, mittels derer in einer »Gesellschaft« – statt in einer »Gemeinschaft« – *kollektive Solidarität* organisiert wird. Solidarität wandert also aus dem »privaten« in den »öffentlichen« Bereich. Was früher private Ressourcentransfers waren, das werden nun die Sozialtransfers, die im Staatsbudget aufscheinen.[123]

Zwei Wirkungen treffen also zusammen: Durch sozialökonomische Änderungen – allein schon durch die Etablierung einer »Großgesellschaft« – ergeben sich staatliche Eingriffsnotwendigkeiten; und sobald eine staatliche Einrichtung die Obsorge übernimmt, entledigt sich der einzelne der ihm verbliebenen Lasten. Der Eintritt des Staates in sozialpolitische Verpflichtungen löst einen prompten *Anstrengungsverzicht* nichtstaatlicher Träger aus. Denn wenn auf individueller Ebene wirksame Solidarität nicht »eingeübt« wird, schwindet die Fähigkeit, solidarisch zu handeln; zudem ruft praktisch ausgeübte Solidarität weitere solidarische Handlungen hervor: Wenn Individuen für ihre Überzeugungen Opfer gebracht haben, so wollen sie durch weitere Handlungen vermeiden, daß ihr Opfer vergebens oder fehlgeleitet war. Solidarisches Handeln kann also in positiver und in negativer Richtung eine eigendynamische Beschleunigung erfahren. Es ist unsinnig, über die *Vakuumthese* (der Staat dringt in freigewordene soziale Bereiche vor) und die *crowding-out-These* (staatliche Eingriffe bewirken privaten Solidaritätsverzicht) zu streiten[124]; es handelt sich selbstverständlich um einen Prozeß der wechselseitigen Verstärkung.

Im Prozeß der Solidaritätsverschiebung auf staatlich-administrative Vorkehrungen ist natürlich in erster Linie auf den »Funktionsverlust« der Familie hinzuweisen, der freilich auch als »Funktionsentlastung« – als Freisetzung für andere Aufgaben – oder als Intensivierung der Arbeitsteilung gesehen werden kann; er hat jedenfalls eine Fülle von sozialpolitischen Aufgaben dem Staat zugeschoben. Hierbei treten die selbstverstärkenden Effekte klar zutage: Jede erfolgreiche Aktivität legitimiert sich selbst und trägt zur weiteren Expansion staatlicher

---

[123] Natürlich ist eine ganze Reihe von Gründen für den Zerfall von »Gemeinschaften« unterschiedlicher Art verantwortlich, vom Zerfall der Arbeiterklasse bis zu modernen Wohnbedingungen, von der Erwerbstätigkeit der Frauen bis zum Fernsehen. Vgl. dazu Robert D. Putnam: »The Strange Disappearance of Civic America«, The American Prospect (1996) No. 24, Winter 34-48; »Tuning In, Tuning Out: The Strange Disappearance of Social Capital in America«, PS. Political Science and Politics 28 (1995), 664-683.

[124] Vgl. Richard E. Wagner: To Promote the General Welfare. Market Processes vs. Political Transfers, San Francisco 1989.

Aufgaben und Ausgaben bei. Nun würde es das herkömmliche Arbeitsteilungs-Argument nahelegen, mit dieser Verlagerung der Betreuung auf professionelle Träger eine Steigerung der Effizienz anzunehmen; doch dies muß keineswegs der Fall sein: Eine multifunktionale Einrichtung wie die Familie mag für *unregelmäßig anfallende Betreuungsaufgaben verschiedenster Art* am besten geeignet sein, so daß sich die Frage nach der optimalen Aufgabenteilung stellt: Wie sollen Bagatellfälle (etwa im medizinischen und im Pflegebereich) behandelt werden, wenn familiäre und nachbarschaftliche Kenntnisse und Dienste ausfallen? Wenn dieses Effizienzargument zugunsten der Familie richtig ist, bringt die Verlagerung der Gesundheitsdienstleistungen in den öffentlichen Raum nicht nur eine entsprechende Verlagerung der Geldflüsse mit sich, sondern auch einen wesentlich erhöhten Aufwand. Arbeitsteilungsvorteile können durch Transaktionskosten überkompensiert werden.

Daß »privat-altruistische« Institutionalisierungen unter dem Konkurrenzdruck öffentlicher Einrichtungen versiegen, zeigen die philanthropischen Geschenke und Stiftungen von seiten wohlhabender Bürger, die in den Vereinigten Staaten eine lebendige Tradition darstellen. Nun hat sich beispielsweise gezeigt, daß in den letzten Jahren gewinnorientierte Unternehmungen auf dem Gesundheitssektor wesentlich an Terrain gegenüber den Non-Profit-Organisationen gewonnen haben; und diese Entwicklung wird, da sich Indizien für eine endogene Präferenzänderung zu Lasten altruistischer Haltungen kaum nachweisen lassen, im wesentlichen auf die steigende Obsorge staatlicher Einrichtungen zugunsten von Niedrig-Einkommens-Familien und unversicherten Personen zurückgeführt.[125] Solidarität läßt sich, wie dieser Fall zeigt, mobilisieren, wenn soziale »Lücken« namhaft gemacht werden können; aber private Spendenmotivationen lassen sich verständlicherweise nicht wachrufen, wenn diese Gelder neben kollektiv-staatliche Zahlungen treten sollen, die denselben Aufgaben gewidmet sind. Die Erosion altruistisch begründeter Transfers und Dienste läßt staatliche Sozialausgaben anschwellen.

125 Mark V. Pauly: »Nonprofit Firms in Medical Markets«, American Economic Review, Papers and Proceedings, 77 (1987), 77, 257-262; Burton A. Weisbrod: The Voluntary Non-Profit Sector. An Economic Analysis, Lexington 1977.

6.
Wissenschaftlich-technische Impulse. Machbarkeit und Kapitalaufwand

Machbarkeit

Der moderne Interventionsstaat – und besonders der Wohlfahrtsstaat – kann nur in den Kategorien der modernen Welt gedacht werden. Monarchen, Häuptlinge, Gutsherren, überhaupt Herrscher beliebiger Art können Gnadengeschenke verteilen; die Idee, ein gesellschaftliches System als »Wohlfahrtsstaat« zu gestalten, setzt nicht nur eine moderne Bürokratie, sondern – grundlegender – die Idee der *Gesellschaft* als einer distinkten Kategorie und die Idee der *Machbarkeit* dieser Gesellschaft voraus. Die Industriegesellschaft hat nicht mit ihrer »Revolution« – am Ende des 18. Jahrhunderts oder im 19. Jahrhundert – begonnen. Zumindest seit dem Beginn der Neuzeit tritt die Welt aus ihren Bindungen heraus, beginnen sich Kräfte zu regen, die Wandel und Fortschritt bedeuten. Im selben Prozeß beginnt der Mensch, sich dieses Wandels bewußt zu werden, und er deutet ihn als Geschehen, das seinem eigenen Können entspringt. Der Optimismus, schaffen und gestalten zu können, drückt sich in der Kategorie des *»Fortschritts«*[126] aus: Es geht aufwärts. Alles wird besser. Wir machen es besser.

[126] Vgl. Robert A. Nisbet: History of the Idea of Progress, New York 1980; Raymond Aron: Fortschritt ohne Ende, Gütersloh 1970; John B. Bury: The Idea of Progress, New York 1955; Leslie Sklair: Die Soziologie des Fortschritts, München 1972; R.W. Meyer: Das Problem des Fortschritts – heute, Darmstadt 1969; Erich Burck: Die Idee des Fortschritts. Neun Vorträge über Wege und Grenzen des Fortschrittsglaubens, München 1963; Lothar Roos: Humanität und Fortschritt am Ende der Neuzeit, Köln 1984; Raffaello Franchini: L'Idea di Progresso: Teoria e Storia, 2. Aufl., Napoli 1979; Hans Peter Dreitzel (Hrsg.): Sozialer Wandel. Zivilisation und Fortschritt als Kategorien der soziologischen Theorie, Neuwied und Berlin 1967; Christopher Lasch: The True and Only Heaven. Progress and Its Critics, New York 1991; Maja Silvar (Hrsg.): Was ist Fortschritt? Bern 1979; Hermann Lübbe: Zeit-Verhältnisse: Zur Kulturphilosophie des Fortschritts, Graz 1983; John Baillie: The Belief in Progress, London 1950; Emmanuel Todd: The Causes of Progress: Culture, Authority, and Change, Oxford und New York 1987; Samuel L. Macey: The Dynamics of Progress: Time, Method, and Measure, Athens 1989; Friedrich Rapp: Fortschritt: Entwicklung und Sinngehalt einer philosophischen Idee, Darmstadt 1992; Ulrich Schondorfer (Hrsg.): Der Fortschrittsglaube. Sinn und Gefahren, Graz 1965; Leland Mathis: Notes on the Theory of Progress, Riverside, Ill. 1951; Horace Meyer Kallen: Patterns of Progress, New

Das gilt zunächst für die *Makroebene.* Wenn die Gesellschaft *gestaltbar* wird, werden Gestaltungsansprüche virulent. Erfahrungen, die vorher mit der Kategorie des »Schicksals« hinreichend erfaßt und in religiösen Bezügen »erklärt« werden konnten, geraten in den Bereich menschlicher Verantwortung. Wenn Krankheit als Bestrafung einer Sünde gedeutet wird und das Elend der Familie als Ergebnis unbeeinflußbarer Mißernten erscheint, liegt eine apathische Reaktion – beten oder weinen – nahe. Christliche Mitmenschlichkeit oder Gnadengaben mögen Leid da und dort mildern, können aber am Grundtatbestand nichts ändern. Wenn die Mechanismen der Gesellschaft hingegen »durchschaubar« erscheinen, lassen sich Risiken *voraussehen* – und das heißt: möglicherweise *abwenden.*[127] Wenn der typische Lebenslauf *berechenbar* wird, wird die Risikenbeseitigung *planbar.* Es entsteht die *Idee* eines risikominimierenden Eingriffs; daran schließt sich die *Möglichkeit* eines Eingriffs; schließlich die *Forderung* des Eingriffs. Man schreitet nicht mehr schicksalsergeben in die Zukunft; man will die Zukunft in den Griff bekommen. Der Staat tritt an die Stelle des Schicksals. *Schicksal wird unplausibel.* Denn wenn der Mensch die Zustände und Entwicklungen dieser Welt gestalten kann, dann ist er auch für alle Unvollkommenheiten, für Elend und Leid, verantwortlich. Solange auch nur irgendwo ein Unglück besteht, liegt es am mangelnden Können oder mangelnden Wollen: Mangelndes *Können*, defizitäre Durchschlagskraft, wird nicht hingenommen; mangelndes *Wollen* muß die Suche nach den Schuldigen an den unerfreulichen Zuständen auslösen. Man schafft Institutionen und betraut sie mit jenen Aufgaben, die nun in den Blick geraten: mit der *vollständigen Beseitigung des Unglücks.* Das ist eine anspruchsvolle und teure Aufgabe. Sie benötigt viel Geld: für die vollständige Beseitigung der Krankheit, für die volle Entfaltung der Schüler, für die Eliminierung der Armut.

York 1950; Frank J. Yartz, David J. Hassel und Allan L. Larson: Progress and the Crisis of Man, Chicago 1976; Krishan Kumar: Prophecy and Progress: The Sociology of Industrial and Post-industrial Society, London 1978; Jeffrey C. Alexander und Piotr Sztompka (Hrsg.): Rethinking Progress. Movements, Forces, and Ideas at the End of the 20th Century, London 1990. – Zum spezifischen amerikanischen Kontext vgl. besonders David W. Marcell: Progress and Pragmatism: James, Dewey, Beard, and the American Idea of Progress, Westport, Conn. 1974; Margarita Mathiopoulos: Amerika, das Experiment des Fortschritts: Ein Vergleich des politischen Denkens in den USA und Europa, Paderborn 1987.

127 Vgl. Niklas Luhmann: Soziologie des Risikos, Berlin und New York 1991.

Das gilt auch für die *Mikroebene.* Es trifft für kaum einen Bereich des menschlichen Lebens in solchem Maße zu wie für die Gesunderhaltung, daß der Aufstieg der modernen Wissenschaft viele Phänomene, die in traditionellen Gesellschaften hingenommen und allenfalls religiös bewältigt werden konnten, in den Bereich der Machbarkeit und Gestaltbarkeit gerückt hat – Vorstellungen, die spätestens seit der abendländischen Aufklärung allgemeine Verbreitung gefunden haben. Aber eine *überzogene Machbarkeitsvorstellung* kann zu kostenintensiven Irrtümern verleiten: beispielsweise zu individuellen Verhaltensweisen, die heute als Entfremdung von der eigenen Körperlichkeit, als Fehleinschätzung von Umweltgegebenheiten oder als Mißbrauch sozialpolitischer Einrichtungen betrachtet werden – mit finanzpolitischen Folgen. So ist ein beträchtlicher Teil der Gesundheitsausgaben durch Charakteristika des *Lebensstils* bedingt. Dies trifft für Ernährungsgewohnheiten, Alkohol und Nikotin, aber auch für Bewegungsarmut oder die riskante Nutzung von Automobilen zu. Die Menschen können mit ihrem Körper nicht mehr umgehen, weil sie darauf vertrauen, daß die Experten dafür Sorge tragen. Durch gesundheitsschädigende Verhaltensweisen, die (in diesem Falle) beim besten Willen nicht (nur) auf Gegebenheiten des modernen Wirtschaftssystems reduziert werden können, werden steigende Kosten hervorgerufen.

So läßt sich bei den Bürgern moderner Industriegesellschaften eine *gläubige Konsumentenhaltung* auch in medizinischen Bagatellfällen beobachten: »Störungen« in der Maschinerie des Körpers sollen chemisch-technisch kompensiert werden, die Einnahme einiger Pillen soll den Organismus wieder »reparieren« – eine Erwartungshaltung, die dazu führt, daß überhöhte Medikamentenvergaben (zum Beispiel eine Behandlung mit diversen Medikamenten auch in jenen Fällen, in denen dies keinen Erfolg verspricht) getätigt werden, um den Arztkunden zufrieden zu stellen. Das läßt die öffentlichen Ausgaben expandieren.[128]

---

128 Es sei auf die unterschiedliche Akzentuierung von Argumenten hingewiesen, die auf den ersten Blick als Wiederholung erscheinen können. Im vorigen Abschnitt wurde ja gleichfalls die Inanspruchnahme medizinischer Leistungen in Bagatellfällen angesprochen; sie wurde in diesem Zusammenhang aber damit begründet, daß die materiellen Anreize der gegebenen Situation es für den einzelnen rational erscheinen lassen, ärztliche Dienste extensiv zu nutzen. Im vorliegenden Fall wird eine ganz andere Motivation erörtert, nämlich die naiv-modernistische Machbarkeitshaltung gegenüber dem eigenen Körper, die es erst als sinnvoll er-

Kapitalaufwand

Die Tendenz zu relativ *steigenden* Staatsausgaben ist aus vielen Gründen bereits dann zu beobachten, wenn man die *Kostenintensität der Staatseingriffe konstant* hält. Darüber hinaus gibt es Indizien dafür, daß die *Kostenintensität zusätzlicher Staatseingriffe steigt:* Je komplizierter und tiefgreifender die Maßnahmen werden, um so teurer werden sie sein; dies läßt sich nach dem Prinzip *steigender Grenzkosten* erwarten. Eine Beschleunigung des Verkehrs läßt sich zunächst durch eine einfache Asphaltierung der Straßen erreichen; ungleich teurer ist ein effizientes Autobahnnetz mit Brücken und Tunnels; am teuersten sind zusätzliche weitreichende öffentliche Hochleistungssysteme. Die Sterberate läßt sich zunächst mit billigen Impfaktionen entscheidend senken; der Aufbau eines umfassenden Gesundheitssystems für einen Großteil der Bevölkerung ist teurer; in den hochindustrialisierten Ländern die durchschnittliche Lebenserwartung noch um weitere zwei oder drei Jahre zu steigern, verschlingt enorme Summen. Auch im ökologischen Aufgabenbereich wird langsam deutlich, daß die Beseitigung von Altlasten, die weit teurer ist als die Verhinderung von Emissionen, im wesentlichen aus öffentlichen Geldern zu finanzieren sein wird. Die Staatsquote gewinnt also nicht nur Auftrieb durch überproportional steigende Aufgaben, die als komplementäre Aufgaben zum Wirtschaftsprozeß und im Zuge einer Verdichtung von Externalitäten anfallen, sondern sie erhalten eine zusätzliche Beschleunigung durch die *steigende Kostenintensität und Kapitalintensität* dieser Aufgaben.

Jene Güter, die vom Staat angeboten werden, müssen heute zudem in *besserer Qualität* geliefert werden, und auch dies ist im allgemeinen mit wesentlich erhöhten Kosten verbunden. So soll auch der Lebensstandard der Pensionisten mit dem Anstieg der Lebensqualität der Berufstätigen mithalten können, und die Erhöhung der Transfers zusammen mit der demographischen Entwicklung führt in finanzielle Engpässe. Spitäler und Pflegeheime sollen keine Massenversorgungs-

---

scheinen läßt, ärztliche Hilfe auch in Bagatellfällen in Anspruch zu nehmen. Hier geht es also um den Glauben, daß sich auch die Grippe am besten durch die Einnahme einer chemischen Substanz bekämpfen läßt; dort geht es um die nicht vorhandenen Hemmungen, ärztliche Hilfe selbst bei einer selbst kurierbaren Grippe in Anspruch zu nehmen, wobei und weil bereits vorausgesetzt wird, daß die Dienstleistung des Arztes hierbei von Nutzen ist.

anstalten sein, sondern individuell gestaltbare Umwelten und Gemeinschaftseinrichtungen bieten. Autobahnen sollen nicht mehr die Umgebung zerstören, sondern durch Tunnels führen und mit Lärmschutzwänden versehen sein. Bei den Schulen ist es nicht mehr mit Tischen, Bänken und Büchern getan; sie brauchen für eine bessere Ausbildung ihrer Schüler Chemie-, Physik-, Kunst-, Medienräume und andere spezielle Einrichtungen, sie brauchen Bibliotheken und vernetzte Computersysteme. Öffentliche Transportsysteme müssen in einer schnellebigen Zeit ein zeitlich dichteres Angebot bieten, um angenommen zu werden. Das am meisten diskutierte Beispiel für die (unter anderem) technisch induzierte Kostenexplosion ist wiederum die Medizin. Der Aufschwung der modernen Medizin beruht auf chemisch-biologischen Errungenschaften auf den Gebieten der Bakteriologie und Immunologie, auf Verbesserungen der chirurgischen Technik, auf Erfindungen wie DDT, Sulfonamiden und Antibiotika; über diese Kernbereiche hinaus hat aber das Repertoire an Medikamenten und das industrielle Angebot an diagnostischen und therapeutischen Apparaturen eine ungeahnte Ausweitung erfahren. Diese Erfolge waren ja erst die Voraussetzung dafür, daß Gesundheit begonnen hat, die Natur eines käuflichen Gutes anzunehmen; zugleich allerdings wurde der Erwerb dieses Gutes weit teurer als vorher.

Nun läßt sich daraus die triviale Folgerung ableiten, daß mit der Verfügbarkeit dieser Güter auch die Gesundheitsausgaben steigen müssen; aber der steigende Aufwand hat natürlich auch mit institutionellen und politischen Prozessen zu tun. Wenn man, neben dem Zugeständnis gewisser Humanitäts- und Gemeinwohlgefühle, den Ärzten einen relativ rationalen Umgang mit ihren Einkommenschancen unterstellt, ist es nicht abwegig, angesichts einer steigenden Arztdichte anzunehmen, daß auch sie wie jeder Privatunternehmer ihr Einkommen halten oder steigern wollen. Trotz härterer Konkurrenz können die Einkommensniveaus verteidigt werden, wenn versucht wird, die Behandlungsdauer pro Patient zu verkürzen, also die Arbeitsintensität zu steigern: Die Pharmaindustrie leistet Unterstützung, indem sie in vielen Fällen durch Breitbandmedikamente genaue Diagnosen überflüssig macht; und auch eine gute Organisation – der effiziente Einsatz von Hilfskräften – bringt Produktivitätsgewinne. Aber dies stößt an Grenzen, besonders in jenen Ländern, in denen Ärzte selbst von ihren Kollegen nicht (als Dienstnehmer) angestellt werden dürfen. Das Angebot medizinischer Dienstleistungen kann dennoch gesteigert werden, und zwar vor allem mit Hilfe der in immer größerer Zahl verfügbaren medizinisch-technischen Apparaturen, die auch von mittelqualifizierten Assistent(inn)en bedient werden können – was den Arzt keine Zeit kostet und deshalb weit rentabler ist. Die Ausweitung ärztlicher Tätigkeiten geht also mit *steigender Kapitalintensität* einher, soweit der Maschineneinsatz zu seinem Einkommen beiträgt. – Weiters ist anzunehmen, daß der Arzt sein Risiko für den Fall, daß etwas »schiefgeht«, verringern will – vor allem angesichts zunehmend kritischerer Patienten, die den Mediziner nicht mehr als juristisch »immun« ansehen, und angesichts zunehmend »gefährlicherer« Haftungsfälle. Wenn ihm zusätzliche Untersuchungen keine Kosten verursachen bzw. diese Kosten möglicherweise sogar gewinnträchtig abgegolten werden, wird er darnach trachten, nicht nur die diagnostisch notwendigen Daten zu erhalten, sondern möglichst viel »Beweismaterial« herbeizuschaffen – und die breite Palette diagnostischer Apparaturen, deren Einsatz auf Kosten der öffentlichen Kassen erfolgt, bietet sich hiefür an. – Die beiden Beispiele zeigen, daß es nicht nur der quasiautonome Prozeß zu einer »Apparatemedizin« ist, der zum erhöhten Aufwand führt, sondern daß auch Anreize, die in der Logik der persönlichen Lage begründet sind, zum steigenden Aufwand führen: Sowohl in der Diagnose als auch in der Behandlung resultieren erhöhte Kosten. Die Verbesserung der medizinischen Versorgung – durch mehr Ärzte und Spitäler – intensiviert automatisch den konkurrenzbedingten Expansionsdruck. Die Gesundheits- und damit die Sozialausgaben steigen aufgrund eines durch die Logik der Situation bedingten *over-treatment*.

7. Demographische Impulse. Die Überalterung der Gesellschaft

Überalterung

Der Wohlstand und die mit ihm geänderten Lebensbedingungen, die gute Ernährung und die bessere Hygiene, die von zahlreichen Risiken befreite und somit weitgehend friedliche Umwelt, die leistungsfähige und sophistizierte Medizin, – diese und andere Veränderungen haben zu einer wesentlich gestiegenen Lebenserwartung in den Industrieländern geführt.[129] Die Modernisierungsprozesse lassen aber auch die Geburtenrate sinken. Die Zahler für den Wohlfahrtsstaat werden weniger, die Nutzer aus den älteren Jahrgängen werden mehr. Die demographischen Veränderungen führen zur Krise jener Sozialaufwendungen, die in erster Linie höheren Altersgruppen zugute kommen. Das sind in erster Linie Pensionszahlungen, aber auch die sehr hohen Gesundheitsaufwendungen, die für ältere Jahrgänge getätigt werden müssen.

In den letzten Jahrzehnten hat sich die materielle Situation der älteren Jahrgänge in den meisten Wohlfahrtsstaaten entscheidend verbessert; Armut ist nicht mehr ein spezielles Problem der Alten. In vielen Ländern können sie auf eine bessere Einkommens- und Lebensstandardentwicklung zurückblicken als die aktiven Jahrgänge. Aber die einmal installierten Pensionssysteme gehören auch zu den dynamischesten Programmen, was die Kosten betrifft. In Anbetracht der demographischen Entwicklungen geraten die meisten Systeme am Ende der zwanziger Jahre des nächsten Jahrhunderts in gravierende Schwierigkeiten. Die Prognosen sind viel zuverlässiger als andere Vorhersagen: Denn die Nutznießer sind abzählbar, und auch die meisten Zahler leben bereits. Will man die gegenwärtigen Leistungen (bei vernünftigen Annahmen über die Wirtschaftsentwicklung) aufrechterhalten, sind in den Staaten mit besser ausgebauten Systemen der Altersvorsorge zusätzlich zwanzig Prozent des Sozialprodukts erforderlich, und kaum jemand kann sich vorstellen, daß diese Ausgaben in der Tat finanzierbar wären. Dazu sind die Ausgaben aus dem zweiten ausgabenträchtigen Programm, den Gesundheitsausgaben, ebenfalls in besonderem Maße auf ältere Personen ausgerichtet.

---

[129] Clement F. Hobbs: The Global Analysis of Life Expectancy and Infant Mortality, Ottawa 1992; Karl Martin Bolte, Dieter Kappe und Josef Schmid: Bevölkerung. Statistik, Theorie, Geschichte und Politik des Bevölkerungsprozesses, 4. Aufl., Opladen 1980; Jürg A. Hauser: Bevölkerungslehre für Politik, Wirtschaft und Verwaltung, Bern und Stuttgart 1982; Arthur E. Imhof: Lebenserwartungen in Deutschland vom 17. bis 19. Jahrhundert, Weinheim 1990; ders.: Reife des Lebens. Gedanken eines Historikers zum längeren Dasein, München 1988; ders.: Die Lebenszeit. Vom aufgeschobenen Tod und von der Kunst des Lebens, München 1988; Nancy Foner: Ages in Conflict, New York 1984; Beth B. Hess und Elizabeth Markson (Hrsg.): Growing Old in America, 3rd ed., New Brunswick, NJ 1984; David I. Kertzer und Peter Laslett (Hrsg.): Aging in the Past. Demography, Society, and Old Age, Berkeley 1995; Georgia M. Barrow: Aging, the Individual, and Society, 6th ed., Minneapolis-St. Paul 1996; James H. Schulz: The Economics of Aging, 3rd ed., New York 1985.

Blinddarmoperationen bei Kindern und Galleoperationen bei Erwachsenen sind vergleichsweise billig vorzunehmen, gebrochene Knochen bei Kindern und Zwölffingerdarmentzündungen bei Erwachsenen vergleichweise billig zu behandeln; ältere Menschen hingegen müssen langwierig nach Herzinfarkten behandelt werden, das Einsetzen künstlicher Hüftgelenke ist aufwendig, und Organtransplantationen sind noch teurer. Ältere Menschen leiden auch an chronischen Erkrankungen, die eine dauernde Behandlung erfordern. Die modernen Lebensbedingungen, insbesondere die Berufstätigkeit der Frauen, lassen zudem immer weniger erwarten, daß ältere Menschen im Familienkreis gepflegt werden können, und Institutionen zur Finanzierung und Leistung von Pflegediensten wachsen kräftig.[130]

In den meisten Fällen ist es nicht zwingend, daß die Kosten zur Gänze oder in erheblichem Maße vom Staat getragen werden, doch die Logik der Entwicklung in den europäischen Wohlfahrtsstaaten läuft darauf hinaus, die bisherigen Systeme der Altersvorsorge und der Gesundheitsbetreuung auszubauen. Es ist auch damit zu rechnen, daß sich politischer Druck entwickelt, der in die Richtung eines weiteren Ausbaus dieser Systeme wirkt. Denn mit der Verschiebung der demographischen Gewichte ist die Mehrzahl der Wähler, auf die Politiker achten müssen, nicht mehr im Alter zwischen 18 und 44 Jahren, sondern älter.[131] Wer in den sechziger Jahren, also im Baby-Boom, geboren wurde, erreicht in den zwanziger und frühen dreißiger Jahren des nächsten Jahrhunderts das Pensionsalter. Wenn die Interessen dieser quantitativ stärkeren Alterskohorte zum Tragen kommen, wird sich das auch bei jenen Transferzahlungen niederschlagen, die der älteren Bevölkerung zugutekommen. Selbst wenn die Trends der letzten Jahrzehnte nicht fortgesetzt werden können, ist es doch unwahrscheinlich, daß ihre sozialen Sicherungssysteme radikal beschnitten werden. Selbst ein »Anpassungsprozeß«, der für sie gleich schmerzlich ist wie für die Beitragszahler und eine Erhöhung des Pensionsalters einschließt, wird aber die Staatsausgaben weiter ansteigen lassen. Es

---

130 Michael Bury und Anthea Holme: Life After Ninety, London und New York 1991; James S. Frideres und C.J. Bruce (Hrsg.): The Impact of an Aging Population on Society, Calgary 1994; W.J.A. van den Heuvel et.al. (Hrsg.): Opportunities and Challenges in an Ageing Society, Amsterdam und New York 1992; Richard Posner: Aging and Old Age, Chicago 1995.

131 Vgl. Dieter Bös und R.K. von Weizsäcker: »Economic Consequences of an Aging Population«, European Economic Review 33 (1989), 345-354.

gilt auch das Umgekehrte: Wenn es um Sparmaßnahmen geht, ist bei den Alten viel zu holen.[132]

8.
Internationale Impulse. Kosten der Weltgesellschaft

Verteidigung

Der Kalte Krieg ist zu Ende.[133] Die kommunistischen Staaten sind zusammengebrochen. Europa befindet sich im Einigungsprozeß. Die friedlichen Aussichten sollten die Staatsbudgets entlasten; schließlich haben die Rüstungsausgaben der USA in der ersten Hälfte des Jahrhunderts (außerhalb der Kriegszeiten) rund 1 Prozent, in der zweiten Hälfte rund 7 Prozent betragen, und sie waren zwischen 1940 und 1990 für mehr als ein Drittel des Zuwachses des Staatsanteils verantwortlich. Die Sowjetunion und die Vereinigten Staaten haben beträchtliche Teile ihrer Staatsausgaben dafür aufgewendet, für den

---

[132] Das ist gar nicht zynisch gemeint. Erstens gibt es bei ausgebauten Pensionssystemen weite Bereiche der Überversorgung (etwa bei Doppelpensionen). Zweitens zeigt das Verhalten der Älteren, daß sie so viel Geld, wie sie bekommen, nicht brauchen; denn ihre Sparquote ist hoch. Drittens: Viel von ihrem Pensionsgeld kommt wiederum ihren Kindern zugute. (Nebenbemerkung: Das könnte man auch für sinnvoll und wichtig halten, weil es die »Wertschätzung« und das »Prestige« der Elterngeneration erhöht). Viertens: Die Ressourcen, die ihnen zugute kommen, sind auch nach Gerechtigkeitskriterien zu hoch; die gegenwärtige Jugendgeneration hat vermutlich während ihres aktiven Lebens besonders hohe Zahlungen zu leisten und wird sich sicher mit geringeren Auszahlungen zufrieden geben müssen, während die gegenwärtige Altengeneration während des aktiven Lebens wenig Einzahlungen zu leisten hatte, aber fürstliche Pensionen bezieht. (Einwand: Sie war während ihres Lebens mit besonderen Belastungen – Kriegen – konfrontiert, und schließlich hat sie die Luxusgesellschaft aufgebaut. Sie hat sich das verdient. Aber ob die nächste Generation wirklich mit geringeren Belastungen zu kämpfen haben wird – Umwelt –, bleibt abzuwarten).

[133] Martin Walker: The Cold War. A History, New York 1995; Thomas W. Simons, jr.: The End of the Cold War? Houndsmills, Basingstoke 1990; Michael J. Hogan (Hrsg.): The End of the Cold War. Its Meaning and Implications, Cambridge und New York 1992; Pierre Allan und Kjell Goldmann (Hrsg.): The End of the Cold War. Evaluating Theories of International Relations, Dordrecht und Boston 1992; William Hyland: The Cold War is Over, New York 1990; Randall Bennett Woods und Howard Jones: Dawning of the Cold War. The United States' Quest for Order, Chicago, Ill. 1994.

großen Schlagabtausch gerüstet zu sein, und letztlich hat das SDI-Projekt wohl dazu beigetragen, das kommunistische System »totzurüsten«. Aber auch die anderen Groß- und Mittelmächte hatten ihren Teil an der Last zu tragen. Daß alles dies überflüssig geworden ist, sollte Ressourcen freisetzen.[134]

Das kann freilich nur langsam geschehen. Die Rüstungsindustrie ist ein bedeutender Wirtschaftsfaktor, besonders in regionaler Hinsicht, und manche Staaten suchen sich neue Abnehmer in der Dritten Welt. Aber zumindest auf lange Sicht sollte sich für den Staat eine Entlastung ergeben.[135] Aber es treten auch neue Herausforderungen für die staatlichen Budgets auf.[136] Europa wird zu einem Bollwerk gegen

[134] Thomas H. Naylor: The Cold War Legacy, Lexington, MA 1991; Jeffrey Robinson: The End of the American Century. Hidden Agendas of the Cold War, London 1992; Richard L. Kugler: Commitment to Purpose. How Alliance Partnership Won the Cold War, Santa Monica, CA 1993; Dana H. Allin: Cold War Illusions. America, Europe, and Soviet Power, 1969-1989, New York 1995; Martin Walker: The Cold War and the Making of the Modern World, London 1993; Patrick Glynn: Closing Pandora's Box. Arms Races, Arms Control, and the History of the Cold War, New York 1992.

[135] Herbert Wulf (Hrsg.): Arms Industry Limited, Solna und New York 1993; Ann R. Markusen und Joel Yudken: Dismantling the Cold War Economy, New York 1992; Jürgen Brauer und Manas Chatterji (Hrsg.): Economic Issues of Disarmament. Contributions from Peace Economics and Peace Science, New York 1993; Ethan B. Kapstein: The Political Economy of National Security. A Global Perspective, New York 1992. – Die Entlastung sollte schon deshalb gegeben sein, weil die Rüstungsausgaben immer als einer jener Bereiche gegolten haben, in denen sich Ineffizienzen besonders breitmachen können. Dort steht das Monopol der Regierung als Nachfrager sehr häufig dem Monopol bestimmter Firmen als Anbieter gegenüber. Preise werden nicht durch Märkte festgesetzt. Es ist ein besonders unsicherer und forschungsintensiver Bereich. Die Verhältnisse im Rüstungssektor haben auch Folgen für andere Staatsausgaben. Kritiker haben den Verdacht geäußert, daß für den amerikanischen Fall auch Ereignisse wie der Golfkrieg, Panama, Grenada, Somalia, Haiti und Bosnien vor dem Hintergrund des Umstands zu verstehen sind, daß der militärische Einsatz eine Rechtfertigung für jene Rüstungsausgaben zu liefern hat, für die nach dem Ende des Kalten Krieges nur noch schwer zu argumentieren ist.

[136] Das verfügbare Potential aus dem Rüstungsbereich wird von gutwilligen Menschen ohnehin sehr häufig überschätzt. Es sind in Wahrheit nur die Supermächte, die größeren Aufwand treiben (von Ländern der Dritten Welt abgesehen), die USA etwa in der Größenordnung von knapp 6% des Sozialprodukts. (Und natürlich kann man die Ansicht vertreten, daß jeder Dollar für die Rüstung zuviel ist). Die größeren Mächte liegen aber bereits deutlich niedriger, Frankreich etwa bei 3,7%, Großbritannien bei 4,2%, Westdeutschland bei 2,8%, Italien bei 2,4%. Die meisten anderen Staaten verwenden rund 2% ihres Sozialprodukts für Militärausgaben. Niedriger liegen noch Japan und Österreich mit rund 1%. Die große

periphere und instabile, von Konflikten und Bürgerkriegen bedrohte Staaten im Osten und Süden des Kontinents. Die südlichen Teile der Sowjetunion bleiben Krisenherde. Der Reformprozeß in manchen Nachfolgestaaten erlaubt keine zuverlässigen Prognosen. Der Mittelmeerraum kann sich zu einer Krisenregion auswachsen: Es gibt dort kaum homogene Völker, die demokratische Prägung ist schwach, es gibt einen steigenden Bevölkerungsdruck, ein hohes Rüstungsniveau und fundamentalistische Kristallisationskerne. Nationalistische Strömungen verstärken die Unsicherheitsgefühle, Migrationsbewegungen und offene Grenzen machen es unmöglich, Gefahren außerhalb der Grenzen zu halten. Das organisierte Verbrechen befindet sich im Vormarsch, Drogenkriminalität, Wirtschaftskriminalität, Menschenhandel erhalten neue Dimensionen.[137] Mit Terroraktivitäten aus verschiedenen radikalen Gruppen und aus unterschiedlichen Motiven ist zu rechnen.[138] Es gibt eine Reihe neuer Gefahren, die kaum eine »Abrüstung« erlauben, sondern eher eine »Umrüstung« erfordern.

Sanierung der Staatsfinanzen kann also in diesem Bereich auf keinen Fall stattfinden.

[137] Nikos Passas (Hrsg.): Organized Crime, Aldershots, Hants und Brookfield, VT 1995; Jay Robert Nash: World Encyclopedia of Organized Crime, London 1993; Jay Alabanese (Hrsg.): Contemporary Issues in Organized Crime, Monsey, NY 1995; Gianluca Fiorentini und Sam Peltzman (Hrsg.): Economics of Organized Crime, Cambridge und New York 1995; Cyrille Fijnaut und James Jacobs (Hrsg.): Organized Crime and Its Containment. A Transatlantic Initiative, Deventer und Boston 1991; Gregory J. Petrakis: The New Face of Organized Crime, Dubuque, Iowa 1992; Frank Pearce und Michael Woodiwiss (Hrsg.): Global Crime Connections. Dynamics and Control, Toronto und Buffalo 1993; Claire Sterling: Thieves' World. The Threat of the New Global Network of Organized Crime, New York 1994; Alan A. Block: Space, Time and Organized Crime, 2nd ed., New Brunswick, NJ 1994; Peter Scherer: Das Netz. Organisiertes Verbrechen in Deutschland, Frankfurt a.M. 1993; Alfred Stumper: Die unsichtbare Macht. Das Organisierte Verbrechen in Deutschland, München 1993; Rolf Uesseler: Herausforderung Mafia. Strategien gegen organisierte Kriminalität, Bonn 1993; Marion Bogel: Strukturen und Systemanalyse der organisierten Kriminalität in Deutschland, Berlin 1994; Antonio Nicaso und Lee Lamothe: Global Mafia. The New World Order of Organized Crime, Toronto 1995; Stephen Handelman: Comrade Criminal. Russia's New Mafiya, New Haven 1995; Vincenzo Ruggiero: Organized and Corporate Crime in Europe. Offers that Can't Be Refused, Aldershot, Hants und Brookfield, VT 1996; Petrus C. van Duyne: Organized Crime in Europe, Commack, NY 1995; William Kleinknecht: The New Ethnic Mob. The Changing Face of Organized Crime in America, New York 1996

[138] Richard Latter: Terrorism in the 1990s, London 1991; Stephen E. Atkins: Terrorism. A Reference Handbook, Santa Barbara, CA 1992; Archana Goyal: Terrorism. Causes and Consequences, Bikaner 1990; Chester L. Quarles: Terro-

Nationale Sicherheit verdankt sich immer stärker Bündnissystemen, und in Anbetracht der Verflechtungen der Welt werden größere Kriege zu einer Angelegenheit der Staatengemeinschaft. Die wirtschaftlich-politischen Tendenzen deuten auf eine Spaltung der Welt: Außerhalb der reichen »Inseln« könnte eine deprivierte, anarchische Welt entstehen, *out of control*, da und dort mit einigen *crazy states*, die für Aufregung sorgen.[139] Es können sich Zonen permanenter Kriegsführung mit niedrigem Intensitätsniveau entwickeln, aber auch mit spektakulären Einzelaktionen wie dem Einsatz nuklearer Mittel ist zu rechnen. Manche sehen Völkerwanderungen voraus, Millionen Menschen auf der Flucht vor Krieg, Elend und Umweltvernichtung. Die Industrieländer stehen auf globaler Ebene vor ähnlichen Problemen wie die Städte des Mittelalters und der frühen Neuzeit: Wenn sie den Armen freigiebig halfen, riskierten sie einen Ansturm der massenhaft umherstreunenden Armen; wenn sie sie davonjagten, hatten sie eine wirksame Bewachung ihrer Stadtmauern sicherzustellen, und sie lieferten die Ernten der Region plündernden Rotten aus. Denn wie Armut wirksam zu beseitigen wäre, dafür gab es keine guten Konzepte.[140] Das ähnelt den Problemen der Entwicklungshilfe und der neuen Migrationsbewegungen.

Die Vereinten Nationen tasten sich voran, um friedensschaffende und friedenssichernde Aktionen zustande zu bringen, und sie machen zögernde Schritte zu einem System der kollektiven Sicherheit, das bislang im konkreten Fall meist scheitert.[141] Alles das könnte genauso

rism. Avoidance and Survival, Boston 1991; Burleigh Taylor Wilkins: Terrorism and Collective Responsibility, London und New York 1992; Barry Rubin (Hrsg.): Terrorism and Politics, Basingstoke 1991; Paul Wilkinson: Terrorism and the Liberal State, 2nd ed., London 1986; Stansfield Turner: Terrorism and Democracy, Boston 1991; Louis René Beres: Terorism and Global Security. The Nuclear Threat, 2nd ed., Boulder, Col. 1987; Alison Jamieson (Hrsg.): Terrorism and Drug Trafficking in the 1990s, Aldershot, Hants und Brookfield, VT 1994; Yonah Alexander und Kenneth A. Myers (Hrsg.): Terrorism in Europe, London 1982; Richard L. Clutterbuck: Terrorism in an Unstable World, London und New York 1994; ders.: Terrorism, Drugs, and Crime in Europe after 1992, London und New York 1990.

139 Yehezkel Dror: Crazy States. A Counterconventional Strategic Problem, Millwood, NY 1980; David Jablonsky: Strategic Rationality is Not Enough. Hitler and the Concept of Crazy States, Carlisle Barracks 1991.

140 Vgl. Abram de Swaan: Der sorgende Staat. Wohlfahrt, Gesundheit und Bildung in Europa und den USA der Neuzeit, Frankfurt und New York 1990.

141 Krishan Prasad Saksena: The United Nations and Collective Security. A Historical Analysis, Delhi 1974; United Nations (Hrsg.): The Blue Helmets. A

viel Geld kosten wie seinerzeit die Konfrontation der Supermächte. Jedenfalls steht nicht zu erwarten, daß schrumpfende Verteidigungsbudgets einen wesentlichen Beitrag zur allgemeinen Sanierung der Staatsausgaben in den westlichen Industrieländern leisten.

Schlußbemerkungen

Die im einzelnen dargestellten Argumente, die zur Erklärung relativ steigender Sozialausgaben dienen sollen, greifen durchaus bekannte Hypothesen – etwa aus der Verbände- und der Bürokratietheorie, aus der Soziologie der Wirtschaft und der Politik, aus der Neuen Politischen Ökonomie oder der Finanzwissenschaft – auf. Wir wollten ihre Plausibilität aber ein wenig sorgfältiger studieren, als das häufig der Fall ist. Es sollte für die vielen Einzelargumente, die sich zur Begründung des Aufstiegs moderner Wohlfahrtsstaaten namhaft machen lassen, ein *gesellschaftstheoretischer Rahmen* gefunden werden: Die Modernisierungstheorie, so wurde gezeigt, kann einen Rahmen dafür bilden. Zudem sollten die Expansionsargumente speziell auf den besonders dynamischen *Sozialbereich* bezogen und an entsprechenden Beispielen illustriert werden. Daraus ergibt sich ein vielfältiges Panorama des Aufstiegs sozialpolitischer Aktivitäten und der Ausdehnung sozialpolitischer Budgets durch den Staat. Wir fassen die wichtigsten Ergebnisse zusammen.

1. *Die Staatsausgaben steigen, weil im Modernisierungsprozeß durch den öffentlichen Sektor Investitionen getätigt werden müssen, die dem Wachstum des Privatsektors komplementär sind.* Industrielles Wachstum benötigt »öffentliche Güter« in steigender Zahl. Es sind zum einen materielle Güter, besonders Infrastrukturleistungen, zum anderen sozialpolitische Leistungen. Letztere sind als Humankapitalinvestitionen, aber auch als Aufwendungen zur politischen Legitimierung des Systems zu verstehen. Externalitäten, die (meist kostenträchtige) Eingriffe des Staates erfordern, wachsen nun

Review of United Nations Peace-Keeping, 2nd ed., New York 1990; N.D. White: Keeping the Peace. The United Nations and the Maintenance of International Peace and Security, Manchester und New York 1993; Andrew L. Ross (Hrsg.): The Political Economy of Defense. Issues and Perspectives, New York 1991; John F.L. Ross: Neutrality and International Sanctions. Sweden, Switzerland, and Collective Security, New York 1989.

allerdings überproportional zum Produktionsumfang. Die Kostenintensität staatlicher Eingriffe nimmt nicht systematisch ab, sondern eher zu.

2. *Die Staatsausgaben steigen, weil seit dem Zweiten Weltkrieg die Staaten mit der Gesamtverantwortung für gleichgewichtige Wirtschaftsprozesse betraut worden sind.* Lange Zeit wurde die Ausweitung von Staatsanteilen allein schon zur Sicherung einer fiskalpolitischen Manövriermasse als wünschenswert angesehen. Der Keynesianismus hat die theoretischen und politischen Gründe für finanzielle Sparsamkeit im öffentlichen Bereich beseitigt. Beschäftigungssicherung war das stärkste und überzeugendste Argument für den steigenden Interventionismus. Die Ausweitung staatlicher Aktivitäten wird weithin per se als politischer Leistungsnachweis anerkannt. Dem Staat wird oft auch die Aufgabe der Sicherung qualitativen Wachstums zugewiesen.

3. *Die Staatsausgaben steigen, weil die Produktivitätsnachteile des staatlichen Güter- und Dienstleistungsangebots im Vergleich zum privaten Sektor die Kosten in die Höhe treiben.* Der Staat bietet vor allem Dienstleistungen an, deren Produktivität sich kaum steigern läßt, während die Löhne seiner Bediensteten mit dem Privatsektor mithalten. Es wächst aber auch das reale Angebot, und angesichts der Kostenexplosion steigt die Unzufriedenheit mit der mangelnden Qualität des Angebots, was zu einer weiteren Expansion veranlaßt.

4. *Die Staatsausgaben steigen, weil einflußreiche Wirtschaftsgruppen auf höhere Ausgaben drängen, von denen sie sich günstige Wirkungen auf ihr Einkommen versprechen.* Der Staat ist für die Bereitstellung von »Sozialkapital« verantwortlich, und er übernimmt die »sozialen Kosten« des Produktionsprozesses. Die Kosten werden vergesellschaftet, die Gewinne privat angeeignet. Lobbying treibt die Ausgaben hoch. Viele Gruppen solidarisieren sich im Versuch, höhere Staatsausgaben zu veranlassen. Die Wahrung wirtschaftlicher Interessen führt zu ineffizienten und teuren Varianten der Problembewältigung.

5. *Die Staatsausgaben steigen, weil die politischen Parteien sie in einer Konkurrenzdemokratie in die Höhe treiben.* Staatsleistungen werden zu Feldern der Parteienlizitation. Sie betreffen sowohl allgemeine Massenprogramme als auch gruppenspezifische Angebote. Beste-

hen die Programme einmal, setzen autonome, politisch geförderte Ausweitungsprozesse ein. Politische Unternehmer trachten danach, neue Angebote zu erfinden, die wieder Geld kosten.

6. *Die Staatsausgaben steigen, weil Interessengruppen – manchmal im Verein mit politischen Akteuren – höhere Ausgaben zugunsten ihrer Klientel erkämpfen.* Konflikte zwischen Interessengruppen werden, besonders in korporatistischen Systemen, oft zu Lasten des Dritten, des Staates, gelöst. Auch Konflikte innerhalb der Interessengruppen können oft erfolgreich auf den Staat abgeschoben werden. Interessengruppen können nur schwer in politische Sanierungsstrategien eingebunden werden.

7. *Die Staatsausgaben steigen, weil die Bürokratie auf eine Ausweitung der staatlichen Eingriffe und Angebote drängt.* Die Verwaltung hat sich verkompliziert, so daß Bürokratien die Chance haben, autonome Strategien zu verfolgen, und sie tun dies oft im Verein mit Interessenten und Experten, die an der Ausweitung der Ausgaben interessiert sind. Typische Effizienzmängel treiben die Ausgaben hoch. Budgettypische Beharrungstendenzen machen ein Absinken der Ausgaben in überflüssig werdenden oder schrumpfenden Bereichen unwahrscheinlich. Die bürokratische Segmentierung läßt effiziente Planung und Implementierung nicht zu.

8. *Die Staatsausgaben steigen, weil die Legalisierung der öffentlichen Tätigkeit spezifische Inflexibilitäten mit sich bringt.* Die Fixierung von Programmen in gesetzlichen Kategorien läßt Regelungen erstarren und macht ihre Abschaffung unwahrscheinlich. Die Verpflichtungen reichen in die Zukunft, und diese bringt oft unvorhersehbare Ausweitungen mit sich. Vorgesehene Etatpositionen fördern das Geldausgeben. Die Ausweitung der Besteuerungsmöglichkeiten läßt die Ausweitung der Ausgaben zu.

9. *Die Staatsausgaben steigen, weil sich die Bedürfnisse und Werte im Zuge der Zivilisierung mit ausgabensteigernder Wirkung verändern.* Es entwickeln sich zusätzliche Ansprüche humanitärer und sozialer Art. Der Aufstieg der Gleichheitsidee führt zu einer unbegrenzten Dynamik der Forderungen nach öffentlichen Eingriffen.

10. *Die Staatsausgaben steigen, weil die Kompliziertheit der wirtschaftlich-politischen Sachverhalte zu Informationsdefiziten und Informationsverzerrungen führt.* Wähler wissen kaum Bescheid über die Kosten öffentlicher Güter und die Höhe abgeschöpfter Steuern.

Ihre Fiskalillusion läßt sie die Kosten für Staatsleistungen vergessen oder unterschätzen. Steuer- und Beitragssysteme sind undurchschaubar konzipiert und tragen zu dieser Unterschätzung bei. Sowohl die Unterschätzung der Kosten als auch die Überschätzung löst expansive Dynamiken aus.

11. *Die Staatsausgaben steigen, weil die Leistungsbereitschaft und der Erfolg des Staates höhere Erwartungen auslösen.* Je williger der Staat ist, neue Aufgaben zu übernehmen, desto eher werden sie ihm zugewiesen. Sein Erfolg in den letzten Jahrzehnten macht ihn zum Adressaten für alle sozialen Probleme. Die Revolution der steigenden Erwartungen fordert ihn immer mehr, und sie überfordert ihn letztlich.

12. *Die Staatsausgaben steigen, weil traditionelle Institutionen der Problembewältigung – wie Gemeinschaften – der Erosion anheimfallen.* Die »sozialen Netze« werden im Industrialisierungsprozeß aufgelöst, Solidarität muß kollektiv organisiert werden. Der Erfolg des Staates bei der Substituierung privater Solidaritätsakte löst einen weiteren Anstrengungsverzicht privater Träger aus.

13. *Die Staatsausgaben steigen, weil die Moderne übertriebene Machbarkeitsvorstellungen fördert, und der Staat wird zum Akteur der Gestaltung der modernen Welt.* Der Interventions- und Wohlfahrtsstaat beruht auf Ideen über die Machbarkeit der Welt durch den Menschen, und diese Vorstellungen werden im Modernisierungsprozeß immer intensiver. Machbarkeitsansprüche führen auch zu kostenintensiven Verhaltensweisen auf individueller Ebene, so etwa zu gesundheitsschädlichen Lebensstilen und Konsumentenhaltungen.

14. *Die Staatsausgaben steigen, weil eine Reihe von öffentlichen Leistungen einen hohen und steigenden Kapitalaufwand erfordert.* In der modernen Welt werden traditionelle Leistungen (wie der Straßenbau) relativ teurer, und neue Anforderungen (etwa im Kommunikationsbereich) kommen hinzu. Auch im Sozialbereich explodiert der Kapitalaufwand, der zu den wachsenden Kosten, die ohnehin schon die Dienstleistungsbereiche des Staates beinahe unfinanzierbar machen, hinzukommt.

15. *Die Staatsausgaben steigen, weil die gesicherten Lebensbedingungen der modernen Welt eine »überalterte« Bevölkerung erzeugen.* Durch die bessere Hygiene und Ernährung und die gesunkenen Risiken

sowie durch die Fortschritte der Medizin steigt die Lebenserwartung; andererseits sinken die Geburtenraten. Die Staatsausgaben steigen in den beiden dynamischen Bereichen der Altersversorgung und der Gesundheitsausgaben besonders schnell.

16. *Die Staatsausgaben steigen, weil die internationalen Verflechtungen steigende Sicherheitsaufwendungen mit sich bringen.* Wenn die Welt »kleiner« wird, bleiben Konflikte weniger oft lokal begrenzt. Die internationale Staatengemeinschaft sucht nach kollektiven Möglichkeiten zur Friedensstiftung. Neue Bedrohungen ergeben sich durch offene Grenzen. Dies kann direkte und indirekte Sicherheitsaufwendungen steigen lassen.

Sozialstaatliche Ideale und sozioökonomische Realitäten

Über die Kultur des Wohlfahrtsstaates

Vermutungen über die potentiell destabilisierende Wirkung eines ausgebauten Systems von Wohlfahrtsleistungen haben Nahrung erhalten angesichts der ökonomischen, politischen und kulturellen Turbulenzen, denen die westlichen Industriestaaten seit den siebziger Jahren ausgesetzt waren. Der ungebrochene Wachstumspfad hat mit dem Eintritt in das letzte Viertel dieses Jahrhunderts einer längerfristigen Situation ökonomischer Turbulenzen Platz gemacht. Unmittelbar nach dem Ausbruch der Energie- und Umweltkrise wurde gar vermutet, es könne sich um eine langfristige Stagnation handeln. Die Arbeitslosenraten stiegen, die Weltwirtschaft geriet aus dem Gleichgewicht. Zwar hat sich mittlerweile der Wirtschaftsprozeß wieder stabilisiert, aber die Beschäftigungsdaten bleiben unbefriedigend. Die sozialen Probleme – wie die Armut – sind nicht beseitigt worden, wie dies in optimistischeren Zeiten angekündigt worden war. Die wohlfahrtsstaatlich engagierten Regierungen haben sich zwar nach Kräften bemüht, die Krise zu mildern. Dennoch werden Parteien-, Politik-, ja Staatsverdrossenheit von den Sozialforschern allenthalben in einem Maße konstatiert, das die politische Integrationsfähigkeit des herkömmlichen Systems in Frage stellt und mancherorten die nahende »Unregierbarkeit« befürchten läßt.[1] Es herrscht, auf Seiten der Bürger wie auf Seiten der politischen Amtsinhaber, Ratlosigkeit. Nach zwei Jahrzehnten der *Desillusionierung* hat man die Erwartungen an die Steuerungskompetenz der Regierungen zurückgenommen, und mangels praktikabler Rezepte zur Lösung der auftauchenden Probleme begibt man sich auf die Suche nach den Schuldigen. Inkompetente Politiker, inflexible Bürokratien und vergangenheitsorientierte Ver-

[1] Vgl. zu diesen Krisenerscheinungen Manfred Prisching: Krisen. Eine soziologische Untersuchung, Wien-Köln-Graz 1986.

bände, störende Bürgerbewegungen und unaufhaltbare Säkularisierungstrends, irreversible Komplexitäten und erodierende Traditionen mögen alle zum pessimistischen Gegenwartsszenarium beitragen; aber häufig wird der *Wohlfahrtsstaat* als Hauptverdächtiger für alle Mißstände entlarvt. Er sei »überzogen«, sklerotisch, ineffizient. Ihm seien Wachstumsschwäche und Leistungsverfall zuzuschreiben. Er bedrohe Mündigkeit und Freiheit der Bürger. Er koste viel Geld und bringe nicht viel.

Der Sozialstaat oder Wohlfahrtsstaat[2] ist das pragmatische Ergebnis von Versuchen, einen »dritten Weg« der sozialökonomischen Ordnung des Gemeinwesens – zwischen Kapitalismus und Planwirtschaft – zu finden; einen Weg der Versöhnung marktwirtschaftlicher Prinzipien mit den humanen Ansprüchen eines Lebens in Sicherheit und ohne Elend.[3] Wohlfahrtsstaatliche Maßnahmen richten sich einerseits

---

[2] In dieser Arbeit werden wir die Begriffe »Sozialstaat« und »Wohlfahrtsstaat« unterschiedslos verwenden. Es besteht im deutschen Sprachraum eine verbreitete Neigung, mit dem Begriff des »Sozialstaates« die Idee eines risikoabsichernden öffentlichen Sektors zu verbinden, der sich auf das Notwendige beschränkt und möglichst viel dem freien Spiel der Marktkräfte überläßt, wogegen man den Begriff des »Wohlfahrtsstaates« in abschätzigem Sinne verwendet, nämlich als Kennzeichnung eines allzu stark expandierenden, in alle Lebensbereiche eingreifenden und bevormundenden Staates. Der »Sozialstaat« gilt also als gut oder zumindest als tragbar, der »Wohlfahrtsstaat« jedenfalls als verderblich. Um nicht gleich von vornherein in die damit apostrophierten ideologischen Wirren zu geraten, befleißigen wir uns einer deklarierten terminologischen Neutralität. Es sei auch vermerkt, daß die Terminologie im amerikanischen Denken noch verwirrender ist. In den letzten Jahrzehnten ist der Begriff »welfare« auf die Hilfe für Arme, für alleinstehende Mütter insbesondere, eingeengt worden, und es handelt sich um den mißtrauisch betrachteten Teil der ohnehin bescheidenen amerikanischen Sozialprogramme. Der respektierte Teil – Alterssicherung, Arbeitslosenunterstützung, Teile der Gesundheitssicherung – werden mit dem positiver besetzten Begriff »social insurance« bedacht.

[3] Zum Wohlfahrtsstaat allgemein vgl. Gunnar Myrdal: Beyond the Welfare State, London 1960; Niklas Luhmann: Politische Theorie im Wohlfahrtsstaat, München-Wien 1981; Jens Alber: Vom Armenhaus zum Wohlfahrtsstaat, Frankfurt und New York 1982; Philipp Herder-Dorneich: Ordnungstheorie des Sozialstaates, Tübingen 1983; ders.: Der Sozialstaat in der Rationalitätenfalle. Grundfragen der sozialen Steuerung, Stuttgart u. a. 1982; Helmut Schelsky: Funktionäre. Gefährden sie das Gemeinwohl? Stuttgart-Degerloch 1982; Hans Peter Widmaier: Sozialpolitik im Wohlfahrtsstaat. Zur Theorie politischer Güter, Reinbek b. H. 1976; Egon Matzner: Der Wohlfahrtsstaat von morgen. Entwurf eines zeitgemäßen Musters staatlicher Interventionen, Wien 1982; Georg Vobruba: Politik mit dem Wohlfahrtsstaat, Frankfurt a. M. 1983; Arthur Seldon: Wither the Welfare State, London 1981; Richard Rose: Understanding Big Government. The Programme

auf die *Abdeckung individuell nicht vorkehrbarer Risiken*, die in den verschiedenen Lebensbereichen anfallen können: bei Geburt und Erziehung, in der Schule und bei der Arbeit, in der Pension und beim Tod.[4] Andererseits zielen sie – über die Wahrung sozial anerkannter Minimalstandards der Lebensführung hinaus – auf die *Umverteilung von Lebenschancen*, also auf die Verringerung gesellschaftlicher Ungleichheit unabhängig von speziellen Notsituationen und Belastungen. Die damit erzielte Stabilisierung aber, so wird heute vermutet, habe sich in ihr Gegenteil verkehrt; der Sozialstaat sei zu einer Bedrohung der Freiheit und zu einer Belastung der Funktionsfähigkeit des Wirtschaftssystems geworden. Der *»Sozialetatismus«* sei am Ende.[5] Er habe alle seine Ziele verfehlt.

Damit steht eine der wichtigsten europäischen *Erfindungen* zur Kritik an.[6] Der Wohlfahrtsstaat ist freilich keine »Erfindung«, die in einem Schwung, als Gesamtkonzept, entstanden ist; er ist eher in einem Prozeß der *Findung* aufgebaut worden. Er wuchs als institutio-

---

Approach, London, Beverly Hills und New Delhi 1984; Peter Gross: Die Verheißung der Dienstleistungsgesellschaft. Soziale Befreiung oder Sozialherrschaft?, Opladen 1983; Moses Abramovitz: »Welfare Quandaries and Productivity Concerns«, in: American Economic Review 71 (1981), 1-17; Terence F. Kelly: Social Policies in the 80s: A Diagnosis, Paris 1981; u.v.a.

[4] Vgl. z.B. die Darstellung von Martin Binder und Hans Georg Ruppe: »Systematische Bestandaufnahme der Leistungsbereiche«, in: Hans Georg Ruppe (Hrsg.): Sozialpolitik und Umverteilung. Eine kritische Analyse der ökonomischen und juristischen Probleme aus österreichischer Sicht, Wien o. J. (1981), 228-300. Vgl. im selben Band auch den Beitrag von Christian Seidl: »Theoretische Grundlagen der Sozialpolitik«, 20-104; dazu auch die Rezensionskontroverse in der Zeitschrift für Nationalökonomie 43 (1983), 96-105.

[5] Zu einigen Problemen vgl. Thomas H. Marshall: Bürgerrechte und soziale Klassen. Zur Soziologie des Wohlfahrtsstaates, Frankfurt und New York 1992; Ralf Dahrendorf: Der moderne soziale Konflikt. Essays zur Politik der Freiheit, Stuttgart 1992; Arno Mersmann und Klaus Novy: Gewerkschaften – Genossenschaften – Gemeinwirtschaft. Hat eine Ökonomie der Solidarität eine Chance? Köln 1991; Alf Lüdtke (Hrsg.): »Sicherheit« und »Wohlfahrt«. Polizei, Gesellschaft und Herrschaft im 19. und 20. Jahrhundert, Frankfurt 1992; Georg Vobruba: Jenseits der sozialen Fragen. Modernisierung und Transformation von Gesellschaftssystemen, Frankfurt 1991; Peter Rosenberg: Das soziale Netz vor der Zerreißprobe? Ökonomische, technologische und demographische Herausforderungen, Frankfurt 1990.

[6] Hier ist im wesentlichen vom europäischen Wohlfahrtsstaat die Rede, wie er sich etwa in Deutschland, Österreich oder in den skandinavischen Staaten etabliert hat. Die Situation ist in den Vereinigten Staaten ganz anders, und an einigen Stellen wird darauf hingewiesen.

nelle Bastelei, die aus unterschiedlichen Motiven unternommen wurde. Karitativ-paternalistische Motive waren schon in seinen Ursprüngen mit politischen Stabilisierungsstrategien verbunden, mit der Verteidigung der Grundprinzipien der marktwirtschaftlichen Ordnung angesichts der Ansprüche sich formierender Klassen. Deshalb gibt es auch keine unstrittige Auflistung seiner Ziele. Bei der Kernmaxime des sozialpolitischen Populismus – »öffentliche Solidarität in allen Lebenslagen« – handelt es sich, wie Horst Baier vermerkt, »nicht um ein gefügtes Gedanken- und Gefühlsgebäude (...), sondern um historisch wechselnde Mischungen von marxistischem, völkischem, humanistischem Sozialismus; katholischer Soziallehre und evangelischer Sozialethik; liberaler Philanthropie und aufklärungsphilosophischem Demokratismus«.[7] Selbst kurzfristige Wahlüberlegungen spielten in den Anfängen eine Rolle, ungleiche Belastungen oder Überlastungen in einem föderalistischen System, Ängste der Industrie vor Haftungsansprüchen, Ideen einer »Stärkung« der Nation, und vieles andere.[8]

[7] Horst Baier: »Herrschaft im Sozialstaat. Auf der Suche nach einem soziologischen Paradigma der Sozialpolitik«, in: Christian von Ferber und Franz-Xaver Kaufmann (Hrsg.): Soziologie und Sozialpolitik (Sonderheft 19 der KZfSS), Opladen 1977, 128-142, hier 138f.; vgl. auch Frieder Naschold: »Die Zukunft des Wohlfahrtsstaates«, in: Wolfgang J. Mommsen (Hrsg.): Die Entstehung des Wohlfahrtsstaates in Großbritannien und Deutschland 1850-1950, Stuttgart 1982, 404-415. Vgl. auch die Auflistung der vielfältigen Ziele bei Anson Rabinbach: »Social Knowledge, Social Risk, and the Politics of Industrial Accidents in Germany and France«, in: Dietrich Rueschemeyer und Theda Skocpol (Hrsg.): States, Social Knowledge, and the Origins of Modern Social Policies, Princeton 1996, 48-89.

[8] Vgl. auch Florian Tennstedt: Vom Proleten zum Industriearbeiter. Arbeiterbewegung und Sozialpolitik in Deutschland 1800 bis 1914, Köln 1983; Hans-Ulrich Wehler: The German Empire 1871-1918, Dover 1985. Zur Entstehung in Deutschland vgl. auch Walter Vogel: Bismarcks Arbeiterversicherung. Ihre Entstehung im Kräftespiel der Zeit, Braunschweig 1951; Klaus Witte: Bismarcks Sozialversicherungen und die Entwicklung eines marxistischen Reformverständnisses der deutschen Sozialdemokratie, Köln 1980; Christoph Sachße und Florian Tennstedt (Hrsg.): Bettler, Gauner und Proleten. Arme und Armenfürsorge in der deutschen Geschichte, Reinbek b.H. 1983; Stephan Leibfried und Florian Tennstedt: Politik der Armut und die Spaltung des Sozialstaats, Frankfurt a.M. 1985; Christoph Sachße und Florian Tennstedt (Hrsg.): Soziale Sicherheit und soziale Disziplinierung. Beiträge zu einer historischen Theorie der Sozialpolitik, Frankfurt a.M. 1986; Florian Tennstedt: Sozialgeschichte der Sozialpolitik in Deutschland vom 18. Jahrhundert bis zum Ersten Weltkrieg, Göttingen 1981; Stephan Leibfried u.a.: Armutspolitik und die Entstehung des Sozialstaats. Entwicklungslinien sozialpolitischer Existenzsicherung im historischen und internationalen Vergleich, Bremen 1985; Daniel Levine: Poverty and Society. The Growth of the American Welfare

Was immer die konkreten Beweggründe auch gewesen sein mögen: Die grundlegenden Ziele – Sicherheit für jeden Staatsbürger gegen unerwartete Risiken und absehbare Notlagen sowie ein gewisses Maß an Gleichheit von Lebenschancen – wurden zu zentralen programmatischen Bestandteilen in den relevanten politischen Lagern Europas. Die sozialpolitische Praxis hat sich um die mangelnde »Theorie des Sozialstaates« wenig gekümmert und jenes Gemenge von zum Teil widersprüchlichen Instrumentarien geschaffen, das sich in den letzten Jahrzehnten – alles in allem genommen – segensreich ausgewirkt hat; die Sozialwissenschaftler haben sich eher hinterdrein bemüht, Sinn aus dem zu machen, was bereits in Existenz getreten war.[9] Das Bündel gesellschaftspolitischer Auffassungen, in dem sich die großen Parteien Europas bei allen unterschiedlichen Akzentsetzungen bei der Ausgestaltung wohlfahrtsstaatlicher Systeme gefunden haben, hat man als *»sozialliberalen Konsens«* bezeichnet. Er ist für die Jahre nach dem Zweiten Weltkrieg – und bis in die siebziger und achtziger Jahre – Grundlage des politischen Handelns gewesen. Wir wollen diese grundlegenden Ziele des Wohlfahrtsstaates unter zwei Kriterien analysieren: unter dem der Funktionsfähigkeit des wirtschaftlichen Systems und unter dem der politischen Legitimität für die Bürger. *Funktionsfähigkeit* bezieht sich auf die Fähigkeit eines politischen Systems, seine grundlegenden Ziele soweit zu verfolgen, daß Existenz und Identität gesichert sind. *Legitimität* bezieht auf die Anerkennungswürdigkeit einer politischen Ordnung.[10] In jeder der beiden Dimensionen finden wir ein Basisziel und zwei ergänzende Ziele: Die

State in International Comparison, New Brunswick 1988; Rüdiger vom Bruch (Hrsg.): Weder Kommunismus noch Kapitalismus. Bürgerliche Sozialreform in Deutschland vom Vormärz bis zur Ära Adenauer, München 1985; Joachim Schulz: Armut und Sozialhilfe, Stuttgart 1989; Elmar Rieger: Die Institutionalisierung des Wohlfahrtsstaates, Opladen 1992.

[9] Vgl. zur Entstehung des Wohlfahrtsstaates Paul Conkin: »Der New Deal. Die Entstehung des Wohlfahrtsstaates«, in: Wolf-Dieter Narr und Claus Offe (Hrsg.): Wohlfahrtsstaat und Massenloyalität, Köln 1975, 51-71; Peter Flora und Arnold J. Heidenheimer (Hrsg.): The Development of Welfare States in Europe and America, New Brunswick und London 1981; Peter Flora: »Krisenbewältigung oder Krisenerzeugung? Der Wohlfahrtsstaat in historischer Perspektive«, in: Joachim Matthes (Hrsg.): Sozialer Wandel in Westeuropa (19. Deutscher Soziologentag, Berlin 1979), Frankfurt und New York 1979, 82-136; Jens Alber: »Der Wohlfahrtsstaat in der Krise? Eine Bilanz nach drei Jahrzehnten Sozialpolitik in der Bundesrepublik«, Zeitschrift für Soziologie 9 (1980), 313-342.

[10] Vgl. Seymour Martin Lipset: Soziologie der Demokratie, Neuwied und Berlin 1962 (engl. 1960).

Dimension der wirtschaftlichen Funktionsfähigkeit bezieht sich auf Wachstum, Stabilität und Innovation, die Dimension der Legitimität auf die Ziele Sicherheit, Gleichheit und Freiheit (siehe folgende Übersicht).

Ziele des Wohlfahrtsstaates

	Grundziele	Weitere Ziele	Weitere Ziele
Wirtschaftliche Funktionsfähigkeit	*1) Wachstum:* Fortschritt und Wohlstand für alle, Entschärfung von Verteilungskonflikten	*3) Stabilität:* Makroökonomische Steuerung, Bereitstellung öffentlicher Güter	*5) Innovation:* Wahrung oder Steigerung der dynamischen Kräfte einer Marktwirtschaft
Politische Legitimität	*2) Sicherheit:* Beseitigung von Lebensrisiken, System der sozialen Absicherungen, Leben ohne Angst	*4) Gleichheit:* Soziale Gerechtigkeit, gewisses Maß an Umverteilung	*6) Freiheit:* Verwirklichung staatsbürgerlicher Freiheit in einer sozialen Demokratie

(1) *Wachstum:* Zu den vordringlichen Zielen des Gemeinwesens, deren Erreichung der Staat zu fördern oder zu gewährleisten hat, gehören *Wirtschaftswachstum und Einkommenssteigerung*. In diesem Prinzip konnten sozialistische, konservative und liberale Kreise insofern Einigkeit bekunden, als Technik, Fortschritt und Wohlstand für alle weltanschaulichen Varianten möglicher Zukunftsperspektiven nach dem Zweiten Weltkrieg zu den unabdingbaren Entwicklungskomponenten zu gehören schienen. Die *Wachstumsgesellschaft* wurde Grundlage der reformerischen Politik. Die einen sahen darin einen revisionistischen Weg zur Errichtung der klassenlosen Gesellschaft, die anderen Chancen zur individuellen Gewinnerzielung und zur unternehmerischen Entfaltungsfreiheit. Zugleich war allen Interessengruppen klar, daß hohes Wachstum geeignet war, die Verteilungskämpfe zu mildern: In der Wachstumsgesellschaft kann immer mehr verteilt werden; Umverteilungsmaßnahmen berühren nicht die Be-

sitzstände, weil sie sich auf die asymmetrische Zuteilung von Zuwächsen beschränken können; und Ansprüche sind nur zu reihen statt zu versagen. Man wollte keine ungezügelten Wucherungen, aber man wollte kontinuierliches und gesichertes Wachstum – und damit Wohlstand für alle.

(2) *Sicherheit:* Die *marktwirtschaftliche Grundordnung* muß durch ein *Netz der »sozialen Sicherheit«* ergänzt werden, das bestimmte minimale Versorgungsstandards beim Auftreten verschiedener Lebensrisiken garantiert. Die Dynamik eines kapitalistischen Systems erzeugt »Verlierer«, und wenn deren Risiken gemindert und »Entschädigungen« ausbezahlt werden, erhöht dies die Zufriedenheit mit einem System, das sonst leicht als menschenverachtend angesehen würde, beträchtlich. Für die »Linke« bedeutete das Prinzip der Sicherheit eine Beseitigung der kapitalistisch induzierten Verelendung, es versöhnt die Arbeiterschaft weitgehend mit den Bewegungsgesetzen dieser Wirtschaftsordnung. Für die »Bürgerlichen« wurden dadurch paternalistische, humanistische und religiöse Ideale und Gebote erfüllt, und zugleich sah man damit ein Palliativ bereitgestellt für die Forderungen der Arbeiterbewegung.

(3) *Stabilität:* Der Staat hat den Wirtschaftsprozeß makroökonomisch zu steuern und allenfalls Unzukömmlichkeiten der Marktergebnisse zu beheben, insbesondere hat er eine Reihe »öffentlicher Güter« bereitzustellen. Durch den *»keynesianischen Konsens«* konnte der Klassenkampf stillgestellt werden, da sich eine Politik der Nachfrage- und Beschäftigungssicherung als komplementär zu einer Politik der Auslastungs- und Gewinnsicherung erwies. Die fiskalpolitische Aggregatsteuerung war mit den Interessen von Arbeitnehmern und Unternehmern, die im keynesianischen Verbund »in einem Boot« saßen, vereinbar. Über die Bereitstellung einer Reihe öffentlicher Güter und Leistungen konnte rasch, über andere etwas mühsamer Einigung erzielt werden; gerade daraus nährten sich allerdings staatsexpansive Tendenzen.

(4) *Gleichheit:* Viele Proponenten des Wohlfahrtsstaates beharrten darauf, daß nicht nur die Beseitigung des gravierendsten Elends zum Kanon der staatlichen Aufgaben gehöre, sondern auch die Annäherung an eine *»gerechtere«* (das heißt egalitärere) *Einkommensverteilung.* Dies war freilich immer das brüchigste Stück des »sozialliberalen Konsenses«. Während sozialdemokratische Kräfte eher auf eine nivellierende, an der »Ergebnisgleichheit« orientierte Politik der Redistri-

bution drängten, wollten Konservative und Liberale bloß die Realisierung der »Chancengleichheit« zugestehen, allenfalls ergänzt durch die Anerkennung bestimmter egalisierender Tendenzen im Steuersystem.

(5) *Innovation:* Das dergestalt komponierte System sollte die dynamische Kraft einer *Marktgesellschaft* wahren. Man war sich darin einig, daß planwirtschaftliche Systeme den größten Vorzug der Marktwirtschaft, ihre Innovationskraft, vermissen lassen, und daß Unternehmer eine unverzichtbare Gruppe »aktiver« Individuen sind. Es sollte aber ein *domestizierter* Kapitalismus sein, der gleichwohl anpassungsfähig, flexibel und effizient bleiben sollte. Von einem Wildwestkapitalismus, der Innovation zu Lasten menschlicher Grundsicherheiten maximiert, hielt man nichts. Den empirischen Erfolg des Wohlfahrtsstaates bei der Steigerung des Lebensstandards der Menschen in den letzten Jahrzehnten nahmen seine Vertreter zum Beleg, daß diese Synthese möglich sei.[11]

(6) *Freiheit:* Der wohlfahrtsstaatliche Kapitalismus sollte natürlich – anders als in den Ländern der realen Planwirtschaft – mit einem demokratischen System einhergehen, ja im Grunde sah man die Versprechungen der Demokratie erst dann als erfüllt an, wenn auch grundlegende Lebensbedingungen gesichert wären. Von der Freiheit, unter den Brücken zu schlafen, hielt man nichts; man wollte – unter Wahrung der »formalen Demokratie« – auch ein Stück des Weges zu einer »sozialen Demokratie« vorstoßen, von der bloß »passiven Freiheit«, die nach Tunlichkeit verhindert, daß individuelle Entscheidungen von anderen eingeschränkt werden, zu einer »aktiven Freiheit«, die auch reale Möglichkeiten zur Fällung von Entscheidungen schafft.[12]

---

[11] Innovation ist vielleicht der ungewöhnlichste Punkt in dieser Liste, denn wir sind eher gewohnt, sie nicht als *Ziel*, sondern als eine *Begrenzung* des Wohlfahrtsstaates zu betrachten: Er darf nicht so weit ausgebaut werden, daß die Innovation gefährdet wäre. Gerade deswegen, weil sich die Kritik heute ganz besonders an diesem Problem entzündet, soll die Innovation bewußt als *Ziel* herausgestellt werden. Wir werden nämlich in dem entsprechenden Kapitel zu zeigen versuchen, daß der Sozialstaat durchaus eine wichtige Voraussetzung einer *innovativen* Gesellschaft sein kann.

[12] Auch beim Ziel der *Freiheit* muß angemerkt werden, daß die aktuelle Kritik am Wohlfahrtsstaat von einer selbstverständlichen Spannung zwischen Freiheit und Sozialstaat ausgeht. Sie unterstellt dabei ganz selbstverständlich einen *negativen* Freiheitsbegriff: Niemand soll meine Kreise stören, auch nicht der Staat. Wir müssen aber auch den *positiven* Freiheitsbegriff einbeziehen: den Sozialstaat, der

Diese Ziele schienen sich in den Jahrzehnten seit dem Zweiten Weltkrieg zu realisieren. Die Kritiker des Wohlfahrtsstaates halten dies freilich für eine Illusion. Der Wohlfahrtsstaat gefährde *Wachstum*, scheitere bei der Schaffung von *Sicherheit* und könne *Stabilität* längst nicht mehr garantieren; er versage bei der Schaffung von *Gleichheit* oder schaffe Gleichheit mit desaströsen Folgen für die Wirtschaftsentwicklung, er behindere die *Innovations- und Anpassungsfähigkeit* der Wirtschaft, und er bedrohe letztlich die *Freiheit* einer liberalen Ordnung.[13] Zwei Modelle der »Krise des Wohlfahrtsstaates« sind gängig. Das eine Modell befaßt sich mit *strukturellen Mängeln* eines »dritten Weges« zwischen Kapitalismus und Planwirtschaft: Dieser Auffassung nach kann es keine »Marktwirtschaft mit Adjektiven« geben, und jeder Eingriff in das Marktgeschehen bringt das System auf jene abschüssige Bahn, in der es in den Sozialismus gleitet. Die Maschinerie des Wohlfahrtsstaates ist von Grund auf defekt; er ist eine Fehlkonstruktion. Das zweite Modell befaßt sich mit den *psychologischen Mängeln* des Sozialstaats: Dieser Auffassung nach ist der Wohlfahrtsstaat, selbst wenn man ihn nicht von Grund auf bekämpfen muß, längst »überdreht« worden, und die damit verbundenen Begleiterscheinungen schädigen Leistungsbereitschaft, Wachstum und Lebensstandard. Der Wohlfahrtsstaat setzt die falschen Anreize, zerstört die puritanische Ethik und gefährdet die Bewußtseinsvoraussetzungen einer marktwirtschaftlichen Ordnung. Beide Modelle sind sich denn auch in der Lösung einig: zurück zur Marktwirtschaft!

Man könnte nun annehmen, diese Fragen ließen sich theoretisch ausdiskutieren oder empirisch klären, zumindest ließe sich der weltanschauliche Gehalt, der sich aufdrängt, ein wenig mindern. Daß eine Klärung der strittigen Fragen jedoch keineswegs in Sicht ist, soll in den nachfolgenden Abschnitten gezeigt werden, in denen wir uns die Ziele systematisch vornehmen. Ich werde in der Folge argumentieren,

---

Lebenschancen *schafft*, weil er eine angemessene Teilhabe an den *Freiheiten* der Gesellschaft materiell erst ermöglicht.

[13] Obwohl die Zeichen für die entwickelten Industrieländer eher auf Einsparen als auf Ausbau des Sozialstaates stehen und obwohl es der Entwicklungstheorie und Entwicklungspolitik am Ende des 20. Jahrhunderts auch nicht gerade gut geht, gibt es hie und da Stimmen, die sich eine Ausdehnung des Wohlfahrtsstaates in eine globale Dimension vorstellen können. Vgl. dazu etwa Abram de Swaan: »Perspectives for Transnational Social Policy«, Government and Opposition 27 (1992), 33ff. Es dürfte sich aber nicht gerade um ein aktuelles Thema handeln.

daß weder ausreichende *theoretische* Plausibilität noch ausreichende *empirische* Belege vorhanden sind, um ein eindeutiges Urteil über die Wirkungen des Wohlfahrtsstaates zu fällen. Der Wohlfahrtsstaat mag seinen Beitrag zur »Krise der Moderne« liefern, aber er kann nicht als die *einzige* Ursache jener Entwicklungen betrachtet werden, die ihm heute allesamt zugeschrieben werden. Der Wohlfahrtsstaat dient oft auch als *Sündenbock* für alles, was an unerfreulichen Erscheinungen in der Gegenwartsgesellschaft beklagt wird. Das soll nicht heißen, daß wir seine »Krise« leugnen: Selbst engagierte Verfechter der Sozialstaatlichkeit geben zu, daß der Wohlfahrtsstaat da nicht und dort schlecht funktioniert, daß er neben vielen segensreichen Wirkungen auch bedenkliche Folgen zeitigt. Die »eindeutigen« Aussagen finden wir aber sowohl auf der Seite der Gegner, die »mehr Markt« als Heilmittel für alle Übelstände moderner Gesellschaften beschwören, als auch auf Seiten der Verteidiger, die erst eine paternalistisch abgesicherte Freisetzung von allen Marktzwängen als Realisierung einer modernen Demokratie ansehen. Wir werden versuchen, solche »Eindeutigkeiten« zu erschüttern, und wir müssen dabei einmal den einen und das andere Mal den anderen recht geben; und manchmal lassen sich Fragen auch einfach *nicht* entscheiden.[14]

Um ein angemessenes Bild zu bekommen, müssen wir uns mit dem *»Wohlfahrtsbewußtsein«* der Individuen befassen, also eine sehr umfassende, das heißt *kulturelle Analyse* des Wohlfahrtsstaates vornehmen, und wir müssen seine Auswirkungen mit *allgemeineren kulturellen Entwicklungen* der modernen Welt verbinden. Wir werden dabei jene Diskussionen, in denen sich die Ökonomen seit Jahrzehnten tummeln, nach Möglichkeit aussparen; wir werden also nicht extensiv

---

[14] Sozialwissenschaftler pflegen meist unwillig zu sein, zuzugeben, daß sich manche Fragen einfach nicht lösen lassen. Das ist eine Frage des Wissenschaftsstil: Wo die »kühne These« und der »neue Ansatz« prämiiert werden (auch wenn die These wenig Horizont verrät und der Ansatz bei genauerer Betrachtung nicht so neu ist), entfernt man sich von dem Ziel, ganz einfach etwas über die Wirklichkeit herauszufinden. Die Wahrheit ist: Manches weiß man sicher, manches darf man vermuten, manches weiß man einfach nicht. Bei komplizierten Fällen, in denen einander widersprechende und kompensierende Einflüsse, vielfältige Motivationen, inkonsistente Vorstellungen in den Köpfen und bei den Handlungen der Akteure zu verzeichnen sind, kann man oft nur die Komplexität der Situation beschreiben, ohne den »Nettoeffekt«, die im letzten vorhandene klare Beziehung zwischen zwei oder mehr Variablen, ausfindig machen zu können. Wir werden uns in der Folge eher der Aufgabe widmen, die Situation zu komplizieren als die Komplexität mit intellektueller Brachialgewalt zu reduzieren.

diskutieren, ob ein keynesianischer Multiplikator wirksam ist, durch welche Maßnahmen sich Verteilungsindikatoren ändern oder ob höhere Sozialausgaben im internationalen Vergleich mit geringeren Produktivitätsfortschritten verbunden sind. Dazu gibt es genug (widersprüchliche) Untersuchungen. Wir werden versuchen, Argumente zu sammeln, die beschreiben sollen, was im *Bewußtsein* der Individuen vor sich geht: auf welche geistigen Veränderungen der Wohlfahrtsstaat antworten muß und wie der Wohlfahrtsstaat umgekehrt auf ihre Bewußtseinslage wirkt. Sobald diskutiert wird, wie Individuen im Wohlfahrtsstaat handeln, beschränkt sich die Diskussion ja meist auf krude Unterstellungen »rationaler« Handlungsweisen, und über die Ebene materieller Anreize kommt man dann nicht hinaus. Auch Umfrageergebnisse beschäftigen sich letztlich mit »harten Fakten«, mit Fakten, die unseres Erachtens jedenfalls *zu* hart sind: mit den Antworten, die Individuen auf vorbereitete Kategorien geben, die gerade ihre Unsicherheit, ihre Zwiespältigkeit und Widersprüchlichkeit nicht widerspiegeln; mit Antworten, in denen die Individuen zum Ausdruck bringen, was sie denken, daß sie denken. Diese Untersuchungen liefern durchaus wertvolle Informationen; aber wir versuchen ein wenig tiefer zu schürfen. Es geht also in erster Linie um den *Wohlfahrtsstaat in den Köpfen* der Menschen, einschließlich der breiten kulturellen Strömungen, die das Denken der Moderne bestimmen. Es ist also eine Analyse des *Denkens über den Wohlfahrtsstaat*, eine Analyse der Diskussionen darüber. Es ist Zeit, in die Analyse gesellschaftlicher Veränderungen nicht nur dic Politik und ihrc Handlungsspielräume wieder einzubringen[15], sondern auch die Ideen, die Kultur, dcn Zcitgcist: *bringing culture back in.*[16]

---

[15] Peter Evans, Dietrich Rueschemeyer und Theda Skocpol (Hrsg.): Bringing the State Back In, New York 1985.

[16] Bestimmte Aspekte solcher kulturellen Strömungen (vor allem die Funktion intellektueller Ideen, akademischer Schulen und wissenschaftlicher Theorien) werden in dem Reader behandelt: Dietrich Rueschemeyer und Theda Skocpol (Hrsg.): States, Social Knowledge, and the Origins of Modern Social Policies, Princeton und New York 1996.

1. Wachstum.
Über Reichtum, Leistung und Verteilung

Die Überzeugung des Fortschritts, der Gedanke der Machbarkeit und das Vertrauen in die menschliche Kompetenz gehen im *europäischen Wohlfahrtsstaat* eine Synthese ein. Der Staat als der überzeugendste und wirkungsmächtigste Gestalter der Geschichte wird der Gestalter und Garant des Glücksanspruchs, den die Menschen der Neuzeit erheben.[17] Das modern-progressistische Bewußtsein fordert den Staat zum Aufbau des Wohlfahrtssystems auf. Wie ließe sich der Gedanke des unaufhörlichen »Fortschritts« und des auf Dauer gestellten »Wachstums« denn auch mit der Erfahrung fortbestehender Elendsbereiche der Gesellschaft verbinden? Diese würden doch Fortschritt und Machbarkeit ständig dementieren und damit das Selbstvertrauen erschüttern.[18] Der Optimismus der Industriegesellschaft und das Ideal einer umfassend glücklichen Gesellschaft treten in allen sozialpolitischen Anläufen zutage: von den Anfängen des Sozialstaats im Bismarckschen Deutschland bis zur Expansion der Wohlfahrtsprogramme nach dem Zweiten Weltkrieg.[19] Zugleich ist die Idee eines *Systems*

[17] Herbert Matis (Hrsg.): Von der Glückseligkeit des Staates. Staat, Wirtschaft und Gesellschaft in Österreich im Zeitalter des aufgeklärten Absolutismus, Berlin 1981; Joseph Weidenholzer: Der sorgende Staat. Zur Entwicklung der Sozialpolitik von Joseph II. bis Ferdinand Hanusch, Wien 1985; Emmerich Talos: Staatliche Sozialpolitik in Österreich. Rekonstruktion und Analyse, Wien 1981.

[18] Inseln der Ausgrenzung können allerdings mit diesem Machbarkeits- und Fortschrittsbewußtsein durchaus einhergehen. Nur muß der Sachverhalt, daß Armut fortbesteht, anders erklärt oder gerechtfertigt werden. So werden denn die Armen zu jenen, die sich freiwillig aus der Fortschrittsgesellschaft hinauskatapultieren, die an der *brave new world* nicht teilhaben *wollen*, weil sie zu faul sind. Alles ist machbar, wenn man nur will. Es wäre unerträglich, wenn den *deserving poor* nicht geholfen werden könnte; es wäre unerträglich, wenn man gewaltige Zahlungen an die *undeserving poor* leisten würde.

[19] Die Überzeugung des Fortschritts, der Gedanke individueller Verantwortlichkeit und der Zukunftsoptimismus fügen sich im *amerikanischen Denken* zu einem zunächst wohlfahrtsstaatsfeindlichen, erst im 20. Jahrhundert sich auflösenden Gemenge. Der *American Creed* ist individualistisch, liberal, demokratisch und egalitär, ein Glaube, der grundsätzlich gegen die Regierung und gegen Autoritäten gerichtet ist. Vgl. etwa Seymour Martin Lipset: The First New Nation. The United States in Historical and Comparative Perspective, New York 1963, 3.Aufl. 1979; Herbert McCloskey und John Zaller: The American Ethos, Cambridge 1984; Theodore R. Marmor, Jerry L. Mashaw und Philip L. Harvey: America's Misunderstood Welfare State. Persistent Myths, Enduring Realities, New York

der allgemein-gesellschaftlichen Wohlfahrt notwendig an das Vorhandensein eines umfassenden Trägers für dieses System gebunden, und erst die modernen Nationalstaaten konnten diese Aufgabe wahrnehmen.

Die aktuelle Diskussion über den ausgebauten, nach Meinung vieler »überdehnten« Wohlfahrtsstaat kehrt die positiven Zusammenhänge zwischen Wachstum und Wohlfahrt freilich um. Nicht die Förderung von Fortschritt und Wachstum durch den Wohlfahrtsstaat steht im Mittelpunkt, sondern die negativen Rückkoppelungseffekte werden zu Brennpunkten der Diskussion: die Befürchtung, daß der Wohlfahrtsstaat das Wachstum *schädigt* und den Fortschritt *gefährdet*. Beim Rätselraten über Ursachen wirtschaftlicher Krisen in den Industriegesellschaften nimmt die Vermutung, daß die Charakteristika des Wohlfahrtsstaates an der Misere beteiligt sein könnten, seit längerem eine prominente Stelle ein. So wird davon gesprochen, daß mit dem übermäßigen Anstieg der Staatsquote die »Gefahr einer Außerkraftsetzung oder tödlichen Schwächung der freiheitlichen unternehmerischen Wirtschaftsordnung«[20] verbunden sei, weil der »hemmungslose« Wohlfahrts- und Interventionsstaat vermeintlich kostenlose Refor-

---

1990; Lawrence M. Mead: Beyond Entitlement. The Social Obligations of Citizenship, New York 1986. – Staatsmaßnahmen rufen Mißtrauen wach, ja schon die Idee des »Staates« als von der Regierung zu unterscheidende Kategorie ist »unamerikanisch«. Ein sozialistisches Denken konnte sich nicht entwickeln. In diesem Land, das den säkularen Ausdruck des erlösenden Wirkens Gottes verkörpert, hat jeder seine Chance. Wer sie nicht nutzt, ist selbst schuld, und er bedarf im Grunde keines Mitleids. Vgl. etwa Samuel P. Huntington: American Politics. The Promise of Disharmony, Cambridge und London 1981. Auch Stanley Feldman und John Zaller: »The Political Culture of Ambivalence. Ideological Responses to the Welfare State«, American Journal of Political Science 36 (1992), 268-307; Philip Arthur AuClaire: »Public Attitudes toward Social Welfare Expenditures«, Social Work 29 (1984), 139-144. Wohlfahrtsdenken wurzelt in *Gemeinschaften*, aus denen der Staat aufgebaut wurde, in freiwilligen Gaben, in religiöser Mildtätigkeit. Erst der *New Deal* hat wohlfahrtsstaatliche Ansätze geschaffen, erst in der *Great Society* wurden sozialstaatliche Programme breit ausgebaut. Aber seit den siebziger Jahren hat sich die konservativ-liberale Stimmung wieder gefestigt, und die Zeichen stehen vor dem Ende des Jahrhunderts eher auf Einbremsen, Einfrieren und Abbauen – in einem bestimmten Sinn in der Tat eine Rückkehr zu den geistigen Anfängen des amerikanischen Staates. Vgl. als umfassende und übersichtliche Darstellung der amerikanischen Sozialpolitik Theda Skocpol: Social Policy in the United States. Future Possibilities in Historical Perspective, Princeton, NJ 1995.

[20] Günter Schmölders: »Stoppt den Staat, er wird zu teuer! Die Gefahren des wachsenden Staatsanteils am Sozialprodukt«, in: Hubertus Zuber (Hrsg.): Schlankheitskur für den Staat, Stuttgart 1979, 276-293, hier 289.

men anbiete, die sich aber letzten Endes als die teuersten erweisen.[21] Die hohen Steuern und egalisierenden Maßnahmen senkten die Leistungsbereitschaft. Und immer mehr Nutznießer suspendierten ihre wirtschaftlichen Anstrengungen überhaupt, um auf Wohlfahrtszahlungen zu spekulieren. Hohe Wachstumsraten, so der therapeutische Rat, müßten mit einer »Zurückhaltung« in sozialpolitischen Belangen erkauft werden: Es gebe einen *Trade-off* zwischen Wohlfahrtsstaat und Wachstum.

Der kulturelle Angriff auf den Wohlfahrtsstaat

Im Grunde geht es um rationale und irrationale Beweggründe eines wirtschaftsorientierten Handelns, die der Wohlfahrtsstaat nach Ansicht seiner Kritiker schädigt. Er verspielt ein *kulturelles Kapital*, das in Jahrhunderten, mühsam genug, aufgebaut worden ist. Die Leistungsbereitschaft, deren Entstehen von Max Weber bis McClelland untersucht wurde, ist ebenso Element individueller Persönlichkeitsdispositionen und Ausdruck eines zum allgemeinen Bewußtseinsinhalt gewordenen »kapitalistischen Geistes«: Die individuelle Leistungsbereitschaft wird durch die frühe Sozialisation geprägt, die entsprechenden kulturellen Bestände von der generalisierten puritanischen Ethik.[22] Es ist eine moralische, ja religiöse Frage, rastlos tätig zu

---

[21] Schmölders: »Stoppt den Staat«, 1979, 290.

[22] David McClelland: Die Leistungsgesellschaft. Psychologische Analyse der Voraussetzungen wirtschaftlicher Entwicklung, Stuttgart und Berlin 1966; Bertrand de Jouvenel: Jenseits der Leistungsgesellschaft, 1970; Karl Otto Hondrich: Demokratisierung und Leistungsgesellschaft, 1972; Hans Lenk: Hat Leistung noch Zukunft? 1974; Günter Hartfiel (Hrsg.): Das Leistungsprinzip, 1977; Karl Martin Bolte: Leistung und Leistungsprinzip, 1979; Karl Otto Hondrich: Krise der Leistungsgesellschaft? Empirische Analysen zum Engagement in Arbeit, Familie und Politik, Opladen 1988; Robert Kopp (Hrsg.): Solidarität in der Welt der 80er Jahre. Leistungsgesellschaft und Sozialstaat, Basel 1984; Hans Lenk: Sozialphilosophie des Leistungshandelns. Das humanisierte Leistungsprinzip in Produktion und Sport, Stuttgart et.al. 1976; Karl Otto Hondrich: Demokratisierung und Leistungsgesellschaft. Macht- und Herrschaftswandel als sozioökonomischer Prozeß, Stuttgart 1972; Claus Offe: Leistungsprinzip und industrielle Arbeit. Mechanismen der Statusverteilung in Arbeitsorganisationen der industriellen Leistungsgesellschaft, Frankfurt a.M. 1970; Constans Seyfarth: Zur Logik der Leistungsgesellschaft. Grundlagen der Kritik der gesellschaftlichen Geltung von Leistung, Mün-

sein, unermüdlich zu schuften, sich andauernd Rechenschaft über seine Leistungsbilanz zu geben; und eine erfolgreiche Sozialisation drückt sich darin aus, daß man gar nicht anders kann, daß Untätigkeit als Unbehagen erlebt wird. Andererseits gilt dann Armut nicht nur als Unglück, sondern zu einem guten Teil auch als moralisches Versagen. »Armut«, so verkündet ein Beobachter um 1834, »ist die Folge gewollten Irrtums, schändlicher Faulheit, lasterhafter Gewohnheiten. Es ist das Elend der menschlichen Natur, das schädliche Werk des Menschen, die beklagenswerte Folge schlechter Prinzipien und Sitten.«[23] Die puritanische Verknüpfung von Erfolg, Tugend, Gnade und Reichtum auf der einen Seite, von Versagen, Laster, Verworfenheit und Armut auf der anderen Seite wirkt noch heute nach. Ein amerikanischer Radiokommentator verkündet 1992: »The middle class, coupled with the rich, make this country work. Now, what's slowing this country down?... I'll tell you what it is. The poor. The poor and the power classes of this country have gotten a free ride since the Great Depression when it became noble to be poor. Look at how we treat the homeless: we celebrate them, make romantic figures out of them. We make movies about them and teach them to dine in dumpsters.«[24] Der Wohlfahrtsstaat, so die heutigen Kritiker, ist in Wahrheit kein *wirtschaftliches*, sondern ein *moralisches* Problem. Er unterhöhlt alle moralischen Ressourcen. Der langwierige Prozeß der kulturellen »Umerziehung«, weg von der mittelalterlichen Lethargie und Apathie zu einer internalisierten Leistungsbereitschaft, wird rückgängig gemacht. Die sozialstaatliche »Verwöhnung« vergeudet dieses kulturelle Kapital. Die Individuen verfallen in eine neue Apathie, weil sie es nicht mehr nötig haben, sich anzustrengen. Der Wohlfahrtsstaat suggeriert Geld ohne Mühe, Sicherheit ohne Anstrengung; er predigt Konsum ohne Leistung, die ewige Freizeit, die Verantwortlichkeit der Gesellschaft; er macht die Suspendierung eigener Anstrengungen zu einer Tugend. Der Wohlfahrtsstaat ist im Grunde kein *ökonomisches* Problem, auch wenn sich die Diskussion in hohem Maße um knappe Ressourcen, um Staatsbudgets und öffentliche Verschuldung dreht. Aber wenn wir wirklich überzeugt wären,

---

chen 1969; Ewald Nowotny (Hrsg.): Sozialdemokratische Wirtschaftspolitik. Die solidarische Leistungsgesellschaft, Wien 1992.

[23] Michael B. Katz: In the Shadow of the Poorhouse. A Social History of Welfare in America, New York 1986.

[24] Rush Limbaugh: The Way Things Ought to Be, New York et.al. 1992, 40f.

daß wir mit den Instrumenten, die er bereitstellt, die Übel unserer Gesellschaft in den Griff bekommen würden, könnten wir die erforderlichen Gelder wohl zusammenkratzen. Der Wohlfahrtsstaat ist ein *kulturelles* Problem, weil er Humankapital zerstört – und damit sind nicht banale Qualifikationen für Arbeitskräfte gemeint, sondern kulturelle Haltungen, die sich leichter vernichten als erzeugen lassen.

Das kulturelle Problem des Wohlfahrtsstaates läßt sich universalhistorisch und alltagspragmatisch formulieren. Die universalhistorische Formulierung lautet: Der Wohlfahrtsstaat zerstört die puritanische Arbeitsethik, auf der der Kapitalismus beruht. Die alltagspragmatische Formulierung lautet: Hohe Steuern zerstören die Leistungsfreude. In diesen Formulierungen wird sichtbar, daß sich ökonomische und kulturelle Probleme ebensowenig trennen lassen wie rationale und irrationale Entscheidungen oder kulturelle Bestände und individuelle Anreize. Tatsächlich können *Entscheidungen*, die aus kurzfristigen Rentabilitätsüberlegungen gefällt werden, *Lebenshaltungen* begründen, die zu veränderten Motivationshaushalten und Präferenzskalen führen. Die grundlegenden psychischen Dispositionen der Individuen und die kulturellen Bestände von Gemeinschaften sind nur langfristig variabel. Wenn allerdings breitflächig Situationen geschaffen werden, in denen Leistung »unvernünftig« ist, kann sich die »bequeme« Lebenshaltung, die der Wohlfahrtsstaat als Option für das individuelle Verhalten suggeriert, vordrängen, und die in langen Zeiträumen ausgeprägte Leistungshaltung kann verwelken. In der Argumentation von Wohlfahrtskritikern verkommt dieser Zusammenhang zu dem simplen Argument: Wenn man den Leuten für bestimmte Verhaltensweisen Geld gibt, dann werden diese Verhaltensweisen öfter auftreten. Wenn man den Leuten Geld, das sie für ihre Arbeit bekommen, wegnimmt, werden sie weniger arbeiten. Höhere Steuern heißt weniger Leistung.

Höhere Steuern lassen Leistung erlahmen, weil die Individuen das Gefühl bekommen, daß sich Leistung nicht mehr lohnt, und sie schädigen deshalb das Wachstum. Der Wohlfahrtsstaat kostet in der Tat viel. Er muß den Leuten Geld abnehmen, das sie privat gut brauchen könnten. Keiner zahlt gerne Steuern. Durch die immer stärker spürbare steuerliche Belastung, insbesondere durch ihre progressive Wirkung und durch die hohen Grenzsteuersätze der oberen Einkommensklassen, wird nach Auffassung der Kritiker die »Leistungsfreude« gemindert. Man wird seine Anstrengungen »einbremsen«, wenn man in den »Grenzstunden« nur die Hälfte seines Stundeneinkommens oder noch weniger lukrieren kann, weil immer höhere Anteile des erarbeiteten Geldes an das Finanzamt abzuliefern sind. Die Abwägung findet sich üblicherweise in den ersten Abschnitten jedes mikroökonomischen Lehrbuches: die Entscheidung zwischen *Arbeitszeit* und *Freizeit*. Die in diesen Lehrbüchern ansässigen Robinsone überlegen, ob sie die letzte Stunde Arbeitsaufwand an einem sich neigenden Tag noch auf sich nehmen oder bereits in die Mußestunden entfleuchen wollen. Sie wägen zwischen dem Nutzen der letzten Arbeitsstunde und dem Nutzen der gewonnenen Freizeitstunde ab, und sie werden den Arbeitseinsatz der letzten Stunde nur leisten, wenn der Ertrag höher liegt als ihr Nutzengewinn aus einer zusätzlichen Mußestunde. Höhere Steuern (woher diese in dieser Situation auch immer kommen mögen) würden den Ertrag der Arbeitsstunde mindern, und die Individuen würden konsequenterweise früher Feierabend machen. Das senkt das Wachstum auf den Inseln der Robinsone.

Das Informationsdefizit der Bürger und ihre Assoziationsanfälligkeit

In der Realität der modernen Wirtschaft ist die Situation schwieriger einzuschätzen. Die meisten Bürger verfügen nicht über die *Informationen*, die zu einer derart rationalen Kalkulation individueller Handlungsentscheidungen in Anbetracht variierender Steuersätze erforderlich sind. Untersuchungen haben gezeigt, daß Bekundungen, angesichts von Steuererhöhungen die eigenen Leistungen absenken zu wollen, nur kurzfristig wirksam sind, während sich die tatsächliche Leistung, ohne daß die Individuen es recht merken, bald wieder auf dem früheren Niveau einpendelt,[25] und daß die wenigsten Bürger eine realistische Vorstellung davon haben, wieviel an Lohn oder Einkommensteuer sie in Wirklichkeit zu zahlen haben.[26] Die Belastungsge-

[25] Vgl. dazu Günter Schmölders: Das Irrationale in der öffentlichen Finanzwirtschaft, Probleme der Finanzpsychologie, Hamburg 1960, 127f.

[26] Vgl. Günter Schmölders: Verhaltensforschung im Wirtschaftsleben, Reinbek b. H. 1978, 96. Vgl. auch vom selben Autor: Einführung in die Geld- und Finanzpsychologie, Darmstadt 1975; Der verlorene Untertan. Verhaltensforschung enthüllt die Krise zwischen Staatsbürger und Obrigkeit, Düsseldorf 1971; Der Wohlfahrtsstaat am Ende. Adam Riese schlägt zurück, 3. Aufl. München 1983.

fühle sind nicht (oder nicht nur) von ihrer wirklichen Belastung abhängig, denn die Zahler wissen nicht, wie hoch sie belastet sind. Ihre Belastungsgefühle resultieren meist aus dem öffentlichen Diskurs über Belastungen. Selbst in Fällen, in denen ihnen klare Informationen geliefert werden, sind sie kaum in der Lage, eine konsistente Präferenz zu formulieren.

Man hat beispielsweise versucht, die Zahlungsbereitschaft der Bürger im Rahmen des Steuersystems ausfindig zu machen und ist zu dem Ergebnis gekommen, daß ihre Einschätzungen enorm schwanken. In einer Umfrage wurden den Befragten abstrakte und konkrete Fragen über die Besteuerung vorgelegt, und es hat sich gezeigt, daß sie nicht imstande waren, abstrakt bekundete Grundsätze bei konkreten Fragen umzusetzen. Prinzipiell waren sie eher für die progressive Besteuerung, bei den konkreten Fällen, über die sie dann befragt wurden, trat *preference reversal* ein, das heißt, sie waren eher für eine proportionale Besteuerung.[27]

Man mag diese Inkonsistenzen auf mangelnde intellektuelle Kapazitäten zurückführen; noch schlimmer sind allerdings Befunde, die zeigen, in wie hohem Maße die Einschätzungen der Individuen von zufälligen *Assoziationen* abhängig sind. In einem Experiment wurden Besucher eines Science Museums nach ihrer Bereitschaft befragt, zur Rettung von Seevögeln vor Erdöl oder für den Englischunterricht für Immigranten mittels Spenden oder Steuern zu zahlen. Es zeigte sich, daß in der Formulierung der Frage eine ganz beiläufige Erwähnung des selbstverständlichen Umstands, daß die Maßnahme *wirklich* Geld kosten oder die Steuern erhöhen würde, die Zahlungsbereitschaft erheblich verringerte. Für die Seevögel wollten die Befragten dann nur noch 17 $ anstelle von 39 $ ausgeben, die Bereitschaft zur Steuerzahlung reduzierte sich von 54 $ auf 31 $. Die Zahlungsbereitschaft für den Englischunterricht wurde von 59 $ auf 16 $ bzw. von 55 $ auf 23

---

[27] Michael L. Roberts, Peggy A. Hite und Cassie F. Bradley: »Understanding Attitudes Toward Progressive Taxation«, Public Opinion Quarterly 58 (1994), 165-190; Tom W. Smith: »The Polls – a Report. The Welfare State in Cross-National Perspective«, Public Opinion Quarterly 51 (1987), 404ff. Im internationalen Vergleich zeigen sich bei Steuerfragen interessante Unterschiede in der Einschätzung der Bürger. Für eine progressive Besteuerung (jene mit hohem Einkommen sollen mehr oder viel mehr zahlen) sind in den USA rund 57%, in Deutschland 89%, in Italien 82%, in Großbritannien 84%. Es sei Aufgabe der Regierung, Einkommensunterschiede zu verringern, wollen in den USA nur 31% zugestehen, in Deutschland 56%, in Österreich 66%, in Italien 68%.

$ verringert. Bei diesen Ergebnissen bleibt vom »rationalen« Modell des Steuerzahlers nicht viel übrig.[28] Die »wirkliche« Zahlungsbereitschaft für Gemeinschaftsanliegen – die Schwelle der »Verweigerung« – läßt sich offenbar kaum feststellen.[29]

Umfragen sind vom gewählten *Wortlaut* so sehr abhängig, daß aus den Ergebnissen kaum Schlüsse darauf zu ziehen sind, wo Gefühle der Ungerechtigkeit, der Belastung oder der Ineffizienz in bezug auf wohlfahrtsstaatliche Leistungen auf Seiten derer, die sich als »Zahler« sehen, einsetzen. So hat man in amerikanischen Untersuchungen festgestellt, daß bei der Abfrage konkreter sozialpolitischer Ausgabenkategorien allein die Ersetzung des Wortes *»poor«* durch *»welfare«* erhebliche Änderungen in den Antworten mit sich bringt. Daß die Regierung mehr für die »poor« bzw. für »welfare« tun solle, ergab in verschiedenen Umfragen zustimmende Werte von 61,0 (für »poor«) bzw. 32,0% (für »welfare«), 62,0 bzw. 22,0%, 51,0 bzw. 17,5%, 59,0 bzw. 25,0%, 64,7 bzw. 19,3%. 1976 meinten 6,5%, daß »poor people«, aber 32,6%, daß »people on welfare« zu viel Einfluß hätten – auch wenn »Arme« genau jene Leute sind, die »on welfare« sind. »Welfare« ist im öffentlichen Bewußtsein offenbar mit (schwarzen) Minderheiten und der Vorstellung verschwenderischer Programme für Nichtsnutze verbunden.[30] Auch die Beifügung von Worten, die positive Assoziationen mit sich bringen, haben die Antworten bis zur Unkenntlichkeit verändert. »Assistance to blacks« wollten 27,8%, aber »improving the conditions of blacks« hielten 36,5% für wichtig – hier

---

[28] Donald Philip Green, Daniel Kahneman und Howard Kunreuther: »How the Scope and Method of Public Funding Affect Willingness to Pay for Public Goods«, Public Opinion Quarterly 58 (1994), 49-67.

[29] Dazu kommt natürlich das allgemeinere Problem, daß schwer abzuschätzen ist, in welchem Maße die für den Bürger folgenlose Bekundung seiner Zahlungsbereitschaft in einem Fragebogen überhaupt als ernsthafte Bekundung seiner Zahlungsbereitschaft gelten kann. Während in Fragebogenuntersuchungen etwa eine relativ hohe Zahlungsbereitschaft für Umweltanliegen bekundet wird, hat es in einer Volksabstimmung in Österreich/Steiermark, die von der Mehrheitspartei durchgeführt wurde und mit dem Versprechen gekoppelt war, daß die Ergebnisse politisch umgesetzt würden, nur eine sehr kleine Gruppe von Befürwortern für die Einrichtung eines Umweltfonds mit entsprechenden Zahlungen gegeben. Die »Drohung«, daß die Beantwortung Folgen hätte, ändert somit das Antwortverhalten erheblich. Plötzlich erweisen sich die Menschen als viel weniger »altruistisch«.

[30] Tom W. Smith: »That Which We Call Welfare by Any Other Name Would Smell Sweeter. An Analysis of the Impact of Question Wording on Response Patterns«, Public Opinion Quarterly 51 (1987), 75ff.

wird offenbar suggeriert, daß sich wirklich etwas verbessert. »Social security« wollten 53,2% dotieren, aber 68,2% entschieden sich für »protecting social security« – »Schutz« ist also positiv besetzt und läßt die Zahl der Befürworter von sozialpolitischen Maßnahmen steigen.[31]

Angesichts dieser Schwankungen und Zufälligkeiten ist die Annahme berechtigt, daß die Sensibilität gegenüber der Steuerzahlung mehr von den jeweiligen *Annahmen* über die individuelle Steuerlast abhängig ist als von der wirklichen Belastung. Deswegen gehen die meisten ökonomischen Analysen in die Irre: Sie können in ihre Gleichungen nur Zahlungen, aber keine Gefühle einsetzen. Gefühle, durch Steuern belastet zu sein, sind aber weniger von der Wirklichkeit als von den *Ideen* darüber abhängig: Eine öffentliche Diskussion, in der immerfort über die belastende und existenzbedrohende Steuerpolitik geklagt wird, läßt Belastungsgefühle (und entsprechende Reaktionen) entstehen; eine gut vermarktete Steuersenkung durch die Regierung kann andererseits ein Gefühl der Erleichterung auslösen, das durch meist minimale Einnahmenverzichte der öffentlichen Kassen kaum gerechtfertigt erscheint. Steuerwiderstand hat sich niemals dort geregt, wo die Steuersätze am höchsten waren. Ressentiments gegen Staatsausgaben und besonders Wohlfahrtsausgaben waren immer dort am stärksten, wo die Steuersätze am niedrigsten waren. Was eine zumutbare oder unzumutbare Belastung ist, hängt offenbar von der soziokulturellen Basis des Sozialstaats ab: In den meisten europäischen Ländern besteht ein »breiter« Wohlfahrtsstaat, der die Mittelschichten flächendeckend einschließt, und es gibt eine Tradition staatlicher Lenkung und staatlicher Fürsorge; in den Vereinigten Staaten gibt es einen »schmalen« Wohlfahrtsstaat, der auf kleine Gruppen von Bedürftigen zielt und daher wenig Unterstützung erhält, und es gibt eine Tradition des Individualismus und Fortschrittsoptimismus, des Puri-

[31] Kenneth A. Rasinski: »The Effect of Question Wording on Public Support for Government Spending«, Public Opinion Quarterly 53 (1989), 388ff. 1986 waren etwa 62,3% der Amerikaner der Auffassung, daß zu wenig ausgegeben werde für »assistance to the poor«, aber nur 23,1% meinten, daß die Ausgaben für »welfare« zu gering seien. – Weitere Beispiele für unterschiedliche Fragestellungen finden sich etwa bei Robert Y. Shapiro, Kelly D. Patterson, Judith Russell und John T. Young: »The Polls – a Report: Employment and Social Welfare«, Public Opinion Quarterly 51 (1987), 268ff. Das Fatale daran ist, daß sich in den meisten Fällen nicht entscheiden läßt, welche der Fragestellungen, die so unterschiedliche Antworten zutage fördern, am ehesten dem »objektiven« Wert (wenn man denn von einem solchen überhaupt sprechen will – und man sollte es wohl besser nicht tun) am ehesten nahekommen.

tanismus und der individuellen Autonomie. »Regierungsfeindliche« Stimmungen lassen sich deshalb in den USA leicht anfachen, während sich in Europa kaum relevante politische Kräfte formieren können, die mit vergleichbarer Radikalität gegen den Wohlfahrtsstaat auftreten. Dazu kommen andere Umstände: Beispielsweise sind plötzliche Änderungen im sozialstaatlichen Gefüge oder in der steuerlichen Belastung eher spürbar, während das leise »Vorankriechen« des Volumens der Steuerabschöpfung kaum wahrgenommen wird, weil die »Normalitätsstandards« der Individuen sich anpassen. Deshalb haben sich Ökonomen jedesmal geirrt, wenn sie die Grenze der steuerlichen Belastungsfähigkeit im Laufe des letzten Jahrhunderts bei zehn, fünfundzwanzig oder fünfzig Prozent des Sozialprodukts angesetzt haben. Es ist schwer, eine Grenze zu ziehen, denn es geht um »Bilder« der Wohlfahrt und um die »Wahrnehmung« von Tatbeständen. In jedem Fall sind die »harten« Fakten, die »objektive« Steuerlast, ungenügend zur Beurteilung politischer Situationen.

Unterschiedliche Reaktionen auf Belastungsgefühle

Es ist nicht nur fraglich, unter welchen Umständen Belastungsgefühle entstehen. Es ist auch fraglich, wie Individuen *reagieren*, wenn sie Belastungsgefühle verspüren: ob sie ihr Arbeitsangebot, wie dies meist angenommen wird, deswegen verringern, weil sie dem Finanzamt nicht allzu viel abliefern wollen.[32] Selbst wenn sie dies tun *wollen*, stehen ihnen Hemmnisse entgegen. Für nahezu alle *Arbeitnehmer* gilt eine geregelte Arbeitszeit, die ihnen keine graduellen Wahlfreiheiten zwischen den individuell optimalen Quantitäten von Arbeit und Freizeit zugesteht. Ist die Verkäuferin, die angesichts einer Erhöhung ihres Grenzsteuersatzes um fünf Prozent beschließt, ab nun ihr Arbeitsangebot von 38 auf 30 Stunden abzusenken, um ihre relativen

[32] Es muß vermerkt werden, daß Steuern, wenn sie wirklich mit einer Leistungsreduzierung beantwortet werden, eine viel größere Belastung für die Volkswirtschaft darstellen, als es dem einfachen Betrag der Steuern entspricht. Wenn eine Million Dollar, die als zusätzliche Steuer eingehoben wird, dazu führt, daß eine Arbeitseinschränkung stattfindet, die eine halbe Million Dollar als Wert »ungeschaffen« läßt, erhöht sich der Betrag, der der Volkswirtschaft entgeht, um diese zweite Summe. Eine Million Dollar Steuern »kostet« also eineinhalb Millionen. Die Analyse läßt sich natürlich verfeinern.

Nutzen von Einkommen und Freizeit auszubalancieren, eine für unser Wirtschaftsleben repräsentative Gestalt? Der Bauarbeiter, der zwei Stunden früher vom Bagger klettert? Oder der Lehrer, der beim Studium seines Lohnzettels beschließt, nur noch eine halbe oder dreiviertelte Lehrverpflichtung anzunehmen? Im Normalfall werden die Arbeitnehmer sich ihr wöchentliches Arbeitsangebot nicht aussuchen können.

Wenn wir nun annehmen, daß das Wirtschaftsleben den Wünschen der Arbeitnehmer soweit entgegenkommen würde, daß der Abwägung ihrer Präferenzen Rechnung getragen wird und ihre Vorgesetzten und Personalchefs bei der Umsetzung ihrer persönlichen Präferenzen klaglos mitspielen, sollte die Arbeitszeitreduktion in Zeiten, in denen hohe Arbeitslosigkeit besteht, nicht unbedingt Anlaß zur Sorge geben. Für jeden Lehrer, der seine Tätigkeit freiwillig auf eine halbe Lehrverpflichtung reduziert, stehen viele andere Schlange, die dringend ein paar Unterrichtsstunden bekommen möchten. Damit wird die Arbeitslosigkeit verringert, Sozialgelder werden gespart, das soziale Klima verbessert sich und das Wachstum steigt. Wenn die zusätzlichen Lehrer beschäftigt werden und die alltägliche Zeitbedrängnis für jene, die mit ihrer Teilverpflichtung selbstverfügte Stunden gewinnen, gemildert wird, dann sollte in einer Zeit, in der die private Lebenswelt unter der Abwesenheit aller Mitglieder leidet, ein »Leistungsverzicht« dieser Art eher zur Vermutung führen, daß sich der gesellschaftliche Gesamtzustand verbessert hat. Vielleicht könnte man es gar als eines der sozialstaatlichen Ziele betrachten, begrenzte Leistungseinschränkungen dieser Art zu ermöglichen.

In Wahrheit passiert allerdings sehr oft – anstelle des Leistungsverzichts – genau das Umgekehrte: Statt einer Absenkung des Arbeitsangebots gibt es deutliche Indizien dafür, daß der Normalbürger im Falle steuerlich bedingter Einkommensverluste sein Arbeitsangebot steigert. Er wird versuchen, das Familieneinkommen auf dem gewohnten Niveau zu halten, entweder durch das Angebot von Mehrarbeit (durch Überstunden oder durch eine Zusatztätigkeit) oder durch das zusätzliche Arbeitsangebot weiterer Familienmitglieder. Die Rationalität des sozialen Lebens dominiert die Rationalität der Stundenverdienste. Der gewohnte Lebensstandard soll aufrechterhalten bleiben, und die Ratenzahlungen drängen. Der Lebensstil ist auf ein bestimmtes Einkommensniveau zugeschnitten, und er ist nicht allzu variabel: Für die meisten Haushalte fällt ein großer Teil der

Ausgaben unter Fixkosten: weil es bestimmte Güter (etwa angemessene Wohnungen) nicht billiger gibt, weil in Anbetracht liebgewordener Gewohnheiten ein Verzicht auf bisherige Güter als allzu schmerzlich empfunden würde (Fernseher) oder weil Maßstäbe sozialer Angemessenheit zur Aufrechterhaltung von Konsumniveaus beitragen (Auto). Natürlich geht es bei der Wahrung dieser Einkommensniveaus in den seltensten Fällen um die Bedrohung des Überlebens; es geht vielmehr um Prestige, Routine, eingefahrene Lebensbahnen, Selbstachtung, Wohnbequemlichkeit – und das scheinen gute Gründe zu sein, die Leistung zu steigern, wenn der Lebensstandard durch hohe Steuern gefährdet erscheint. Im amerikanischen Mittelstand, der in den letzten beiden Jahrzehnten unter Druck geraten ist, verbreitet sich jedenfalls *moonlighting*: der zweite Job am Abend, in der Nacht oder an den freien Tagen.[33] Dieser Umstand muß irritieren: Hohe Belastung führt offenbar in vielen Fällen nicht zur *Leistungsabsenkung*, sondern zur *Leistungssteigerung*.[34]

Bei der Leistungsabsenkung als Antwort auf Besteuerung scheint es sich also weniger um die Perspektive eines Normalarbeitnehmers als um jene eines *Unternehmers* zu handeln, der sein Arbeitsangebot eher zu variieren imstande ist. Der Gemischtwarenhändler mag die Öffnungszeiten seines Geschäftes reduzieren – aber das läßt sich in der Praxis kaum irgendwo beobachten, und die Tendenz geht in vielen europäischen Staaten eher zur Ausweitung der Öffnungszeiten. Der Installateur mag keine neuen Aufträge mehr annehmen, und alltägliche Erfahrungen mit der Schwierigkeit, Handwerker ins Haus zu bekommen, könnten darauf hindeuten; die These des Durchschnitts-

---

[33] Katherine S. Newman: »Uncertain Seas. Cultural Turmoil and the Domestic Economy«, in: Alan Wolfe (Hrsg.): America at Century's End, Berkeley et.al. 1992, 112-130.

[34] Wenn es sich um Überstunden handelt, sind allerdings der Wunsch des Arbeitnehmers und der Druck der Firma meist untrennbar miteinander verbunden. Noch schwieriger liegt die Frage, wenn es sich um eine Ausweitung des Arbeitsangebots des Haushalts durch die Aufnahme einer Berufstätigkeit durch die Frau handelt. Wer die steigende Erwerbsquote der Frauen auf wohlfahrtsstaatlich verursachte Steuererhöhungen zurückführen will, muß argumentative Kunststücke vollführen. Zum einen ist festzuhalten, daß der Lebensstandard in den letzten Jahrzehnten wesentlich gestiegen ist, und daß es sich selbst bei den ärmeren Schichten nur um einen »relativen« finanziellen Druck – in Beziehung zu ihren Erwartungen – handeln kann, der sie »Knappheit« verspüren läßt. Zum anderen gibt es Unterschiede, etwa nach dem vereinfachenden Diktum: Die Frauen aus den unteren Sozialschichten *müssen* arbeiten, jene aus den oberen Sozialschichten *wollen* es.

bürgers ist freilich, daß es den begehrten Handwerkern allgemein »zu gut« gehe, nicht »zu schlecht«, und daß sie deshalb mit ihren Kunden so umzuspringen vermögen. Bei den freien Berufen werden wir möglicherweise fündig: beim Arzt, der seine Ordination nur noch vier Tage die Woche halbtags öffnet. Die These ist auch für Ökonomen plausibel, die sich überlegen müssen, ob sie noch ein zusätzliches Gutachten arbeitsmäßig verkraften können, und die dabei nach dem Nettogewinn schielen. Sofern das nicht geschriebene Gutachten die Wirtschaftslage tatsächlich verbessert hätte, wären Steuern wachstumsschädigend. Aber selbst für Freiberufler gilt, daß sie ihre Arbeitsleistung im allgemeinen nach anderen Kriterien festzulegen pflegen als nach ihrem Steuersatz. Selbst die Arbeitsleistung des wissenschaftlichen Politikberaters ist letzten Endes stärker von Motiven wie Prestige und Eitelkeit (dem schönen Gefühl, gefragt zu werden, mit hohen Politikern zu verkehren, auf Pressekonferenzen aufzutreten) beeinflußt: Wenn er genug bedrängt wird, nimmt er den Auftrag für das Gutachten doch noch an. Im übrigen herrscht auch in den meisten dieser Berufe keine Knappheit an Arbeitskräften. Und wenn die Verringerung der Ordinationszeiten des Arztes dazu führt, daß sich Personen mit kleineren Beschwerden die erhöhte Wartezeit nicht mehr antun wollen, sondern sich selbst kurieren, hat dies gar günstige volkswirtschaftliche Folgen – es ist ein immaterieller Selbstbehalt für ein überfordertes System.

Nun spricht einiges dafür, daß *Investitionskalküle* stärker von Gewinnerwartungen bestimmt sind: Hohe Steuern mögen Investitionen unterbinden, weil sich der Aufwand schlechthin nicht lohnt.[35] Selbst wenn durch eine höhere Besteuerung Leistungsminderungen dieser Art zu verzeichnen sind, kann man allerdings aus diesem Umstand noch nicht auf ein geringeres *Wachstum* der Wirtschaft schließen. Die eingezogenen Gelder kommen beispielsweise über Sozialtransfers

---

[35] Eine Variante dieses Arguments ist die Behauptung, daß hohe Steuern und Wohlfahrtsausgaben die *Sparquote* einer Gesellschaft unter ihren optimalen Wert drücken. Martin Feldstein hat folgendermaßen argumentiert: (1) Wenn Zinserträge besteuert werden, kann folgende Situation eintreten: Ein Grenzsteuersatz von 50% würde von Zinsen von 4% die Hälfte wegnehmen, es bleiben also 2% Ertrag. Wenn aber 10% Inflation herrschen, wäre der Zinssatz bei 14%, und wenn man die Hälfte wegsteuert, bleibt ein nomineller Ertrag von 7%. Sparen ist dann ein Verlustgeschäft. (2) Das Sozialversicherungssystem gewährt Ansprüche, etwa über die zukünftige Pension, die Geldeswert besitzen. Da jeder über die Pensionskasse abgesichert ist, braucht er privat weniger zu sparen. Vgl. Krugman 1994, 69ff.

schwächeren Einkommensschichten zugute, die diese ja wieder für den Konsum verwenden. Da sie eine höhere Konsumneigung aufweisen, werden die schlechteren Rentabilitätserwartungen für die Investition durch die erhöhte Nachfrage ausgeglichen, und es kann sogar angenommen werden, daß ein kurzfristiger Wachstumsimpuls ausgelöst wird.[36] Darauf beruhen ja die Ideen über Multiplikatorprozesse und generell die Theorie staatlicher Wirtschaftssteuerung. Nun ist man sich allerdings mittlerweile nicht mehr so sicher, ob der Multiplikator eine zuverlässige Variable für die Berechnung der Wirkungen staatlicher Wirtschaftspolitik darstellt. Bei empirischen Untersuchungen hat man sehr verschiedene Werte für ihn erhalten, und theoretisch ist seine Reputation mittlerweile auch ziemlich umstritten. Kurzfristig scheint er – allen »rationalen Erwartungen« zum Trotz – zu wirken, mittelfristig nimmt seine Wirkung sicher ab, und über die ganz langfristigen Wirkungen läßt sich nur spekulieren.[37] In krisenhaften Zeiten setzen sich jedenfalls die Interessengruppen der Wirtschaft durchaus *für* Ausgabenprogramme des Staates ein. Aber das interessiert uns hier nur am Rande; immerhin lassen die Argumente Zweifel an der

---

[36] Zum Teil werden die Gelder für staatliche Vorhaben ausgegeben, die komplementäre Aufwendungen für private Wirtschaftsprozesse darstellen oder expansiv wirkende Prozesse in Gang setzen. Die dadurch erzielbaren Vorteile können potentielle Leistungsreduktionen allemal überkompensieren, also sogar zusätzliche Wachstumseffekte auslösen.

[37] Wenn wir den Blick über den nationalen Horizont hinausrichten, so wird der Wettbewerbseffekt unterschiedlicher Steuersätze wichtig. Durch einen allzu zügigen Ausbau des Wohlfahrtsstaates im Zusammenhang mit den entsprechenden Steuer- und Kosteneffekten werden internationale Konkurrenznachteile spürbar, die das Wachstum schädigen. Schließlich belasten auch diese Kosten die Wirtschaft bzw. die Löhne, und somit verspielt die heimische Wirtschaft im Prozeß des »institutionellen Wettbewerbs« ihre Chancen. Das Argument der internationalen Konkurrenzfähigkeit ist allerdings nur dann stichhaltig, wenn ein Land aus dem breiten *internationalen Gleichschritt* in der sozialstaatlichen Entwicklung tatsächlich in wesentlichem Maße ausschert; das aber war bislang kaum der Fall. Zudem sind auch dann Tendenzen zu bedenken, die den konkurrenzschädigenden Effekten erhöhter Preise und regulativer Hemmnisse entgegenwirken: So wird weithin die Auffassung vertreten, daß Sozialausgaben sich als *automatische Stabilisatoren* der konjunkturellen Entwicklung eignen und daß Wohlfahrtsanstrengungen im Endeffekt die *Kapazitätsauslastung* verbessern und kostensenkend wirken könnten. – Die *Qualität der Produktionsfaktoren* wird durch soziale Leistungen aufrechterhalten oder – wie im Falle des »Humankapitals« – sogar gesteigert: Die materielle und immaterielle Infrastruktur zählt aber gleichfalls zu den Voraussetzungen eines gesicherten Wachstumsprozesses.

Eindeutigkeit der Wirkungen staatlicher Abschöpfung auf das Investitionsverhalten aufkommen.

Leistungsabsenkung als Ziel des Wohlfahrtsstaates

Die Einschätzung leistungssenkender Wirkungen der Sozialpolitik stößt dadurch auf besondere Schwierigkeiten, daß es in manchen Fällen geradezu *erwünscht*, ja explizites Ziel der sozialstaatlichen Transfers ist, das individuelle Bewußtsein von einem allzu rigiden Leistungsdruck zu entlasten. Es wurden vorhin bereits Zweifel daran geäußert, ob die Ausschöpfung aller individuellen Leistungsreserven die Befindlichkeit der Gesellschaft verbessert: ob es also nicht ohnehin wünschenswert wäre, daß in einer Situation, in der Arbeitskraftreserven vorhanden sind, die Arbeitsplatzinhaber freiwillig ihr Arbeitsangebot absenken und einen Teil ihrer Leistung in die private Lebenswelt investieren.[38] Das mag für Ökonomen ein kühner Gedanke sein, und dennoch steigt seine Plausibilität von Jahr zu Jahr: Vielleicht ist es nicht nur für die *Lebensqualität*, sondern auch für das *langfristige Wirtschaftswachstum* besser, wenn die nächste Generation nicht im Zustand der Wohlstandsverwahrlosung aufwächst, sondern durch die »leistungsfeindliche« Anwesenheit der Eltern eine angemessene Sozialisation erhält?

Aber es gibt noch direktere (und weniger spekulative) Zusammenhänge. Der Wohlfahrtsstaat versucht, jedem Arbeitnehmer ein Einkommen zu garantieren, das ausreicht, seine Familie zu erhalten, ohne daß das Arbeitsangebot von Frau und Kindern bis zur physischen Grenze ausgeschöpft werden *muß*. Denn natürlich gibt es Leistungsspielräume, und es gab Zeiten, in denen der Familienerhalt nur durch den Einsatz aller Familienmitglieder je nach ihren Möglichkeiten zu gewährleisten war. Zu den am heftigsten kritisierten Disincentives zählt ein ausreichendes Arbeitslosengeld: Es soll die Anstrengungen des Arbeitssuchenden, eine neue Stelle zu finden, nicht allzu sehr beeinträchtigen, aber es wahrt auch das Prinzip, daß jeder Arbeitslose eine finanzielle Sicherung in einem Ausmaß erhalten soll, die es ihm ermöglicht, nicht unter existentiellem Druck sein Arbeitsangebot auf

[38] Dazu mag kommen, daß sie in der verbleibenden Zeit produktiver sind und ihr Arbeitsausfall dadurch teilweise kompensiert wird; aber das hängt natürlich von der Art der Tätigkeit ab.

den Markt werfen zu müssen. Er kann eine passende Stelle suchen, und es kann auf Dauer für das gesamtgesellschaftliche Wachstum günstiger sein, die spezifischen Qualifikationen des Arbeitnehmers effizient einzusetzen, statt ihn zu zwingen, die erstbeste verfügbare Stelle anzunehmen. Wenn derartige Arbeits-Disincentives *nicht* zustande kämen, dann handelte es sich um eine verfehlte Sozialpolitik *und* eine verfehlte Wachstumspolitik.

Politische Stabilität als öffentliches Gut

Den wichtigsten Beitrag der Wohlfahrtseinrichtungen zu einer gedeihlichen Entwicklung finden wir im *sozialen Frieden*, der heftige Verteilungskämpfe selten werden läßt. Das ist natürlich auch das pauschalste Argument, das verwendet werden kann, um jede unsinnige Maßnahme mit dem Dekor gesellschaftspolitischer Verantwortlichkeit zu versehen. Aber es wäre gleichermaßen unsinnig, jede Beziehung zwischen sozialem Frieden und Wachstum bzw. zwischen Sozialstaatlichkeit und sozialem Frieden zu leugnen. Der soziale Frieden fördert das Wachstum, und das Wachstum fördert den sozialen Frieden. Alle können auf die Zukunft vertrauen, und Ansprüche müssen bestenfalls gereiht, niemals versagt werden. Was im heurigen Jahr nicht möglich ist, geht vielleicht im nächsten oder übernächsten Jahr; was nicht bald möglich ist, wird im nächsten Jahrzehnt realisiert; die Kinder können jedenfalls mit der Erfüllung der Wünsche rechnen. Niemals muß gesagt werden, es gehe etwas nicht; man muß nur sagen, es gehe *noch* nicht. Das Wachstum eröffnet einen *friedlichen* Weg in eine *grenzenlose* Zukunft. Aber dieses Wachstum gründet auf friedlichen Arbeitsbeziehungen. Eine streikgeschüttelte Wirtschaft ist kein attraktives Investitionsgebiet. Wachstumsfördernd sind eine hohe Arbeitszufriedenheit, die Unternehmensloyalität der Arbeitskräfte und eine geringe Zahl von Unruhen. Wohlfahrtsstaatliche Absicherungen sind kein Rezept, dies zu gewährleisten. Aber der Mangel an wohlfahrtsstaatlichen Absicherungen schafft mit sehr viel höherer Wahrscheinlichkeit Situationen, in denen empörte Individuen, insbesondere wenn sie über sozialstaatliche Möglichkeiten in anderen Ländern Bescheid wissen und sich zur Inanspruchnahme entsprechender Programme berechtigt fühlen, »Schwierigkeiten« machen können. Verelendete Arbeitslose könnten sich zusammenrotten, um Fensterscheiben einzuschlagen, Autos anzuzünden und Barrikaden zu bauen. Solange sie auf ihre Unterstützungszahlungen rechnen können, in Umschulungsmaßnahmen stecken und bei der Suche nach einem neuen Arbeitsplatz betreut werden, mögen sie nicht gerade fröhlich sein, sie sind aber nicht von Wut und Empörung gegen »das System« erfaßt.[39] Diese Argumente waren schon für die Etablierung der frühen Sozialprogramme wichtig, und sie haben nichts von ihrer Bedeutung eingebüßt. Freilich mag eine Situation, die gerne von Liberalen imaginiert wird, nämlich jene, in der die Ressourcen für die Sozialpolitik erspart werden und die Menschen mit ihrer Privatversicherung zufrieden sind, (ceteris paribus) wachstumsförderlicher sein als eine mit Sozialpolitik.[40] Aber das wird nicht so leicht zu haben sein, zum einen, weil private Versicherungsinstitutionen die gewünschte Absicherung nicht bieten können[41], zum anderen, weil die Einschätzung der Menschen historisch »pfadabhängig« ist – das heißt, es gibt nun einmal den Sozialstaat, und kein Regime wird seine Legitimität wahren können, das ihn radikal demontiert.

---

[39] Vgl. Manfred Prisching: Arbeitslosenprotest und Resignation in der Wirtschaftskrise, Frankfurt und New York 1988.

[40] Selbst dies läßt sich in Zweifel ziehen. Wenn Individuen einigermaßen ihre sozialen Standards halten wollen, werden sie beträchtliche Summen in private Versicherungen investieren müssen. Ob das Geld nun von einer Krankenkasse verwaltet wird oder von einer privaten Versicherungsgesellschaft (oder einer Health Maintenance Organisation), kann in ökonomischer Hinsicht kein wesentlicher Unterschied sein.

[41] Man betrachte etwa die Probleme, in die private oder betriebliche Gesundheitsversicherungen führen: Sie decken nicht notwendig die ganze Familie; sie hemmen die Mobilität des Arbeitnehmers, wenn er an betriebliche Programme gebunden ist; sie können kein breites Versichertenpotential bieten und sind deshalb krisenanfällig; sie haben Grenzen ihrer Kostendeckung; und wenn wirklich schwere Erkrankungen auftreten, werden die Verträge am Ende noch gekündigt. Noch schlimmer steht es mit den Vorschlägen zur privaten Pensionsversicherung: Im letzten Jahrhundert hätten Individuen, die sich vor hundert Jahren darauf eingelassen hätten, ihre angesammelten Vermögen mehrmals verloren, in Mitteleuropa vermutlich am Ende des Ersten Weltkriegs, in der Weltwirtschaftskrise, bei der nationalsozialistischen Machtergreifung, nach dem Zweiten Weltkrieg. Man muß ein naives Zukunftsvertrauen haben, im Grunde ein »Ende der Geschichte« unterstellen, um zu meinen, daß ein jetzt angesammeltes Vermögen mit Sicherheit in fünfzig Jahren zur Deckung der Lebenskosten einer Person herangezogen werden kann. Das Umlageverfahren ist allein krisenresistent: Die Überweisungen der nächsten Generation werden an einem Tag eingesammelt und am nächsten Tag den Älteren weitergegeben.

Natürlich kann man für die Zufriedenheit der Individuen keine »objektiven« Standards finden, also Maßstäbe dafür, womit Individuen zufrieden sein *müssen* oder unzufrieden sein *dürfen*. Ihre Einschätzungen werden sowohl von internationalen Vergleichen, insbesondere mit Nachbarländern, und von ihren Erfahrungen im Zeitverlauf beeinflußt sein.[42] Natürlich gibt es eine *Revolution steigender Erwartungen*, aber es gibt auch die *Ära sinkender Erwartungen*, und die Sozialwissenschaftler sind sich nicht einig darin, womit wir es wirklich zu tun haben.[43] Enttäuschte Erwartungen sind allerdings immer etwas anderes, Harmloseres im Vergleich zu *verlorenen Besitzständen*. Eine drastische Reduzierung von Wohlfahrtsleistungen – im Unterschied zu einem aufgeschobenen Ausbau – könnte viel eher demoralisierende Wirkungen hervorrufen und die politische Stabilität gefährden als eine Suspendierung weiterer sozialpolitischer Ausbauleistungen. Auf den Abbau von »Besitzständen« reagieren die Bürger sehr empfindlich.

Es gilt also: *There is nothing like free stability.* »Politische Stabilität« ist ein »öffentliches Gut«, das – wie alle Güter – nicht kostenlos zu haben ist, und sie zählt zweifelsohne zu den wachstumsförderlichen Faktoren.[44]

Politische Spielräume in der Gestaltung des Wohlfahrtsstaates

Gerade die Diffusität der Situation macht Politik möglich, und das ist der Umstand, der alle Regressionsgleichungen der Ökonomen, die quer über Länder und Zeiten Wohlfahrtsausgaben und Wachstumsraten in Beziehung setzen wollen, in Mitleidenschaft zieht. *In der Gestaltung der Beziehungen von Wohlfahrt und Wachstum gibt es politische Spielräume.* Wie immer man das auch formuliert: *politics matters* oder *bringing the state back in* – jedenfalls ist Politik relevant. Den Neigun-

[42] Die steigenden Erwartungen sind im übrigen kein so neues Thema, wie es scheinen mag; vgl. etwa Robert Theobald: The Rich and the Poor. A Study of the Economics of Rising Expectations, New York 1960.

[43] Paul Krugman: The Age of Diminished Expectations. U.S. Economic Policy in the 1990s, Cambridge und London 1995 (erste Ausgabe 1990).

[44] Vgl. zu diesen Fragen auch Kurt Rothschild: »Observations on the Economics, Politics and Ethics of the Welfare State«, Zeitschrift für die gesamte Staatswissenschaft 138 (1982), 565-582.

gen der Sozialwissenschaftler entspricht es, auch hierin nach allgemeinen Gesetzmäßigkeiten zu suchen: etwa nach der Stärke sozialdemokratischer Parteien, der Dauer »linker« Regierungsbeteiligung, der Stärke der Gewerkschaften und weiteren entsprechenden Variablen, und sie haben dabei begrenzte Erfolge. Allerdings zeigt sich neuerdings, daß es nicht so sehr quantitative Größen dieser Art sind, die wohlfahrtsstaatliche Ausbauniveaus erklären können, sondern daß es eher die *Beziehungen* zwischen mehreren dieser Variablen sind, die erklärungskräftig sind, also das ganze politische Arrangement ins Auge gefaßt werden muß. Es gibt auch unvermutete Substitute, wenn man ein wenig genauer hinsieht – katholische Parteien waren beispielsweise genauso sozialpolitisch engagiert und erfolgreich wie sozialdemokratische.[45] Weiters: *Auch die Entscheidungskraft der handelnden Personen spielt eine Rolle.* Ob Arbeitslose in die Frühpension abgeschoben werden, ist eine Frage der politischen Entscheidung, und diese mag, je nach den Auffassungen der Regierung, in wirtschaftlich ähnlichen Situationen unterschiedlich ausfallen. Auch sozialdemokratische Regierungen handeln nicht immer gleich. Angemessenheitsstandards, etwa bei der Zumutbarkeit von Jobs für Arbeitslose, können sehr unterschiedlich gehandhabt werden. Welche Entscheidungen getroffen werden, ist nicht nur an der Stärke linker und rechter Parteien ablesbar, sondern hängt nicht zuletzt davon ab, welche Auffassungen die entscheidungsrelevanten Akteure haben: Konservative Wirtschaftspolitik pflegt sogar besonders erfolgreich zu sein, wenn sie von sozialistischen Regierungen betrieben wird. – Und schließlich gilt: *In unterschiedlichen Zeiten reagieren die Regierungen unterschiedlich auf ähnliche wirtschaftliche Situationen.* Die Reaktion auf wirtschaftliche Störungen war in den siebziger Jahren vom keynesianischen Denken – vom »Durchtauchen«, von der Erwartung einer »Normalisierung«, vom Glauben an die Steuerungskompetenz – bestimmt, und linke wie rechte Regierungen waren in diesem Denken verankert. Am Anfang der neunziger Jahre hatte sich der »Zeitgeist« gewandelt, und auf dieselben Sachverhalte reagierten alle Regierungen anders. Wo in den siebziger Jahren sozialpolitische Programme in Anbetracht der Krise noch ausgebaut worden waren, begann man beispielsweise zu kürzen, weil man nun die Krise der Staatsfinanzen als gravierender einschätzte als die Beschäftigungsprobleme. Wo man

[45] Vgl. dazu Gösta Esping-Andersen: The Three Worlds of Welfare Capitalism, Princeton, NJ 1990.

ältere Arbeitnehmer in die Frühpension abgeschoben hatte, um den Arbeitsmarkt zu entlasten, machte man sich Gedanken über Maßnahmen zur Erhöhung des Pensionsalters, um die Kassen der Pensionsversicherung zu entlasten. Das gilt für linke wie für rechte Regierungen. Politische Ideen ändern sich oft sehr rasch. – Alle diese Komplikationen machen deutlich, daß sich aus den bloßen Wirtschafts- und Politikdaten nur schwer verallgemeinerbare Gesetzmäßigkeiten gewinnen lassen.

Beziehungen zwischen Wohlfahrt und Wachstum

Manches läßt sich nicht einmal auf der Ebene der Empirie entscheiden. Empiriker haben versucht, aus ihren aggregierten Daten internationale Unterschiede zu destillieren, aber die Vermutungen über die Beziehungen von Wohlfahrtsniveau und Wachstum lassen sich kaum erhärten. In den internationalen Vergleichen ergeben sich keine eindeutigen Verdachtsmomente dafür, daß höhere Staatsanteile mit geringeren Wachstumsraten, daß höhere Zuwächse im Staatsanteil mit geringeren Wachstumsraten, daß höhere Staatsanteile mit höheren Arbeitslosenraten oder daß höhere Sozialleistungen mit geringeren Arbeitsproduktivitäten verbunden sind. Genauso wenig Anhaltspunkte für die sozialstaatliche Wirtschaftsschädigung lassen sich aus Zeitreihenvergleichen oder aus Analysen der Situation in einzelnen Jahren gewinnen. Eher lassen sich noch positive Zusammenhänge derart nachweisen, daß ausgebaute Sozialleistungssysteme mit einer vergleichsweise günstigen wirtschaftlichen Situation verbunden sind.[46] Im europäisch-amerikanischen Vergleich scheint sich ein klarer trade-off zwischen Wohlfahrtsniveau und Beschäftigung abzuzeichnen: Die USA haben wenig soziale Absicherung und viele schlecht bezahlte Jobs, Europa hat sein hohes Sozialniveau durch die Krise bewahrt, aber durch größere Beschäftigungsproblem erkauft.[47] Aber Rück-

---

[46] Vgl. etwa Alber 1980; Harold L. Wilensky: The Welfare State and Equality. Structural and Ideological Roots of Public Expenditure, Berkeley, Los Angeles und London 1975; Wolfram Fischer: »Der Wandel der sozialen Frage in den fortgeschrittenen Industriegesellschaften«, in: Külp und Haas 1977, 35-68 u. a.

[47] Von 1973 bis 1991 war die jährliche Lohnwachstumsrate in der EG 1,7%, das Beschäftigungswachstum 0,3%; in den USA lagen die beiden Raten bei 0,4% und 1,7%. OECD: The OECD Job Study, 2 vol., Paris 1995.

schlüsse auf Bewußtseinsverhältnisse oder Bewußtseinsveränderungen, die hinter solchen Pauschaldaten stehen, lassen sich erst recht nicht gewinnen.

Das ist kein Versagen der Empiriker: Sie haben es vielmehr mit einem komplexen Phänomen zu tun, für das ihre Instrumente nicht geeignet sind.[48] Daß der statistische Vergleich keine eindeutigen Belege erbringt, ist nicht überraschend, wenn wir – statt von einseitigen Kausalitäten – von einem *Wechselverhältnis* wirtschaftlicher und wohlfahrtsstaatlicher Faktoren ausgehen. Für jede mögliche Beziehung zwischen Wachstum und Wohlfahrt gibt es gute theoretische Gründe und empirische Beispiele, und es soll, wie auch in den folgenden Abschnitten, jeweils ein Beispiel für jene Argumente, die in der Diskussion öfter zu hören sind, angeführt werden.[49] Erstens: *Aus einem hohen Wohlfahrtsniveau folgt hohes Wachstum.* Wenn es richtig ist, daß ein gut ausgebautes Wohlfahrtssystem den sozialen Frieden sichert und damit Rahmenbedingungen für eine gedeihliche Wirtschaftsentwicklung schafft, haben wir eine positive Wirkung des Wohlfahrtsstaates auf das Wirtschaftswachstum. Zweitens: *Aus einem hohen Wachstum folgt ein hohes Niveau der Wohlfahrtsleistungen.* Erst eine günstige Wirtschaftssituation schafft jenes Finanzierungspotential, mit dem umfassende Sozialleistungen installiert werden können, und in der Tat leisten sich reiche oder boomende Wirtschaften bessere Sozialprogramme. Hier läuft die Kausalität also umgekehrt. Drittens: *Aus einem schwächeren Wachstum folgen höhere Wohlfahrtszahlungen.* Ein Rückfall in der Wirtschaftsentwicklung führt angesichts der (nicht immer erwünschten) Inflexibilität und der (erwünschten) automatischen Stabilisierungsleistung von Sozialleistungssystemen zu einem Anstieg der Sozialquoten. Gerade wenn das Wirtschaftswachstum absackt, sind etwa höhere Zahlungen für Arbeitslose erforder-

[48] Das bedeutet natürlich nicht, daß man auf die Daten verzichten kann; vielmehr darf man sich nicht auf Regressionsgleichungen beschränken, sondern muß eine subtilere Vorgangsweise, eine Verschränkung von quantitativen, komparativ-klassifikatorischen und historisch-genetischen Methoden verwenden; vgl. Esping-Andersen 1990.

[49] Diese Schlußabsätze sind nicht als Zusammenfassungen der jeweiligen Abschnitte zu verstehen, denn in den Abschnitten finden sich viele weitere Argumente und präzisere Darlegungen. Aber sie sollen exemplarisch deutlich machen, daß es gute Gründe für jede der vier Beziehungen gibt, die in allgemeiner Form lauten: Mehr Wohlfahrtsstaat führt zu mehr X. Mehr X führt zu mehr Wohlfahrtsstaat. Mehr Wohlfahrtsstaat führt zu weniger X. Weniger X führt zu mehr Wohlfahrtsstaat. Wir werden diesen Refrain am Ende jedes Abschnitts wiederholen.

lich, und bei schlechter Wirtschaftslage werden Teile des Arbeitsmarktes durch Frühpensionierungen »geräumt«. Viertens: *Aus höheren Sozialleistungen folgt geringeres Wachstum.* In manchen Bereichen, etwa bei den Ausgaben für Arbeitslose, aber auch in Bereichen des Gesundheitswesens (manche Leute fahren gerne auf Kur) und der Pensionsversicherung (manche streben eine frühere Pensionierung an), mag die Vermutung nicht unberechtigt sein, daß der Leistungsdruck über Gebühr herabgesetzt wird: Wenn die Auszahlungsstellen für Arbeitslosengelder »großzügiger« handeln, weil sie wissen, daß in einer schlechten Konjunkturlage die Chancen, einen Arbeitsplatz zu finden, in der Tat nicht hoch sind, können mehr mißbräuchliche Nutzer unter die wirklichen Opfer rutschen.[50]

Die beiden ersten Beziehungen sind *komplementär:* Wachstum und Sozialstaat gehen Hand in Hand. Die dritte und vierte Beziehung sind *substitutiv:* Wachstum und Sozialstaat stehen in einem trade-off-Verhältnis. Für die Kausalitäten lassen sich alle vier denkbaren Möglichkeiten finden. Daß angesichts dieser Situation bei Regressionen nicht allzu viel herauschaut, ist naheliegend. Wollte man die Fälle in unterschiedliche Klassen ordnen und dann Verallgemeinerungen suchen, hat man im Kreise der entwickelten Industrieländer relativ geringe Fallzahlen, und aus einer komparativen Soziologie wird eine Zeitgeschichtsschreibung, die nur zu beschränkten und sehr vorsichtigen Verallgemeinerungen berechtigt – aber das dürfte in vielen Fällen die bessere Lösung sein, und etliche der neueren Studien gehen diesen Weg.

2. Sicherheit. Über Risiken, Traditionen und Entstigmatisierungstendenzen

In der Welt des Mittelalters und der frühen Neuzeit gab es verstehbare Unsicherheiten: Kriege und Brandschatzungen, Überfälle und Seuchen, Krankheiten und Mißernten; die Industriegesellschaft hat undurchschaubare Unsicherheiten hinzugefügt: Krisen, die offenbar »grundlos« entstanden und Menschen arbeitslos machten, nicht weil es – wie in einer Hungersnot – zu wenige, sonst weil es zu viele Güter

[50] Das Mißbrauchsproblem wird im zweiten Abschnitt noch eingehend behandelt.

gab. Die Durchsetzung des Gewaltmonopols und des Steuermonopols des Staates hat die Welt friedlicher gemacht, aber nicht alle Unsicherheiten beseitigt. Fabriken wurden gefährliche Apparaturen. Die großen Städte bedurften neuer hygienischer Standards. Das Ausscheren aus der Dorfgemeinschaft beraubte den Arbeiter seines sozialen Rückhalts. Man suchte nach neue Formen, einander zu sichern, aufbauend auf Bruderläden und Zunftmodellen, aber angepaßt an die neuen Bedingungen der Industriegesellschaft. Man probierte herum: mit genossenschaftlichen Modellen, berufsbezogenen Fonds, mit einer allgemeinen Arbeiterversicherung, mit unterschiedlichen Kombinationen von privaten und öffentlichen Organisations- und Finanzierungsformen. Die Lebenssicherheit konnte nicht mehr durch karitative Vorkehrungen gewährleistet werden: Diese funktionieren nur, solange man auf die ausgeglichene Spendenfreudigkeit der Individuen rechnen kann und eine persönliche Kontrolle der Bedürftigen möglich ist. Sicherheit in der Industriegesellschaft konnte nur durch eine kollektive Lastentragung erreicht werden, und diese mußte so breit wie möglich angelegt sein, gerade dann, wenn Krisen ganze Industriezweige oder Regionen erfaßten; im günstigsten Fall erfaßte die »Versicherung« die ganze Bevölkerung, und Träger einer solchen Institution konnte nur der Staat sein.

Der Wohlfahrtsstaat hat die klassischen Risiken einer Arbeitnehmergesellschaft erfolgreich gemildert. Am unproblematischesten ließen sich Maßnahmen zur Vorsorge für Arbeitsunfälle installieren, mußten doch nur Haftungsregeln und Schadenersatzmodelle in eine kollektive Institution übergeführt werden, und das war auch im Interesse der Unternehmer. Gegen die Risiken der Arbeitslosigkeit und der Erkrankung trachteten sich die Arbeiter durch Selbsthilfemaßnahmen zu sichern, und erst langsam wurden diese Einrichtungen zu kollektiven und öffentlichen. Während es dabei der Idee nach aber nur um personell begrenzte (nicht jeder wird krank oder arbeitslos) und temporäre (beide Typen von »Ausfällen« einer Arbeitskraft sind prinzipiell zeitlich begrenzt) Leistungen handelt, war die Pensionsvorsorge insofern ein gewaltiger Schritt, als sie nicht nur die bedürftigen, sondern *alle* Arbeitnehmer über einen beträchtlichen Zeitraum erfaßte. Diese klassischen Risiken: Unfall, Arbeitslosigkeit, Krankheit und Pension, sind die Kerninstitutionen des Wohlfahrtsstaates. Daran lagern sich Maßnahmen an für jene, die besondere familiäre Belastungen aufweisen (Familienbeihilfen), jene, die durch einen Wohnungsaufwand (Wohnbeihilfen) oder Bildungsaufwand (Bildungszuschüsse und Stipendien) besonders belastet sind, jene, die aus allen anderen Netzen herausfallen (Fürsorge), und dergleichen mehr.[51] Die großen Risiken der Arbeitnehmerwelt sind damit beseitigt. Die Welt ist *sicherer* geworden.

Klassische Risiken und moderne Unsicherheiten

Die Welt ist nicht *sicher*, auch wenn im modernen Wohlfahrtsstaat die herkömmlichen Verelendungsrisiken gemildert oder beseitigt wurden. Die klassische Armut – das Leben am Existenzminimum – ist zwar nicht verschwunden, aber die Wahrscheinlichkeit, in den Industriestaaten zu verhungern, ist minimal geworden. Der Wandel des Arbeitsmarktes bringt aber neue Probleme hervor. Die »alte« Sozialpolitik war auf das »Normalarbeitsverhältnis« ausgerichtet: auf den (männlichen) Verdiener, der durch seine Beitragszahlungen das soziale System finanziert und von dessen beschäftigungsgebundenen Berechtigungen auch Frau und Kinder erfaßt sind. Armut war ein Problem der Kinder (und wurde durch Familienbeihilfen beseitigt) und ein Problem der Alten (und wurde durch Pensionen beseitigt); sie war kein Problem für Beschäftigte in der Mitte ihres Lebens. Das hat sich in der heterogen gewordenen Arbeitswelt geändert. Neue Risiken treten auf, wenn Arbeitsmärkte plötzlich wesentlich gestiegene Beschäftigungswünsche zu verarbeiten haben: weil die weibliche Erwerbsquote rasant ansteigt. Neue Risiken treten auf, wenn sich *insider-outsider*-Spaltungen (innerhalb von Unternehmen und auf Arbeitsmärkten generell) vertiefen. Neue armutsgefährdete Gruppen tauchen auf: jene, die dauerhaft aus dem Beschäftigungssystem ausgeschlossen sind (Dauerarbeitslose); jene, deren Familien nicht dem »Normalmodell« entsprechen (alleinstehende Mütter); und jene, die in neu entstehenden Niedriglohnverhältnissen gefangen sind (*working poor*). Die »neue« Sozialpolitik muß mit der »neuen« Armut fertigwerden. Denn auch das Leben in einer Armut, die nicht mehr unmittelbar existenzgefährdend ist, hat Folgen: Schlechte Lebensbedingungen verkürzen

[51] Die Abgrenzung, was wirklich unter den Begriff der Sozialausgaben fällt, ist unklar. Je nach klassifikatorischer Zuordnung werden zuweilen auch Bildungsausgaben des Staates und ähnliche Leistungen zu den Sozialaufwendungen gerechnet, so etwa in den OECD-Statistiken.

nicht nur nachweislich das Leben, sie verschlechtern auch die Chancen der nachfolgenden Generationen, am gesellschaftlichen Wettlauf teilzunehmen.

Aber die moderne Welt schafft und verschärft auch neuartige *Risiken*. Es treten unheimliche Gefahren auf, denen man als Erwerbstätiger oder als Konsument begegnet, die sich aber der individuellen Beurteilung notwendig entziehen: nicht spürbare, tödliche Strahlungen aus Apparaturen; nicht mit den Sinnen erfaßbare chemische Substanzen in den Nahrungsmitteln; nicht abschätzbare Gefährdungspotentiale in der Umwelt. Selbst auf die eigenen Erfahrungen ist kein Verlaß mehr. Kein Konsument kann so souverän sein, daß er die chemischen Nahrungsmittelzusätze zu beurteilen vermag. Eine rundum unsichere Welt tut sich auf, und diese Unsicherheiten wollen kompensiert werden. Der Staat bietet sich, angesichts der Geschichte seiner bisherigen Leistungsbeweise, als zweckmäßige Organisation für diese komplizierten Aufgaben an. Das Individuum, in seinem Gefühl, im Angesicht diffuser Gefahren alleingelassen zu sein, flüchtet in die breiten Arme des Staates, der ihm das Versprechen abliefert, für seine Probleme immer da zu sein. Der Staat scheint die *letzte* zuverlässige Heimat zu sein, die »Sicherheit« bietet. Die Wohlfahrtseinrichtungen werden zu den *letzten* Institutionen, die das Gefühl der Geborgenheit vermitteln.

Zu den »neuen Risiken« gehören nicht nur die Gefahren, die sich in den Szenarien finden, in denen gutgesinnte Menschen ökologische Apokalypsen und technologische Horrorvisionen verkünden. Es gibt auch neue *soziale Risiken*, wie etwa den Zerfall traditioneller Institutionen. Der Niedergang der Familie wird von denselben Zeitbeobachtern, die ökologische Apokalypsen entwerfen, weniger gerne ins Auge gefaßt, weil seine Begleiterscheinungen ihrem Weltbild widersprechen. Er bringt aber das Risiko mit sich, daß private Leistungen entfallen, auf die man früher rechnen konnte: das Risiko, daß man erkrankt und niemand da ist, der einem hilft; das Risiko, im Alter keine Pflege zu erhalten. Das nähere soziale Umfeld ist zu einem »kühleren« Ambiente geworden. Allein auf das wohlfahrtsstaatliche Umfeld kann man vertrauen. Das Krankenhaus ist zuverlässig; es hört nicht von heute auf morgen auf zu existieren. Die monatliche Überweisung der Pension auf das Girokonto ist noch immer mit hoher Pünktlichkeit eingetroffen. Die Familie, gemeinhin der letzte Rückhalt für überforderte Individuen, ist hingegen ins Schwanken geraten. Frauen oder

Männer laufen von einem Tag zum anderen davon, die Kinder verabschieden sich, und die wechselseitigen Verpflichtungsgefühle schwinden. Die Familienbeihilfe ist erwiesenermaßen zuverlässiger als die Familie. Je stärker die Verunsicherung um sich greift, um so wohlfahrtsstaatlicher wird das Bewußtsein. Die Programme des Sozialstaats schaffen Lebenssicherheit. Mit dem Blick auf sie verblaßt die Angst vor Armut und sozialer Deklassierung. Man erspart sich Ängste und Beunruhigung. Der Blick auf die eigene Zukunft wird gelassener. Es macht sich die *»Gemütsruhe« im Wohlfahrtsstaat* breit.[52]

»Gemütsruhe« in einer risikoarmen Umwelt

Die Gemütsruhe ist ambivalent. Es ist ein schöner Erfolg, den Menschen die Angst zu nehmen. Aber die Beruhigung ist auch eine Entlastung vom Realitätsdruck, und sie führt zu Verhaltensänderungen. Die fatalen Folgen dieser »Gemütsruhe« nehmen die Kritiker des Wohlfahrtsstaates gerne aufs Korn. Die Maschinerie des Marktes beruht darauf, daß jene gewinnen, die sich anstrengen, und jene verlieren, die dies nicht tun: Wenn den Verlierern die Konsequenzen ihrer Faulheit, Einfallslosigkeit oder Drückebergerei erspart bleiben, werden mehr Menschen davon Abstand nehmen, sich auf den Märkten abzurackern.[53] Das beruht auf durchaus rationalen Erwägungen. Der Wohlfahrtsstaat hat mit einigen Gruppen von Klienten zu tun, die relativ leicht in eine bedrängte Lebenslage geraten, in der sie Wohlfahrtsgelder in Anspruch nehmen müssen. Es ist für sie aber nicht erstrebenswert, sich aus dieser Lage wieder zu befreien, weil sie auf dem Arbeitsmarkt so geringe Chancen haben, daß ihr berufliches Einkommen kaum höher sein würde als das Wohlfahrtseinkommen. Man müßte das Wohlfahrtseinkommen deutlich senken, um die Arbeit »attraktiver« zu machen; aber da es ohnehin bereits unter dem Exi-

---

[52] Bram van Stolk and Cas Wouters: »Die Gemütsruhe des Wohlfahrtsstaates«, in: Peter Gleichmann, Johan Goudsblom und Hermann Korte (Hrsg.): Macht und Zivilisation. Materialien zu Norbert Elias' Zivilisationstheorie, Frankfurt a.M. 1984, 242-260; A. Weische: »Gemütsruhe«, Historisches Wörterbuch der Philosophie, hrsg. von Joachim Ritter, Bd. 3, Basel und Stuttgart 1974, Sp. 267.

[53] Thilo Sarrazin: »Rückwirkungen des Sozialstaats auf Wirtschaftswachstum und berufliche Anpassungsbereitschaft«, in: Peter Koslowski, Philipp Kreuzer und Reinhard Löw (Hrsg.): Chancen und Grenzen des Sozialstaats. Staatstheorie – Politische Ökonomie – Politik, Tübingen 1983, 254-257.

stenzminimum liegt, würde es von vielen als zu brutal angesehen, dies zu tun. Da man andererseits die unteren Markteinkommen, die als einzige Alternative zu Sozialgeldern offenstehen, nicht so deutlich (etwa durch Mindestlohnregelungen) anheben kann, daß die Differenz eine spürbare Verbesserung im Verhältnis zu den Sozialgeldern bringen würde, bleiben Arbeits- und Sozialeinkommen nahe beieinander – und die betroffenen Personen stehen sich besser, wenn sie ihren Status als kollektiv zu versorgende Fürsorgefälle mit kleinen Ergänzungen aus der Schattenwirtschaft perpetuieren.[54]

Die Kritiker des Wohlfahrtsstaates haben zwei Vorschläge: Moralisierung und Leiden. Die erste Strategie – *Moralisierung* – zielt auf eine Umdefinition der Situation. Die Kritiker glauben zwar mit großer Inbrunst an materielle Anreize, besonders wenn es »ordentliche« Arbeitnehmer und Unternehmer betrifft, verwehren aber Sozialgeldempfängern das rationale Kalkül mit großer Entschiedenheit: Falls diese nicht bereit sind, freudig einen ordentlichen Ganztagsjob anzunehmen, der ihnen zusätzliche 200 Dollar im Monat abwirft, werden sie als hinterlistige und nichtsnutzige Personen, eben als *undeserving poor*, angesehen. Arme sind nicht arm, sondern arbeitsunwillig. Sie sind nicht bedürftig, sondern lasterhaft. Sie werden nicht »ausgeschlossen«, sondern schließen sich aus. Ihnen wird nicht der angemessene Teil am Leben der Gesellschaft verweigert, sondern sie verweigern ihren angemessenen Beitrag. In den Vereinigten Staaten ist diese Strategie deutlich. Um diese Moralisierung voranzutreiben, werden auch andere Umdefinierungen vorgenommen: Während sich noch vor Jahren eine arbeitende Mutter in der Sicht konservativer Beobachter dem Vorwurf der Kindesvernachlässigung aussetzte, wird von denselben Beobachtern heute die nichtarbeitende Mutter, die Wohlfahrtsgelder bezieht und ihr Kind betreut, als »faul« apostrophiert. Wäre sie anständig, würde sie arbeiten; und angesichts dieser Prämisse verliert die Kinderbetreuung an Bedeutung und wird durch politische Rheto-

---

[54] Christopher Jencks: Rethinking Social Policy. Race, Poverty, and the Underclass, Cambridge, MA 1993, 225 mit Bezug auf die wichtigste und umstrittenste *welfare*-Gruppe in den Vereinigten Staaten, die alleinstehenden Mütter: »The essence of the 'welfare trap' ist not that welfare warps women's personalities or makes them pathologically dependent, though that may occasionally happen. The essence of the trap is that, altough welfare pays badly, low-wage jobs pay even worse. Most welfare mothers are quite willing to work if they end up with significantly more disposable income as a result. But they are not willing to work if working will leave them as poor as they were when they stayed home.«

rik – über die Wichtigkeit der Erziehung und der *family values* – bewältigt.[55] Mit dieser Neudefinierung von Situationen verbindet sich offenbar die Vermutung, daß es dann, wenn die moralische Diskreditierung genügend weit gediehen ist, möglich wird, die wohlfahrtsstaatlichen Zahlungen weiter einzuschränken. Das löst nicht das Problem der Arbeitsanreize, spart aber wenigstens Geld.

Die zweite Variante ist: *make them suffer.* Die radikale Demontagevariante stammt von Charles Murray.[56] In seinem heiß diskutierten Buch *Losing Ground* hat er ein junges, unverheiratetes Paar geschildert, Phyllis und Harold, das Mädchen schwanger, der junge Mann arbeitslos, und ihre Situation in den sechziger und siebziger Jahren verglichen. Der rechtliche und wohlfahrtsstaatliche Vergleich ergibt, daß die beiden in den sechziger Jahren Geld dafür erhielten, daß sie heirateten, und der junge Mann dafür, daß er wieder zur Arbeit ging, während sie in den siebziger Jahren dafür bezahlt wurden, unverheiratet zu bleiben, und Phyllis sich am besten stand, wenn sie schlicht »auf die Wohlfahrt« vertraute. Murrays Folgerung ist: Es nützt nichts, wenn man am Wohlfahrtssystem ein wenig herumdoktert, wenn man ledigen Müttern etwa die Beihilfe um 100 oder 300 Dollar verringert; man muß das Programm radikal und zur Gänze abschaffen. Dann werden die potentiellen Empfänger nicht nur alles tun, um aus ihrer mißlichen Lage wieder herauszukommen; sie werden auch darnach trachten, in diese Lage gar nicht erst zu kommen. Man erspart sich damit uneheliche Geburten, die Entwicklung eines subkulturellen Wohlfahrtsmilicus und cinc problematische Generation von Kindern, die als Zeitbombe erst auf die Gesellschaft zukommen. – Daß uneheliche Geburten im Falle der vollständigen Demontage aller Programme zurückgehen würden, wird wohl stimmen. Was Murray weniger in Rechnung stellt, ist die steigende Zahl an Abtreibungen, die stattfänden, weiters das stärkere Abdriften in Illegalität und Prostitution, also jene Aktivitäten, die den unehelichen Müttern ohne verwertbare Arbeitsmarktqualifikation am ehesten offenstehen, und schließlich das Elend jener, die weder das eine noch das andere tun.

[55] In Europa ist diese Frage kein aktuelles politisches Problem; die Moralisierungen richten sich mehr auf Arbeitslose, denen immer mehr Verdacht entgegenschlägt.

[56] Charles Murray: Losing Ground. American Social Policy, 1950-1960, New York 1984; ders.: »Have the Poor Been 'Losing Ground'«, Political Science Quarterly (1985), 427-446; ders.: »What to Do About Welfare«, Commentary 98 (1994), No. 6, 26-34.

Dort aber fangen die Probleme des Wohlfahrtsstaates erst an: Welches Maß an Verelendung ist die Gesellschaft bereit zu dulden?[57]

Die Versuchung des »wohlfahrtsstaatlichen Lebensstils«

Das rationale Kalkül ist nur ein Teil der Geschichte. Der »Ausstieg« aus den Märkten greift um sich. Die rationalen und die emotionellen Momente, die bei der Beurteilung der Situation aus der Sicht der Sozialgeldempfänger eine Rolle spielen, schließen einander nicht aus: Es ist nicht *entweder* eine Frage finanzieller Incentives *oder* eine Frage kultureller Normen, ein bestimmtes Verhalten zu zeigen. Was aus Gründen vernünftiger Abwägung begonnen wird, kann zu einem *Lebensstil* werden. Es mag für einzelne vernünftig sein, sich »in die Wohlfahrt« zu begeben; ihr Beispiel ermuntert andere, die auch nicht »dumm« sein wollen; sind es genügend Personen, die diesen Weg gehen, wird er »normal«, und es entwickelt sich in der Tat eine »Wohlfahrtskultur«, in der es als eine von mehreren gangbaren und wählbaren Optionen erscheint, sich wohlfahrtsstaatlich zu versorgen.

Jürgen Habermas knüpft daran die Vermutung einer allgemeinen Krise des Wohlfahrtsstaates. Denn in ihm werden Tauschprinzip und Leistungsverhalten obsolet. Der Wohlfahrtsstaat, so argumentiert Habermas ganz auf den Spuren konservativer Kulturkritik, muß zur Stabilisierung des Wirtschaftsgeschehens und zur Legitimierung des marktwirtschaftlichen Systems eine Reihe von sozialstaatlichen Programmen installieren, die dem System den Stachel nehmen; aber gerade dadurch werden bestandswichtige Einstellungen, von der Akzeptanz des Privateigentums bis zur Leistungsethik, der Erosion preisgegeben. Der Kapitalismus findet seine Grenze nicht, wie Marx vermutet hat, an eingebauten Strukturmängeln im ökonomischen System; die Krise wandert in den Überbau. Die wohlfahrtsstaatliche Marktgesellschaft lebt von kulturellen Residuen, die sie aufbraucht,

[57] Natürlich sollte die Geschichte, die Murray erzählt, auch den Verteidigern des Wohlfahrtsstaates zu denken geben. Man muß nicht ein allzu verzerrtes Menschenbild haben, um anzunehmen, daß monetäre Anreize durchaus wichtig sind. Deshalb gibt es viele Indizien dafür, daß Anreize im Wohlfahrtsstaat falsch gesetzt werden. Der Fall, daß ein junges Paar auf tausende Dollar Unterstützung verzichten muß, wenn es heiratet, tritt in vielen Ländern auf. Wenn »normales« Verhalten nur dann möglich ist, wenn man eine »heroische« Geste der Verachtung des »schnöden Mammons« setzt, ist etwas falsch.

aber nicht mehr neu erzeugen kann. Der liberale, »ungezügelte« Markt scheitert an der Verweigerung der Individuen; der Wohlfahrtsstaat an der Zerstörung seiner eigenen kulturellen Grundlagen.[58]

Auch wenn man die Krisenperspektive nicht teilt, kommt man nicht darum herum, festzustellen, daß der Zusammenhang zwischen Leistung und Einkommen, Anstrengung und Lebensstandard verloren geht. In einem umfassenden System sozialstaatlicher Betreuung *entmeritokratisiert* sich das Bewußtsein.[59] Man kann Geld auch auf andere Weise bekommen als durch das marktförmige Anbieten von Leistungen, die für andere nützlich sind und deshalb von ihnen begehrt werden. Es gibt eine Kasse, die austeilt, ohne auf derlei Kriterien zu schauen: die Kasse des Staates. Der einzelne kann kalkulieren, wie er sich besser steht: Indem er entweder einen Lebensstil inszeniert, der seine Marktverwertbarkeit erhöht und ihm ein ausreichendes Einkommen über Tauschprozesse sichert, oder indem er einen Lebensstil inszeniert, der ihm Zugang zu den öffentlichen Geldern gestattet. Die Inanspruchnahme staatlicher Leistungen ist in einer rationalen Gesellschaft *entstigmatisiert* worden. Es ist nicht mehr mit dem Arme-Leute-Geruch verbunden, sozialpolitische Gelder in Anspruch zu nehmen. Man hat nicht mehr mit sozialer Verachtung zu kämpfen, wenn man auf staatliche Hilfe *angewiesen* ist. Man gerät nicht in die unwürdige Position des *Gnadenempfängers*, wenn man einige Formulare ausfüllt und von da an zuverlässig eine Überweisung auf das Bankkonto erhält. Auch die sozialpolitischen Behördenvertreter haben ihre »moralische Aura« abgestreift; sie maßen sich kein Urteil über individuelles Verhalten mehr an, wollen keine Lebensstile fördern oder unterbinden, auf die eine komplexe Gesellschaft aber angewiesen ist. Es gibt nur noch formelle Beziehungen: Sozialverwalter sind für die administrative Abwicklung von Bezügen, zu denen man die man berechtigt ist, zuständig.[60] Dem wohlfahrtsstaatlichen Be-

---

[58] Vgl. Jürgen Habermas: Legitimationsprobleme im Spätkapitalismus, Frankfurt a.M. 1973.

[59] Gösta Esping-Andersen: The Three Worlds of Welfare Capitalism, Princeton 1990.

[60] »One effect is that teaching a common norm of behavior is radically neglected. We fail to instill the customs and habits, the superstitions, that a complex society needs to work well and smoothly. The social service provider loses authority because he is now seen as fulfilling only formal legal regulations rather than operating on the basis of a common morality, a role he has eschewed.« Nathan Glazer: The Limits of Social Policy, Cambridge und London 1988, 151.

wußtsein ist es selbstverständlich, administrative Geldquellen zu nutzen, wo immer sie nutzbar sind. Sozialpolitische Transfers sind nicht mehr Gelder, die man schamhaft in Anspruch nehmen *muß*, sondern etwas, was einem *zusteht.* Wenn soziale Verachtung oder Geringschätzung in der Rolle des *Sozialgeldbeziehers* aber nicht mehr ins Kalkül gestellt werden muß, wird die Position im Vergleich zu jener des *Markteinkommensbeziehers* attraktiver: Die relativen Preise oder Opportunitätskosten verschieben sich. Die Kalkulation spricht eher dafür, Sozialeinkommen in Anspruch zu nehmen.

Wenn man sich dazu entschlossen hat, muß man eine Situation arrangieren, die den gesetzlichen Kriterien entspricht, und überlegen, ob man mit der Situationsdeutung »durchkommt«. Man muß also den Dachboden zunächst unausgebaut lassen, um die auf bestimmte Wohnflächen begrenzten Wohnbauzuschüsse in Anspruch zu nehmen, und kann ihn erst nach der Besichtigung durch die zuständige Kommission fertigbauen. Man muß die Heirat verschieben, um höhere Sozialgelder als alleinstehende Mutter zu kassieren, und sich erkundigen, ob es administrative Kontrollen einer etwaigen männlichen Mitbewohnerschaft im Haushalt gibt. Kontrollen sind nur beschränkt möglich, sie gelten heute als unzulässige Eingriffe des Staates in die Privatsphäre: Sich nach allfälligen männlichen Mitbewohnern des Haushalts zu erkundigen, gilt als »Schnüffelei«. Und es ist natürlich richtig, daß ein absolut effizient organisierter Sozialstaat nur als Polizeistaat denkbar ist.[61]

Anekdoten über Mißbräuche lassen sich reichlich erzählen, und sie finden sich nicht nur in abgekoppelten Subkulturen: der gut ausgebildete Schwarzarbeiter, der sein ehemaliges offizielles Gehalt heute weit übertrifft, weil er zusätzlich zum Arbeitslosengeld eine steuer- und abgabenfreie Arbeit in der »Schattenwirtschaft« leistet; die beiden Rechtsanwälte, die ihre Frauen pro forma gegenseitig anstellen und nach Erwerb des Anspruchs auf Arbeitslosengelder wieder entlassen; die Frau eines Unternehmers, die früher freiwillig ihre Stelle gekündigt hat und nun eine bestimmte Halbtagsarbeit sucht, wohl wissend, daß an ihrem Wohnort eine solche nicht zu finden ist; der Firmenchef, der alte Mitarbeiter kündigt und neue nur dann einstellt, wenn

[61] Abram de Swaan. Der sorgende Staat. Wohlfahrt, Gesundheit und Bildung in Europa und den USA der Neuzeit, Frankfurt und New York 1993, 254.

er vom Arbeitsamt Zuschüsse erhält.[62] Und natürlich trifft es auch zu, daß viele Bauarbeiter ihre winterliche Freistellung durchaus goutieren, um sich – abgepolstert durch öffentliche Gelder und private Wiederbeschäftigungsversprechen – anderen Aktivitäten widmen zu können: eine temporäre *vereinbarte Arbeitslosigkeit*, mit der sich Arbeitgeber und Arbeitnehmer am besten stehen.[63]

Die Beseitigung und die Produktion von Risiken

Der Wohlfahrtsstaat schafft bei seinen Bürgern ein Bewußtsein, das ihn in Frage stellt. Denn er *erzeugt* in gewissem Maße die Probleme, die er zu *lösen* hat. Das spricht nicht gegen den Wohlfahrtsstaat, denn es sind ambivalente Wirkungen, die unaufhebbar sind; aber es erklärt seine Überforderung. Maßnahmen, die Arbeitslosen helfen sollen, machen es ihnen möglich, sich mehr Zeit bei der Arbeitssuche zu lassen, und die Arbeitslosenzahlen steigen.[64] Maßnahmen, die eine Verbesserung der medizinischen Behandlung bei bestimmten Krankheitskategorien sichern, tragen durch das Anpassungsverhalten der Ärzte dazu bei, daß mehr einschlägige Diagnosen gestellt und Behandlungen vorgenommen werden.[65] Aber Wohlfahrtskritiker nehmen weniger

---

[62] Vgl. Michael Jungblut: »Die von der Krise profitieren ... 2,2 Millionen Arbeitslose – aber nicht alle sind echt«, in: Die Zeit, Nr. 2, 7. Januar 1983.

[63] Solche Erfahrungen könnten insofern der Ausgangspunkt von Reformen sein, als der Bezug des Arbeitslosengeldes an Gegenleistungen gebunden werden könnte, beispielsweise an die Teilnahme an Fortbildungs- oder Umschulungsmaßnahmen oder an einen Teilzeit-Arbeitseinsatz für sozial nützliche Tätigkeiten. Durch die Einbringung bestimmter, sonst ungetaner Leistungen im sozialen, urbanen oder ökologischen Bereich wäre etwa eine sinnvolle Nutzung der Zeit bis zur Neuaufnahme einer regulären Arbeit gewährleistet; vielleicht könnte sogar die psychische Belastung, die aus dem Gefühl der eigenen »Nutzlosigkeit« entsteht, gemindert werden. Allerdings gibt es auch kritische Stimmen zur Effizienz von *workfare*.

[64] Es wurde bereits darauf hingewiesen, daß dieser Effekt in gewissem Maße erwünscht ist. Der Arbeitslose soll nicht überhastet eine Stelle annehmen, sondern in Ruhe eine solche suchen können, in der seine Qualifikationen gut eingesetzt werden. Manche verstehen dieses »in Ruhe« freilich als Aufforderung zur Bequemlichkeit. Andere fühlen sich in der sozialstaatlichen Absicherung so wohl, daß sie nichts mehr fürchten als einen Arbeitsplatz. Es ist eine Frage der Dosierung.

[65] Wird eine »Krankheit« als solche anerkannt (das heißt, werden ihre Behandlungskosten von der Versicherung gedeckt), kann man sicher sein, daß sich in Kürze ein blühender Markt entwickelt, allein durch den »Modernitätseffekt« der Kategorie. Die Nachfrage steigt gewaltig an, wenn bestimmte Kosten nicht mehr

gern die Ärzte aufs Korn als die alleinstehenden Mütter: Maßnahmen, die ihnen helfen sollen, geben Impulse dazu, eine alleinstehende Mutter zu werden. Das darf nicht im Sinne einer bewußten Kalkulation verstanden werden, als ob man sich *wegen* der zu erwartenden Gelder zur Geburt eines Kindes entschlösse; wohl aber im Sinne jener »Gemütsruhe«, in der das uneheliche Kind nicht als Unglück, weder als soziale Schande noch als materielles Risiko, angesehen wird. In den Vereinigten Staaten hat sich offenbar eine abgesonderte Subkultur entwickelt, die Sozialleistungen als Bestandteil eines »normalen« Lebensstils einbezieht. Es gibt dabei zumindest Mitnahmeeffekte: Man würde in jedem Fall nicht anders handeln, aber es ist angenehm, wenn man daneben auch noch öffentliche Gelder kassieren kann. Aber es wäre unvernünftig, anzunehmen, daß die sichere Aussicht auf Sozialgelder nicht auch die Verhaltensweisen tangiert. In europäischen Mittelschichten, wo die Lebensbedingungen durchaus nicht schlecht sind, ist dieses gemischte Kalkül aus Ermöglichungseffekt und Mitnahmeeffekt gleichfalls anzutreffen: Selbstbewußte und gutgestellte Frauen, die in der ersten Hälfte ihres vierten Lebensjahrzehnts keine feste Bindung, wohl aber ein Kind wollen, kalkulieren sehr bewußt mit den erhöhten Zuschüssen, die ihnen über die ersten Jahre helfen. Sie würden nicht so selten das »Erlebnis der Geburt«, das sie nicht missen möchten, auch aus ihren Ersparnissen finanzieren, betrachten aber die Zahlungen aus der Sozialkasse als angenehme Hilfe.

Die Glorifizierung der Devianz und das schlechte Gewissen der Gesellschaft

Es wäre ungerecht, für alle diese Änderungen nur den Wohlfahrtsstaat verantwortlich zu machen, denn es sind breitere kulturelle Strömungen, die *seiner Nutzung vorarbeiten.* Das folgende Gedankenexperiment macht diese kulturellen Wirkkräfte deutlich: »Imagine that all of the incentives – or, if you will, disincentives – embedded in today's U.S. social welfare programs were suddenly transported back in time – not to our New Deal reformer's time but back to Salem, Massachusetts, around 1660 or 1670. Now let us wonder: How many addi-

privat zu bezahlen sind, und die Anbieter, die Ärzte, liefern, was verlangt wird. Nachfrager und Anbieter spielen dabei zusammen, und es müssen gar nicht immer nur simple Profitinteressen sein, die die Hauptrolle spielen.

tional out-of-wedlock births might have occurred in Salem, Massachusetts, in the midst of the Puritan era, in the face of all the perverse incentives of the modern welfare state? Like all thought experiments, this one cannot be answered conclusively. But my guess would be very few. The reasoning behind my guess is that most people in Salem, Massachusetts, in those years thought that engaging in what we now sometimes term 'disorganized lifestyles' would lead them to Hell. And there were a lot of people in Salem, Massachusetts, around 1660 and 1670 who believed in Hell.«[66] Diese Worte sind nicht als religiös-fundamentalistischer Appell zu lesen, wonach uns nur der Glaube retten könne. Sie bieten vielmehr ein Beispiel für die Kraft kultureller Normierungen wider materielle Incentives.

Wenn wir dies gelten lassen, können wir annehmen, daß auch andere kulturelle Strömungen das Verhalten der Individuen prägen, manchmal im Einklang, manchmal im Gegensatz zu materiellen Incentives: gesellschaftliche Vorstellungen darüber, wie es anständig und richtig, wie es emanzipiert und progressiv, wie es dumm oder geschickt oder wie es »modern« und »cool« ist, zu leben. So wird es auch eine Rolle spielen, daß seit den siebziger Jahren verschiedene Wege, aus der Gesellschaft »auszusteigen«, sich vom gesellschaftlichen *mainstream* »abzukoppeln«, glorifiziert werden. Es ist der einsame Held, der auf seinem Motorrad durch die Lande zieht, der bohèmeartige Lebensstil, dessen Exponenten Abbruchhäuser bevölkern, der eigenwillige Künstler, der auf seinen Durchbruch wartet, selbst der ökologische Aussteiger, der sich auf den unrentablen Bauernhof zu rückzieht. Ihr Vorbild ist durch Erzählungen, Journale, Kinofilme und elektronische Medien verbreitet worden, als Gegenbild zu dem etwas schwachsinnigen Normalbürger, der mitten im morgendlichen Stau zur Arbeit eilt, sich mit einem unleidlichen Chef abärgert, abends die Kinder nach ihren Aufgaben befragt, erschöpft sein Bier zu den Fernsehnachrichten einnimmt und früh ins Bett gehen muß, weil morgens unerbittlich der Wecker rasselt. Die ausgestiegenen »Helden« haben sich mit alldem nicht abzugeben, sie sind autonom, individualistisch, selbstbestimmt. Aber wenn ihre finanziellen Mittel knapp werden, finden sich gute Gründe, daß sie an das allgemeine Steueraufkommen als mögliche Quelle zur Sicherung eines Grundeinkommens denken. Devianz läßt sich leben, wenn eine monatliche Überweisung

[66] Nicholas Eberstadt: »Prosperous Paupers and Affluent Savages«, Society 33 (1996), No. 2, 17-25, hier 25.

pünktlich kommt. Die persönliche Autonomie beruht auf der Abhängigkeit von zuverlässigen Sozialprogrammen. Schließlich hat jeder Bürger das »Recht«, von den anderen erhalten zu werden. Und die Gesellschaft will sich nicht nachsagen lassen, sie habe schon wieder einmal einen großen Künstler verkommen lassen, weil sie ihn nicht verstanden hat. Falls man beim anomischen Lebensstil ein wenig über die Stränge schlägt, etwa die lästigen rechtlichen Kriterien »dehnt«, wird Nachsicht gefordert. Denn mittlerweile haben jene, die mit dem Gesetz in Konflikt kommen, ebenso wie jene, die eine wohlfahrtsstaatliche Finanzierung anstreben, ja auch jene Argumente, die Psychologen und Soziologen so sorgfältig ausgearbeitet haben, jederzeit verfügbar im Repertoire: Argumente, die alle Gründe für ihren Mißerfolg oder ihre Fehler in der gesellschaftlichen Repression, Uneinsichtigkeit oder Borniertheit finden und daraus die Berechtigung ableiten, von anderen materiell unterstützt und unterhalten zu werden.[67]

Die Skandalisierung von Restrisiken und die Verdrossenheit im Wohlfahrtsstaat

Die gewährte Sicherheit schafft ein Bewußtsein vom *Normalstandard* der Sicherheit, dem jede Unsicherheit zum *Skandal* wird. Die Beseitigung der Risiken schafft eine höhere Sensibilität für die Restrisiken. Was früher achselzuckend als Schicksal hingenommen wurde, wird zum Objekt staatlich-administrativer Tätigkeit. Das überfordert den Wohlfahrtsstaat, denn er muß hinter den durch die Sensibilisierungsdynamik hochgetriebenen Wünschen und Forderungen der Bürger zurückbleiben. Wird eine wohlfahrtsstaatliche Maßnahme getroffen, um ein Problem zu beseitigen, so gilt die Maßnahme ohnehin als unzureichend nach der Höhe, unzulänglich nach dem Personenkreis und jedenfalls verspätet. Wird ein neuer Familienzuschuß eingeführt, wird in den Medien und im öffentlichen Diskurs nur kritisiert, daß die Beiträge zu niedrig sind, um das Problem »wirklich« zu beseitigen, daß irgendwelche Personengruppen davon noch nicht erfaßt werden, und daß man das Gesetz ohnehin schon viel früher hätte schaffen müssen. Sozialpolitik wird nie gelobt. Der Moment der Problembe-

[67] Vgl. Nathan Glazer: The Limits of Social Policy, Cambridge und London 1988, 15.

seitigung ist für die Regierung kein Moment des Triumphes, denn das wohlfahrtsstaatliche Bewußtsein ist grenzenlos. Die Verteilung der Wohltaten stärkt die Verdrossenheit, denn im Akt der Verteilung wird den Empfängern beigebracht, von welch skandalöser Unzulänglichkeit das ist, was sie bekommen. Die Bürger sind allemal enttäuscht, wenn sie die Geschenke auspacken, wie verwöhnte Kinder, und das kann in Anbetracht unbegrenzter Erwartungen nicht anders sein.

Das stachelt aber die Erwartungen an. Der Wohlfahrtsstaat kann das wohlfahrtsstaatliche Bewußtsein nie einholen. Das Bewußtsein der Sicherheit, der wohlfahrtsstaatlichen Geborgenheit, beruht auf der Annahme unbegrenzter staatlicher Ressourcen: eines bodenlosen »Topfes«, aus dem sich jeder bedienen kann. Es erweckt den Eindruck, man gefährde das System nicht, wenn man das tut, was doch so viele tun, und sich holt, was immer zu holen ist. Die *individuelle Rationalität* mündet, wie so oft, in *kollektive Irrationalität*: Der einzelne gefährdet das System nicht, aber alle zusammen gefährden es natürlich doch. Das Bewußtsein der Sicherheit schafft dergestalt Unsicherheit: eine emotionelle Verunsicherung, da dem sensibilisierten, risikoungewohnten Individuum alles zum Risiko wird, und eine faktische Unsicherheit, da der einzelne, der des Risikomanagements ungewohnt ist, überfordert wird, wenn er tatsächlich mit Risiken konfrontiert ist. Die *sichere* Gesellschaft wird dergestalt zu einer sehr *unsicheren* Gesellschaft.

Beziehungen zwischen Wohlfahrt und Sicherheit

Die theoretisch-empirischen Verhältnisse von Sicherheit und Wohlfahrtsstaat werden wiederum durch vier Argumente illustriert, die ein wenig von der Kompliziertheit des Gegenstands durchschimmern lassen. *Aus einem hohen Wohlfahrtsniveau folgt ein hohes Maß an Sicherheit.* Das ist die Standardvariante des erfolgreichen Sozialstaates, der die klassischen Risiken des Marktes beseitigt und insgesamt eine sicherere Welt schafft. Es war nicht nur sein Anspruch, es ist ihm in hohem Maße auch gelungen. Zweitens: *Aus einem hohen Maß an Sicherheit folgt ein hohes Wohlfahrtsniveau.* Die gewährten Sicherheiten entwickeln eine Expansionsynamik. Die »Problemsituationen«, die der Wohlfahrtsstaat beseitigen will, werden durch seine Intervention attraktiver und verleiten viele Personen dazu, ihre Lebenslage in wohlfahrtsstaatlich geeigneter Weise zu arrangieren. Drittens: *Aus einem höheren Wohlfahrtsniveau folgt weniger Sicherheit.* Die subjektive Unsicherheit kann steigen, denn die durch eine gesicherte Umwelt erhöhte Sensibilität für verbleibende Risiken treibt den Sozialstaat in immer subtilere und aufwendigere Strategien der Risikobeseitigung. Die objektive Unsicherheit kann steigen, denn die sinkende Kompetenz der Individuen zur Risikowahrnehmung und Risikobewältigung schafft eine »unsicherere« Welt und fordert zu weiteren Sicherungsleistungen des Staates auf. Alle Verhaltensweisen aber, die auf eine Überforderung des Sozialstaates hinauslaufen, fördern das Grundrisiko, daß das System in die Krise gerät. Viertens: *Aus Situationen mit geringerer Sicherheit folgen höhere Wohlfahrtszahlungen.* In der modernen Welt treten neue Risiken auf, technischer und sozialer Art, und damit steigen Unsicherheitsgefühle. Da sich der Sozialstaat als zuverlässige Instanz zur Minderung von Risiken erwiesen hat, mündet die Erfahrung dieser Risiken in neue Forderungen nach dem Ausbau des Wohlfahrtsstaates.

3. Stabilität. Über Steuern, Technokraten und Schulden

Der Wohlfahrtsstaat soll nicht nur das »Leid« *reparieren*, das ein ungezügelter Kapitalismus verursacht; es ist noch besser und effizienter, wenn er das Marktgeschehen soweit zu zügeln vermag, daß die sozialen Folgekosten wirtschaftlicher Turbulenzen überhaupt *vermieden* werden. Die Ökonomen und die von ihnen beratenen Wirtschaftspolitiker hegten in den sechziger und siebziger Jahren keinen Zweifel daran, daß sie mit keynesianischen Rezepten das Wirtschaftsgeschehen in den Griff bekommen hatten. Der Wohlfahrtsstaat war nur eine spezielle Sparte in der von Technokraten verwalteten Welt, an deren Fortschritt kein Zweifel möglich war.

Daß sich die »ökonomische Kultur« – die Einstellung von Politikern und Bürgern gegenüber wirtschaftlichen Belangen – in Richtung einer unbekümmerten staatlichen Verantwortungszuschreibung geändert hat, hängt zweifelsohne mit dem erstaunlichen Siegeszug der Keynesschen Theorie zusammen. Sie bot den Ausweg aus der Krise des ordnungspolitischen Denkens in den dreißiger Jahren. Die langfristig wirksame Erbschaft von Lord Keynes jedoch, so stellen Buchanan und Wagner fest, bietet eine intellektuelle Legitimierung für die wirtschaftlichen und politischen Verzerrungen, die sich in wachsenden Defiziten, in Inflation und der Zunahme des Staatsanteils äußern.[68] Die Verschuldung ist nicht mehr durch das schlechte Gewissen der Wirtschaftspolitiker begrenzt: *Die Keynessche Lehre produziert aus theoretischen Gründen Defizite, aus praktisch-politischen Gründen aber keine Überschüsse.*[69] Der bequeme Weg, den finanziellen Pressionen zu entkommen, mündet in der Tat leicht in die *fiscal irresponsibility*, die auch intertemporale Verteilungsüberlegungen, welche längerfristige Verschuldungsstrategien rechtfertigen können, rasch verdrängt.

Die expandierende Verschuldungsmentalität

Fiskalische Unverantwortlichkeit ist nicht nur an den Budgets der großen politischen Einheiten abzulesen, an den steuerlich gespeisten Töpfen des Bundes und der Länder. Auf allen Ebenen entwickelt sich – dem Vorbild der Staatslenker folgend – eine *ökonomische Kultur des Schuldenmachens*, ein Leben im Vorgriff auf die Zukunft. Die Gemeinden verschulden sich mit Elan, um ihre Schwimmbäder und Sporthallen, ihre Kongreßzentren und Schulen, ihre Straßen und Fremdenverkehrseinrichtungen auszubauen – bis sie nicht mehr wissen, wie sie die laufenden Kosten decken sollen. Die »aufgeschobene Befriedigung« – die *deferred gratification* – ist aber auch dem individuellen Bewußtsein kein Leitprinzip mehr. Es wird nicht mehr zunächst gearbeitet und dann genossen; man kann »auf Ratenzahlung« in die

---

[68] James M. Buchanan und Robert E. Wagner: Democracy in Deficit. The Political Legacy of Lord Keynes, New York 1977. Vgl. auch James M. Buchanan, Richard E. Wagner und John Burton: The Consequences of Mr. Keynes. An Analysis of the Misuse of Economic Theory for Political Profiteering, with Proposals for Constitutional Discipline, London 1978.

[69] Solche Vorwürfe mögen übertrieben sein; aber sie treffen doch jene Rechtfertigung mancher Politiker, in deren Perspektive das Argument der Arbeitsplatzsicherung zur Begründung für jedes politische Vorhaben, wie unsinnig es auch immer sein mag, herhalten muß. Dennoch scheint sich das Bewußtsein zu verbreiten, daß auch die Verschuldung auf – wenn auch schwer quantifizierbare – Grenzen stößt: etwa wegen der Behinderung privater Investitionen (crowding-out) oder wegen inflationärer Impulse.

Befriedigung sofort einsteigen. Noch besser als die Ratenzahlung sind freilich wohlfahrtsstaatliche Zuschüsse: Auch Durchschnittseinkommensbezieher mit nicht mehr als 10.000 Dollar Ersparnis finden nichts dabei, ein Wohnhaus um mehrere hunderttausend Dollar zu erwerben, wenn sie mit mannigfachen Bundes- und Landesdarlehen abgesichert sind, Bausparkassengelder hineinstecken können, schließlich zusätzliche Darlehen erhalten, welche die eigentlich erforderlichen Eigenmittel ersetzen, und zuallerletzt – da natürlich nicht einmal die in Anspruch genommenen Kredite alle zurückgezahlt werden können – vermittels der dann einspringenden Wohnbeihilfe einem staatlich dotierten allmählichen Eigentumserwerb in Ruhe entgegensehen können, ohne selbst wesentliche Gelder in das Haus gesteckt zu haben. Das war eine Zeitlang tatsächlich möglich. Da freilich auch eine »reiche« Gesellschaft nicht über genügend Mittel verfügt, um ein solches Füllhorn an Gaben allen Bürgern zukommen lassen zu können, werden *andere Selektionsmechanismen* virulent: Nur wer Zugang zu den entsprechenden Informationen hat, weiß um die in Frage kommenden baulichen Projekte; nur wer Zugang zu den politischen Instanzen hat, kann die Förderungen durchboxen; nur ein fundierter Überblick über das einschlägige Gesetzeswirrwarr vermittelt die Kenntnisse, alle wohlfahrtsstaatlichen Ressourcen anzuzapfen; und nur eine ungenierte Verschuldungsmentalität sichert die Gemütsruhe, mit der alles das durchgeführt wird. Der Wohlfahrtsstaat schafft, indem er unvermutet neue Selektionsmechanismen in Kraft setzt, *neue Ungerechtigkeit:* eine Ungerechtigkeit, die nicht einmal mehr mit schlechtem Gewissen verbunden ist, weil das Anzapfen öffentlicher Kassen als Kunstfertigkeit, die Verschuldung als Normalfall und das Leben auf Kosten der Zukunft als Notwendigkeit betrachtet werden. Die modernen Ökonomien des Als-ob, so stellt Ralf Dahrendorf fest, »begründen no future-Gesellschaften. Nicht, daß die Jungen das so sehen und sich demgemäß verhalten, verdient Tadel, sondern daß die Älteren, die die Jüngeren so gerne beschimpfen, systematisch eine Welt ohne Zukunft geschaffen haben. Zumindest enthält die Zukunft keinerlei Verlockungen. Was den Genuß betrifft, den materiellen Lebensgenuß, so muß er aus ökonomischen Gründen immer schon heute, gleich jetzt stattfinden, bloß nicht warten, sonst stehen alle Räder und Bänder still. Und die Zukunft, das ist nur die Zeit, in der man für den Genuß von gestern und vorgestern bezahlt.«[70]

---

[70] Ralf Dahrendorf: »Hasardspiel mit der Zukunft. Zwischen Wohlstand und

Die politische Kultur des Geldausgebens

Die Selbstverständlichkeit der Verschuldungspolitik hat die Ausweitung der Staatsbudgets erleichtert. Im Grunde geht die liberaldemokratische Ordnung aber nicht zu Unrecht davon aus, daß der einzelne Bürger am besten weiß, was er mit den von ihm erarbeiteten Ressourcen anfangen möchte. Jede steuerliche Zwangsabschöpfung bedarf deshalb einer besonderen Begründung. Die Finanzierung der staatlichen Wohltaten erfolgt in marktwirtschaftlichen Wirtschaftssystemen aber nun einmal im wesentlichen durch die Abschöpfung privat erarbeiteter Werte, letztlich durch *partielle Enteignung*, und sie ist daher begründungspflichtig. Da und dort mag es auch staatliche Produktionszweige geben, doch sind aus staatseigenen Betrieben bekanntlich weltweit so gut wie nirgends beträchtliche Ressourcen abzuzweigen. Also bleibt die steuerliche Abschöpfung, und deren Umfang ist in den letzten Jahrzehnten weltweit in enormem Tempo angestiegen. Dennoch stößt die auf diese Weise erzielte Bereicherung der öffentlichen Kassen keineswegs auf Verwendungsprobleme. Politiker und Beamte wissen, wie das Geld ausgegeben werden kann: »Mehrausgaben« einzelner Ressorts sind im gegenwärtig vorherrschenden Verständnis selten begründungsbedürftig; eher wird jenen Ressorts mangelnde politische Durchsetzungsfähigkeit bescheinigt, die bei der budgetären Zuteilung langfristig ins Hintertreffen geraten. Die *politische Kultur* honoriert *Geldausgeben.* Ausgaben dienen per se als Leistungsnachweis, zumal die tatsächlichen »Outputs« von Bürokratien kaum gemessen werden können. Politiker, die ihre Fähigkeit zur Effizienzsteigerung oder zur tatsächlichen Beseitigung bestimmter Mängel dadurch nachweisen wollen, daß es ihnen im Laufe einiger Jahre gelingt, für bestimmte Vorhaben *weniger* Geld auszugeben, geraten – auch in der öffentlichen Einschätzung – zumeist hoffnungslos ins Hintertreffen. Man stelle sich einen Kulturpolitiker vor, der sich brüstet, das Kulturbudget halbiert zu haben. Er ist seinem Kollegen, der sich in Szene setzt, weil er sein Budget verdoppeln konnte, hoffnungslos unterlegen. Es ist nicht so, daß Geldausgeben Leistung bewirken *kann.* Es wird unterstellt, daß Geldausgeben Leistung *bewirkt.* Wenn dies selbstverständlich ist, wird Geldausgeben zum Leistungs-

---

Bankrott – die Ökonomie des Als-ob«, in: Die Zeit, Nr. 3, 13. Januar 1984.

nachweis.[71] Damit wird die öffentliche Einschätzung durch die expansive Perspektive geprägt, und die Staatskasse ist auf Expansion programmiert.

Das Interesse an der Undurchschaubarkeit des Steuersystems

Die Bürger wissen nicht, wieviel von ihren Ressourcen sie dem Staat anvertrauen, und sie wissen nicht, wofür diese ausgegeben werden. Das ist das Problem aller »Rationalmodelle«. Die Menschen haben keine Daten im Kopf, sondern Bilder. Sie handeln nach ihren Gefühlen, nicht gemäß der ihnen verfügbaren Informationen. Die »Grenze« der ökonomisch und politisch tragbaren Steuerbelastung kann hinausgeschoben werden, indem das Steuersystem *möglichst undurchschaubar* gestaltet wird, und ein solcher Verkomplizierungsprozeß scheint sich in den Industriestaaten in den letzten Jahrzehnten vollzogen zu haben.[72] Das gesamte Repertoire von Steuern, von Absetzbeträgen und Freibeträgen, von Abzugsposten und Subventionen, von Sozialgeldern und Naturalleistungen, von Sozialbeiträgen und

---

[71] Das gilt selbst dann, wenn eine allgemeine Stimmung des Sparens und Zurückstutzens um sich greift. Wie dies auch vielen empirischen Untersuchungen zu entnehmen ist, sind die Bürger für die Zurückdrängung des Staatsanteils und den Abbau der Verschuldung, aber sie sind gleichzeitig für die Aufrechterhaltung oder Ausweitung aller Programme, über die sie einzeln befragt werden. Die Regierung kann also punkten, indem sie nachweist, daß sie Fortschritte bei der Sanierung des Gesamtbudgets erzielt hat; aber kein Politiker kann punkten, indem er nachweist, daß er in seinem Ressort weniger ausgegeben hat. Trotz der Sparprogramme und Sparpakete kommt es allemal gut an, wenn der Erziehungsminister verkünden kann, er habe das Budget für die Universitäten um zehn Prozent – und damit überdurchschnittlich – steigern können.

[72] Die Verkomplizierung bedeutet, daß die Unsicherheiten bei den Kassierern (der Finanzbürokratie) und bei den Zahlern zunehmen. Es ist ein Wettlauf um das Löcherstopfen: Erstere wollen Schlupflöcher versperren, und doch schaffen sie durch die eben deshalb steigende Unübersichtlichkeit immer wieder neue; letztere setzen ihre Experten, Anwälte, Steuerberater an, um Umgehungsmöglichkeiten zu finden. Offenbar müssen bestimmte »Verlust-Margen« einkalkuliert werden. Aber es kommt auf den Vergleich an. Abram de Swaan ist dennoch zufrieden: »Verglichen mit einem Verbrennungsmotor oder einer Glühbirne, die mehr als zwei Drittel ihrer Energie für nutzlose Wärme verbrauchen, sind Sozialversicherung und Sozialhilfe wahre Wunder der Effizienz: Nur knapp ein Zehntel ihrer Kosten entfällt auf die Verwaltung, und durch Mißbrauch oder Betrug geht kaum mehr verloren.« Abram de Swaan 1993, 254.

Querzahlungen ist auch für Experten in seiner Gesamtheit kaum noch überblickbar. Aus der Perspektive des Bürgers jedenfalls besteht keine Klarheit über das faktische Ausmaß der Belastung, und die Zersplitterung von Abschöpfungsstrategien kann zu einer Unterschätzung der tatsächlich vom Staat einbehaltenen Gesamterträge führen. Wenn dies richtig ist, bestehen *Interessen an einem undurchschaubaren Steuersystem*, und es ist nicht verwunderlich, daß die regelmäßigen Bekundungen über beabsichtigte Steuervereinfachungen (Steuerreformen) folgenlos bleiben. Es besteht das Interesse der Politiker, für die die Unüberschaubarkeit des Steuersystems eine politische Strategie der *Minimierung des Steuerwiderstandes* ist. Interessengruppen können ihre speziellen Anliegen in einem undurchschaubaren System besser unterbringen. Für Gruppen aus der Wirtschaft und bessergestellte Steuerzahler eröffnet die Unübersichtlichkeit des Systems die Chance, spezielle Lücken zu nutzen. Für Steuer- und Finanzberater ist die Undurchschaubarkeit Existenzvoraussetzung und Einkommensgrundlage; schon deshalb müssen Reformgremien, die sich der Steuervereinfachung widmen, scheitern, da sie doch von den »Fachleuten« beschickt sind, also jenen, die von der Unübersichtlichkeit profitieren. Wer will ein einfaches Steuersystem?

Die allseits präsente, zugleich aber in ihren Kanälen unüberschaubare Staatskasse bietet Chancen für jene, die das Dickicht zu erkunden verstehen. Die *unternehmerischen* Aktivitäten richten sich stärker auf die Erkundung von *Subventionschancen* anstelle von *Marktchancen*, auf die Exploration legistischer Zugänge zu politischen Vergünstigungen anstelle der Erforschung neuer Märkte, auf die Nutzung bürokratischer statt produktiver Verfahren. Wenn gute Kontakte zur Politik wichtiger werden als jene zu den Geschäftspartnern, ist der Steuerstaat in das Stadium der virulenten Selbstschädigung eingetreten.[73] Ähnliches gilt für die *Arbeitnehmer*. Auch für sie lohnt es sich in zunehmendem Maße, Zeit und Geld in den Prozeß der Informationsgewinnung über steuer- und sozialpolitische Sachverhalte zu investieren, um Schlupflöcher und Leistungskumulationen ausfindig zu machen, die durch die Kompliziertheit des Transfersystems zu-

[73] Gute Kontakte zur Politik tragen allerdings nicht nur im engeren Bereich wohlfahrtsstaatlich-interventionistischer Maßnahmen ihre Früchte. Auch die fundraising-Aktivitäten der amerikanischen Politiker führen zu Bindungen, die offenbar mit viel größerer Duldsamkeit behandelt werden als jene, die im Fokus des Wohlfahrtsstaats unter Kritik geraten.

stande kommen. Das schafft neue Ungerechtigkeiten, jedenfalls aber Belastungsgefühle. Bewegungen gegen die Steuerbelastung, Abstimmungen über Höchstgrenzen für Staatsbudgets, Kampagnen wie jene der US-Republikaner in der Mitte der neunziger Jahre für ein ausgeglichenes Budget sind wiederkehrende Anzeichen dafür, daß solche Belastungsgefühle auch für das politische Geschehen relevant werden können.

Beziehungen zwischen Wohlfahrt und Stabilität

Ein Übermaß an Wohlfahrtsstaatlichkeit kann die Stabilität des Systems schädigen und es in die Krise führen, genauso wie der Mangel an Wohlfahrtsstaatlichkeit. Der Streit geht natürlich darüber, wo das richtige Maß anzusiedeln ist oder wo die Systemgefährdung einsetzt. Eine Grenze der Steuerlast – eine historisch variable und von konkreten Umständen abhängige Schwelle der steuerlichen Tragbarkeit – scheint es wohl zu geben; allein wir können allenfalls ausprobieren, aber nicht wissen, wo diese liegt. Werden die Restriktionen der steuerlichen Belastung jedoch nicht beachtet, überschreitet der Steuerstaat, wie Joseph Schumpeter am Ende des Ersten Weltkrieges bereits dargelegt hat, die Grenzen seiner Leistungsfähigkeit: »Wenn nun der Wille des Volkes nach immer höheren gemeinwirtschaftlichen Ausgaben geht und immer größere Mittel für Zwecke verwendet werden, für die sie der Private nicht geschaffen hat, wenn immer größere Macht hinter jenem Willen steht und schließlich ein Umdenken über Privateigentum und Lebensformen alle Kreise des Volkes ergreift – dann ist der Steuerstaat überwunden und die Gesellschaft auf andere Triebfedern der Wirtschaft angewiesen als die der Individualegoismen. Diese Grenze – und damit die Krise, die er nicht überleben könnte – kann gewiß erreicht werden: Kein Zweifel, der Steuerstaat kann zusammenbrechen.«[74] Es gibt keine Indizien dafür, daß die Forschung bislang zu aussagekräftigeren Befunden kommt.

---

[74] Joseph A. Schumpeter: »Die Krise des Steuerstaats«, in: Rudolf Hickel (Hrsg.): Rudolf Goldscheid, Joseph Schumpeter. Die Finanzkrise des Steuerstaats. Beiträge zur politischen Ökonomie der Staatsfinanzen, Frankfurt a. M. 1976, 329-379 (erstmals 1918), hier 351f. – Vgl. auch Angus Maddison: »Origins and Impact of the Welfare State. 1883-1983«, Banca Nazionale del Lavoro Quarterly Review 148 (1984), 55-81.

Die Systematisierung der Beziehungen zwischen Stabilität und Wohlfahrtsniveau ergibt das folgende Bild. Erstens: *Aus einem höheren Wohlfahrtsniveau ergibt sich eine höhere gesamtwirtschaftliche Stabilität.* Das entspricht dem keynesianischen Programm: Sozialprogramme sind automatische Stabilisatoren, und ergänzt man diese mit gekonnten Maßnahmen der Globalsteuerung, kann man eine stabile Wirtschaftsentwicklung sichern. Zweitens: *Eine höhere gesamtwirtschaftliche Stabilität führt zu höheren Wohlfahrtsausgaben.* Die Annahme ist nicht unplausibel, denn es stehen, wie im Falle des Wachstums, in einer stabilen Wirtschaft mehr Ressourcen zur Verfügung, und angesichts der gesicherten Entwicklung kooperieren auch die Interessengruppen leichter beim Ausbau des Systems der sozialen Sicherheit. Drittens: *Ein höheres Wohlfahrtsniveau hat weniger Stabilität zur Folge.* Der Trend zu einer umfassenden Verschuldungsmentalität, die fiskalische Unverantwortlichkeit, die Schaffung neuer Ungerechtigkeiten in einem umfassenden Sozialstaat – alles das kann durchaus in eine Phase der Destabilisierung münden, in der die Schulden den Steuerstaat immer stärker in die Krise führen. Viertens: *Ein geringeres Maß an Stabilität führt zu höheren Wohlfahrtsausgaben.* Wirtschaftskrisen – Kriege und Katastrophen, Weltwirtschaftskrisen und Ölkrisen – haben sich sehr oft als expansive Phasen der wohlfahrtsstaatlichen Entwicklung erwiesen, und nur in den seltensten Fällen werden Ausgabenprogramme, die einmal bestehen, nach dem Ende der Notsituation wieder abgebaut. Instabilitäten erhöhen die Wohlfahrtsprogramme dauerhaft.

4. Gleichheit. Über Egalisierung, Nivellierung und Differenzierung

Moderne Gesellschaften sind egalitäre Gesellschaften. Daß »Gleichheit« zum Losungswort der Moderne geworden ist, läßt sich auf die *ontologische* Dimension der Gleichheit zurückführen: auf die *christlich* begründete Auffassung, daß alle Menschen »gleich« sind; auf die *protestantische* Verschärfung dieser Maxime, derzufolge sie alle unmittelbar zu Gott sind; und auf die *anthropologische* Ausarbeitung der Gleichheitsidee in der Moderne. Die Französische Revolution hat die Auffassung von der *Chancengleichheit* gefestigt, derzufolge alle Positionen in der Gesellschaft jedem offenstehen sollen, der sich in einem offenen Wettbewerb hiefür qualifiziert hat. Diese Idee von Gleichheit läßt sich mit dem kapitalistischen Ethos durchaus vereinbaren: Da sie universalistische Kriterien der Selektion von Personen verwendet, stellt sie auf persönliche Fähigkeiten und Leistungsmotivationen ab. Die sozialistische Idee der *Ergebnisgleichheit* hingegen zielt nicht auf den gleichen Input in den Wettbewerbsprozeß, sondern auf den gleichen Output. Chancengleichheit ist nicht erreichbar, wenn Individuen schon von ihrer Erziehung und Herkunft her über unterschiedliches »kulturelles Kapital« verfügen, das den Abkömmlingen aus höheren Sozialschichten Vorteile gewährt, und wenn Unterschiede von Rasse, Geschlecht und Lebensbedingungen nicht hinreichend ausgeglichen sind. Deshalb wird bezweifelt, ob die modernen Industriestaaten, die sich zur Chancengleichheit bekennen, damit nicht nur eine irreale Ideologie aufrechterhalten, die in der Wirklichkeit nicht eingelöst wird; in einer noch radikaleren, vermutlich nicht mehrheitsfähigen Perspektive kann auch gefragt werden, ob angeborene Fähigkeiten begabtere Individuen wirklich zu einem besseren Leben berechtigen.[75]

Die Aktivitäten des Wohlfahrtsstaates reichen in beide Dimensionen, in Chancen- und Ergebnisgleichheit. Maßnahmen zur Förderung der *Chancengleichheit* umfassen unmittelbar Familien-, Erziehungs- und Qualifizierungsausgaben, aber mittelbar tragen auch andere Ausgaben dazu bei. Die Unterstützung von Familien soll die Benachteiligung, die aus tristen Lebensumständen in früher Kindheit entspringt, mindern. Die Förderung der Erziehung soll die Qualifikationspotentiale aller Individuen zur bestmöglichen Entfaltung bringen. Fortbildungsmaßnahmen bei Arbeitslosigkeit sollen die Wettbewerbschancen auf dem Arbeitsmarkt heben. Maßnahmen zur Förderung der *Ergebnisgleichheit* sind alle Transfers zur Sicherung minimaler Lebensstandards – denn Personen, die sich auf dem Arbeitsmarkt nicht behaupten können, sind eben auch nicht in der Lage, selbst ihre Grundbedürfnisse zu decken. Während aber diese Programme wenig kontrovers sind, scheiden sich die Auffassungen bei allgemeinen Umverteilungsmaßnahmen, die nicht mehr auf die Sicherung von Mindest-

[75] Vgl. Claus-Ekkehard Bärsch: Die Gleichheit der Ungleichen. Zur Bedeutung von Gleichheit, Selbstbestimmung und Geschichte, München 1979; Otto Dann: Gleichheit und Gleichberechtigung. Das Gleichheitspostulat in der alteuropäischen Tradition und in Deutschland bis zum ausgehenden 19. Jahrhundert, Berlin 1980; Walter Leisner: Der Gleichheitsstaat. Macht durch Nivellierung, Berlin 1980.

bedürfnissen abzielen, sondern durch das Ziel, einfach mehr Gleichheit herzustellen, gerechtfertigt werden. Schon bei einem progressiven Steuersystem – im Gegensatz zu einer *flat tax* – beginnt diese Umverteilung. Diese Maßnahmen stehen in offensichtlichem Konflikt mit anderen gesellschaftlichen Werten, wie Freiheit, Individualismus, Eigentumsschutz und dergleichen. Die Abgrenzung ist im übrigen schwierig: Insoweit Armut[76] »vererbbar« ist, sind natürlich auch allgemeine Maßnahmen der Umverteilung für die Generation der Jüngeren, die dem Armutsmilieu entfliehen können, Eingriffe, die ihre Chancengleichheit erhöhen – genug Stoff für Kontroversen.[77]

Über Ungleichheit als Ungerechtigkeit und die Ungerechtigkeit der Egalisierung

Eine Gesellschaft, die von *Ungleichheit* gekennzeichnet ist, ist das Ergebnis von erfolgreichen Bemühungen, *Chancengleichheit* zu verwirklichen. Die Marktwirtschaft beruht auf diesen beiden Merkmalen: Nach Tunlichkeit sollte jeder die gleichen Chancen haben, sich im Konkurrenzkampf zu behaupten; aber es wird Sieger und Verlierer geben. Es ist ein Spiel nach bestimmten, allgemein anerkannten Regeln. Friedrich von Hayek hat bestritten, daß der Begriff der »sozialen Gerechtigkeit« auf die Verhältnisse in einer Marktwirtschaft

[76] Auf das Problem der Armutsdefinition können wir hier nicht eingehen, es ist mehr als kompliziert: relative und absolute Zahlen, Anpassung an Niveaus des Lebensstandards, Einbeziehung oder Ausschließung von Sozialeinkommen oder Sacheinkommen, Individual- oder Haushaltsdaten und vieles mehr verkomplizieren die Sachlage und machen den Begriff auch ideologisch strittig. Im internationalen Vergleich wird die Sache vollends problematisch, vgl. etwa Sidhir Anand und Christopher J. Harris: »Choosing a Welfare Indicator«, American Economic Review, Papers and Proceedings 84 (1994), 226ff.

[77] Wenn wir moderne Gesellschaften als egalitäre Systeme bezeichnet haben, so ist allerdings auch zu vermerken, daß die Behandlung von Ungleichheiten nicht immer sehr konsistent ist: Während im Bildungssystem der Vereinigten Staaten skrupulöse, oft übertriebene Maßnahmen vorgesehen werden, um ethnische Ungleichheiten oder Geschlechterungleichheiten auszugleichen, stößt sich kaum jemand daran, daß die Studiengebühren an den besseren Universitäten bei 20.000 Dollar pro Jahr liegen und diese – von einigen Stipendiaten abgesehen – nur für die Kinder wohlhabender Personen zugänglich sind. Gegen Ungleichheiten ist man hochempfindlich, nur die Ungleichheit von Geld oder Vermögen steht außer Streit.

überhaupt angewendet werden könne. Er hält mit größer Unerbittlichkeit fest, daß seines Erachtens das Sozialstaatsprinzip den Rechtsstaat aufhebt – was freilich schon deswegen nicht der Fall sein muß, weil sozialstaatliche Programme in rechtsstaatlichen Formen abgewickelt werden. Den Begriff des »Sozialstaates« hält Hayek für identisch mit jenem eines »wohlwollenden Diktators«, und »soziale Gerechtigkeit« ist ihm schlicht unvereinbar mit einer Marktordnung. Er übersieht dabei, daß der Wohlfahrtsstaat nicht Markteinkommen determinieren will, sondern diesen Einkommen nur bestimmte Grenzen, vor allem nach unten, setzt. Es ist auch ein Mißverständnis wohlfahrtsstaatlicher Ziele, wenn Hayek behauptet, der Wohlfahrtsstaat ziele darauf ab, »that each individual ought to receive what he morally deserves«, im Widerspruch zu moralisch neutralen Marktkräften; vielmehr zielt er in erster Linie darauf, daß jedes Gesellschaftsmitglied verdient, davor bewahrt zu werden, als Ergebnis des Wirkens anonymer, moralisch indifferenter und dynamisch ertragreicher Marktkräfte zu verhungern, auf die Straße gesetzt zu werden oder an behandelbaren Krankheiten zu sterben.[78] Den Marktmechanismus setzt der Wohlfahrtsstaat nicht notwendig außer Kraft; er beseitigt bestimmte Notlagen. Er behauptet nicht, Markteinkommen seien »ungerecht«, sondern die »soziale Gerechtigkeit« erfordere es, bestimmte Grundbedürfnisse für jeden unabhängig von Marktergebnissen, die in der Tat nicht nach »Gerechtigkeitskriterien« zu beurteilen sind, zu sichern. Er behauptet nicht, den »Wert« der Leistungen eines Individuums unabhängig vom Marktprozeß bestimmen zu können, sondern er fordert, daß Grundbedürfnisse aufgrund der Qualität des Individuums als Mitglied der Gemeinschaft, nicht aufgrund seiner Qualität als Marktteilnehmer, gedeckt werden müssen. Es sind miteinander unvereinbare Bilder des Wohlfahrtsstaates, die Grundlage der aktuellen Dispute sind.

Das Problem freilich, daß der Wohlfahrtsstaat das Verständnis für eben diese Unterschiede aufhebt, indem er eine nicht näher spezifizierte, sondern beliebig interpretierbare »Gleichheit« auf seine Fahnen schreibt, gibt es, und insoweit sind Hayeks Befürchtungen durchaus berechtigt. Gleichheit wird im öffentlichen Bewußtsein als *moralisches* Konzept verankert, wie dies etwa durch die europäische sozialistische Bewegung oder durch die amerikanische Bürgerrechtsbewe-

---

[78] Vgl. etwa Friedrich von Hayek: The Fatal Conceit. The Errors of Socialism, Chicago 1988, 117ff.

gung geschehen ist: Dann nämlich ist Ungleichheit nicht mehr Ergebnis eines Spiels, in dem Gewinner und Verlierer vorhanden sind (und bei dem man den Verlierern das schlimmste Schicksal ersparen muß), sondern Ergebnis einer *Ungerechtigkeit*, an der irgendjemand *schuld* sein muß. Ungleichheit muß dann zwangsläufig auf *Diskriminierung* beruhen, und die Ausschaltung von Diskriminierung wird plausiblerweise zur *Staatsaufgabe*. Selbst die Schuldzuweisung kann im Diffusen bleiben: Es sind nicht mehr identifizierbare Gruppen, die »ungerecht« sind, es ist die »Gesellschaft«. Jeder Mangel an Erfolg wird dann »erklärt« und »angeklagt« durch einen oberflächlichen Verweis auf »gesellschaftliche Ungerechtigkeit«. Es ist schwierig genug, die Unterschiede zwischen dieser pauschalmoralisierenden Utopie und dem, was der Wohlfahrtsstaat wirklich leisten kann, klarzumachen. Denn die Moralisierung der Ungleichheit löst Interventionsdynamiken aus.

Die Expansionsdynamik der Gleichheitsforderungen

Die inhaltlich nicht mehr eingrenzbare Tendenz, die Gesellschaft für »schuldig« zu erklären und für »verantwortlich« zu halten, verbindet sich mit einer unbegrenzten *Ausdehnung* der Gleichheitskategorie. Gleichheitsdenken wird zum einen auf immer mehr Gruppen, zum anderen auf immer mehr Bereiche anwendbar. Die Idee der *gruppenbezogenen Gleichheit* hat sich seinerzeit auf die Armen bezogen und wohlfahrtsstaatliche Maßnahmen zu ihrer Besserstellung gefordert. Aber wenn Ungleichheit grundsätzlich ein moralisches und deshalb staatsinterventionistisches Problem darstellt, können sich auch Frauen, Homosexuelle, Behinderte, ethnische Minderheiten, Gefangene und viele andere an den Staat wenden: nicht deshalb, um auf Maßnahmen zur Besserung bestimmter Bedrängnisse hinzuarbeiten, sondern mit dem Ziel, die Herstellung von *Gleichheit* mit allen anderen Bürgern *einzufordern*. Während man allerdings der Privilegierung von Vietnam-Veteranen, die doch im »Staatsauftrag« tätig waren, noch einiges abgewinnen kann, ist der Forderungskatalog »fettleibiger« Personen, die um staatliche Hilfe gegen ihre angebliche Diskriminierung auf dem Arbeitsmarkt und in verschiedenen Institutionen bitten, schon schwerer mit den Prinzipien einer liberal-rechtsstaatlichen Gesellschaft vereinbar. Man hat geschätzt, daß mittlerweile fast drei Viertel aller amerikanischen Bürger »benachteiligten Gruppen oder Minderheiten« angehören; »privilegiert« sind nur noch die männlichen-weißen-angelsächsischen Protestanten. Wenn sich alle anderen Gruppen nun allerdings für *affirmative action* qualifizieren, wird die letztere Gruppe zur einzigen benachteiligten Minderheit – was die Schlußfolgerung rechtfertigt, daß der vollendete Wohlfahrtsstaat dann erreicht ist, wenn hundert Prozent seiner Einwohner sich benachteiligt und bedroht fühlen und um staatliche Hilfe bitten. – Die Idee der *bereichsbezogenen Gleichheit* greift längst über die klassischen Bereiche des Wohlfahrtsstaates hinaus. Wenn Armut trotz all der Versuche zu ihrer Beseitigung immer noch existiert, so liegt es nahe anzunehmen, daß andere »ungerechte« Lebensbereiche daran schuld sein und staatlicherseits reorganisiert werden müssen: Schulen, Wohnverhältnisse, Kindergärten und vieles andere. Gleichheitsforderungen erstrecken sich demnach auf die Verfügbarkeit von Kindergärten und öffentlichen Verkehrsmitteln, Freizeitzentren für Jugendliche und öffentlichen Sportplätzen. Die Einforderung der Gleichheit in allen lebensrelevanten Dimensionen wird als *Recht* erachtet, und kann diese unrealistische, weil allumfassende Gleichstellung nicht gewährleistet werden, wird dies als Schmälerung von staatsbürgerlichen *Berechtigungen* angesehen. »Jeder«, so beschreibt Robert J. Samuelson die Auswirkungen, »ist letztlich zu allem berechtigt. Der große Schaden – oder die Gefahr – ist nun, daß der Glaube der Menschen in die Regierung dadurch zerstört wird, denn jeder kann (offensichtlich) nicht alles haben.«[79] Die Regierung kann nicht alles für alle tun; einiges muß auch den Individuen überlassen bleiben.

---

[79] Robert J. Samuelson: The Good Life and Its Discontents. The American Dream in the Age of Entitlement 1945-1995, New York 1995, 187 (eigene Übersetzung). Vgl. auch Jonathan Rauch: Demosclerosis. The Silent Killer of American Government, New York 1994; R. Shep Melnick: Between the Lines. Interpreting Welfare Rights, Washington 1994; Robert Henry Cox: The Development of the Dutch Welfare State. From Workers' Insurance to Universal Entitlement, Pittsburgh 1993; Peter G. Peterson und Neil Howe: On Borrowed Time. How the Growth in Entitlement Spending Threatens America's Future, San Francisco 1988; Lawrence M. Mead: Beyond Entitlement. The Social Obligations of Citizenship, New York 1986; John B. Roberts: Entitlement Spending. The Imperative to Reform, Santa Monica, CA 1984.

Die Umverteilungserfolge des Wohlfahrtsstaates

So wie im politischen System bestimmte Gleichverteilungen vorgeschrieben werden – die Gleichheit der freien Meinungsäußerung, der Religionsausübung, des Wahlrechts und dergleichen –, so setzen egalitäre Maßnahmen, beginnend etwa bei Mindestlöhnen und Sicherheitsbestimmungen am Arbeitsplatz, den Ergebnissen des Wirtschaftsprozesses ethische Schranken. In jenen Fällen, in denen staatliche Maßnahmen sowohl zur Egalisierung als auch zur Effizienzsteigerung beitragen, besteht naturgemäß kein Problem; allein die Fälle eines negativen Verhältnisses von Gleichheit und Effizienz bereiten uns Kopfzerbrechen.[80] Zugunsten einer *positiven* Beziehung kann argumentiert werden, daß eine »gleichere« Gesellschaft die wirtschaftliche Effizienz fördert: weil Ungleichheit Qualifikationspotentiale vergeudet, optimale Allokationen ungenutzt läßt und wachstumsschädliche soziale Spannungen auslöst. Die übertriebene Variante dieses Arguments suggeriert, daß jede gleichheitsförderliche Maßnahme prinzipiell alle Individuen besser stellt, und verschweigt, daß die Förderung der einen im Normalfall die anderen zurücksetzt: daß es bei jeder gleichheitsförderlichen Maßnahme auch Zahler gibt. Die *negative* Beziehung zwischen Gleichheit und Wirtschaftsentwicklung macht mehr Kopfzerbrechen. Kritiker des Wohlfahrtsstaates behaupten entweder, daß die Umverteilung nicht funktioniert, oder, daß die Umverteilung schädliche Auswirkungen auf den Wirtschaftsprozeß hat. Manche behaupten auch beides gleichzeitig, werden dabei aber offensichtlich vom ideologischen Eifer fortgerissen. Aber nur wenn wir die erste Frage mit der Feststellung der Wirksamkeit der Redistribution beantworten, brauchen wir uns der zweiten zuzuwenden.

Daß durch wohlfahrtsstaatliche Maßnahmen nun tatsächlich eine gewisse *Umverteilung* erreicht wird, ist allerdings nicht anzuzweifeln. Schon ein progressives Steuersystem zielt auf Umverteilung, da die Bezieher höherer Einkommen überproportional höhere Beiträge zum Erhalt des Gemeinwesens zu leisten haben, die durch die öffentlichen Gelder geschaffenen Güter und Infrastrukturprojekte aber allen gleichermaßen zugänglich sein sollen: Alle dürfen auf den Autobahnen

[80] Vgl. dazu Arthur M. Okun: Equality and Efficiency: The Big Trade-off, Washington 1975; OECD (Hrsg.): The Welfare State in Crisis, Paris 1981; Nevil Johnson: Die englische Krankheit. Wie kann Großbritannien seine politische Krise überwinden? Stuttgart 1977.

fahren; alle dürfen das städtische Schwimmbad benützen; alle haben Zugang zum öffentlichen Schulsystem. In Wahrheit wird damit die Situation ein wenig beschönigt, denn die einzelnen Kategorien öffentlicher Ausgaben werden von unterschiedlichen Gruppen genutzt. Wird die Universitätsausbildung ohne Studiengebühren zur Verfügung gestellt, so kommt dies eher den bessergestellten Schichten zugute, weil deren Kinder in weit höherem Maße eine akademische Ausbildung erhalten. Städtische Schwimmbäder hingegen kommen eher den unteren Einkommensschichten zugute, weil die Bezieher hoher Einkommen sich ohnehin lieber in ihrem privaten Swimmingpool tummeln. Der Subventionierung des Theaters wird eher von den oberen, der Stützung der Fußballklubs eher von den unteren sozialen Schichten applaudiert.[81]

Die Verringerung der Einkommensunterschiede für die Individuen oder Haushalte wird weniger durch die (progressive) Besteuerung bewirkt, sondern eher durch die öffentlichen Transferprogramme, das heißt eben durch Familien- und Wohngelder, Notstandshilfen und Gesundheitsleistungen.[82] Das hat offenbar damit zu tun, daß Bezieher höherer Einkommen die besseren Möglichkeiten zur legalen und illegalen »Steuervermeidung« haben. Wie auch immer man die Messungen vornimmt, so dürfte doch unbestritten sein, daß für einen typischen europäischen Wohlfahrtsstaat das obere Viertel der Einkommensbezieher insgesamt zu den Nettozahlern und das untere Viertel zu den Gewinnern zählt; die Mittelschichten dürften in sich so diffe-

[81] Bei diesen Beispielen handelt es sich um die *freiwillige* Nutzung oder Nichtnutzung öffentlicher Güter; die einen *wollen* in die Oper gehen und die anderen nicht. Es gibt aber auch *unfreiwillige* Unterschiede in der Nutzung öffentlicher Güter und Leistungen. Der *Zugang* zu verschiedenen Leistungen der Ämter hängt ab von der verfügbaren Information, der intellektuellen Kapazität zur Verarbeitung von Informationen, der Hartnäckigkeit und dem Selbstbewußtsein bei der Verfolgung entsprechender Ziele, der Nähe der zuständigen Ämter, den sozialen Normen über die Inanspruchnahme sozialer Leistungen und vielen anderen Bedingungen.

[82] Vgl. Mervyn A. King: »How Effective Have Fiscal Policies Been Changing the Distribution of Income and Wealth«, American Economic Review PP 70 (1980), 72-76; Joel A. Devine: »Fiscal Policy and Class Income Inequality: The Distributional Consequences of Governmental Revenues and Expenditures in the United States 1949-1976«, American Sociological Review 48 (1983), 606-622; Morgan Reynolds und Eugene Smolensky: Public Expenditures, Taxes, and the Distribution of Income, New York 1977; Harold Wilensky: The Welfare State and Equality. Structural and Ideological Roots of Public Expenditure, Berkeley, Los Angeles und London 1975.

renziert sein, daß sowohl Zahler als auch Nehmer dazugehören und insgesamt für die ganze Gruppe ein leicht positiver Effekt resultiert. Das dürfte weiterhin gültig sein, auch wenn zum Teil bewußte politische Versuche zu verzeichnen waren, Umverteilungseffekte zurückzudrehen – etwa in den Reagan-Jahren oder durch Vorschläge einer *flat tax* im amerikanischen Präsidentenwahlkampf 1996[83] – und wenn Egalisierungsbemühungen oft an nichtintendierten Effekten scheitern – indem sie etwa gerade den bessergestellten Armen in erster Linie zugute kommen.[84]

Die Kritik an Ineffizienz und Unwirksamkeit der sozialstaatlichen Redistribution

Kritiker haben aber auch statistische Argumente, die dem Wohlfahrtsstaat bescheinigen, daß er große Geldströme in Bewegung setzt, obwohl die Auswirkungen all dieser Programme gegen Null tendieren. Das eine Argument zielt auf die Mittelschichten, wo anscheinend nur Gelder zwischen den gleichen Personen umgewälzt werden; das andere Argument auf die Unterschichten, deren Armut beseitigt wer-

---

[83] Ideologische Gegenströmungen können natürlich Erfolge des Sozialstaates rückgängig machen, und in den USA war das in den letzten zwei Jahrzehnten offenbar der Fall. In den Reagan-Jahren sind die Steuern für die Reichen gefallen, während die Zuwendungen für die Ärmeren immer mehr gekürzt wurden. »Even these numbers fail to capture the full extent of what happened, because they miss the real extremes. The real compensation of top executives at major corporations is estimated to have quadrupled from the mid-1970s to 1990; a few thousand investment bankers and real estate developers made astonishing fortunes. At the other end, the amount of sheer misery in America has surely increased much faster than the official poverty rate, as homelessness and drug addiction have spread. Long-term comparisons of income distribution are fraught with difficulties, but for what it is worth, standard calculations show that the surge in inequality in the United States after 1979 reversed three decades of growing equality, pushing the income shares of the top and bottom categories to their highest and lowest levels, respectively, since 1950.« Paul R. Krugman: The Age of Diminished Expectations, Cambridge und London 1995, 24.

[84] Während die Staatseinnahmen in den meisten Staaten immer mehr durch indirekte Steuern (mit ihren regressiven Effekten) finanziert werden, können Transfers oft von bessergestellten Armen besonders gut genutzt werden – das heißt, von städtischen Arbeitnehmern besser als von ländlichen, von Arbeitern in formellen Arbeitsbeziehungen besser als von jenen in peripheren oder illegalen; von Inländern besser als von Ausländern.

den sollte, während doch der Anteil der Armen in den Statistiken gleichgeblieben ist.

Mangelnde Redistributionseffizienz läßt sich an den saldierten Zahlungsströmen in der Mittelschicht ablesen: Der Sozialstaat verteile nur innerhalb dieser Schicht um, und dabei werde nicht die gesamtgesellschaftliche Ungleichheit verringert, wohl aber würden durch Gelder, die nur von einer Tasche in die andere gesteckt werden, administrative Apparate am Leben erhalten, die gigantische Geldmassen mit allergeringsten Nettowirkungen bewegen. Aber der Vorwurf ist nicht stichhaltig, denn es wird übersehen, daß die Solidarität der Beitragszahler sich ja auch auf Angehörige derselben Einkommensgruppen erstreckt, die durch besondere Umstände schwerer belastet sind als andere. So ist es durchaus zu rechtfertigen, wenn für den Bezieher eines mittleren Einkommens die (steuerlichen) Belastungen im Verlaufe des Lebenszyklus (bis zum Zeitpunkt des Pensionseintritts) zunehmen, die erhaltenen Transfers (Jungfamilien, Wohnungsgelder usw.) dagegen kontinuierlich abnehmen: In der Mitte des Lebens würden Abgaben und Transfers einander tatsächlich die Waage halten, ohne daß man das Prinzip, daß gleichzeitig »abkassiert« und »gesponsert« wird, als unsinnig ansehen müßte. Ebenso ist es durchaus als sinnvoll anzusehen, wenn es eine gewisse Umverteilung von kinderlosen Verdienern zu Familien mit mehreren Kindern gibt, auch wenn die Verdiener derselben Einkommenskategorie angehören. Daß verschiedene Gründe für Abzüge und Zuschüsse bei denselben Personen vorliegen können, liegt in der Logik des Systems, sollte aber im Zeitalter des Computers keine sonderlichen Probleme bereiten. Mangelnde administrative Effizienz (etwa durch die aufgespaltene administrative Behandlung einzelner Transferkategorien anstelle einer Saldierung aller Geldbewegungen) bleibt natürlich oft ein gültiger Vorwurf.

Der andere Vorwurf der Unwirksamkeit stützt sich auf den Befund, daß die proklamierten Ziele von der Beseitigung des Armut und einer Annäherung sozialer Lebenslagen nicht nur nicht realisiert werden konnten, sondern daß die gesellschaftliche Ungleichheit im Zeitverlauf nicht abgenommen hat. In der Tat ist langfristig ein Trend zu größerer Gleichheit nicht eindeutig nachzuweisen, und in den letzten Jahren scheinen sich die Ungleichheitsindikatoren in manchen Ländern sogar auseinanderzuentwickeln.[85] Das ist ein rätselhafter Sachverhalt, denn viele Programme – Hilfe für alleinstehende Mütter, Unterstützung für Pensionisten, Ausdehnung von Gesundheitsdiensten – *müssen* gleichheitsfördernde Wirkungen haben. Es ist aber zunächst ein simpler steuertechnischer Umstand, der trotz des Umstands, daß immer weitere Programme mit redistributiven Wirkungen ins Leben gerufen werden, die *egalisierende Wirkung* der Sozialprogramme schwinden läßt: Einerseits werden die Kreise der Anspruchsberechtigten von unten über die Mittelschicht bis zu den höheren Einkommensbeziehern ausgedehnt; mehr Leute fühlen sich »bedürftig« und wollen ihren Anteil am Sozialstaat, und breit gestreute Programme – von der Art: »Jedes Kind ist gleich viel wert« – finden höhere Akzeptanz. Andererseits werden die höheren Steuern angesichts des gestiegenen Ausgabendrucks nicht nur von den »Reichen«, sondern von immer mehr Staatsbürgern (mit Ausnahme nur der Allerärmsten) eingehoben; die Forderung, die »Reichen« mögen zahlen, erweist sich angesichts des Finanzierungsbedarfs als unrealistisch. Die größere Streuung der Einnahmen ebenso wie die größere Streuung der Ausgaben neutralisiert allmählich die Wirkungen der Umverteilungsinstrumente. Bei demselben Umverteilungsvolumen muß die Umverteilungswirkung abnehmen.

Es ist auch in Rechnung zu stellen, daß bestimmte Programme, wie jene des Gesundheitsbereichs, aufgrund der mangelnden Kontrollierbarkeit ihrer Kosten nicht nur den Ärmeren, sondern auch den Ärzten und Spitälern zugute kommen, besonders in jenen Ländern, in denen ein beträchtlicher Teil der Gesundheitsinfrastruktur dem privaten Bereich angehört. Höhere öffentliche Zahlungen für Pflegebedürftige kommen dann nicht eigentlich den Bedürftigen zu, sondern fließen »durch« zu den prosperierenden Pflegeinstitutionen. Bestimmte Programme, wie die Ausgaben für höhere Schulen und Universitäten,

[85] Besonders in den Vereinigten Staaten scheinen die Daten eine deutliche Sprache zu sprechen. Vom untersten zum obersten Quintil haben die Einkommensveränderungen in der Periode 1979 bis 1983 folgende Werte ergeben: –14,2, –8,1, –6,2, –2,9, –1,4. In der gesamten Periode 1973 bis 1989 ergeben sich die folgenden Daten: –3,6, 3,1, 9,0, 14,8, 26,0. Selbst innerhalb der Gruppen ergeben sich ähnliche Werte: Im obersten Quintil haben die ersten fünf Prozent wieder höhere Zuwachsraten als der Rest, und unter diesen sind es wieder die Angehörigen des ersten Prozents, die am besten aussteigen. Vgl. Paul Krugman: »What the Public Doesn't Know Can't Hurt Us«, Washington Monthly, October 27 (1995), No. 10, 8-12. Vgl. auch Edward N. Wolff: Top Heavy. A Study of the Increasing Inequality of Wealth in America, New York 1995.

kommen von vornherein in weitaus geringerem Maße den unteren Sozialschichten zugute. Aber alles das kann nicht erklären, warum die »großen« Programme mit eindeutig redistributiver Zielsetzung so wenig Wirkung zeigen, und warum das große Ziel der sechziger Jahre – die »Beseitigung« der Armut – nicht erreicht wurde.[86]

Zwei Einwände lassen sich vorbringen: Zum einen handelt es sich bei dem Mißerfolg um eine statistische Fiktion. Zum anderen sind neue Probleme aufgetreten, die den Erfolg bei den alten Problemen teilweise zunichte machen. – Der *fiktive Mißerfolg* ist eine der Paradoxien des Wohlfahrtsstaates. Es ist nämlich sein Erfolg, der es den Ärmeren ermöglicht, ihre Verhaltensweisen so zu ändern, daß die Statistiken unverändert erscheinen. An einem Beispiel wird dies deutlich: Es gibt eine Veränderung in der Zusammensetzung jener Haushalte, die dem untersten Viertel oder Fünftel der Einkommensbezieher angehören. Die Sozialausgaben ermöglichen es älteren Menschen, alleine zu leben, statt dem Haushalt ihrer Kinder anzugehören.[87] Das entspricht ihren Wünschen und erhöht ihren Lebensstandard, aber es reichert die Kategorie der »armen« Haushalte an. Zwar haben die beiden Haushalte (der Eltern und der Kinder) gemeinsam mehr Einkommen zur Verfügung als früher, aber statistisch stehen sich möglicherweise sogar beide schlechter, und der Haushalt der Eltern oder des Elternteils kann leicht an der Armutsgrenze oder darunter liegen. Dasselbe gilt für die Unterstützung alleinlebender unehelicher Mütter; dasselbe gilt für Jugendliche, die Alkoholiker, drogenabhängig oder behindert, jedenfalls arbeitsunfähig sind und im Zuge der Ent-

[86] Es gibt allerdings auch eine einleuchtende Argumentation dafür, daß Sozialprogramme im Hinblick auf ihre umverteilenden Wirkungen nicht allzu ehrgeizig sein sollten: weil sie sonst weniger Unterstützung erhalten und in ihrem Bestand gefährdet sind. Der Vorschlag lautet, daß eher »breite« Programme eingeführt werden sollen, um nicht von vornherein Widerstand wachzurufen, auch wenn es im Grunde darum geht, den besonders Benachteiligten und Bedürftigen zu helfen. Wilson meint, »the more the public programs are perceived by members of the wider society as benefiting only certain groups, the less support those programs receive.« Er folgert daraus, the *»hidden agenda is to improve life chances of groups such as the ghetto underclass by emphasizing programs ... [to] which the more advantaged groups of all races can positively relate.«* William Julius Wilson: The Truly Disadvantaged. The Inner City, the Underclass, and Public Policy, Chicago 1987, 118ff. Allerdings sind natürlich allgemeine Programme teurer, und das könnte den Widerstand dagegen erhöhen; zudem gehen die meisten Gelder bei »breiten« Programmen an jene, die ihrer nicht bedürfen.

[87] Isabel V. Sawhill: »Poverty in the U.S.: Why is it so Persistent?« Journal of Economic Literature 26 (1988), 1073ff.

institutionalisierungsbewegung aus den Heimen in unterstützte Privatquartiere entlassen worden sind: Solange sie im Heim leben, fallen sie nicht unter die Armutskategorie, in ihrer »Privatwohnung« sehr wohl. Alles das sind Erfolge des Sozialstaates: Es werden genau die Ziele erreicht, die erreicht werden sollten, und es wird das Leben bestimmter Gruppen von Menschen verbessert; und doch werden die statistischen Befunde eindeutig verschlechtert. Lebensstile und Lebensgewohnheiten, Standards der Angemessenheit und Normalität haben sich geändert: Es ist nicht mehr außergewöhnlich, daß ältere Menschen allein leben, und das kostet eben Geld. Was als *Mißerfolg* des Wohlfahrtsstaates erscheint, ist in Wahrheit sein *Erfolg*. Sein realer *Erfolg* erscheint in der Statistik als *Mißerfolg*.

Dann aber gibt es auch ernsthafte Probleme: eine *neue Ungleichheit*. Die Frauen streben auf den Arbeitsmarkt, und dies macht zwei neue »Dienstleistungssektoren« erforderlich: einerseits den Ersatz jener Tätigkeiten aus der Haushaltsarbeit, die als weniger qualifiziert gelten[88] – eben die Instandhaltung des privaten Haushalts, Putzerei und Wäscherei, Gartenarbeit, Kochen und dergleichen; andererseits den Ersatz jener soziale Betreuungsarbeiten, die vorwiegend von den Frauen geleistet wurden – Kinderbetreuung, Ältere, Kranke und dergleichen. Diese Bereiche können in den Staatsbereich oder den Marktbereich abwandern. In europäischen Wohlfahrtsstaaten, die als fortgeschritten gelten (wie Schweden), sind die Betreuungsbereiche in sozialpolitischen Programmen verankert; die öffentliche Beschäftigung wurde in diesen Bereichen ausgeweitet, und bezahlt wird dafür über erhöhte Steuern.[89] In den USA wurden die qualifizierten Berei-

---

[88] Die Formulierung »gelten« ist bewußt gewählt, denn natürlich handelt es sich zum Teil um sehr qualifizierte Tätigkeiten: Gärtner und Köche würden sich sehr beschweren, wollte man ihnen eine unqualifizierte Tätigkeit nachsagen. Wenn die Nahrungsqualität im Haushalt durchschnittlich jene umliegender Restaurants übertrifft (was durchaus oft der Fall ist), kann nicht von »unqualifiziert« gesprochen werden. Von der Kindererziehung, die wohl eine der verantwortungsvollsten Aufgaben darstellt, einmal ganz zu schweigen. Hausarbeit ist eine vielfältige und qualifizierte Tätigkeit; nur die Hausfrauen halten sie für unqualifiziert.

[89] Da in diesen Bereichen vielfach wieder jene Frauen beschäftigt werden, die auf den Arbeitsmarkt drängten, kann man auch zu dem Schluß kommen, daß die Frauen zu einem guten Teil wieder das machen, was sie vorher auch schon getan haben, nämlich beispielsweise Kinder betreuen und Alte pflegen, nur daß es sich jetzt auf dem offiziellen Arbeitsmarkt um fremde Kinder und Alte handelt, während sie ihre eigenen Kinder und Alten anderswo unterbringen müssen. (Das ist für den Staat nicht unerfreulich, weil er dabei Steuern abschöpfen kann.) Was den

che von Marktinstitutionen übernommen, für die »unqualifizierten« Bereiche von einer neuen Kategorie von Niedriglohn-Dienstleistern. Die Entstehung dieser *bad service jobs* wurde durch eine zeitgerecht einsetzende Immigration erleichtert, die Arbeitssuchende auf den Markt spülte, denen eine besonders schlechte Bezahlung anzubieten sich einheimische Unternehmer nicht scheuten und die andererseits willig waren, schlechte Jobs anzunehmen, um erste Schritte auf dem neuen Arbeitsmarkt zu tun.[90] Für die substituierten Haushalts- und Betreuungsdienstleistungen wird hier nicht über Steuern, sondern direkt an Privatfirmen bezahlt. Das »Beschäftigungswunder« mit Niedrigeinkommensjobs hängt mit dem Vordringen der Frauen auf den Arbeitsmarkt zusammen. Es kehrt das Dienstpersonal zurück, das man sich in den letzten Jahrzehnten nicht mehr hatte leisten können, nur meist nicht im persönlichen Angestelltenverhältnis, sondern über den Markt. Wo die beiden Erwachsenen arbeiten, haben sie schlicht keine Zeit, für ihr persönliches Lebensumfeld zu sorgen. Es entwickelt sich eine *vermarktlichte Gesellschaft mit Dienstpersonal*. Diese Gesellschaft *braucht* Ungleichheit, weil sich die Mittelschicht nur auf diese Weise ihr Dienstpersonal besorgen kann.[91]

---

sonstigen Haushaltsbereich betrifft, so ist eine Vermarktlichung nur möglich, wenn sich auch in Europa billige Arbeitskräfte finden lassen – hochgesicherte und teure Arbeitnehmer kann man sich für diese Arbeiten nicht leisten. Die EU wird das nicht allein dadurch bewirken können, daß die Bewohner der weniger entwickelten Mittelmeerregionen angereist kommen, denn diese werden auch zunehmend ihre Ansprüche stellen. Es wäre also denkbar, daß ein gewisser Druck entsteht, gewisse Einwandererkontingente zu akzeptieren. Einstweilen kann man sich ein wenig auf dem Schwarzmarkt bedienen: bei illegal eingewanderten Ceylonesen, Vietnamesen, Russen, Bosniern etc.

[90] Dazu kommt das Baumol-Argument, daß die niedrigeren Produktivitätsfortschritte im Dienstleistungssektor einen besonderen Lohndruck ausüben. Das gesamte Szenarium wirkt nun aber dahin, daß nicht mehr die steigenden Dienstleistungskosten zu einer Zurücknahme in den Privatbereich (self-service) führen, weil im Zweiverdienerhaushalt ganz einfach die Zeit dazu fehlt, sondern daß Spielraum dadurch gewonnen wird, daß die Löhne in diesem Sektor nachgeben – wobei wiederum der liberale Zeitgeist, die Verfügbarkeit von Einwanderern und andere Faktoren eine Rolle spielen.

[91] Im übrigen sind Behauptungen über einen steigenden Lebensstandard, die an Einkommensverhältnissen abgelesen werden, ebenso verfehlt wie Behauptungen darüber, daß Familien mit zwei Einkommensbeziehern mit hoher Zuverlässigkeit aus der Armutszone geraten. Denn ein beträchtlicher Teil des Einkommens geht für Dienstleistungen drauf, die nunmehr substituiert, also angekauft werden müssen. Wer über die Preise von Kindergärten, Verkehrsaufwand, Ganztagsschule, Kleidung, Restaurants, Fertignahrung, Gärtner, Haushaltshilfe, Nachhilfelehrer

Das mag zynisch klingen, und es soll keine Verschwörungstheorien anregen. Es handelt sich um keine geplanten Prozesse. Daß sich aber trotz all der Anstrengungen keine wirklichen Egalisierungstendenzen ausfindig machen lassen, sollte Kritiker beruhigen, die behaupten, die voranschreitende Nivellierung führe bereits zu spürbaren Auswirkungen in der Wirtschaftsentwicklung. Falls hemmende Effekte zu beobachten sind, so müßten die Gründe hiefür woanders liegen; die egalisierenden Maßnahmen sind bislang »harmlos«. Die »Nivellierung«, die dadurch erreicht wird, daß es älteren Menschen ermöglicht wird, ihren eigenen Haushalt auf bescheidenem Niveau aufrechtzuerhalten, kann nicht schädigende Effekte auf das Leistungsverhalten der Arbeitsfähigen haben. Und die Umverteilung hat noch keine umfassende Nivellierung im Einkommen ausgelöst, die Leistung unattraktiv machen würde. Auch andere Egalisierungshoffnungen wurden enttäuscht. Es hat mehr Gleichheitsrhetorik gegeben als eingelöst werden konnte. Das *Bildungssystem*, von dessen Ausbau man sich erwartet hat, daß alle reicher und gleicher werden, stößt – wie auch andere staatliche Leistungsprogramme – an die Grenzen dessen, was Fred Hirsch die *»positionelle Ökonomie«* genannt hat.[92] Schulen können die verfügbaren gesellschaftlichen Positionen an sich nicht ändern, sie sind nur ein Zuteilungsmechanismus. »Mehr Bildung für alle« hat dann nicht zur Konsequenz, daß sich alle besser stehen, sondern nur, daß der Weg zu den gewünschten Zielen länger wird: Wenn alle Matura machen, braucht man für bessere Stellen ein Hochschulstudium; wenn alle studieren, eine Post-Graduate-Ausbildung; wenn diese allen vermittelt wird, werden weitere Qualifikationen (Mehr-

und vieles andere Bescheid weiß, wird die Rentabilität großer Teile der Frauenarbeit skeptisch beurteilen müssen. Es sind ja nicht nur die unmittelbaren *Kosten* der Substitute zu bedenken, es kommen in allen diesen Fällen enorme *Transaktionskosten* hinzu, wenn für Aktivitäten, die bislang von *einer* Person an *einem* Ort (dem Haushalt) erledigt wurden, nunmehr zahlreiche Personen organisiert und koordiniert werden müssen, die zudem noch über viele Plätze verteilt sind. Das erklärt auch ein wenig den steigenden Zeitdruck, dem sich die Individuen ausgesetzt sehen, und das Gefühl des steigenden Kostendrucks, das sie verspüren. In der Tat wird es nicht so wenige Fälle geben, wo das zweite Einkommen das Nettoeinkommen der Familie verringert, ohne daß dies zu Bewußtsein kommt. (Wo ein großer Teil der entstehenden Kosten vom Wohlfahrtsstaat übernommen wird, etwa durch kostengünstige Kinderbewahranstalten, werden diese Wirkungen weniger spürbar).

[92] Vgl. Fred Hirsch: Die sozialen Grenzen des Wachstums. Eine ökonomische Analyse der Wachstumskrise, Frankfurt a.M. 1980.

fachstudien, Sprachkenntnisse, Auslandsaufenthalte, Praxiserfahrungen) aktuell. Das kostet Geld, aber es selektiert die Individuen für dieselben Positionen. Möglicherweise treiben wir dergestalt in eine allgemeine Überqualifizierung, und das wäre ohne Zweifel ein ineffizienter Ressourceneinsatz – doch bislang geht der Konsens (gerade auch die Meinung der meist libertären und marktorientierten Wohlfahrtskritiker) in die andere Richtung, derzufolge die Industrieländer noch viel besser qualifizierte Arbeitskräfte und mehr Ausbildung benötigen. Als Ineffizienz könnte man auch kritisieren, daß der Zustrom von mehr Schülern in höhere Bildungsgänge ohne Zweifel viel Verschwendung und Mittelmäßigkeit mit sich gebracht hat – aber auch an der »Ausschöpfung aller Begabungsreserven« will kaum jemand etwas ändern. Alles das spricht ja keineswegs gegen Bildungsprogramme und Bildungsausweitung; es spricht aber gegen die unrealistischen, überzogenen Erwartungen von Aufstieg und Egalisierung, von denen der Start der Bildungsreformen begleitet wurde. – In anderen Bereichen finden wir ähnliche Enttäuschungen über Auswirkungen wohlfahrtsstaatlicher Egalisierungsbestrebungen. Die Kosten im *Gesundheitsbereich* explodieren, weil neue Behandlungsformen, aber auch neue »Krankheiten« entdeckt werden. Unfruchtbarkeit wäre vor wenigen Jahrzehnten nicht als »Krankheit« definiert worden; die Entwicklung von Befruchtungsverfahren hat eine Laune des Schicksals zum behandlungsfähigen Defizit werden lassen. Soferne die Ungleichheit der körperlichen Konstitution behebbar ist, wird sie zum egalisierungsfähigen »Anspruch«. Wenn alle körperlichen Bedürfnisse mit Gleichheits- und Glückserfüllungskategorien in Beziehung gesetzt werden, werden am Ende noch Schönheitsoperationen in den wohlfahrtsstaatlichen Aufgabenbereich hineindefiniert – schließlich können abstehende Ohren Wettbewerbsnachteile und psychische Defizienzen begründen. Daß der Wohlfahrtsstaat mit einer solchen Ausweitung seiner Verantwortungsbereiche nicht mithalten kann, führt unvermeidbar zu Enttäuschungen.

Die Umverteilung in den Köpfen

Die spärlichen Verteilungsdaten, über die wir verfügen, müssen wir unter dem Gesichtspunkt ihrer Deutung durch die Individuen relativieren. Wie immer auch die »wirkliche« Umverteilung beschaffen sein mag, wichtiger ist das, was sich in den Köpfen der Individuen abspielt, denn das hat Folgen für ihr Verhalten. Wir können beim »wirklichen« Einkommen ansetzen und darüber spekulieren, daß Individuen, die nicht durch *absolute* Einkommenshöhen, sondern durch *Einkommensunterschiede* in ihrem Leistungsverhalten beeinflußt werden, durch egalisierende Maßnahmen tendenziell in ihrer Leistungsbereitschaft betroffen sein können. Aber sie müssen diese Unterschiede einmal wahrnehmen. Selbst wenn die Reichen weit mehr gewinnen als andere Schichten, dies aber gut zu verheimlichen verstehen, und wenn es ihnen gelingt, bei den Mittelschichten das Gefühl zu erwecken, die unteren Klassen würden sich immer größere Teile des Sozialprodukts über wohlfahrtsstaatliche Zahlungen aneignen, können Belastungsgefühle und Aversionen entstehen, die auf vermeintlichen, aber gar nicht wirklichen Egalisierungstendenzen beruhen: auf dem Gefühl, daß sich ehrliche Arbeit nicht mehr lohne, weil die arbeitsunwillige Unterschicht das Erarbeitete »abzuzapfen« versteht. Es kann die paradoxe Situation eintreten, daß gar nicht der »wirkliche« Wohlfahrtsstaat wirtschaftsschädigende Konsequenzen hat, sondern eine *Wohlfahrtsstaatskritik*, die einen *Gleichheits-* oder *Nivellierungsmythos* erzeugt, durch den erst jene Leistungsverweigerung ausgelöst wird, die in der Kritik als unmittelbar erkennbare Folge überzogener Wohlfahrtsstaatlichkeit unterstellt wird. Damit soll nicht der Bote für die Botschaft haftbar gemacht werden. Aber der Einkommensunterschied zwischen dem qualifizierten Handwerker aus der Mittelschicht und unqualifizierten Arbeitern mag sogar steigen, und dennoch hat der Mann aus der Mittelschicht das Gefühl, das alles lohne sich nicht mehr, weil der Sozialgeldempfänger offenbar auch recht gut lebt, während er selbst sich abplagt, und alles geht auf seine Kosten. Aber die Prägung der Bilder von dem, was sich abspielt, ist wichtig, liegt doch der Verdacht nahe, daß in einer Situation, in der sich gerade die Reichen immer größere Teile des Sozialprodukts aneignen (wie dies in den USA der achtziger und neunziger Jahre der Fall ist), eine Diskussion, welche kleine Gruppen von Sozialgeldempfängern zu den eigentlichen Problemfällen stilisiert, als Ablenkungsmanöver inszeniert wird.

Aber der Wohlfahrtsbereich ist vielleicht auch nur der Sündenbock für Entwicklungen, die anderswo stattfinden. Es können allgemeine egalisierende Tendenzen der Gesellschaft Gefühle einer ungerechtfertigten Nivellierung auslösen, die auf den Sozialstaat projiziert werden.

Pierre Bourdieu hat Abgrenzungsstrategien zwischen sozialen Gruppen beschrieben: Höhere soziale Schichten haben es schwierig, ein *kulturelles Kapital* aufrechtzuerhalten, das sie eindeutig von anderen gesellschaftlichen Gruppen abgrenzt[93]; es gibt Konvergenzen in Kleidung, Sprache, Verhalten und Freizeitverwendung. Das Nivellierungsgefühl kann auch aus Bereichen stammen, die in der Konsumgesellschaft auffällig sind; schon seit der Jahrhundertwende haben bürgerliche Schichten die »Vermassung« beklagt, mit der sie konfrontiert waren. Jede Verkäuferin fliegt nach Mallorca, und selbst Handwerker dringen auf die Golfplätze vor; man ist beinahe nirgends mehr »unter sich«. Wenn nun eine öffentliche Diskussion stattfindet, die bereitwillig Erklärungen für das Unbehagen liefert, nämlich die Diskussion über die nivellierenden Wirkungen des Wohlfahrtsstaates, können diese mißmutigen Gefühle, die breiteren kulturellen Strömungen entspringen, auf die schädlichen Wirkungen sozialstaatlicher Programme fokussiert werden.[94] Die »Frechheit« der Unterschicht geht dem Durchschnittsbürger auf die Nerven, und der Sozialstaat ist ein handfester Ansatzpunkt, wo er den Geldhahn für diese Typen zudrehen könnte.

In manchen Fällen, in denen sich solches Unbehagen zeigt, liegen spezifische Interpretationen dessen nahe, was im öffentlichen Bewußtsein vor sich geht. In den Vereinigten Staaten finden sich beispielsweise Unterschiede in der Einstellung zum Wohlfahrtsstaat, bei

[93] Pierre Bourdieu: Die feinen Unterschiede. Kritik der gesellschaftlichen Urteilskraft, 3. Aufl., Frankfurt a.M. 1983.

[94] Solche Gefühle spielen auch für den unternehmerischen Bereich, in dem nicht immer so rational entschieden wird, wie dies behauptet wird, eine Rolle. Hohe Gewinne (die freilich nicht aus bestimmten Marktunvollkommenheiten – wie Monopolen – resultieren dürfen) sind dann angebracht, wenn sie als Prämien für unternehmerische Innovationswagnisse anfallen. Risikoreiche Investitionen müssen zurückgehen, wenn die Lasten fehlgeschlagener Versuche »privat« zu tragen sind, hohe Gewinne aber auf steuerlichem Wege weitgehend abgeschöpft werden. Je höher das Risiko (und das gilt besonders für Forschungs- und Entwicklungsausgaben), desto höher kann eine durch Externalitäten rechtfertigbare steuerliche Entlastung sein. Wenn aber zu den Gewinnen auch noch die Risiken »sozialisiert« werden, bleibt von der unternehmerischen Rolle nicht mehr viel übrig, und es spricht einiges dafür, daß sie sich in den schattenwirtschaftlichen Bereich oder in andere Länder verlagert, in dem individuelle Antriebskräfte ihre entrepreneuriale Qualität entfalten können, ohne von staatlichen Bürokratien drangsaliert zu werden: Das aber ist nicht unbedingt eine Entwicklung, welche die Basis für einen modernen Wohlfahrtsstaat abgeben kann, und es ist ein Argument zugunsten eines gewissen internationalen Gleichklangs bei der wohlfahrtsstaatlichen Entwicklung.

denen der Verdacht naheliegt, daß sie auf unterschiedliche Einstellungen zur Rassenfrage zurückzuführen sind. Auch jene, die negative Einstellungen gegenüber den Schwarzen haben, sprechen sich zwar für Erziehung, Gesundheit und Alterssicherung aus, und sie stehen dabei im Einklang mit der Mehrheit der Amerikaner, die beitragsorientierte Programme (in die man selbst einzahlen muß), Programme für positiv bewertete Gruppen (Ältere, Behinderte) und Programme zur Förderung der Selbsthilfe befürworten.[95] Sie haben aber deutlich mehr Vorbehalte gegen Programme für Arme als andere Befragte mit nichtrassistischem Hintergrund. Darin drückt sich die Tatsache aus, daß gerade diese Programme in besonderem Ausmaß Schwarzen zugutekommen[96], und es mag mehr als ein Zufall sein, daß es Bestandteil aller feindseligen Stereotype ist, daß Schwarze faul sind und ihre schlechte Lage nur auf ihren Anstrengungsverzicht zurückzuführen ist.[97]

---

[95] Vgl. Martin Gilens: »Racial Attitudes and Opposition to Welfare«, Journal of Politics 57 (1995), 994-1014. Weiters auch Fay Lomax Cook: Who Should Be Helped? Beverly Hills 1979; Natalie Jaffe: »A Review of Public Opinion Surveys, 1935-76«, in: Lester M. Salamon (Hrsg.): Welfare. The Elusive Consensus, New York 1978.

[96] Vgl. aber auch den Hinweis, daß im Gegensatz zur öffentlichen Wahrnehmung absolut mehr Weiße von solchen Programmen profitierten, die Mehrzahl der welfare-mothers sei kaukasischer Herkunft. Muriel L. Whetstone: »The Untold Story. Whites and Welfare«, Ebony 50 (1995), No. 10, 124-126. – Die Ambivalenz oder Gegnerschaft gegenüber Programmen für Bedürftige kommt auch in anderen Berichten klar zum Ausdruck. Vgl. etwa Robert Y. Shapiro, Kelly D. Patterson, Judith Russell und John T. Young: »The Polls. Public Assistance«, Public Opinion Quarterly 51 (1987), 120-130. Die Schlußfolgerung wird daraus gezogen bei Theda Skocpol: »Sustainable Social Policy. Fighting Poverty without Poverty Programs«, The American Prospect (1990), No. 2, 58-70. Vgl. auch Fay Lomax Cook und Edith J. Barrett: Support for the American Welfare State, New York 1992; Yehezkel Hasenfeld und Jane A. Rafferty: »The Determinants of Public Attitudes Toward the Welfare State«, Social Forces 67 (1989), 1027-48.

[97] Das läßt sich seit dem 19. Jahrhundert schon zeigen; vgl. Ronald T. Takaki: Iron Cages. Race and Culture in Nineteenth-Century America, New York 1979. Vgl. auch Howard Schuman, Charlotte Steeh und Lawrence Bobo: Racial Attitudes in America. Trends and Interpretations, Cambridge 1985.

Beziehungen zwischen Wohlfahrt und Gleichheit

Daß die nivellierenden Tendenzen des Wohlfahrtsstaates die ökonomische Effizienz mindern und damit zu den wachstumsschädigenden Faktoren zählen, läßt sich empirisch ebenso wenig belegen wie die wachstumsschädigenden Wirkungen des Sozialstaates überhaupt. Zu den Ländern mit hohen Wachstumsraten in den sechziger und siebziger Jahren zählen etwa Japan oder Norwegen, die beide eine recht egalitäre Einkommensverteilung aufweisen, ebenso wie Frankreich oder Italien mit recht ungleicher Verteilung; zu den langsam wachsenden Staaten gehören gleichermaßen das egalitäre Schweden und die inegalitären Vereinigten Staaten. Als generelle Aussage über die angebliche Inkonsistenz von Zielen läßt sich die Behauptung, man müsse zwischen mehr Gleichheit und einem erhöhten Lebensstandard für alle wählen, nicht halten.[98] Aber auch die umgekehrte Behauptung, daß mehr Gleichheit in jedem Fall günstige Auswirkungen für die Wirtschaftsentwicklung hat, mag eine brauchbare These für den akademischen Vortrag sein, ist aber, wenn wir uns für die Wirklichkeit interessieren, auf Sand gebaut.

Wieder mag es ebenso irritierend wie lehrreich sein, für unsere vier Beziehungsvarianten Beispiele zu finden. Erstens: *Ein höheres Wohlfahrtsniveau schafft eine »gleichere« Gesellschaft.* Es wäre nicht sinnvoll zu leugnen, daß der Wohlfahrtsstaat – in Übereinstimmung mit seinen Zielen – in der Tat eine gewisse Umverteilung bewirkt. Ein ausgebauter Wohlfahrtsstaat ist ein Redistributionsinstrument. Zweitens: *Mehr Gleichheit hat höhere Wohlfahrtsausgaben zur Folge.* Die fatale Dynamik einer moralisierten Gleichheitsdiskussion weitet den Forderungskatalog nach Gruppen und nach Themen aus, bis alle Ungleichheiten zu potentiellen Interventionsgründen für den Sozialstaat werden. Mehr Gleichheit läßt Ungleichheiten unerträglich werden, und sie braucht kompensatorische Wohlfahrtsausgaben. Drittens: *Höhere Wohlfahrtsausgaben schaffen weniger Gleichheit.* Je komplexer das System wird, um so eher werden neue Ungleichheiten und Ungerechtigkeiten erzeugt. Gerade weil Wohlfahrtsausgaben erfolgreich sind, bewirken sie Verhaltensänderungen, die in den Statistiken als neue Ungleichheiten aufscheinen; das Beispiel der »armen« Haushalte zeigt,

[98] Vgl. Lester C. Thurow: »Equity, Efficiency, Social Justice, and Redistribution«, in: OECD (Hrsg.): The Welfare State in Crisis, Paris 1981, 137-150.

daß dies nicht nur ein theoretisches Problem ist. Manche Wohlfahrtsausgaben stoßen an sachliche oder persönliche Umverteilungsgrenzen, wie etwa Erziehungsausgaben. Viertens: *Eine ungleichere Gesellschaft hat höhere Sozialausgaben zur Folge.* Der Wohlfahrtsstaat hat damit begonnen, daß in Anbetracht scharfer sozialer Kontraste mildernde Maßnahmen erforderlich wurden, um die politische Stabilität zu erhalten. Eine sich zur Verelendung von Gruppen steigernde Tendenz zur Ungleichheit hat zu großen Anstrengungen geführt, extreme Verarmung zu beseitigen.[99] Falls im übrigen eine ungleichere Gesellschaft ein höheres Wirtschaftswachstum bewirkt, könnten sich in der Folge die Sozialausgaben wesentlich erhöhen, da sich »reichere« Gesellschaften ausgefeiltere Wohlfahrtssysteme zu leisten pflegen.

5. Innovation. Über Entdeckungen und Flexibilitäten

Um die empirische Evidenz über die Leistungsfähigkeit des Sozialstaates ist es, wie sich zeigt, nicht sonderlich gut bestellt. Es lassen sich keine klaren Befunde dafür finden, daß wohlfahrtsstaatliche Länder wegen ihrer sozialstaatlichen Projekte eine geringere wirtschaftliche Leistungsfähigkeit aufweisen, auch wenn immer wieder theoretische Gründe dafür namhaft gemacht worden sind. Zu jenen, die einflußreiche Attacken gegen den Sozialstaat geführt haben, zählt Friedrich von Hayek, und viele Anhänger der libertären Richtung, die sich besonders in den Vereinigten Staaten entwickelt hat, folgen ihm darin. Aber es lassen sich auch Gründe dafür vorbringen, daß der moderne Sozialstaat weder eine schädliche »Abweichung« vom puristischen Ideal einer optimalen Laissez-faire-Gesellschaft darstellt noch eine »Abweichung«, die man aus humanitären Gründen gerade noch in bescheidener Dosis akzeptieren kann; sondern daß ihm – gerade *wegen* seiner Strukturen – auch jene Innovationskraft und Dynamik innewohnen kann, die für die Bewältigung der Zukunftsprobleme erforderlich ist.

---

[99] Heute scheint in den Industrieländern eher ein Zusammenhang zwischen Gleichheit und Wohlfahrtsstaatlichkeit zu bestehen; jene Länder, in denen eine höhere Ungleichheit geduldet wird, sind auch jene, in denen ein geringeres Niveau an Wohlfahrtsausgaben besteht.

Hayek[100] hat – ähnlich wie andere Autoren[101] – auf die dynamischen Vorzüge von Märkten hingewiesen: Sie führen zur bestmöglichen Ausnutzung des in der Gesellschaft verstreuten Wissens über ökonomische Sachverhalte, und sie stellen, indem sie Anreize und Impulse zur Gewinnerzielung vermitteln, ein innovationsförderndes Entdeckungsverfahren dar. Der Interventionismus kann nicht alle Fehler von Marktmechanismen ausbügeln, ja in seinem notwendig ineffizienten Dilettantismus verschärft er die Probleme sogar. Hayek stellt mit Recht fest: Wenn der Fortschritt aufrechterhalten werden soll, »müssen wir Raum lassen für eine fortwährende Revision unserer gegenwärtigen Vorstellungen und Ideale, die durch weitere Erfahrung notwendig gemacht wird«.[102] Das System der »Freiheit« – ein pointiert liberales Gemeinwesen – ist somit allein schon deswegen aufrechtzuerhalten, um diesen unvorhersehbaren Anpassungsprozeß sicherzustellen: »Wir müssen anerkennen, daß der Fortschritt und selbst die Erhaltung unserer Zivilisation von der größtmöglichen Gelegenheit für den Eintritt von Zufälligkeiten abhängt.«[103] Diese Argumente haben Hayeks Auffassung begründet, daß der Wohlfahrtsstaat zu bekämpfen und möglichst weit zurückzudrängen ist.

Das Modell des innovativen Interventionismus

Es ist nicht notwendig ein nichtinterventionistischer, weitgehend libertärer Staat, der die Hayeksche Prämisse der Innovationsmaximierung erfüllt. Man kann sich schwer vorstellen, daß die höchste Neuerungsrate in einer Laissez-faire-Gesellschaft bestehen sollte, die ohne irgendwelche oder mit höchst rudimentären Wohlfahrtsmaßnahmen existiert. Könnte man nicht auch vermuten, daß verbreitete Armut

[100] Vgl. Friedrich von Hayek: Individualismus und wirtschaftliche Ordnung, Zürich 1952, 2. erw. Aufl. 1976 (erstmals engl. 1948); ders.: Freiburger Studien. Gesammelte Aufsätze, Tübingen 1969; ders.: Die Verfassung der Freiheit, Tübingen 1971, 2. Aufl. 1983 (erstmals engl. 1960).

[101] Vgl. z.B. Ludwig von Mises: Nationalökonomie. Theorie des Handelns und Wirtschaftens, München 1980 (erstmals 1940, engl. 1949); ders.: Die Gemeinwirtschaft. Untersuchungen über den Sozialismus, München 1981 (2. Aufl. 1932); Israel M. Kirzner: Competition and Entrepreneurship, Chicago 1973; ders.: The Perils of Regulation: A Market-Process Approach, Coral Gables 1979.

[102] Hayek 1983, 31.

[103] Hayek 1983, 38f.

besondere *Disincentives* mit sich bringt, also eine lethargische und nicht unbedingt eine aufbruchsfreudige Stimmung fördert? Könnte nicht gerade das verbreitete Gefühl der ökonomisch-existentiellen Unsicherheit in einer libertären Gesellschaft ohne Staatseingriffe die Leistungsbereitschaft und damit die Investititonsbereitschaft der Unternehmer mindern? Und hat nicht auch die Deregulierung Opportunitätskosten, das heißt, bringt nicht der Rückzug des Staates aus konkreten wirtschaftspolitischen Aktivitäten Kosten an anderer Stelle des Wirtschaftssystems mit sich, indem mögliche Innovationschancen verbaut werden? Sind nicht zumindest jene sozialstaatlichen Maßnahmen stabilisierend und innovationsfördernd, welche die Bildung forcieren, den Bestand des Humankapitals wahren, die politische Stabilität und den sozialen Frieden sichern und ein Klima der Kooperation schaffen?[104] In manchen Fällen sind vorsichtige Planung und stabilisierende Intervention gerade deswegen nützlich, weil sich dadurch die Innovationsrate maximieren läßt. Dabei ist in Rechnung zu stellen, daß sich möglicherweise ein positiver Gesamteffekt erzielen läßt, wenn die gegenwärtige Innovationsrate gemindert und die zukünftige dadurch gesteigert wird, so wie durch einen gegenwärtigen Konsumverzicht der zukünftige Konsum gesteigert werden kann.

Freilich muß es sich bei einem solchen innovationsfreundlichen Interventionismus um ein *flexibles* System handeln. Wenn die Effekte von sozialstaatlichen Maßnahmen unvollkommen prognostizierbar sind, erfolgt die Rückkoppelung eben über Fehlschläge und Erfolge, über Unglücksfälle und Fortschritte. Es handelt sich um einen *trial-and-error-Prozeß*, der sich alle Revisionsmöglichkeiten offen halten muß, um zukünftige Anpassungspotentiale nicht zu schädigen. Der Staat muß dessen eingedenk sein, daß er einen *flexiblen Interventionismus* praktizieren muß; daß er in seinen Interventionen zurückhaltend zu sein hat, sie reversibel gestalten und möglichst zahlreiche Optionen wahren muß. Dann kann er offenbar auch zur Sicherung der Systemdynamik einiges leisten, ohne sich aus dem gesellschaftlichen Getriebe ganz zurückziehen und unerwünschte Zustände dulden zu müssen. Der Wohlfahrtsstaat ist das innovationsmaximierende System.

---

[104] Vgl. Manfred Prisching: »Friedrich von Hayeks Sozialstaatskritik«, Internationales Jahrbuch für Rechtsphilosophie und Gesetzgebung 1 (1989), 71-97.

Der Wohlfahrtsstaat als Entdeckungsverfahren

Der Sozialstaat steht vor den Problemen einer *Anpassung* an die Bedingungen der sich rasch wandelnden Gesellschaft, und er kann ein Hindernis für diese Anpassung darstellen; er ist aber zugleich auch die *Antwort* auf derartige Anpassungsprobleme. Der Sozial- und Interventionsstaat ist keine soziale Gesamtplanungsinstanz, und wo er beansprucht, Zukunftsplanung betreiben zu können, verheddert er sich in der Komplexität der Zustände und der Unüberschaubarkeit von Nebenwirkungen. Er kann nicht mehr sein als ein Rahmenwerk für Innovationen. Nicht nur der Markt, auch der Wohlfahrtsstaat ist ein *»Entdeckungsverfahren«*. Er stellt jene institutionelle Struktur dar, die angesichts eines unüberwindbaren Informationsdefizits der Menschen über gesellschaftliche Zusammenhänge und angesichts einer fundamentalen Zukunftsunsicherheit die Aggregation individueller Wertungen – dessen, was in einer Gesellschaft geduldet und verboten, gefördert und hintangehalten werden soll – vollzieht und sie auf pragmatische Weise umsetzt. Die Maschinerie des in Situationen prekärer Stabilität präsenten Staates ist dazu da, potentiell destruktive Folgen von Innovations- und Rationalisierungsprozessen in den Griff zu bekommen. In einer innovativen Gesellschaft geht zuweilen alles drunter und drüber, und man muß dafür sorgen, daß das Chaos nicht überhandnimmt. Auch in den Forschungsabteilungen großer Betriebe läßt man zuweilen ein »kreatives Chaos« zu, hält es aber innerhalb bestimmter Grenzen. Ebenso kann es sich als zweckmäßig erweisen, wenn der Staat die extremen Folgen innovativer Turbulenzen mildert. Gerade dadurch werden weitere Innovationen ermöglicht und angeregt. Wenn man wohlfahrtsstaatliche Absicherungen unter diesem Aspekt sieht, handelt es sich um ein Verhältnis *wechselseitiger Bedingtheit*: Marktwirtschaftliche Innovationen ermöglichen jenen Wachstumsprozeß, aus dem Sozialleistungen finanzierbar sind, und das System der sozialen Sicherung bietet umgekehrt die Grundlage für weitere Innovationen, weil es ein stabiles Netz für die Verlierer bietet und dadurch für potentielle Gewinner Anreize setzt, den »Sprung« zu wagen. Entrepreneure haben keine Todessehnsucht: Sie trauen sich weiter springen, wenn das Versagen nicht tödlich ist.

Die Liberalisierung der Märkte im Zuge der *europäischen Einigung* bietet ein Beispiel (das sich auf jede Art internationaler Verflechtung erweitern läßt). Die Ausweitung der Produktions- und Handelszonen bietet durchaus innovationsförderliche Anreize. Die steigende internationale Verflechtung der Wirtschaft stellt alle Beteiligten besser, wie schon seit den Tagen der klassischen Ökonomie überzeugend nachgewiesen wurde. Und doch stößt sie verständlicherweise auf Widerstände bei den potentiellen Verlierern. Sie haben Nachteile, und oft haben sie nur Angst. *Kompensatorische Abschlagszahlungen* können diesen Widerstand überwinden helfen, und in der Tat hat es – etwa im österreichischen Fall – beim Eintritt in die Europäische Union eine Reihe von »Anpassungshilfen« für begrenzte Zeiträume gegeben, von der Landwirtschaft bis zu den Spediteuren. Selbst die Europäische Union hat diese Maßnahmen – aus »politischen Gründen« – akzeptiert. Ob solche *side payments* überhaupt diskutiert werden, ob sie als »politische Bedingungen« verhandelbar werden und welchen Gruppen sie in welchem Maße zuteil werden, hängt natürlich wieder von zahlreichen Faktoren ab, die hier nicht näher zu diskutieren sind.[105] Es geht hier nur darum, daß es sich um eine durchaus übliche politische »Bestechung« handelt: Wohlfahrtsstaatlich-interventionistische Absicherungen (nach Möglichkeit mit temporärer Begrenzung) werden gegen die Zustimmung zu innovationsfördernden Projekten getauscht.[106] Wenn die Menschen wissen, daß sie sozialpolitisch abgesichert sind, sind sie bereit, die Reise in oft unbekannte Territorien mitzumachen. Andere Beispiele drängen sich auf: Der Übergang Spaniens zur Demokratie wurde ohne Zweifel dadurch gefördert, daß gleichzeitig der Wohlfahrtsstaat ausgebaut wurde; und der Transformationsprozeß der postsozialistischen Länder wurde sicherlich da-

---

105 Vgl. Judith Goldstein: Ideas, Interests, and American Trade Policy, Ithaca, NY 1993.

106 Daß andere Ziele des Wohlfahrtsstaates auch betroffen sein können, sei hier nur vermerkt. Mehr Flexibilität und Liberalität mag das allgemeine Wachstum und die Innovationsfähigkeit fördern, aber unerwünschte Strukturveränderungen auf dem Arbeitsmarkt bewirken, etwa die Kluft zwischen Insidern und Outsidern vergrößern. Es gibt Indizien dafür, daß auch westliche Firmen das Rezept der Japaner übernehmen, wonach man sich das dauerhaft benötigte, kostenintensive Knowhow durch Stammbelegschaften sichert, während man Kapazitätsanpassungen im Bereich der peripheren Arbeitskräfte vornimmt. – Ähnliche unerwünschte Wirkungen kann es in regionalpolitischer Hinsicht geben. Es ist nicht notwendig so, daß sich in einem liberalen Markt alle Regionen besser stehen, vielmehr kann es Teufelskreise geben, in denen sich die Polarisierung verstärkt – so daß sich in bevorzugten Zonen immer mehr Unternehmen ansiedeln und sie deshalb für weitere Ansiedlungen immer attraktiver werden, während das Umgekehrte für periphere Gebiete der Fall ist.

durch nicht gerade gefördert, daß im Zuge einer »Schocktherapie« die gewohnten sozialpolitischen Sicherheiten empfindlich beeinträchtigt wurden. Auch aktive Arbeitsmarktpolitik (Qualifizierung von Arbeitslosen) ist immer wieder als produktivitätsfördernde Maßnahme gerechtfertigt worden, und selbst im Hinblick auf sozial »abfedernde« Anpassungsprogramme im Kohle- und Stahlbereich ist mit zukünftigen Restrukturierungsgewinnen argumentiert worden. Tatsächlich sind auch beschäftigungspolitisch motivierte Frühpensionierungen in Zeiten starken technologischen Wandels nicht nur eine Belastung: Ökonomen haben darauf hingewiesen, daß es auch makroökonomisch vorteilhaft sein kann, den Übergang zu Arbeitskräften mit neuen Kenntnissen und Qualifikationen zu beschleunigen.[107] Alle diese Wohlfahrtsmaßnahmen, die in libertärer Hinsicht zu verdammen sind, haben ihre Innovationsffekte. *Sozialpolitik ist Innovationsförderung.*

Nun gilt das positive Verhältnis von Wohlfahrt und Innovation nicht in beliebiger Dosierung. Denn es spricht viel dafür, daß absolute Sicherheit zur absoluten Lethargie führt. Wohlfahrtsstaatliche Sicherheit und Innovation stehen (*ceteris paribus*) in einem *kurvilinearen* Verhältnis. Das Innovationspotential der Gesellschaft wird durch soziale Absicherung gesteigert, aber jenseits einer bestimmten Schwelle der Sicherheit nimmt die Innovationsrate wieder ab. Innovationen gedeihen weder in der Anarchie noch in der Diktatur, weder im sozialdarwinistischen Dschungel noch im ausdörrenden Paternalismus. Dieses Argument ist mit Hayeks Gesellschaftsmodell – dem Evolutionsgedanken und dem Prinzip der Innovationsmaximierung – verträglich; aber es entwickelt dieses Modell weiter. Denn Hayeks evolutionistische Theorie, die auf der Prämisse beruht, daß sich »naturwüchsig« die optimalen Institutionen durchsetzen, beraubt ihn, genau genommen, selbst der Möglichkeit, den Wohlfahrtsstaat zu kritisieren: Wenn im Zuge der Evolution und im Wettstreit des Überlebens von Institutionen der Wohlfahrtsstaat als weitverbreitetes

---

[107] Präziser müßte gezeigt werden, daß die Belastung für die Pensionskassen durch die verfrühte Pensionierung überkompensiert wird durch die Produktivitätsgewinne der nachrückenden Arbeitnehmer. Weiters gilt natürlich auch, daß durch die höhere Belastung der Pensionskassen die Staatsausgaben bzw. die Steuern erhört werden, und daß dies die Restrukturierung auch wieder verzögern mag, die durch die Frühpensionierung beschleunigt werden sollte. Das alles läßt sich natürlich eher auf der Ebene von Plausibilitäten als auf der Ebene der Empirie abhandeln, die über entgangene Zukunftschancen nicht allzu viel zu sagen vermag.

System entstanden ist, dann muß es sich – der Logik der Evolutionstheorie zufolge – um die optimale Figuration handeln. Man kann nicht gleichzeitig ein Evolutionsmodell vertreten, das behauptet, in der historischen Selektion setzten sich die effizientesten Institutionen durch, und den Wohlfahrtsstaat, der Ergebnis eines solchen Prozesses ist, als Inkarnation eines ineffizienten Systems kritisieren. Wenn wir den Evolutionsprozeß etwas loser fassen, also nicht unbedingt die zuverlässige Extinktion von weniger effizienten institutionellen Alternativen unterstellen, wird erst die kritische Einschätzung des Wohlfahrtsstaates möglich. Dann kann es auch »Verirrungen« nach beiden Seiten geben, zu einer überdehnten, aber auch zu einer unterdosierten Wohlfahrtsstaatlichkeit. Natürlich folgt dann, ähnlich wie bei der Laffer-Kurve, der Streit um die empirischen Werte: ob sich der Wohlfahrtsstaat diesseits oder jenseits des Optimierungspunktes befindet. Liberale Theoretiker würden nicht zögern, den Optimierungspunkt so anzusetzen, daß er am oder ziemlich nahe beim Existenzminimum jener liegt, die auf den Wohlfahrtsstaat angewiesen sind.

Erwartungshaltungen und gesellschaftliche Dynamik

»Objektive« Niveaus sozialstaatlicher Optimierung lassen sich natürlich nicht ermitteln. Wir müssen wiederum die Bedeutung der »Bilder« betonen, welche die Individuen sich vom Wohlfahrtsstaat machen, und wir müssen auf den »Bilderkampf« hinweisen, der im Gange ist. Es wäre nicht auszuschließen, daß die »marktwirtschaftliche Propaganda« auf Dauer ihre Wirkungen zeitigt: daß die *revolution of declining expectations* nicht als Reaktion auf ein legitimitätsbedrohendes Versagen der Politik eintritt, sondern daß sie sich mit einem anfeuernden Appell verbindet, die Ärmel aufzukrempeln; nicht ein ermüdendes, lähmendes Versagen, sondern eine chancenreiche Herausforderung. Denn die mit wohlfahrtsstaatlichem Bewußtsein durchtränkte »Berechtigungsbewegung«, die sich seit den sechziger Jahren aufgebaut hat, ist mit *moral suasion*-Kampagnen von konservativ-liberaler Seite konfrontiert. Besonders in den Vereinigten Staaten hat sich die »rechte« Politik institutionalisiert: Sie verfügt über Plattformen, Finanzressourcen und engagierte Kader. Die bunte Menge linker Moralbewegungen wirkt zunehmend anachronistisch, und mit einigermaßen verzögerter Reaktion bemüht sich die Gegenpropaganda, neue »Bilder« des Wohlfahrtsstaates zu schaffen. In den siebziger Jahren sahen sich die Wohlfahrtskritiker in der Defensive; in der Mitte der neunziger Jahre verrücken sie das Rahmenwerk, in dem Wohlfahrtsleistungen gedeutet werden, und es ist an den sozialpolitisch Engagierten, sich im Nachteil zu fühlen. Die Propaganda zielt darauf, den Wohlfahrtsstaat als hinderlichen bürokratischen Apparat und als ressourcenverschlingendes Monster und die Befreiung von ihm als Eröffnung neuer Chancen darzustellen. Unterschiedliche »Bilder« ringen in den Köpfen der Staatsbürger um die Vorherrschaft. Was früher »Arme« waren, sind jetzt »Faule«. Was man früher als Bestandteil des Lebenslaufs toleriert hat, wird jetzt unter der Kategorie der »Lasterhaftigkeit« gesehen. Was früher als »Hilfe« verbucht wurde, gilt jetzt als hinausgeworfenes Geld. Noch einmal sei Rush Limbaugh als für diesen Zeitgeist kennzeichnend zitiert: »Do the poor pay anything back? Do they pay any taxes? No. They don't pay a thing. They contribute nothing to this country. They do nothing but take from it. There are people who are putting into this economy. There are people who are working hard every day, playing by the rules and contributing. They are the givers. Who are the takers? The poor.«[108] Was das Ergebnis dieses »Bilderkampfes« sein wird, ist nicht abzusehen.

Vermutlich wird man am bisher erreichten Niveau der Wohlfahrtsstaatlichkeit nicht viel ändern können. Denn es gibt einen Unterschied zwischen einem unterlassenen Aufbau und einem Abbau von Wohlfahrtsprogrammen. Darauf wurde bereits hingewiesen. In einer Phase, in der über die Zurücknahme sozialstaatlicher Programme gesprochen wird, müssen die Wirkungen einer Aufrechterhaltung des Wohlfahrtsstaates mit den Streichungen bereits erreichter Standards auf das innovative Bewußtsein berücksichtigt werden. Es gibt eine *wohlfahrtsstaatliche Asymmetrie:* Eine Rücknahme des »gemischten Systems« in Richtung auf eine libertär-marktwirtschaftliche Ordnung würde die statischen und dynamischen Bedingungen des Wirtschaftssystems verschlechtern, weil die Bürger auf eine Reduktion von Besitzständen, zu denen sie sich berechtigt fühlen, empfindlicher reagieren als auf die Nichterfüllung von Zusatzwünschen. Die »Krise des Interventionismus« (überdehnte Sozialstaatlichkeit) könnte aufgrund der Folgen für das Bewußtsein rasch in eine »Krise des Nichtinterventionismus« (Enttäuschungen der Bürger) umschlagen. Während also

[108] Rush Limbaugh: The Way Things Ought to Be, New York 1993, 40f.

ein allzu weit ausgreifendes Regulierungs- und Betreuungssystem durch seine effizienzmindernden Effekte eine *»Krise des expandierenden Wohlfahrtsstaates«* auslösen würde, landeten wir im Fall einer entschlossenen Demontage möglicherweise in einer *»Krise des schrumpfenden Wohlfahrtsstaates«*.[109]

Beziehungen zwischen Wohlfahrt und Innovation

So eindeutig ist die Sache nicht. Denn wir können verschiedene Beziehungen zwischen den hier in Betracht stehenden Größen annehmen, und wir wenden uns der bereits bekannten Beziehungstypologie zu. Erstens: *Höhere Sozialausgaben fördern Innovationen.* Eine durch wohlfahrtstaatliche Bemühungen gesicherte Stabilität und eine Umwelt mit »mittleren« Risiken können weit höhere Innovationsraten hervorbringen als eine laissez-faire-Gesellschaft. Ein klug gebauter Sozialstaat kann sich als »Entdeckungsverfahren« profilieren. Zweitens: *Eine Gesellschaft mit höheren Innovationsraten bringt höhere Wohlfahrtsausgaben mit sich.* Die Dynamik der Marktwirtschaft schafft Gewinner und Verlierer, und jene, die auf die Schattenseite fallen, müssen zwar nicht zur Gänze entschädigt werden, wohl aber muß ihnen ein Grundnetz sozialer Sicherheit geboten werden: Je dynamischer die Gesellschaft, desto größer die Turbulenzen und desto größer die Sozialaufwendungen. Drittens: *Höhere Wohlfahrtsniveaus führen zu geringeren Innovationsraten.* In vielen Fällen mögen Kritiker nicht Unrecht haben, wenn sie behaupten, daß eine interventionsgesättigte Gesellschaft die richtigen Innovationsanreize vermissen läßt. Die umfassende Wohlfahrtsstaatlichkeit führt in die Sklerose. Viertens: *Eine Gesellschaft mit geringerer Innovationsstärke führt zu höheren Wohlfahrtsausgaben.* Dieser unerfreuliche Zusammenhang kann in einer sklerotischen Situation auftreten, in der risikoaversive Individuen immer mehr Aufgaben an den Staat abschieben. Es können sich Teufelskreise von Apathie und Paternalismus entwickeln.

---

[109] Pessimisten würden annehmen, daß es gar keinen mittleren Weg gibt, sondern daß die beiden »Krisenbereiche« aneinanderstoßen oder einander gar überlappen: Selbst wenn man den Sozialstaat zu kürzen beginnt, ist er noch viel zu ausgedehnt, und man hat in jedem Falle mit beiden Typen von Problemen gleichzeitig zu tun.

6. Freiheit. Über Paternalismus, Prävention und Individualismus

Alexis de Tocqueville, der im vorigen Jahrhundert die politischen Verhältnisse in Amerika mit scharfem Blick untersuchte, hat Spekulationen darüber angestellt, welche Art von Despotismus die demokratischen Nationen zu fürchten hätten. »Wenn ich mir«, so schrieb er, »die kleinen Leidenschaften der heutigen Menschen vorstelle, die Verweichlichung ihrer Sitten, den Umfang ihrer Bildung, die Reinheit ihrer Religion, die Sanftheit ihrer Moral, ihre fleißigen und geregelten Gewohnheiten, die Zurückhaltung, die nahezu alle im Laster wie in der Tugend üben – dann befürchte ich nicht, daß sie in ihren Staatsoberhäuptern Tyrannen finden, sondern eher Vormünder.«[110] Über eine Masse vereinzelter und entfremdeter, aber durchaus wohllebender Individuen – so geht sein berühmtes Zitat – »erhebt sich eine gewaltige, bevormundende Macht, die allein dafür sorgt, ihre Genüsse zu sichern und ihr Schicksal zu überwachen. Sie ist unumschränkt, ins einzelne gehend, regelmäßig, vorsorglich und mild. Sie wäre der väterlichen Gewalt gleich, wenn sie wie diese das Ziel verfolgte, die Menschen auf das reife Alter vorzubereiten; statt dessen aber sucht sie bloß, sie unwiderruflich im Zustand der Kindheit festzuhalten; es ist ihr recht, daß die Bürger sich vergnügen, vorausgesetzt, daß sie nichts anderes im Sinne haben, als sich zu belustigen. Sie arbeitet gerne für deren Wohl; sie will aber dessen alleiniger Betreuer und einziger Richter sein; sie sorgt für ihre Sicherheit, vermißt und sichert ihren Bedarf, erleichtert ihre Vergnügungen, führt ihre wichtigsten Geschäfte, lenkt ihre Industrie, ordnet ihre Erbschaften, teilt ihren Nachlaß; könnte sie ihnen nicht auch die Sorge des Nachdenkens und die Mühe des Lebens ganz abnehmen?«[111] Diese Art einer paternalistischen Obsorge in allen Lebenslagen sei mit den äußeren Formen der Demokratie durchaus verträglich: »Ich war immer des Glaubens«, so Tocqueville, »daß diese Art von geregelter, milder und friedsamer Knechtschaft, deren Bild ich eben gezeichnet habe, sich mit einigen der äußeren Formen der Freiheit meist besser, als man denkt, verbinden ließe,

---

110 Alexis de Tocqueville: Über die Demokratie in Amerika, München 2. Aufl. 1984 (erstmals franz. 1835/1840), 813f.

111 Tocqueville 1984, 814.

und daß es ihr sogar nicht unmöglich wäre, sich geradezu im Schatten der Volkssouveränität einzunisten.«[112]

Der Wohlfahrtsstaat als Freiheitsgewinn

Der Scharfsinn Tocquevilles ist heute nicht mehr vonnöten. Tendenzen, die er erst in Ansätzen sehen konnte, haben sich voll entfaltet, und kaum jemand würde leugnen, daß seine Befürchtungen heute viel berechtigter sind. Man kann aber nicht abstreiten, daß die Beseitigung von Lebensrisiken durch den Wohlfahrtsstaat auch ein *Freiheitsgewinn* ist. Der industrielle Kapitalismus hat Risiken mit sich gebracht, die mit den Mitteln der formalisiert-bürokratischen Zweckanstalt, des modernen Staates, kompensiert wurden. Die Individuen wurden aus ihren traditionellen Milieus »frei«gesetzt, und sie wurden in das Verhängnis tiefster Abhängigkeit von undurchschaubaren Wirtschaftsprozessen und fremdbestimmten Organisationen gestürzt. Der Wohlfahrtsstaat »befreit« sie partiell von diesen neuen Abhängigkeiten, auch wenn er sie wiederum in Abhängigkeit von rationalisierten Bürokratien bringt, deren langer Arm sie, glücklicherweise und bedrohlicherweise, auch im Elend erreicht.

Der Wohlfahrtsstaat erfüllt erst die Versprechungen der bürgerlich-liberalen Verfassung. Von der Freiheit, unter den Brücken zu schlafen, haben die Bürger nie viel gehalten. So ist die *formale Demokratie* von vielen als unzureichend angesehen worden, und sie sollte zu einer *sozialen Demokratie* ausgebaut werden. In den Vorstellungen sozialistischer Theoretiker kann Demokratie in einem Klassenstaat grundsätzlich nicht funktionieren, da dieser doch die grundlegenden Konsensvorstellungen, auf denen sie beruhen muß, zerstört; die »soziale Demokratie« ist daher nur jenseits eines kapitalistischen Systems denkbar.[113] In reformistischen Varianten hingegen wird mit der »sozialen Demokratie« die durchaus nicht irreale Vorstellung einer Ordnung verbunden, die – wie Hans Kelsen schreibt – »den Normunterworfenen nicht nur einen formal gleichen Anteil an der Erzeugung des Gemeinschaftswillens, sondern auch ein in irgendeinem

[112] Tocqueville 1984, 815.

[113] Max Adler: Die Staatsauffassung des Marxismus. Ein Beitrag zur Unterscheidung von soziologischer und juristischer Methode, Darmstadt 1973 (erstmals 1922), 121ff.

Sinne gleiches Maß von Gütern gewährleistet.«[114] Die wohlfahrtsstaatlichen Demokratien kommen diesem Ideal, das die formalistische »Heuchelei« von Gleichheit mit einem materiellen Substrat versieht, nahe.

Im 20. Jahrhundert haben die Staaten jene Erwartungen, die an sie herangetragen wurden, auf das glänzendste eingelöst: Was die politischen Apparate Europas nach dem Zweiten Weltkrieg zustande brachten, grenzt an das Unglaubliche. Das wohlfahrtsstaatliche Vertrauen in den Staat wurde nicht enttäuscht, jahrzehntelang wurde das Wohlfahrtssystem getreulich ausgebaut. »Der Staat der Gegenwart steht in der *Bereitschaft*, 'alle' Aufgaben aufzunehmen.«[115] Der souveräne Staat ist *per definitionem* allzuständig, er kann bestimmen, was er tun will und was nicht. Er selegiert seine Interventionen selbst. Die Erwartungen, die sich auf ihn richten, sind hoch: von der »Allzuständigkeit« wird gerne auf die »reale Allfähigkeit« geschlossen. »Die *'Ver-Staatlichung'* erscheint als *unfehlbares Instrument* zur Problemlösung.«[116] Der moderne Wohlfahrtsstaat empfiehlt sich denn auch als Helfer in allen Lebenslagen; er sozialisiert, therapiert und subsidiert seine Bürger, was das Zeug hält. Eine behagliche Einlullung des staatsbürgerlichen Bewußtseins[117] in eine Situation findet statt, in der fürsorgende Instanzen das Leben des einzelnen in allen wichtigen Aspekten regeln: bis hin zum fürsorglichen Werbeverbot für Zigaretten und der Anschnallpflicht für Autofahrer – Maßnahmen, deren »Vernünftigkeit« ebenso außer Streit steht wie ihre Verletzung klassischer liberaler Prinzipien. Freilich hat das Tocquevillesche Nebenwirkungen: Wenn der Staat viele Risiken abdeckt und sie nach Tunlichkeit auszuschalten trachtet, sinkt die Risikowahrnehmungskompetenz der Individuen, ihre Risikobereitschaft und ihre Krisenbewältigungskapa-

---

[114] Hans Kelsen: Vom Wesen und Wert der Demokratie, 2. Aufl., Tübingen 1929 (Nachdruck 1963), 93.

[115] Kurt Eichenberger: »Der geforderte Staat. Zur Problematik der Staatsaufgaben«, in: Wilhelm Hennis, Peter Graf Kielmansegg und Ulrich Matz (Hrsg.): Regierbarkeit. Studien zur ihrer Problematisierung, 2 Bände, Stuttgart 1977/79, I, 103-117, hier 193.

[116] Eichenberger 1977, 104.

[117] Heiner Geißler (Hrsg.): Verwaltete Bürger – Gesellschaft in Fesseln, Frankfurt, Berlin und Wien 1978.

zität.[118] Das wohlfahrtsstaatliche Bewußtsein weist Elemente des *Infantilen* auf.

Der präventiv sorgende Paternalismus und der Verlust der Freiheit

Die Reparaturfunktion des Wohlfahrtsstaates wird oft als unzureichend und ineffizient angesehen. Warum sollten Probleme nur hinterdrein beseitigt werden, wenn sie sich auch a priori vermeiden ließen? Der präventiv sorgende Paternalismus, um den es hier geht und der zuweilen als endgültige Erfüllung eines voll funktionsfähigen Wohlfahrtsstaates angesehen wird, geht einen Schritt weiter: Die Medizin möge Krankheiten nicht nur kurieren, sondern verhindern, die Pädagogik Störungen nicht nur reparieren, sondern abfangen, die Kriminalisten mögen nicht nur Verbrecher fangen, sondern Delikte verhindern. Prävention aber, umfassend angewandt und bürokratisch implementiert, läuft auf eine die Integrität und Identität des Individuums aufhebende Kontrolle hinaus; sie bügelt die Individuen auf das Normalmaß zurecht und radiert das Heterogene aus. »Prävention bedeutet das Ende aller Bürgerrechte zugunsten der garantierten Sicherheit, die freilich so durchaus nicht zu garantieren ist.«[119] In der Tat eröffnet sich der präventiven Tätigkeit keinerlei Schranke: Der *konventionell-expansive* Wohlfahrtsstaat mußte wenigstens noch bestehende Probleme ausfindig machen, um seine Intervention zu rechtfertigen; der *präventiv-expansive* Wohlfahrtsstaat muß nur noch potentielle, für die Zukunft vermutbare Probleme aufspüren, um seine Apparaturen in Gang zu setzen. Er wird *vor* jedem Verlangen aktiv, es genügt ein *möglicherweise* irgendwann eintretendes Unbehagen als Rechtfertigung seiner Intervention. Dadurch gewinnt er eine unbegrenzte Dynamik. »Seine Tätigkeit verliert auf diese Weise«, so vermerkt Dieter Grimm, »ihre punktuelle und retrospektive Ausrichtung und gewinnt einen flächendeckend-prospektiven Charakter, der

---

[118] Hans-Martin Sass: »Zielkonflikte im Wohlfahrtsstaat«, in: Christoph Sachße und H. Tristram Engelhardt (Hrsg.): Sicherheit und Freiheit. Zur Ethik des Wohlfahrtsstaates, Frankfurt 1990, 71-105, hier 79.

[119] Wolf-Dieter Narr: »Hin zu einer Gesellschaft bedingter Reflexe«, in: Jürgen Habermas (Hrsg.): Stichworte zur 'Geistigen Situation der Zeit', 2 Bde, Frankfurt a.M. 1979, II, 489-528, hier 512.

dem absoluten Staat wegen seiner geringen Gestaltungsbefugnisse fremd war. Sozialbereiche, die dem staatlichen Einfluß gänzlich entzogen wären, sind nicht mehr erkennbar.«[120] Insoweit das wohlfahrtsstaatliche Bewußtsein eine die Turbulenzen des Lebens präventiv einebnende Ordnung als Ideal proklamiert, verwandelt sich sein humanistischer Paternalismus in die totalitäre Perspektive des Kontrollstaates. Was als endgültige Emanzipation gedacht war, wird zum endgültigen Verlust der Freiheit.

Die »Freiheit«, die durch den Sozialstaat bedroht erscheint, wird heute oft von jenen verteidigt, »die es geschafft haben« und die, um ihr Selbstbewußtsein a posteriori noch weiter zu stärken, auf sozialdarwinistische Muster der Leistungsorientierung zusteuern. Aber die Freiheitsgefährdung durch den Wohlfahrtsstaat ist nicht nur interessengeprägte Ideologie. Es gibt Tendenzen zu einer *»Paternalisierung aller Lebensbereiche«*. Helmut Schelsky hat jene politischen Tendenzen, die Tocqueville so beredt prognostiziert hat, als »Herrschaft der Betreuer« geschildert. »Kein vernünftiger Mensch«, so hat er freilich betont, »wird auf den Gedanken kommen, daß irgendeine Gesellschaftsordnung und damit irgendeine praktische Politik in unseren Breiten möglich sei, die personale Freiheit und soziale Gerechtigkeit als einander sich ausschließende politische Ziele behandelt; selbstverständlich will man stets beides.« Aber dennoch sieht er die wesentlichste Entscheidung für die nächsten Jahrzehnte in der Frage, »ob die Bewahrung der Freiheit der Person oder die Vervollkommnung der sozialen Gerechtigkeit als wichtiger oder dringlicher angesehen werden muß.«[121] Es handelt sich freilich um kein System kommunizierender Gefäße, in dem die Abnahme des einen Niveaus das automatische Ansteigen des anderen bewirkt; um so wichtiger sei es, der Frage nachzugehen, wie unter diesen Voraussetzungen heute Sozialpolitik betrieben werden könne.[122]

---

[120] Dieter Grimm: Die Zukunft der Verfassung, Frankfurt a.M. 1991, 414.

[121] Helmut Schelsky: Der selbständige und der betreute Mensch. Politische Schriften und Kommentare, Frankfurt-Berlin-Wien 1978, 19.

[122] Das Argument, daß der private Marktsektor ein freiheitssicherndes Gegengewicht gegen einen allzu mächtigen Staat darstellt, bleibt durchaus gültig. Das heißt: Auch »Staatsgegner« können eine Beschäftigung im privaten Sektor finden; die Publikationsfähigkeit kritischer Schriften wird nicht von administrativen Zensoren beurteilt, sondern nach den Profitinteressen »unpolitischer« Unternehmer; die freie Presse stellt ein schwer regulierbares Potential an Kritik und Dissens dar; Privatkapitalisten können kulturelle Vorhaben beliebiger Art fördern und finan-

Die Ausrede von der Gemeinschaft

Ein Mittelweg – zwischen dem etatistischen und dem libertären Modell – wird heute oft empfohlen: die *kommunitaristische* Lösung, die Wiederbelebung eines Gemeinschaftsgeistes, einer privaten Verantwortlichkeit, die eine Entlastung von wohlfahrtsstaatlichen Aufgaben bringen soll. In den europäischen Staaten sind es nicht die tragenden politischen Kräfte, die auf einen echten Abbau von Sozialstaatlichkeit drängen; in den Vereinigten Staaten steht die Einbremsung sozialpolitischer Programme allerdings weit vorne auf der Agenda der politischen Reform. Den europäischen Staaten steht allerdings auch jene Ebene nicht zur Verfügung, auf die sich amerikanische Politiker berufen: die Ebene der Gemeinschaften, der *communities.* Das amerikanische politische System ist aus den Gemeinschaften gewachsen, nach wie vor sind Gemeindeversammlungen und kommunale Abstimmungen üblich; der Bundesstaat hat sich aus den Einzelstaaten aufgebaut, und der Zentralregierung hat man nur zögerlich Rechte zugestanden. In den europäischen Staaten hingegen wurde die Modernisierung durch aufgeklärte Regierungen und Bürokratien vorangetrieben, und Gemeinschaftsbildung auf unteren Ebenen hat es kaum gegeben, ja Ansätze dazu wurden eher unterdrückt. Die amerikanische Gemeinschaftsideologie, einschließlich der *kommunitaristischen* Bewegung, bleibt in Europa beinahe unverständlich, und der Idee, Wohlfahrtsaufgaben an kleinere Assoziationen abzutreten, fehlen die Bezugspunkte.

Aber die amerikanischen Vorschläge, im Zuge der Demontage des Wohlfahrtsstaates Gemeinschaften wieder zum Erblühen zu bringen, sind dennoch nicht glaubwürdig. Denn die »Gemeinschaften«, von denen hier die Rede ist, sind jene wohletablierter Bürger: in Gemeinden, Religionsgemeinschaften, freiwilligen Assoziationen und Wirtschaftsorganisationen. Es sind ja nicht die Gangs in jenen desolaten Stadtvierteln gemeint, in denen in der Praxis die meisten Sozialllei-

---

zieren. Diese »countervailing power« der Privatwirtschaft ist aber nicht an die Nichtexistenz spezifischer Interventionen gebunden, sondern beruht auf einem anteilsmäßig wesentlichen Privatsektor der Wirtschaftsordnung. Wie weit ein solcher Anteil zu gehen hat, wann eine Grundorientierung einer »gemischten Ordnung« indessen »umkippt«, das läßt sich quantitativ nicht festschreiben. Ein marktwirtschaftlich-rechtsstaatlicher »Wirtschaftsstil« muß grundsätzlich gewahrt bleiben. Für diese und andere Argumente immer noch glänzend zu lesen Friedrich von Hayek: Der Weg zur Knechtschaft, 5. Aufl. Landsberg a.L. 1982.

stungen anfallen. Dort, wo die sozialpolitischen Gelder hinfließen, gibt es die *communities* nicht. Die Verlagerung von Wohlfahrtsaufgaben in die Gemeinschaften bedeutet die *Abkoppelung* einer Gesellschaft, die Geld sparen und sich doch ihres guten Gewissens versichern will, von jenen sozialen Regionen, denen die meisten Bürger mißtrauisch gegenüberstehen. Die funktionierenden Gemeinschaften der Mittel- und Oberschicht sind sehr wohl in der Lage, für viele Lebensbereiche, die ihnen wichtig sind, selbst zu sorgen: Sie schicken ihre Kinder auf private Schulen, leben in umzäunten Arealen, die von privaten Wachdiensten kontrolliert werden, und fahren auf privaten Straßen, auf denen Gebühren zu entrichten sind, zur Arbeit. Aber in Wahrheit schwinden selbst diese Gemeinschaften dahin, und es gibt gute empirische Belege dafür, daß *civic engagement* vertrocknet.[123] Die übrigen Teile der Gesellschaft, in denen solche Gemeinschaften nicht bestehen, werden überhaupt ausgegrenzt und sich selbst überlassen.[124] Unter dem Schlagwort der »persönlichen Verantwortlichkeit« wird ihnen angesonnen, es doch genauso zu machen wie jene, die zur (begrenzten) Gemeinschaftsbildung gerade noch fähig sind. Das Er-

---

[123] »Evidence for the decline of social capital and civic engagement comes from a number of independent sources. Surveys of average Americans in 1965, 1975, and 1985, in which they recorded every single activity during the day – so-called 'time-budget' studies – indicate that since 1965 time spent on informal socializing and visiting is down (perhaps by one-quarter) and time devoted to clubs and organizations is down even more sharply (by roughly half). Membership records of such diverse organizations as the PTA, the Elks Club, the League of Women Voters, the Red Cross, labor unions, and even bowling leagues show that participation in many conventional voluntary associations has declined by roughly 25 percent to 50 percent over the last two to three decades. Surveys show sharp declines in many measures of collective political participation, including attending a rally or speech (off 36 percent between 1973 and 1993), attending a meeting on town or school affairs (off 39 percent), or working for a political party (off 56 percent)... Slumping membership has afflicted all sorts of groups, from sports clubs and professional associations to literary discussion groups and labor unions.« Robert D. Putnam: »The Strange Disappearance of Civic America«, The American Prospect (1996), No. 24, 34-48; ders.: »Tuning In, Tuning Out. The Strange Disappearance of Social Capital in America«, PS. Political Science and Politics 28 (1995), 664-683. Vgl. auch Sidney Verba, Kay Lehman Schlozman und Henry E. Brady: Voice and Equality. Civic Voluntarism in American Politics, Cambridge 1995.

[124] Es ist im übrigen gerade manchen (im weitesten Sinne wohlfahrtsstaatlichen) Projekten angelastet worden, die »Gemeinschaften«, die für untere Sozialschichten kennzeichnend waren, eliminiert zu haben, insbesondere durch Sanierungsprojekte, die aus slumähnlichen Gebieten »normale« Wohngebiete machen wollten.

gebnis wird eher sein, daß sich neben den Luxusvierteln soziale Landschaften breitmachen werden, die jenen der Dritten Welt ähneln.[125]

Die Abhängigkeit der Individualisten vom Wohlfahrtsstaat

Aber die Frage ist selbst in bezug auf die erwähnten Gemeinschaften, in welchem Maße die Individuen in der modernen Welt bereit sind, in ihrem Alltagsleben oder durch private Institutionen – etwa Spenden und Stiftungen – für das menschenwürdige Leben jener zu sorgen, die aus den sozialen Netzen herausfallen. Das entscheidende Paradoxon, an dem auch diese Vorschläge scheitern werden, ist in Entwicklungen zu sehen, die der konventionellen politisch-ökonomischen Diskussion entgehen: in dem Umstand, daß die starke Freiheitsbetonung in der modernen Gesellschaft der Wohlfahrtsstaatlichkeit bedarf. Die kulturellen Trends zur Individualisierung und Liberalisierung des Verhaltens fördern den Sozialstaat. Freiheit mag durchaus in mancher Hinsicht vom Sozialstaat bedroht sein; aber das moderne Freiheitsverständnis ist in so hohem Maße auf den Wohlfahrtsstaat angewiesen wie nie zuvor. Die moderne Marktgesellschaft verallgemeinert die Konkurrenz und egalisiert die Individuen in ihren bürgerlichen Rechtsverhältnissen. Damit ist jeder auf sich gestellt, und er kann sich nur noch auf seine eigenen Kräfte verlassen. Er ist befreit, aber auch vereinzelt. Zwar ist er durch die Marktverhältnisse in immer längeren Handlungsketten mit anderen verflochten, doch aus konkreten sozialen Einbettungen herausgelöst. Der Individualisierungsprozeß löst Bindungen auf: das »dichte« Zusammenleben der Dörfer und Regionen; die homogenen Milieus ländlicher, bürgerlicher oder proletarischer Art[126]; selbst die Kerngruppe sozialen Lebens, die Familie. In ihrer Erosion erleben wir die Auflösung letzter Reste traditioneller sozialintegrativer Elemente. »In dem zu Ende gedachten Marktmodell der Moderne wird die familien- und ehe*lose* Gesellschaft unterstellt. Jeder muß selbständig, frei für die Erfordernisse des Marktes sein, um seine ökonomische Existenz zu sichern. Das Marktsubjekt ist in letz-

---

[125] Vgl. die Rezension von Paul Krugman im Washington Monthly 28 (1996), No. 1 and 2, 48-51.

[126] Josef Mooser: »Auflösung der proletarischen Milieus. Klassenbindung und Individualisierung in der Arbeiterschaft vom Kaiserreich bis in die Bundesrepublik Deutschland«, Soziale Welt 34 (1983), 270-306.

ter Konsequenz das alleinstehende, nicht partnerschafts-, ehe- oder familien'behinderte' Individuum. Entsprechend ist die durchgesetzte Marktgesellschaft auch eine *kinderlose* Gesellschaft – es sei denn, die Kinder wachsen bei mobilen, alleinerziehenden Vätern und Müttern auf.«[127] Freiheit heißt Einsamkeit. Altruistisch-solidarische und damit individualisierungsfeindliche Kooperationsverhältnisse lösen sich auf.[128] Die Sozialwissenschaftler impfen es den Individuen ein, daß dies ein normales Geschehen und alles andere »unnormal« ist.[129]

Eine ganze Reihe sozialer Dienstleistungen kann aber nur in der Kooperation mehrerer Individuen erbracht werden, namentlich im Modell einer traditionellen familiären Rollenverteilung, bei welcher der (männliche) Partner die Unterhaltsressourcen herbeigeschafft hat, während sich die (weibliche) Partnerin diversen Pflege-, Erziehungs- und Haushaltstätigkeiten gewidmet und dem in das »Normalarbeitsverhältnis« eingespannten »Haushaltsvorstand« alle lebensweltlichen

---

[127] Ulrich Beck: Risikogesellschaft. Auf dem Weg in eine andere Moderne, Frankfurt a.M. 1986, 191.

[128] Die moderne Erwerbsgesellschaft schafft sich ein Menschenbild, das den Bedingungen der Wirtschaftswelt angemessen ist. Die Grenzenlosigkeit des Erwerbs bedarf einer Rechtfertigung, da doch die alten Tugenden der Mäßigung, der Bescheidenheit und der Bedürfnislosigkeit einem raffgierigen Profitinteresse widersprechen. Der *homo oeconomicus*, der subtile Tüftler von Zwecken und Mitteln und Maximierer seines Nutzens, wird von der Sozialwissenschaft in langem Ringen nicht nur zum Prototyp des wirtschaftlich handelnden Menschen; er wird zur Inkarnation des Rationalitätsprinzips der modernen Welt schlechthin. Die vulgarisierte Wohlfahrtstheorie kann von einem Modell, das interaktive Mechanismen beschreibt, zu einem sozialethischen Modell gemacht werden: Auf seinen eigenen Vorteil zu achten, führt zur gesellschaftlichen Harmonie. Die Wirtschaftswissenschaft verwandelt ihre Idealtypisierung in eine Idealisierung, und ein wenig davon sickert in das allgemeine Bewußtsein ein.

[129] »Neoclassicists teach millions of high school and college students every year a model that, as the economist Robert Solow puts it, 'underplays the significance of ethical judgements both in its approach to policy and in its account of individual and organizational behavior.' Neoclassical textbooks are replete with statements such as, 'The rational thing to do is to try to gain as much value as I can while giving up as little value as I can.' They view both children and cars as 'durable consumer goods.' One wonders about the effect on the attitudes of potential parents toward children, if they are taught systematically to think of their offsprings as a trade-off for other 'goods', such as cars. We need textbooks that include the caring, sharing, cooperative part of human behavior.« Amitai Etzioni: »A New Kind of Socioeconomics«, Challenge 33 (1990), 31-32, hier 32. Vgl. auch vom selben Autor: The Moral Dimension. Toward a New Economics, New York 1988.

Erledigungen abgenommen hat. Die ironischerweise unter dem Schlachtruf der Selbstverwirklichung vorangetriebene *Vermarktlichung*, die Anpassung an die alles durchdringenden Marktverhältnisse im Zuge der Universalisierung fungibler Individuen in ihrer Rolle als Arbeitskraft, schaltet die Möglichkeiten, viele dieser Leistungen zu erbringen, weitgehend aus. Die Pflege älterer Menschen kann privat nur geleistet werden, wenn eine Person den ganzen Tag zur Verfügung steht; sie kann nicht in zwei Abendstunden komprimiert werden. Auch die Ersetzung einer durch Beharrlichkeit und Vorbild geleisteten Erziehungsarbeit durch einen Intensivkurs, der durch die Eltern am Wochenende und in Abendstunden geleistet wird, ist fragwürdig. Neue, kollektiv ausgestaltete Systeme müssen geschaffen werden, um die früher in kleinen sozialen Einheiten erbrachten Dienste durch (marktförmig oder staatlich ausgestaltete) Kollektivinstitutionen zu ersetzen.[130] Das moderne Bewußtsein ist ein *individualistisches* Bewußtsein, unfähig, die traditionellen sozialen Dienstleistungen zu tragen, und so ist es notwendig auch ein *wohlfahrtsstaatliches* Bewußtsein. Der moderne »expressive Individualismus« muß sich von der liberalen Gesellschaft ein Stück weit verabschieden.

Spontaneität und Sorge, Erlebnis und Zuverlässigkeit sind unvereinbar. Die individualistische Weltsicht kompliziert den Sachverhalt noch weiter, weil sie sich immer stärker auf einen spontanistischen und hedonistischen Weg begibt, der den bürgerlich-rationalen, gemeinschaftsverpflichteten Individualismus ablöst. Glück und Zufriedenheit können in dieser Sicht nur aus einer Befriedigung der eigenen Bedürfnisse resultieren, und so versucht man, möglichst viel Befriedigung zu erzielen oder möglichst wenig Bedürfnisse zu haben; der Hellenismus wählte den zweiten Weg, die Neuzeit den ersten.[131] Als Kri-

[130] Die schwedische Lösung ist die wohlfahrtsstaatliche Bereitstellung jener Dienstleistungen (wie etwa Kinder- und Altenbetreuung), die in einer Zweiverdienerfamilie nicht mehr geleistet werden kann; das wird durch höhere Steuern bezahlt. Die amerikanische Lösung ist die marktwirtschaftliche Bereitstellung der Dienstleistungen, die allerdings nur finanzierbar sind, wenn eine neue Klasse von Niedrigeinkommens-Dienstleistern zur Verfügung steht; bezahlt wird dafür durch »Marktkäufe«. In den USA hat deshalb die neue Lage keinen Impuls in Richtung auf ein »wohlfahrtsstaatliches Bewußtsein« erzeugt, wohl aber in Europa, das an der sozialen Absicherung seiner Arbeitskräfte vorderhand weitgehend festhalten will.

[131] Malte Hossenfelder: »Philosophie als Lehre vom glücklichen Leben. Antiker und neuzeitlicher Glücksbegriff«, in Alfred Bellebaum (Hrsg.): Glück und Zufriedenheit. Ein Symposion, Opladen 1992, 13-31, 23.

terium der Bedürfnisbefriedigung gilt es in der modernen Gesellschaft, möglichst oft und lange einen Zustand psychologischen Hochgefühls zu erzielen. In Anbetracht des Reichtums, der zur Verfügung steht, bieten sich hiezu viele Wege an, und so ist es schwer, angesichts der Überfülle von Möglichkeiten ein lohnendes, interessantes Leben zu führen. Daniel Bell hat es auf den Punkt gebracht: Für die Manager der eigenen Subjektivität wird das Vergnügen in der »Erlebnisgesellschaft« zur harten Arbeit.[132] Auf den Spielwiesen, die das dichter werdende, verflochtene, bürokratisch-rationale System offeriert, vergnügen sich hedonistische Individuen. Sie entwickeln ein gespaltenes Selbst. Soweit die Systemzwänge reichen, haben sie sich angepaßt; soweit Freiräume bestehen, zelebrieren sie Spontaneität. »Weit davon entfernt, über die von den Zivilisationstheoretikern unterstellte Souveränität zu verfügen, die es ihm erlaubte, rigide Kontrollen in bestimmten Bereichen zu lockern, scheint das Subjekt eher zum Zerfall zu tendieren: zur Spaltung in ein uneigentliches Selbst, das sich den externen Funktionsimperativen der organisierten Sozialsysteme anpaßt, und in ein eigentliches Selbst, das sich in den Intermundien dieser Systeme entfaltet und überall dort, wo es auf keine Schranken mehr stößt, den Impulsen seiner jeweiligen emotionalen Befindlichkeit folgt.«[133] Der hedonistisch-spontane Egozentrismus verweigert sich hemmenden Verpflichtungen. Denn spontane Selbstentfaltung kann innerhalb des selbstdisziplinierenden Gehäuses der Moderne nur ausgelebt werden, wenn kollektive Versorgungsmechanismen dem einzelnen jene Verpflichtungen von den Schultern nehmen, die seinen Lebensverlauf und seinen Alltag sonst mit durchdringender Kraft prägen würden, und wenn sie von jenen Risiken befreien, die den leichtfüßigen Genuß des Lebens bedrohen. Je mehr sich die Individuen der Spontaneität, dem konkreten Erlebnisgenuß, hingeben, um so stärker müssen jene Rahmenstrukturen sein, die das Lebensnotwendige leisten – und die allein als verläßliche Strukturen für Sozialisation und Pflege übrigbleiben.

---

[132] Daniel Bell: Die Zukunft der westlichen Welt. Kultur und Technologie im Widerstreit, Frankfurt a.M. 1979; Gerhard Schulze: Die Erlebnisgesellschaft. Kultursoziologie der Gegenwart, Frankfurt und New York 1992.

[133] Stefan Breuer: Die Gesellschaft des Verschwindens. Von der Selbstzerstörung der technischen Zivilisation, Hamburg 1992, 36.

Beziehungen zwischen Wohlfahrt und Freiheit

Beispiele für die Vertracktheit der Beziehungen zwischen Freiheit und Wohlfahrtsstaat liegen auf der Hand. Erstens: *Höhere Wohlfahrtsniveaus fördern die Freiheit.* Das Argument, daß die Verheißungen einer liberalen Demokratie erst dann eingelöst werden, wenn auch die materielle Grundlage zur Teilnahme am Leben der Gemeinschaft besteht, stellt auf den Freiheitsgewinn durch Wohlfahrtsstaatlichkeit ab. Zweitens: *Ein höheres Freiheitsniveau in einer Gesellschaft hat höhere Wohlfahrtsausgaben zur Folge.* Demokratie ist institutionalisierte Freiheit, und die demokratischen Mechanismen – vom Klassenkampf bis zur rent-seeking-Gesellschaft – haben den Ausbau des Sozialstaates in entscheidendem Maße mitbewirkt. Drittens: *Höhere Sozialleistungen vermindern die Freiheit.* Für Libertäre ist der Wohlfahrtsstaat eine der großen Freiheitsbedrohungen der Gegenwart. Das libertäre Argument verweist auf die materielle Abschöpfung, die den Individuen die freie Verwendung der von ihnen erarbeiteten Werte vorenthält, und auf die Vielzahl der Vorschriften und Interventionen, die mit freien Märkten unvereinbar sind. Viertens: *Ein geringeres Freiheitsniveau führt zu höheren Sozialausgaben.* Die Gewöhnung an die Unmündigkeit vermindert die Kompetenz der Individuen, in Freiheit zu leben; sie verlieren das Verlangen darnach, ja erwarten sich in immer höherem Maße eine allseitige Betreuung durch den Wohlfahrtsstaat. Paternalistisch-humanitär oder autoritär gesinnte Politiker tragen diesen Wünschen Rechnung.

Schlußbemerkungen

Es ist schwer vorstellbar, daß die europäischen Länder in den nächsten Jahrzehnten weitere zwanzig Prozent des Sozialprodukts in den Sektor der Sozialversorgung umdirigieren, wie dies in den letzten dreißig Jahren der Fall war. Doch weitere die öffentlichen Kassen strapazierende Belastungen lassen sich absehen: so etwa im Bereich der Pensionszahlungen, wo die demographischen Strukturen die Belastungsquote erhöhen, oder im Bereich der Gesundheitsleistungen, deren »Kostenkrankheit« bislang nicht in den Griff zu bekommen war. Aber auch sonst tun sich überall neue Anforderungen auf, berechtigte und unberechtigte, und der Wohlfahrtsstaat ist nicht in der Lage, ihnen nachzukommen. So wächst auch die Verdrossenheit der Bürger, und Rückschläge in der öffentlichen Meinung werden sichtbar: Der Staat tut immer mehr, mischt sich überall ein, kostet eine Menge Geld; und doch bleiben immer mehr Wünsche *unerledigt*.

Allzu leicht wird die Tatsache übersehen, daß er auch immer mehr Wünsche *erledigt*. Denn viele der Dynamiken, die in dieser Studie beschrieben wurden, sind gerade auf den Erfolg des Wohlfahrtsstaates zurückzuführen. Sie sind nur auszuloten, wenn man den »Wohlfahrtsstaat in den Köpfen«, die kulturellen Komponenten des Sozialstaates, analysiert. Wir haben versucht, diese Vielschichtigkeit des Sozialstaates, Ambivalenzen und Widersprüchlichkeiten, Diffuses und Unsicheres herauszuarbeiten.

Der Wohlfahrtsstaat ist erfolgreich und schafft dadurch mehr Probleme. Er ist erfolgreich und schafft dadurch noch höhere Erwartungen. Er ist erfolgreich und gerät doch in die Krise. Darin besteht sein Mißerfolg.

Namenregister

Sachregister